한국경제, 전환의 시간 I

한국경제, 전환의 시간 I

혁신적 경제와 포용적 법치

초판1쇄 인쇄 2025년 6월 9일
초판1쇄 발행 2025년 6월 11일

저 자 강형구, 고동원, 김영식, 김자봉, 김제완, 김흥종,
김희삼, 박 훈, 윤석헌, 전병유, 정준혁, 최승필
발행인 노현철
발행처 도서출판 해남

출판등록 1995. 5. 10 제 1-1885호
주 소 서울특별시 마포구 마포대로8길 9 영명빌딩 405호
전 화 739-4822
팩 스 720-4823
이 메 일 haenamin30@naver.com
홈페이지 www.hpub.co.kr

ISBN 978-89-6238-203-7 93320

한국경제, 전환의 시간 I

혁신적 경제와 포용적 법치

Korean economy, time for change

강형구 고동원 김영식 김자봉 김제완 김흥종
김희삼 박 훈 윤석헌 전병유 정준혁 최승필

도서출판 해남

머리말

한국경제, 전환의 시간이 왔다. 전환의 방향은 혁신적 경제와 포용적 법치다. 사실 한국경제의 전환이 필요한 지는 오래되었다. 그러나 그러한 노력들은 그간 가시화되지 않았다. 지금은 전환을 위한 골든타임의 마지막 순간이다.

현재 한국경제가 직면한 현실은 대내외적으로 매우 심각하다. 오랜 기간 한국경제의 성공에 기여해 온 우호적인 대외환경이 거의 사라졌다. 무역으로 사는 우리에게 우호적이었던 세계 무역질서는 해체되고 있고, 중국과 베트남의 등장 이후 모방 전략으로 생산한 우리 제품의 국제적 가격경쟁력은 사라진 지 오래다. 대내적으로도 경제성장률이 지속적으로 하락한 끝에 지난해 말 이후 0%대로 추락했고 소득분배는 악화 일로를 걷고 있다. 지속성장을 위해서는 경제성장과 소득분배의 조화가 이루어져야 하나 성장 자체가 무너져 내렸다. 골든타임을 모두 소진한 채 새로운 성공방정식을 찾아내지 못하면 세계의 모범 사례로 칭송받던 한국경제는 그 막을 내리게 되는 최악의 결과를 피하지 못할 수 있다.

우리가 추구해야 하는 새로운 방향은 선도자 전략으로 글로벌 경쟁력을 갖는 혁신성장을 실현하는 것이다. 이를 위해서는 그간 모방 전략에 맞추어져 있던 국가 운영의 거버넌스와 법제를 혁신성장에 적합하도록 전환해야 한다. 즉, 과거 정부 주도 중상주의적 모방 전략을 혁신적인 선도자 전략으로 전환하기 위해 포용적 법치를 주된 내용으로 하는 법제 개혁이 이루어져야 한다. 포용적 법치는 법이 단순히 규정으로서 명령이 아니라 새로운 변화에 대하여 공적 및 사적 유인이 합치하는 원칙이자 제도이어야 함을 의미한다. 과거의 법제로 혁신을 담을 수는 없다. 소크라테스의 죽음은 한 사회가 발전하기 위해서는 안락한 무지의 상태로부터 벗어나야 함에도 법치가 무지의 안락한 상태를 지지하여 사회를 쇠퇴로 이끌 수 있음을 보여 주었다. 현재 한국경제도 전환의 시간이 지연되고 있는 동안 국가 운영의 거버넌스와 법제도가 무지의 안락함에 빠져 변화의 시급함을 잊고 있는 것은 아닌지 예리한 통찰력이 필요하다.

이러한 문제 인식하에 우리 사회에서 각 분야를 대표할 만한 18명의 석학들이 법제 개혁의 방안을 마련하기 위해 은행법학회『법과 정책포럼』의 연구 프로젝트에 함께 했다. 이들은 각자의 분야에서 그간의 연구 결과를 바탕으로 이 책을 각 부분을 집필했다. 연구 결과의 엄밀성을 위해 2025년 4월 25일에는 외부 전문가를 토론자로 초빙해 학술대회를 열어 공개 토론회를 가졌다. 오늘 발간된 이 책은 12편의 글로 이루어졌으며 학술대회에서 발표된 논문을 기반으로 마련되었다. 당시 발표된 논문 가운데 아쉽게도 몇 편은 시일이 촉박하여 실리지 못했다. 하지만 조만간 준비되는 대로 추가 편집하여『한국경제, 전환의 시간 I』에 이어 7월 초『한국경제, 전환의 시간 II』의 이름으로 출간을 할 예정이다.

책을 구상하게 된 계기는 지난해 12월 초 은행법학회가 주관하고 헌법학회, 행정법학회, 민사법학회가 함께 한 법학공동학술대회였다. '경제금융의 혁신과 법제 과제'를 주제로 한 당시 학술대회를 통해 우리 경제금융의 법제를 포괄적으로 살펴보는 연구의 필요성을 인식하였고 이로부터 시작되어 준비한 끝에 지금의 연구 결과가 세상에 나오게 되었다.

이 책에 실린 12편의 글들은 한국경제의 쟁점을 정확히 분석하고 깊이 있는 정책을 담고 있다. 목차에서 확인할 수 있듯이 담고 있는 각각의 글은 그 내용이 매우 풍부하고 한국경제와 사회를 위한 깊은 애정과 통찰력을 보여 주고 있다. 한국경제의 전환을 위한 개혁 과제의 도출로부터 시작하여 금융감독 체제, 금융규제와 행정, 고령화·저출산·부동산 중심 경제를 해결하기 위한 금융의 역할, 포용적 과세, 인공지능, 자본시장 밸류업, 동반성장을 위한 초과이익공유제, 국제통상, 공동체의 미래를 향한 교육, 노동시장 이중구조의 해결방안 등 다양한 주제를 담고 있다. 감히 확신하건대, 『한국경제, 전환의 시간 I』은 한국경제의 나아갈 방향을 명쾌하고 통찰력 있게 제시하고 있으며, 이 방향을 따른다면 한국경제는 다시 성장의 동력이 살아나고, 성장과 분배가 조화를 이루는 지속 가능한 경제로 나아갈 수 있을 것으로 생각한다. 한국경제의 미래를 함께 일궈 갈 독자들에게 일독을 권한다.

은행법학회장 김자봉

은행법학회 법과정책포럼 회원(가나다 순)

강형구 한양대학교 경영학과 교수
고동원 성균관대학교 법학전문대학원 교수
김영식 서울대학교 경제학과 교수
김자봉 한국금융연구원 선임연구위원
김재형 서울대학교 법학전문대학원 교수
김제완 고려대학교 법학전문대학원 교수
김흥종 고려대학교 특임교수, 전 대외경제정책연구원장
김희삼 광주과학기술연구원 교수
박 훈 서울시립대학교 세무학과 교수
송옥렬 서울대학교 법학전문대학원 교수
윤석헌 전 금융감독원장
윤종원 전 청와대 경제수석
이동걸 전 산업은행 총재
이 황 고려대학교 법학전문대학원 교수
전병유 한신대학교 경제학과 교수
정준혁 서울대학교 법학전문대학원 교수
주병기 서울대학교 경제학과 교수
최승필 한국외국어대학교 법학전문대학원 교수

프롤로그

이 책은 전체 12개 장 500여 페이지로 이루어진 방대한 분량이다. 이에 따라 가독성을 위해 각 장의 요약을 마련했다.

이 책의 서론 격인, 「**경제·금융 혁신성장을 위한 법제 개혁 과제: 포용적 법치를 중심으로**」(김자봉)에 의하면, 한국경제는 현재 절대적 위기 상태에 놓여 있다. 과거 글로벌 차원의 외부적 요인에 의해 더러 발생했던 우발적 감소와는 달리 경제성장의 장기적 추세 하락에 뒤이은 최근의 마이너스 성장은 의심의 여지 없이 한국 정치경제의 내부적 요인에 의한 필연적 감소다. 여기에 더하여 소득분배는 악화에 악화를 거듭하고 있다. 경제의 이상향은 경제성장과 소득분배가 조화를 이루는 지속성장이다. 하지만 현재 한국경제는 이상과는 가장 거리가 먼 곳에 와 있다. 어떻게 하면 한국경제를 이상적인 방향으로 전환시킬 수 있을 것인가?

경제학의 아버지라고 불리는 애덤 스미스에 의하면 경제 현실은 도덕감정, 시장, 법제도의 종합적 상호작용에 의한 산물이다. 그의 3부작인 『도덕감정론』(1759), 『법학강의』(1762~1763, 사후 출간), 『국부론』(1776)은 경제가 도덕적 정당성과 법적 기초를 갖는 시장 제도에 의해 발전하고 유지되는 것임을 보여 준다. 달리 말하면, 경제가 올바른 방향으로 지속적인 성장을 하기 위해서는 시장을 매개로 상호작용하는 개인, 기업, 정부 간의 거버넌스, 즉 국가 운영 체제가 중요하다. 애덤 스미스의 이러한 관점은 한국경제의 전환에 중요한 시사점을 준다. 그것은 한국경제가 이상적인 방향으로 전환하기 위해서는 국가 운영의 거버넌스를 바꾸어야 한다는 것이다. 즉, 1960년 이후 지금까지 국가 운영의 틀이 되어 온 포용적이지 못한 법제도를 개혁함으로써 경제 활동의 내용을 더욱 창의롭고 풍부하게 하여 혁신·포용·동반성장이 가능하도록 하는 것이다.

법제 개혁은 성장에 기여할 수 있다. 경제의 잠재성장률은 노동과 자본뿐 아니라 총요소생산성에 의해 결정된다. 총요소생산성에 영향을 주는 요인은 기술적 진보, 제도와 시장의 효율성 및 공정성 등이다. 그런데 선도적 혁신기술의 개발 유인은 제도와 시장이 효율적이고 공정할수록 더 높다. 따라서 법제도는 직간접적으로 총요소생산성에 영향을 준다. 노동과 자본은 어느 수준 이상으로 확대되기는 쉽지 않다. 하지만 법제는 지속적으로 효율적이고 포용적으로 개혁될 수 있으므로 법제 개혁은 일관되게 경제성장에 기여할 수 있다. 이러한 기여는 2024년 노벨경제학상을 받은 아제모을루와 로빈슨 등도 지지하는 바다.

1960년대 이후 우리 경제는 두 번의 중요한 모멘텀을 가졌다. 하나는 1960년대 정부 주도의 빅푸시이고, 다른 하나는 1987년 이후 민주화를 통한 포용과 개방이다. 하지만 1960년대 빅푸시는 포용적 법치가 아니다. 따라서 단기적으로는 몰라도 장기적으로는 오히려 성장을 저해한다. 1987년 민주화는 포용성을 높여 우리 경제의 성장을 크게 확대하는 데 기여했다. 하지만 2007년 글로벌 금융위기에서부터 최근에 이르기까지 우리 사회는 놀랍게도 다시 빅푸시 유산의 재등장으로 포용성과 법치의 수준은 빠르게 하락했고 경제성장과 소득분배는 더욱 악화되어 왔다. 국제기구의 조사에 따르면 최근 우리나라 법제도의 포용성은 크게 후퇴했고 법적 전문성도 높지 못하다. 급기야 2024년 12월 3일에는 과거식 군사정부로 되돌리려는 비상계엄이 선포되었다. 비록 즉시 해제되었지만 지난 20여 년 동안 포용성과 법치의 약화와 궤를 같이하는 사건이었다.

법제 개혁의 범위는 포괄적이다. 금융기본권의 강화, 효율적이고 유인부합적인 금융감독 체제와 규제행정, 혁신금융과 금융 수출을 지원하는 법제, 출산을 장려하고 부동산편중경제를 탈피하여 금융자산 중심 경제로 전환하도록 하는 제도적 인센티브, 과다한 가계부채와 수도권 집중 문제를 해결하는 금융, 자본시장 밸류업, 인적 자본의 기초를 형성하는 교육 현장, 생산 활동 참여 유인과 노동생산성에 영향을 미치는 노동시장 구조, 경제 활동의 상충하는 이해관계를 조정하고 금융거래 효율성을 제공하는 사법 시스템의 전문성 제고, 인공지능, 국제통상, 미국 실리콘 밸리에 견줄 수 있는 성장 엔진의 핵심인 한국판 실리콘 밸리의 도입을 위한 법제 등이다.

그간 국가 운영의 거버넌스에 대해 가장 반성해야 하는 것은 정부 주도의 중상주의적 성장 정책이다. 1960년 이후 국가 운영은 소수의 주요 기업을 대상으로 한 수출산업의 육성과 금융 지원 등에 대한 구체적인 의사결정에 정부가 직접 개입하는 방식으로 이루어졌으며 이러한 개입은 적극적인 의미에서 관치금융이라고 불렸다.

관치금융은 양면성을 갖는다. 한편으로는 관치금융을 행하는 주체가 시장의 금융 의사결정에 적극 개입하고, 다른 한편으로는 관치금융의 대상인 금융기관이 규제 의존적 행동 패턴을 갖게 된다. 이에 따라 관치금융이 장기간 유지될 경우 정부는 금융시장이 해야 할 미시적 금융 의사결정에 자원을 소비하게 되고, 금융기관은 금융발전을 위한 창의적이고 도전적인 시도를 하기보다는 규제 당국이 제시하는 방안을 뒤쫓는 규제 의존적 금융문화에 빠지게 된다. 관치금융은 애덤 스미스가 『국부론』에서 논한 국방, 법치, 공공재의 제공 등 정부의 역할을 넘어선 것일 뿐 아니라 장기적으로는 신용의 창조 기능과 실물경제를 이끄는 금융의 리더십을 부정하는 결과를 낳는다. 애덤 스미스 이래 경제학이 인정하는 금융의 시장 제도로서의 역할과 정보 비대칭성하에서 정보 생산을 통한 리더십은 관치금융과 규제 의존적 행동 패턴으로는 결코 제대로 나올 수 없으며 이는 장기적으로 한국경제의 혁신성과 지속 가능성을 훼손한다.

정부 주도의 중상주의적 성장 정책의 유산을 정리하고 시장의 창의와 자율성을 극대화하기 위해서는 규정 중심의 법제를 줄이고 포용적인 원칙 중심의 법제로 전환해야 한다. 혁신성장을 위한 제도화는 특정 그룹이 아니라 모두에게 열린 기회의 창이 되어야 한다. 또한 형사적 접근법을 최소화하고 대신에 민사적 접근법으로 전환해 보다 시장친화적이고 금융소비자 보호에 더 효과적이 되도록 시장과 규제 환경을 조성해야 한다. 지시와 명령보다는 자율과 책임을 기반으로 하는 규제 환경으로 전환하고, 대신 자율과 책임을 남용하여 시장의 도덕성을 훼손하고 금융소비자에게 피해를 야기하거나 건전성을 해치는 행위에 대해서는 민사적 책임을 묻되 무겁게 물어야 한다. 특히 효과적으로 책임 부과를 위해서는 민사기소권 등 규제 당국의 금전적 제재 권한을 도입하고 제재금을 기반으로 규제 당국이 직접 금융소비자의 피해를 구제할 수 있도록 하는 기금 제도의 도입 검토도 필요하다. 사업의 전문성을 강화하는 방안으로는 독립법원형 혹은 행정부 결합형 금융전문법원을 도입하는 것이 가능하다.

지속성장의 엔진을 위해서는 실물 부문과 금융 부문의 협력과 균형이 필요하다. 지금까지 정부 주도의 중상주의적 성장 정책에서는 주연인 실물을 위해 금융이 조연으로서 희생하는 구조를 취해 왔다. 하지만 경제가 고도화될수록 금융이 실물을 위해 희생하는 구조는 경제의 장기성장을 해친다. 금융도 실물과 마찬가지로 고부가가치를 낳는 혁신금융과 수출산업으로 성장하여 글로벌 경쟁력을 가져야 고도화된 경제에서 리더십을 발휘하고 지속성장을 지탱할 수 있다. 이러한 금융의 리더십을 위해서는 원칙 중심의 금융국제화지원법을 제정해야 한다. 실물 부문에서는 한국판 실리콘 밸리가 나와 혁신금융과 혁신성장의 융합적 플랫폼 역할을 해야 한다. 정부 주도 중상주의 정책의 모방 전략은 더 이상 의미가 없다. 더구나 중국과 베트남 등 보다 저렴한 비용으로 생산이 가능한 후발국의 등장으로 모방 전략은 더 이상 작동하지 않으며, 선도적 전략만이 유일한 길이다. 한국판 실리콘 밸리에 기반해 글로벌 경쟁력을 갖는 선도자 전략을 위해서는 시장 중심 혁신금융의 리더십이 중요하다. 정부는 관치금융으로 금융 의사결정에 직접 개입하기보다는 정부 출연 연구기관의 R&D 연구기금을 조성하는 방식으로 전문가들이 제도 운영의 전면에 나서도록 하고, 연구기관과 전략산업 분야 R&D 벤처기업과의 협업이 적극 이루어지는 혁신 생태계를 조성하는 데 중심적인 역할을 해야 한다. 특히 R&D 생태계 조성을 위해서는 전문 인력의 자유로운 이동에 기반한 산업-정부-학계 간 혁신연구 공동체의 형성을 위한 법제를 마련해야 한다. 미국 실리콘 밸리가 독보적인 혁신공동체로 성공할 수 있었던 법제도적 배경은 캘리포니아주의 경업 금지를 불허하는 조항(noncompete clause)이었다. 엔비디아의 등장도 AMD에 근무하던 젠슨 황을 포함하여 Sun Microsystems, IBM 등에 근무하던 전문가들의 결합에 의해 가능했으며 경업 금지 하에서는 불가능한 일이었다. 우리도 한국판 실리콘 밸리를 추진하기 위해서는 적어도 성장 엔진 확보에 필요한 전략산업에 대해 상법상 겸업 금지 조항의 면제 요건을 도입하는 것이 필요하다.

요컨대, 포용적 법치를 강화하는 법제 개혁은 경제성장과 소득분배가 조화를 이루는 글로벌 경쟁력을 확보하는 세 번째 모멘텀이 될 수 있다. 법제 개혁을 통해 "시장 제도를 제대로 디자인"하는 것, 이것이 현시점 우리 경제의 시대정신이라고 할 수 있다. 이는 동시에 시장 제도와 양면 관계를 갖는 국가 운영 거버넌스의 개혁 방향을 명확히 하는 것이기도 하다.

「**금융감독기구 체제의 개편 과제**」(고동원)에 의하면, 한 나라의 금융 제도를 평가함에 있어서 얼마나 효율적인 금융감독기구 체제를 갖추고 있는지는 그 나라 금융산업의 발전 척도를 가늠할 수 있는 중요한 잣대가 된다. 그래서 각 나라마다 효율적이면서 작동이 잘 되는 금융감독기구 체제를 갖추려고 한다. 그런데 우리나라 금융감독기구 체제는 많은 문제점을 갖고 있어서 시급히 개선되어야 한다. 금융감독기구 설치의 법적 근거는 「금융위원회의 설치 등에 관한 법률」이다. 우리는 금융위원회와 금융감독원으로 구성된 2개의 금융감독기관을 갖고 있다. 중앙행정기관인 금융위원회는 '금융산업 정책'뿐만 아니라 '금융감독 정책' 기능도 수행한다. 특수법인 형태의 민간 조직인 금융감독원은 금융감독 업무의 집행기관이다. 이러한 체제의 가장 큰 문제는 금융감독기구가 수직적으로 이원화되어 있어 두 기관 사이에 협조가 잘 되지 않고, 금융감독 체계의 기본 원칙인 독립성, 자율성 및 전문성이 잘 확보되어 있지 않다는 점이다. 2011년 상호저축은행 파산 사태, 2013년 동양그룹 사태, 2020년 사모집합투자기구 환매 중단 사태 등 그동안 여러 차례 금융감독 실패 사례가 발생했다는 것이 이를 증명하고 있다. 금융감독기구 체제 개편에서 무엇보다도 중요한 것은 금융감독의 독립성을 확보하는 일이다. 바람직한 금융감독기구 체제 방안을 도출하기 위해서는 국회에 전문가 등으로 구성된 금융감독기구 체제 개편을 위한 특별 위원회를 설치하여 논의를 하는 것이 필요하다.

바람직한 개편 방향은 다음과 같다. 첫째, 금융위원회가 수행하고 있는 금융산업 정책 기능은 기획재정부로 이관하고, 금융감독 정책 기능은 공적 민간감독기구로 넘겨야 한다. 둘째, 금융감독의 독립성을 확보하기 위해서는 금융감독 기능은 정부가 아닌 공적 민간감독기구가 수행해야 한다. 셋째, 금융감독기관은 건전성 감독기관과 영업행위 감독기관으로 나누어 전문성을 확보해야 한다. 넷째, 금융감독기관을 평가할 금융감독평가기구를 신설하여 금융감독기관을 견제해야 한다. 다섯째, 금융감독원으로부터 금융분쟁조정 기능을 분리해서 영업행위 감독기관 산하에 별도의 '금융분쟁조정중재원'을 설립하는 것이 바람직하다. 여섯째, 금융감독기관의 전문성을 확보하기 위해서는 순환 보직제를 금지하고 전문성을 갖추도록 하는 조항을 법에 규정해야 한다. 일곱째, 기획재정부 장관, 한국은행 총재, 금융감독기구의 장, 예금보험공사의 장뿐만 아니라 외부 전문가도 과반수로 참여하는 '금융안정협의회'를 설치하여 거시건전성 및 금융 안정 정책에 관한 협의 기능을 수행하도록 하고, 금융정보를 공유하는 업무도 담당하도록 해야 한다.

「**금융산업 발전을 위한 금융규제의 개편 및 전환 방향**」(최승필)에 의하면, 규제는 국가 및 산업의 경쟁력 강화를 위해 정부 교체를 포함한 중요한 시기마다 핵심적 과제로 다루어져 왔다. 최근에는 디지털 및 AI 기술의 발전으로 인해 규제의 전환과 개편은 선택이 아닌 필수가 되었다. 혁신적 기술이 가져올 수 있는 위험의 모습이 다양하며, 그 파급력 또한 매우 크기 때문이다. 특히 혁신적인 기술이 가장 잘 결합될 수 있는 영역 중 하나가 금융이라는 점에서 금융규제의 변화 요구는 더욱 크다.

원칙 중심 규제는 규제는 하되, 국가규제는 줄이고 민간 스스로의 역할을 확대시키는 것이다. 그러나 모든 분야에서 원칙 중심 규제가 허용되는 것은 아니다. 진입규제는 지속적 요건 충족이라는 점에서 규정 중심의 규제가 필요하며, 행위규제는 다양한 형태의 금융상품 및 서비스 제공이라는 점에서 원칙 중심의 규제에 적합하다.

금융규제 샌드박스는 적용 법령이 모호하거나 부재할 때 임시적으로 새로운 기술에 기반한 금융상품과 서비스를 테스트해 보고 위험이 확인되고 규제를 통해서 대응이 가능한 경우 이를 출시하도록 하는 제도이다. 새로운 혁신을 이끌어 낸다는 점에서 바람직하나, 성과 위주의 운영은 규제를 우회하는 길을 허용하거나 기간연장을 통해 사실상의 본 인허가와 같은 효과를 갖게 한다는 점에서 진입과 퇴출 모두 원활하게 이루어질 수 있도록 제도를 구성할 필요가 있다.

금융사지배구조법상 내부통제 제도의 개선과 함께 자율규제는 금융규제의 중요한 한 축을 구성하고 있다. 이미 자율규제의 형태로 규제 당국의 업무가 위탁 방식으로 자율규제기구에 의해서 이루어지고 있다. 그러나 자율규제에 대한 업역별 규정은 자율규제기구의 설치근거에서부터 수행 업무까지 각기 상이하며, 자율규제기구이지만 사실상 위탁 업무를 수행하는 비중이 높아지고 있다. 따라서 순수한 자율규제 영역에 맡길 규제사항과 위탁을 통해 규율할 사항과 국가의 직접규제가 이루어져야 할 사항을 구분하여 정리할 필요가 있으며, 이러한 기반 정리를 통해 민간에 의한 자율규제가 더욱 활성화될 수 있도록 만들어야 한다.

내부통제 제도는 큰 범위에서는 자율규제의 영역이지만 이미 독자적인 규제 영역으로 법적 기반과 법리를 가지고 있다. 내부통제 제도는 자율규제의 특성을 가진 만큼 금융사지배구조법은 내부통제 시스템을 마련하여 운영하는 것에 주안을 두었지만 관리의무가 빠지면서 형해화되었으며, 대형금융사고의 원인 중 하나였다. 금융사지배구조법 개정 이후 관리의무가 도입되면서 이를 체계화하기 위한 책무구조도가 도입되었다. 그러나 책무구조도 역시 한편으로는 관리의무의 가이드라인이 되지만, 다른 한편으로는 제재의 기준이 된다는 점에서 모호하거나 추상적인 부분의 구체화 과제가 아직 남아 있다.

금융기관 임직원 제재 제도에서의 개선 방향은 신분제재에서 금전제재로의 변화이다. 금융기관 자체에 대한 제재의 경우 큰 이론이 없다. 그러나 임직원의 경우에는 단순히 제재에 그치는 것이 아니라 자격제한이라는 부수적 제재 효과가 수반된다는 점에서 직업의 자유라는 중요한 기본권이 침해될 수 있다. 한편 제재 제도와 관련하여 금융 당국의 처분에 불복하는 사안만을 전문으로 심판하는 금융행정심판위원회의 도입도 생각해 볼 만하다. 현재의 제재심은 처분의 중간절차에 해당하는 자문을 위한 것으로 행정심판과는 구별되며, 현재의 행정심판 제도는 금융에 대한 전문성이 충분히 고려되지 않고 있다는 문제가 제기되고 있기 때문이다.

금융동의명령제는 매우 새로운 이슈이며 관심을 가져볼 만하다. 동의명령제는 공정거래위원회가 채택하고 있는 것으로 법규 위반으로 조사 대상이 된 자와 관할 행정청 간에 합의를 통하여 위법 상태를 해소하는 것을 의미한다. 합의의 내용에는 재발방지계획, 위법 상태를 야기한 관계자에 대한 징계, 소비자 피해보상 방안 등이 포함되어 있어 금융기관은 위법한 행위를 했다는 전력을 남기지 않으면서 위법을 교정하고, 소비자에게 직접적이고 충분한 보상이 이루어질 수 있도록 하기 때문이다.

규제 개선을 이야기할 때 항상 나오는 것이 그림자 규제이다. 명시적 규제가 아니므로 규제 개선의 대상에서도 벗어나 있지만 실질적으로 피규제자에게는 행위제한을 야기한다. 이러한 그림자 규제의 가장 대표적인 것이 행정지도이다. 행정지도는 관할 행정 당국이 피규제자인 상대방에게 대한 비권력적인 권고를 통해 행정 목적을 달성하는 것을 말한다. 그러나 형식은 권고이지만 관할 행정 당국은 근원적인 인허가권 및 각종 제재 권한을 가지고 있다는 점에서 사실상의 강제력을 가지고 있다. 그럼에도 처분성이 인정되지 않아 법원을 통한 권리구제는 어려우며, 권리구제형 헌법소원을 통해 권리구제가 된 몇 가지 사례가 있을 뿐이다. 따라서 행정지도에 대한 불복 절차로서 이의신청 제도를 대심적 방식으로 운영하는 등 준사법적 요소를 강화함으로써 실질적 권리구제가 이루어지도록 할 필요가 있다.

「**출산장려주거지원대출과 탈 부동산편중경제**」(윤석헌)는 낮은 출산율과 과다한 가계부채라는 한국경제의 두 가지 구조적 취약점의 극복 수단으로 출산장려주거지원대출(출주대)을 제안한다. 출주대는 출산가계의 주거 문제 해결을 위해 정부가, 시장의 주택담보대출(주담대)보다 낮은 금리와 완화된 상환 방식 등 유리한 조건으로, 차주가 원하는 시점에 라인(line) 방식으로 대출하는 제도이다. 정부는 이를 금융사를 통해 추진하되, 차주의 신용도를 불문하고 정부 자신의 비용으로 조달하며 주담대와의 중복을 일정 기간 불허한다. 출주대는 출산가계의 주담대 수요를 일부 대체함으로써 가계의 가계부채 부담을 줄여 소비 활성화에 기여하고 금융자산 투자로 눈을 돌리는 계기를 갖도록 하는 것을 부수적인 목적으로 한다.

이 글은 가상적 시나리오를 이용하여 위와 같은 출주대 프로그램의 시행에 따른 정부의 편익과 비용 관련 시나리오를 만들고 현금흐름을 분석함을 목적으로 한다. 이를 위해 편익으로는 출산율 제고 효과를, 그리고 비용으로는 자금비용과 이자비용을 분석한다.

이를 토대로 출주대의 주담대 구축 효과를 논의하고 한국경제가 어떻게 부동산편중경제를 탈피하여 금융자산 중심 경제로 전환할지를 논의한다.

출주대 공급은 가계의 출산을 장려하여 2023년 0.72로 저점을 기록한 우리나라 합계출산율의 중장기 반등을 이끄는 계기를 마련할 것으로 기대된다. 한편 공급 대상을 주택 미보유자로 제한하여 이들의 주거 문제 해결을 지원하고 이미 과다하여 내수경제 부담으로 작용하는 가계부채 증가세 완화에도 기여할 수 있다. 더 나아가 출주대를 라인 방식의 가용성 옵션 형태로 제시함으로써 출산 시 주거 문제 해결이 용이해지도록 함으로써 신혼부부 및 결혼 적령기 청년들의 주택 마련 부담을 완화하고 주택에 대한 투기 수요 감소에도 기여할 것으로 기대된다.

출주대로 인해 주거 문제 부담이 줄어든 가계가 주택 투자 부담 감소에서 생긴 여력으로 소비를 늘리면 내수경제가 활성화되고 다양한 금융자산 투자로 눈을 돌릴 수 있게 될 것이다. 이는 다시 출주대로 인해 수익원이 위축된 금융권에 고부가가치 금융 서비스 개발 및 공급 유인을 제공하여 한국경제가 탈 부동산자산 및 금융자산 중심으로 전환하는 계기를 마련할 것이다.

「인구 구조 변화 상황에서 주택 정책 및 법제 개선과 부동산 관련 금융의 대응 방안」(김제완·손유은)에 의하면, 우리나라는 초고령사회로의 본격적인 진입, 저출산의 고착화, 수도권 집중의 심화 등 복합적인 인구 구조 변화에 직면하고 있어 주택시장과 주거 관련 제도의 근본적인 전환이 필요한 시점에 있다. 여기에서는 이러한 구조적 인구 변화가 주택 수요와 공급의 불균형에 어떤 영향을 미치는지를 분석하고, 이로 인해 발생하는 시장 왜곡과 법제도의 한계를 진단하며, 향후 지속 가능한 주거 정책이 나아가야 할 방향을 제시하고자 했다. 특히 최근 사회 문제로 대두된 전세사기 및 이른바 '깡통전세' 현상은 단순한 사기사건을 넘어, 임대차 제도의 구조적 취약성과 분양 중심의 부동산 산업 구조가 맞물려 드러난 복합적 결과로 해석된다. 이에 따라 주택을 자산이 아닌 생활의 기반으로 바라보는 관점 전환이 필요하며, 이를 전제로 장기임대 중심의 공급 체계 구축, 임차인 권리 강화를 위한 법적 보호 장치 마련, 전세보증금 반환 보장 제도 확립, 임대인 정보 공개의 의무화 등 실질적인 제도 개선 방안들을 제안했다.

아울러 이 연구는 주택금융 영역에 있어서도 장기 분할상환형 주택담보대출과 역모기지의 활용 확대, 전세보증금 반환보증상품의 제도 설계와 도입 가능성을 함께 검토했다. 이는 임대차시장의 구조 안정성과 금융시장 전반의 신뢰 회복이라는 두 가지 과제를 동시에 고려한 방안으로, 보증 제도 강화와 함께 임대인의 신용정보 및 담보 현황 공개 의무화와 같은 제도적 장치가 병행되어야 함을 강조했다. 이와 함께 수도권과 비수도권 간 주거 격차 해소를 위한 정책 과제로, 공공 임대와 민간 임대의 균형 있는 공급 확대, 도시재생과 주거복지의 유기적 연계, 지역 기반의 생활형 주택 공급 체계 구축의 필요성도 함께 논의했다. 이러한 다층적인 정책조정은 인구 구조 변화에 따른 수요 다양화에 유연하게 대응하는 데 중요한 기초가 될 수 있을 것이다.

결론적으로 고령화의 심화, 1인 가구의 급증, 청년층의 주거 불안 등 사회경제적 변화에 능동적으로 대응하기 위해 기존의 분양 중심, 자가 소유 위주의 주택 정책의 수정과 실수요자 중심의 장기적 주거 안정 정책의 보완이 필요함을 강조했다. 이를 위해서는 주택을 단순한 자산이 아닌 인간다운 삶을 영위하기 위한 실질적인 거주의 공간으로 재정의하는 인식 전환이 전제되어야 하며, 주거복지 중심의 정책도 마련되어야 한다. 이러한 정책 전환은 주택시장에 대한 사회적 신뢰를 회복하고, 궁극적으로는 인구 구조 변화에 대응한 지속 가능한 주거 정책 체계를 수립하는 데 기여할 수 있을 것이다. 여기에서는 이러한 논의의 기반 위에서 법제 개선과 정책 설계에 있어 실질적인 학술적·정책적 참고 자료로 기능할 수 있을 것으로 기대된다.

「**포용적 조세 제도를 향하여**」(박훈)는 조세 제도가 단순한 재정 조달 수단을 넘어서, 사회 구성원 모두가 공정하게 성장의 과실을 공유하고, 사회통합과 지속 가능한 발전을 도모하는 수단으로서의 역할을 어떻게 수행할 수 있을지를 중심으로 논의를 전개한다. 전 세계적으로 심화되고 있는 소득·자산 불평등 속에서, 특히 한국은 조세-복지 개입의 재분배 효과가 OECD 평균에 크게 못 미치고 있으며, 자산 격차는 오히려 심화되고 있다. 이러한 현실은 조세 제도의 방향이 단순한 '부자 증세'나 '재정 확보'의 논리를 넘어 중산층의 육성과 사회적 신뢰 회복, 기회의 사다리 복원이라는 포용적 조세의 기능을 중심으로 재설정되어야 함을 시사한다.

OECD는 포용적 조세 제도의 목표로서 조세의 재분배 기능과 경제 효율성 간의 균형을 강조하며, 조세·예산·규제 정책 간의 통합적 운용, 정책 결정에서의 국민 참여, 성과 측정·환류 체계를 통한 정책 지속성 확보를 제시한다. 특히 『포용적 성장의 거버넌스』(2016)는 정부 간 협력 메커니즘과 전(全) 정부적 접근을 통해 조세 정책이 다양한 분야 정책들과 정합성을 이루어야 함을 강조한다.

이러한 관점은 한국 조세 체계의 구체적 쟁점과도 연결된다. 법인세율은 투자 유인과 형평성 간의 균형 문제로 논쟁이 이어지고 있으며, 종합부동산세는 자산 과세의 정당성, 세대 간 형평성과 정치적 수용성 사이에서 과세 체계의 일관성과 정비 필요성이 제기된다. 부가가치세는 재정 확보 수단으로 검토되나, 역진성 해소와 함께 저소득층 보호를 위한 정교한 설계가 필요하다. 상속세는 높은 최고세율과 기업승계 부담에 대한 완화 논의와 세대 간 공정성 확보 논거 사이에서 정책 방향에 대한 사회적 합의가 요구되고 있다.

한편 조세 제도의 또 다른 축으로서 민간의 공익 기여 확대를 위한 세제 지원도 강조된다. 한국은 공익법인에 대한 주식기부에 있어 면세 한도가 지나치게 낮아 대규모 사회환원이 어렵고, 기부 참여도 또한 낮은 수준에 머물러 있다. 이에 따라 공익법인 기부에 대한 상속세·증여세의 면세 한도 확대, 공익법인 주식 보유 규제 완화, 기부금 세액공제 제도 정비를 통해 민간의 자발적 공익 기여를 적극 유도할 필요가 있다.

포용적 조세 제도를 설계함에 있어 중요한 것은 세금을 얼마나 걷느냐만의 문제가 아니라, 확보된 재원이 어떻게 쓰이느냐, 즉 교육·보건·고용 등 사회적 투자를 통해 중산층과 취약계층의 역량 강화에 얼마나 기여할 수 있느냐는 점이다. 동시에 이러한 방향 전환은 단기간 내 성과를 내기 어렵고 이해관계자의 갈등이 수반되므로, 투명한 정보 공개, 단계적 시행, 사회적 합의 도출을 통해 조세 정책의 정당성과 수용성을 높여야 한다는 점도 강조된다.

궁극적으로 포용적 조세 제도는 단순히 세금을 더 걷는 방식이 아니라, 조세를 통해 기회의 사다리를 복원하고, 중산층이 안정된 삶을 영위할 수 있도록 하며, 사회적 연대의 기반을 확장하는 것을 목표로 한다. 이는 조세 제도의 철학적 재정립이며, 한국의 사회경제적 지속 가능성을 위한 필수 과제라는 점에서 이 장은 포용적 조세로의 전환이 갖는 정책적·제도적 함의를 제시하고 있다.

「인공지능 플랫폼은 은행 혁신 전략의 핵심 동력」(강형구)에 의하면, 전통적인 금융산업은 인공지능(AI) 기술의 급속한 발전과 디지털 플랫폼 전략의 부상으로 근본적인 변혁의 시기를 맞이하고 있다. 과거 상품 중심의 파이프라인 모델에서 벗어나 은행은 다양한 참여자가 상호작용하는 디지털 생태계의 중심 플랫폼으로 진화하고 있으며, AI는 이러한 전환을 가속하는 핵심 엔진 역할을 수행한다. AI는 방대한 금융 데이터의 실시간 분석, 초개인화 서비스 제공, 운영 자동화 및 지능형 위험 관리를 가능하게 함으로써 플랫폼의 가치를 극대화하고 경쟁 우위를 확보하는 결정적 요소로 작용한다.

이 글은 AI 기술이 금융 플랫폼 전략과 결합하여 은행 산업에 미치는 혁신적 영향을 심층적으로 분석한다. 이를 위해 JPMorgan Chase, Goldman Sachs, Ant Group, DBS Bank 등 글로벌 선도 금융 기관들의 플랫폼 전략 및 AI 활용 성공 사례를 면밀히 검토하고, 각 사례가 국내 은행에 제공하는 전략적 시사점을 도출한다. 구체적으로는 이들 기업이 어떻게 AI를 활용하여 고객 경험을 제고하고, 새로운 비즈니스 모델을 창출하며, 내부 운영 효율성을 극대화했는지 살펴본다.

나아가 이러한 해외 사례 분석과 국내 금융 환경 진단을 토대로, 우리나라 은행들이 AI 기반 플랫폼 경쟁 시대를 성공적으로 헤쳐 나가기 위한 구체적인 적용 방안을 제시한다. 여기에는 플랫폼 중심의 조직 개편, 핵심 기술 내재화, 개방형 API를 통한 생태계 확장, AI 기반 초개인화 서비스 구현, 지능형 리스크 관리 시스템 구축, 그리고 지속적인 혁신을 위한 문화 변화 등이 포함된다.

궁극적으로 이 글은 AI와 플랫폼의 융합이 가져올 미래 금융 서비스의 진화 방향을 전망하고, 대한민국 금융산업이 글로벌 경쟁력을 갖추고 지속 가능한 성장을 달성하기 위해 필요한 정책적 제언과 금융기관의 전략적 과제를 제시하는 것을 목표로 한다. 이는 기술 변화를 넘어 금융의 본질, 경쟁 방식, 그리고 고객 경험을 재정의하는 거대한 흐름 속에서 한국 금융이 나아가야 할 로드맵을 모색하는 데 기여할 것이다.

「기업의 혁신 촉진과 합리적 투자자 보호」(정준혁)에 의하면, 주식회사 제도는 주주유한책임, 주식의 양도성, 소유와 경영의 분리를 통해 대규모로 자금을 모집하고 기업의 혁신을 가져오는 수단으로 오랜 기간 사용되어 왔다. 그러나 소유와 경영의 분리는 필연적으로 경영을 담당하는 자와 주주 간의 이해상충 문제를 가져왔다. 특히 우리나라 대부분의 회사에는 가족을 중심으로 하는 지배주주가 존재하며, 많은 경우 과반수에 미치지 못하는 지분으로도 기업집단을 지배한다. 이러한 상황에서는 지배주주가 혁신적 사업 활동을 통해 전체 기업가치를 증대시키는 의사결정을 할 수 있도록 유인책을 마련하고, 동시에 지배주주의 사익 추구로 인해 기업가치가 훼손되는 것을 방지하기 위한 제도적 장치를 마련하는 것이 중요하다.

먼저 혁신적 사업 활동을 지원하기 위해, ① 지배주주와 경영자의 목표는 장기적 기업가치와 전체 주주가치 증대에 있다는 것을 명확히 하고, ② 경영권 승계와 관련하여 합리적인 의사결정이 이루어져야 한다. 특히 지배주주의 자녀가 경영을 담당하게 되는 경우 해당 자녀가 경영을 담당하는 것이 장기적 기업가치에 어떠한 기여를 할 수 있는지가 고려되어야 한다. ③ 우호적 M&A의 경우 의무공개매수 제도 등을 통해 약탈자가 회사를 인수하는 것을 방지하고, 적대적 M&A에서 경영권 방어의 적법성을 판단함에 있어 기존의 지배주주와 새로운 인수인 중 누가 경영을 담당하는 것이 회사의 장기적 기업가치에 기여하는지를 기준으로 삼아야 한다. ④ 업무상 배임죄의 적용 범위를 명확히 하고 제한하여 기업사건의 과도한 형사화를 방지하는 것과 ⑤ 여러 가이드라인과 경영판단의 원칙 적용 범위의 명확화를 통해 이사의 혁신적 사업 활동과 정당한 경영판단을 지원하는 것도 필요하다.

다음으로 투자자 보호를 위해 지배주주와 일반주주의 이해관계를 일치(alignment of interests)시키기 위한 제도 개선이 필요하다. ① 먼저 상법상 주주보호의무를 명시하고, ② 완전모자회사 등 이해상충이 적은 회사에 대한 지원을 통해 모회사 및 자회사 지분율을 높이도록 할 인센티브를 제공할 필요가 있다. ③ 우리나라의 투자자 보호 관련 제도는 사전적 규제에 치중한 점이 있는데, 주주대표소송과 같은 사후적 구제도 균형 있게 활성화할 것을 제안한다.

마지막으로, 경영권 승계 과정에서 지배지분이 나누어지는 등 머지않아 우리나라에도 지배주주가 존재하지 않는 소유분산기업이 늘어날 것으로 예상된다. 지배주주 없는 세상에 대한 대비 역시 중요하다. 기업의 혁신과 합리적 투자자 보호를 통해 우리나라 경제가 다시 한번 크게 도약할 수 있길 희망해 본다.

「지속 가능하고 공정한 초과이익공유제에 대한 소고」(김영식)는 대기업과 중소기업 간의 구조적 수익성 격차와 그에 따른 산업 생태계의 양극화 문제를 해결하기 위한 제도적 대안으로서 초과이익공유제의 도입 가능성과 실행 방안을 고찰한다. 기존의 성과공유제가 실효성 한계에 직면한 가운데, 초과이익공유제는 협력을 통해 창출된 부가가치를 공정하게 배분함으로써 지속 가능한 상생 구조를 구축할 수 있는 대안으로 주목받고 있다. 이 글은 하도급 구조에서 발생하는 협상력의 비대칭성과 불공정한 이익 배분 문제를 해결하기 위한 구체적인 이론적 접근으로 Nash-Kalai-Smorodinsky 협상 해법과 파이 나누기(Split the Pie) 모델을 적용하고, 공유가치 창출(Creating Shared Value: CSV) 개념과 연계하여 제도의 실효성을 제고할 수 있는 실천적 방안을 제안한다.

이를 통해 저자는 대·중소기업 간의 수평적 협력 체계를 제도화하고, 공정성과 효율성이 공존하는 지속 가능한 산업 생태계 조성의 필요성을 강조한다. 경제적 가치와 사회적 가치를 동시에 창출하는 CSV의 일환으로 초과이익공유제를 하도급 관계에 적용하는 것은, 대기업과 중소 협력업체 간의 단기적인 수익 분배를 넘어 협력업체의 역량 강화와 공급망의 지속 가능성 제고에 기여할 수 있다. 또한 자발적이고 공정한 협상을 통해 공동으로 창출한 초과이익을 배분하는 방식으로서, NKS 협상 해법과 '파이 나누기' 해법은 대기업의 일방적 이익 편취를 방지하고, 협력업체의 기여에 비례하는 정당한 이익 분배를 실현하는 제도적 장치로 작용할 수 있다.

「트럼프 2기 행정부 관세 정책 평가와 대응 전략」(김흥종)에 의하면, 트럼프 2기 미국 행정부의 대외 정책은 관세를 통상 정책의 수단을 넘어 대외 관계 전반에 영향을 주는 강력한 무기로 사용하고 있다는 점에서 충격을 주고 있다. 이는 미국 시장 접근을 담보로 세계 각국에 이민, 마약 대책, 국내 규제, 안보, 환율 정책 등 다양한 분야에서 미국의 이익을 관철하려는 수단으로 관세 조치를 사용하고 있기 때문이다. 통상 정책은 이제 대외 정책의 중심이 되었다.

트럼프 행정부의 관세는 세 종류로 구성된다. 첫째, 미국 시장 접근의 기본비용으로 인식되는 기본관세는 모든 산업과 모든 국가에 일률적으로 10% 부과된다. 둘째, 전략산업에 대한 품목별 관세는 철강, 알루미늄, 자동차, 반도체, 의약품에 25%씩 부과되어, 국내 산업을 보호하고 외국 기업의 미국 내 투자유치를 유도한다. 셋째, 국가별로 차등 부과되는 상호관세는 대미 무역수지 흑자 규모에 따라 국가별로 11~50% 수준으로 부과된다. 상호관세는 경제학적 합리성을 찾기 어려우며, 이러한 정책은 무역불균형의 원인을 상대국의 관세 및 비관세 장벽 탓으로 돌리고, 이를 교정할 책임이 상대국에 있다는 인식에 기반한다.

트럼프의 관세 정책은 많은 법적 문제점을 낳고 있다. 먼저 국제통상법상 관세율의 임의 인상은 예외조항을 따라야 하지만, 국가안보를 이유로 고율 관세를 부과하는 현재 정책은 WTO의 최혜국 대우(MFN) 원칙과 GATT 규정을 위반할 가능성이 크다. 국내법적으로도, 트럼프 2기 행정부가 근거로 삼고 있는 국제긴급경제권한법(IEEPA)은 발동요건 충족 여부가 불확실하며, 관세를 수단으로 사용하는 것 자체가 논란의 대상이다. 현재는 대통령 권한 남용 및 의회의 권한 침해를 이유로 한 소송에도 직면해 있다.

트럼프 행정부의 대외 정책은 신고립주의와 매킨리주의로 요약된다. 아메리카 대륙 내 미국의 지배력을 강화하고, 직접적 이해관계가 없는 해외 지역의 안보 개입을 줄이려는 태도는 신고립주의의 전형이다. 반면 관세를 대외 정책 수단으로 활용하거나 해외 영토 확장에 관심을 보이는 점은 매킨리 대통령 시절의 철학과 닮아 있다.

트럼프 경제자문위원장 스티븐 마이런의 보고서는 이러한 인식에 기반하여, 미국이 전후 80년간 유지해 온 20세기 세계 경제질서를 어떻게 재구조화할지를 보여 준다. 이 보고서는 공세적 관세 정책으로 타국의 빗장을 열고, 규칙 기반 자유주의 질서에 충격을 가한 뒤, 그로 인해 발생하는 인플레이션, 고금리, 강달러 상황을 마라라고 협정(Mar-a-Lago Accord)을 통해 인위적으로 달러 약세로 전환시키는 2단계 전략을 제시한다.

현재 한국을 포함한 여러 나라가 미국과 관세 협상을 진행 중이다. 영국과 중국과의 통상 협상 1차 결과가 발표되었는데, 영국은 트럼프 행정부의 10% 기본관세를 최초로 공식화했다는 점에서 비판을 받았지만, 품목별 관세를 25%에서 10%로 낮춰 품목별 관세도 협상 대상이 될 수 있음을 확인시켰다. 중국과의 협상은 상호관세를 115%포인트 인하하고, 협상 중이던 일부 비관세 조치들을 철회하기로 합의하면서 긍정적으로 평가되었다. 그러나 최종 합의 결과가 트럼프 대통령이 초기에 주장했던 관세 정책의 기본 틀과 유사하다는 점에서, 여전히 세계 경제에 큰 충격파를 주고 있다.

한국은 현재 미국과의 협상을 진행 중이다. 경제안보, 투자 협력, 통화 정책 등 광범위한 분야에서 작업반을 구성하고 있으며, 트럼프 대통령이 주장한 일괄타결 방식으로 진행되고 있다. 협상의 틀과 시한 설정, 협상 대표의 철학 등에서 여러 문제점과 위험성이 나타나고 있어 우려가 커지고 있다. 한국은 한미 FTA를 기반으로 원칙에 충실한 접근을 해야 하며, 시간을 갖고 우리의 협상 카드를 전략적으로 활용해 세부 쟁점에서 반전을 만들어 낼 수 있는 전략이 필요하다.

트럼프 2기 행정부의 외교·통상 정책은 미국의 변화된 정체성을 보여 준다. 트럼프는 떠나더라도 트럼피즘은 남을 것이며, 글로벌 공공재를 더 이상 제공하지 않는 미국의 탈위치 현상은 세계뿐 아니라 미국 자신에게도 불확실성과 위험을 증대시킬 것이다. 낙관의 시대는 종말을 고하고, 규칙 기반의 자유주의 질서는 흩어지고 있다. 전 세계는 전쟁과 갈등, 무역 축소, 국가경제안보 중심의 무한 경쟁 시대로 접어들고 있으며, 트럼프 대통령은 이러한 변화의 상징이 되었다.

「**광장, 시장, 전장-미래 공동체 사회를 위한 교육**」(김희삼)은 고등학교에 관한 세 가지 은유-'함께하는 광장', '거래하는 시장', '사활을 건 전장'-에 바탕을 두고 교육의 본질과 방향성에 대해 성찰한다. 학교는 공동체 속에서 민주적 시민성과 사회적 관계성을 기르는 공간일 수도 있고, 교육 서비스 거래의 장일 수도 있으며, 입시라는 좁은 출구를 향한 치열한 경쟁이 벌어지는 전장으로 인식될 수도 있다. 저자는 4개국 대학생을 대상으로 한 인식조사 결과를 통해, 한국 청년들이 고등학교를 '전장'으로 보는 비율이 압도적으로 높다는 사실을 지적한다. 이는 입시 경쟁하에서 선별 도구로 전락한 학교가 신뢰, 협력, 연대가 아닌 불신과 견제, 생존 경쟁의 공간으로 인식되고 있음을 시사하며, 사회자본을 길러야 할 교육이 오히려 그것을 침식시키는 구조적 모순을 드러낸다.

'함께하는 광장'은 존 듀이의 민주주의 교육철학을 바탕으로 학교를 민주적 시민을 길러내는 '작은 사회'로 보는 공동체적 교육관을 반영한다. '거래하는 시장'은 밀턴 프리드먼 등 자유시장주의적 관점으로 경쟁을 통해 교육의 질이 제고될 수 있고 수요자의 선택권과 효율이 최우선 가치가 되어야 한다는 주장과 상통한다. '사활을 건 전장'은 피에르 부르디외의 문화자본 이론에서 겉으로는 공정해 보이는 교육 경쟁이 본질적으로는 불평등 구조를 재생산하고 상징 폭력을 자행한다는 비판과 연결된다. 이러한 세 가지 관점을 이론적으로 정리한 후, 저자는 이를 '개인 대 집단', '경쟁 대 협력'이라는 두 축 위에 구조화하여 보다 통합적인 분석 틀로 확장한다. 이 과정에서 학교의 또 다른 은유로 '복종하는 감옥'이라는 유형도 제시하는데, 이는 미셸 푸코의 감시와 규율 이론을 바탕으로, 위계적 질서와 통제 중심의 학교문화를 비판적으로 해석한 것이다.

이론적 논의에 이어, 광주의 한 일반고등학교(비아고)에서 수행한 고등학생 인식조사에서는, 학교를 '광장'으로 인식하는 학생들이 '시장'이나 '전장'으로 인식하는 학생들보다 친사회적 행동 의향, 사회자본(신뢰·협동), 자아존중감, 회복탄력성, 학교 만족도와 행복도 등에서 유의미하게 높은 수치를 보였다. 이는 학교에 대한 인식이 학생들의 태도와 정서, 행동 양식에 실질적인 영향을 미치며, 교육 만족도와 삶의 질로 연결된다는 점을 확인시켜 준다.

이러한 분석을 바탕으로, 저자는 학교가 다시 '함께하는 광장'으로 기능하기 위한 네 가지 개혁 방향을 제시한다.

첫째, 수업 방식의 혁신이다. 지식 전달 중심의 주입식 교육에서 벗어나, 학생들이 함께 문제를 해결하는 프로젝트 기반 학습(PBL), 거꾸로 수업(flipped learning), 협동학습 등의 구성주의적 접근이 강조된다. 이러한 수업은 단지 지식을 배우는 것을 넘어 사회적 상호작용을 통한 책임감, 소통, 배려의 경험을 제공한다.

둘째, 평가 제도의 재설계다. 경쟁 중심의 상대평가는 학생 간 협력을 어렵게 만들며, 신뢰를 저해하는 구조이다. 따라서 동료 평가, 팀 평가, 자기 성찰 기반 평가, 그리고 절대평가의 확대가 필요하다. 특히 교육의 목적이 개인의 성장과 공동체적 역량 강화에 있다면, 평가 역시 그것을 정당하게 측정하고 반영할 수 있어야 한다.

셋째, 교육 과정의 재구성과 실천 프로그램 개발이 요청된다. AI 시대의 교육은 세부 지식 전달보다 통합적 사고력, 사회적 감수성, 실천적 시민성을 중심으로 재편되어야 한다. 이를 위해 교과서와 수업 내용을 덜어 내고, 지역사회 문제 해결 프로젝트, 사회자본 실험 게임, 토론 수업, 공론장 운영 등을 통해 사회자본을 체득할 수 있는 프로그램이 병행되어야 한다.

넷째, 교원 양성과 지원 체계의 전환이다. 수업 방식과 평가 제도의 변화는 교사의 전문성과 자율성, 실천 의지에 달려 있다. 교육의 실험과 혁신을 시도하는 교사들이 제도적으로 인정받고, 현장 중심의 연구와 실천이 지속 가능하도록 뒷받침되어야 한다. 특히 교사 양성과 임용 과정에서도 수업 설계 능력, 구성주의 교수법, 사회적 리더십 함양 등이 중심이 되어야 한다.

저자는 학교 교육의 본질에 대해 근본적인 질문을 던진다. 학교에 가지 않고도 지식은 얼마든지 습득할 수 있는 세상에서 학생들을 왜 학교에 불러 모았으며, 학교는 어떤 경험을 제공해야 하는가? 앞으로 더욱 학교는 '함께하는 광장'일 때 존재 의미를 찾을 수 있게 된다.

교육 시스템에 문제가 있다고 판단했을 때, 사회 구성원들은 순응, 무시, 탈출, 개혁 중 하나를 선택하게 된다. 저자는 각자도생의 순응이나 냉소적 무시, 시스템 밖으로의 탈출이 아니라, 가능한 많은 이들이 함께 목소리를 내고 변화를 만들어 가는 개혁의 길을 선택해야 한다고 강조한다. 이런 개혁을 함께할 미래 사회의 주역은 학교가 '함께하는 광장'일 때 길러진다는 것이다. 이는 곧 미래 공동체 사회의 토대를 재구축하는 일이다.

「한국 노동시장의 이중구조 현황과 정책 대응 과제」(전병유)에 의하면, 한국 노동시장의 이중구조 문제는 외환위기 이후 고용 유연화와 산업 구조 재편 과정에서 심화되어, 대기업과 중소기업, 정규직과 비정규직 간 임금 및 고용 조건 격차가 제도적으로 고착된 구조적 불균형으로 자리잡았다. 이러한 이중구조는 노동시장 효율성과 형평성 저해뿐 아니라 노동자 간 연대와 이동성에 부정적 영향을 미치며, 사회통합 기반을 약화시키는 심각한 사회경제적 문제로 지속되어 왔다. 특히 대기업과 중소기업, 정규직과 비정규직 사이의 임금 및 복지 격차, 고용 안정성 차이는 노동시장 이중구조의 핵심 축으로 작용하며, 상향 이동성은 낮고 하향 이동성은 높은 폐쇄적 계층 구조가 형성되어 있다. 최근 고령화, 디지털 전환, 플랫폼 노동 확산 등 노동시장 환경 변화는 기존 제도의 사각지대를 확대해, 특수고용직, 프리랜서, 초단시간 노동자 등 비전형 노동자들이 제도적 보호에서 배제되는 현상까지 나타나고 있다. 이로 인해 노동시장의 분절성과 이중화는 더욱 고착되고 있으며, 이는 노동자의 시민권 및 사회적 정의 실현과 민주주의 수준과도 직결되는 중대한 정책 의제가 되었다.

노동시장 이중구조 문제는 전 세계적으로 공통된 현상으로, 특히 유럽 국가들은 덴마크, 네덜란드, 독일, 스웨덴 등을 중심으로 '유연안정성'(flexicurity) 모델을 도입해 고용의 유연성과 사회안전망을 동시에 강화하는 정책을 시행해 왔다. 덴마크는 고용 해고의 유연성과 실업급여, 직업훈련 등 강력한 사회안전망을 결합해 노동시장 순환성을 높이는 전략으로 대응했고, 네덜란드는 노사정 합의와 동일노동 동일임금 원칙을 법제화해 임시직의 정규직 전환과 유연근무 확산으로 고용률을 높이는 데 성공했다. 독일은 하르츠 개혁을 통해 노동시장 유연화와 복지 개혁을 병행했으나 저임금 일자리 증가와 노동시장 이중화 문제를 초래했으며, 스웨덴은 보편주의 복지국가 체계와 산별노조 협의를 통해 임금 및 복지 격차를 최소화하는 모델을 가지고 있다. 이들 사례는 노동시장 이중구조 완화를 위해 유연성 확보, 강력한 사회안전망, 상호 이동성 촉진, 사회적 대화 기반 구축이 필수임을 시사하며, 한국도 이를 참고하여 점진적이고 현실적인 '한국형 유연안정성 모델'을 설계해야 한다.

한국 정부는 1997년 외환위기 이후 고용 유연화를 중심으로 정책을 추진해 왔으나, 비정규직 확산과 임금 격차 등 이중구조가 더욱 심화되었다. 이후 노무현 정부가 비정규직 보호법을 도입했으나 한계가 있었고, 박근혜 정부는 노동시장 구조 개혁을 시도했으나 사회적 갈등으로 실패했다. 문재인 정부는 비정규직 정규직화, 최저임금 인상, 주 52시간제 도입 등 보호 정책을 강화했으나 정책 간 연계 부족과 사회적 합의 미비로 이중구조 해소에는 한계를 드러냈다. 윤석열 정부는 근로시간 유연화와 직무성과급 도입 등 노동시장 개혁을 추진하려 했으나, 사회적 대화 부족과 취약노동자 보호 미흡 등으로 구조적 불균형 완화에 실패했다.

기존 정책들은 정책 간 연계성과 일관성 부족, 사회적 대화 및 합의 미흡, 정규직 중심 개혁, 비정규직 정책 단편성, 노동시장 구조 전환 비전 및 거버넌스 부재 등의 한계를 보였다. 이에 따라 앞으로의 노동시장 개혁은 유연성과 안정성의 균형을 도모하는 '한국형 유연안정성 모델' 구축이 핵심 과제이며, 노사정 간 실질적 사회적 대화와 협력 거버넌스 체계 구축이 필수적이다.

구체적 정책 방향으로는, 첫째 고용 유연성 재정립과 함께 비정규직 상시 업무에 대한 정규직 전환 법제화 및 노동자 권리 보호 강화가 요구된다. 둘째, 실업보험 적용 확대와 수급 요건 완화로 특수고용직, 플랫폼 노동자 등 비전형 노동자까지 포괄하는 고용안전망을 확충해야 한다. 셋째, 직무 기반 역량 강화와 신기술 직무훈련을 포함한 적극적 노동시장 정책(ALMP)을 확대해 노동시장 재진입 지원과 노동력 질 제고에 주력해야 한다. 넷째, 임금 격차 해소를 위해 동일가치노동 동일임금 원칙 기반의 연대임금 정책과 직무급 임금 체계 도입을 추진하고, 납품단가 연동제 도입과 공정거래 감독 강화로 중소기업 임금 지급 능력도 개선해야 한다. 다섯째, 공공조달과 R&D 지원을 통한 노동친화적 고용환경 조성과 대기업-중소기업 간 훈련 인프라 공유 등 산업생태계 차원의 고용환경 개선도 병행해야 한다.

마지막으로, 노동시장 구조 개혁의 실효성을 위해서는 정책 집행의 법적 구속력 확보, 다양한 이해당사자의 참여를 보장하는 분권화된 사회적 대화 체계 구축이 중요하다. 또한 산업별·지역별 사회적 대화를 활성화하여 지금까지 기업 단위에 집중되어 있던 노사 교섭을 넘어 중소기업 노동자, 비정규직, 소외계층의 목소리를 충분히 반영할 수 있도록 해야 한다. 최근 기후 변화와 AI 등 기술 변화가 노동시장에도 커다란 영향을 미칠 것으로 전망되기 때문에 사회적 전환 협약 추진도 중요한 과제이다. 이러한 통합적이고 장기적인 사회적 합의 기반의 정책 추진만이 한국 노동시장 이중구조의 구조적 문제를 해소하고, 포용적이고 지속 가능한 노동시장 모델을 구축할 수 있는 길임을 주장한다.

차례

1

경제·금융 혁신성장을 위한 법제 개혁 과제: 포용적 법치를 중심으로

김자봉

*

이 글은 『은행법연구』 제18권 제1호(2025. 3)에 게재된 「금융성장론으로의 전환을 위한 법제 개혁 과제」를 부분적으로 보완한 글이다.

1. 머리말

법은 법 자신을 위해 존재하지 않는다. Roscoe Pound(1921)에 의하면, 법은 사회적 필요를 반영하는 사회공학(social engineering)이다. 법의 사회적 필요에 영향을 미치는 가장 큰 사회 영역은 경제와 금융이다. 이 가운데에서도 특히 금융 영역에서 법의 중요성은 매우 크다. 경제와 금융의 발전을 위해서는 게임의 규칙으로서 역할을 하는 법이 합리적이어야 하고 시대 상황을 반영하는 포용성을 지녀야 한다. 다산 정약용은 56세 되던 1817년(순조 17)에 행정 제도, 관제, 토지 제도, 부세 제도, 민생방안, 기술과 상공업의 발전에 필요한 법규 등을 담은 48권에 이르는 국가개혁론인 『경세유표』를 펴냈다. 다산은 "터럭만큼도 병통이 아닌 것이 없으므로 고치지 않으면 반드시 나라가 망할 것이다"라고 걱정하며 나라를 경영하는 모든 제도에 대해서 기본골격을 세우고 요목을 베풀어 新我之舊邦(나라를 새롭게 개혁한다)을 추구했다.

21세기 우리나라 경제와 금융도 새로운 발전을 위해서는 법의 개혁을 필요로 하는 긴급한 상황이다. 우리 경제는 1960년대 이후 최근 이르기까지 압축성장으로 눈부신 성과를 이룩했다. 하지만 최근에는 경제성장률이 0%대로 급락하고 소득 양극화는 심화되어 일본의 잃어버린 30년과 다를 바 없는 상황에 빠졌다. 일본의 경우 100여 년의 부를 축적한 후에 잃어버린 30년이 왔지만 우리는 이제 겨우 20여 년 흑자 시기에 불과한 처지에서 잃어버린 30년을 맞고 있어 객관적인 처지는 일본보다 더욱 어렵다. 이에 따라 장기적으로 과연 우리 경제가 지속성장을 이어 갈 수 있을지에 대한 의구심이 일고 있는 상황이다.

그렇다면 이러한 상황에 대하여 법과 제도의 개혁은 새로운 모멘텀을 만들 수 있을까? Acemoglu and Robinson(2012)의 민주주의 경제학은 법과

제도가 경제 활동을 결정하는 매우 중요한 모멘텀이 될 수 있다고 지적한다. 포용적 법치가 경제적 번영을 가져올 수 있는 것이다. 1960년대 이후 특히 1987년 민주화 이후 지금에 이르기까지 우리 스스로가 만들어 오고 있는 우리나라의 경제성장도 사실은 민주주의 정치경제학의 포용과 개방, 즉 포용적 법치가 낳은 산물이다. 1960년대 이후 지금까지 우리 경제는 두 가지 유형의 경제적 모멘텀을 가졌다. 하나는 정부 주도의 빅푸시(big push)에 의한 경제성장의 토대 구축이었고, 다른 하나는 1987년 이후 민주주의 정치경제학의 포용과 개방이었다. 1960년부터 2023년에 이르는 기간 동안 1인당 GDP의 총량 중 1987년 이후에서 2023년에 이르는 기간 동안의 1인당 GDP 총량이 차지하는 비중은 97%를 넘는다. 이는 그만큼 민주주의 정치경제학에 의한 포용과 개방이 경제성장에 압도적으로 큰 영향을 미쳤음을 의미한다. Chalmers Johnson(2007)에 의하면,[1] 1961년 박정희 군사정부가 경제 개발을 중요 정책으로 추진했던 이유도 1960년 4.19 민주화 혁명으로 인한 민주주의 압력이 있었기 때문이었다. 그만큼 한국에서는 민주주의가 경제발전의 중요한 계기로서 작동했다.

하지만 최근 유엔 등 국제기구의 조사에 의하면, 우리나라의 포용과 법치 수준은 하락하는 가운데 경제성장률이 0%대로 급격히 하락하고 소득분배는 악화되는 상황에 직면하고 있다. Acemoglu and Robinson(2012) 등에 의하면, 경제성장이 포용성을 가져오는 것이 아니라 포용성이 경제성장을 가져온다. 마찬가지로 경제성장이 소득분배의 조화와 지속성장을 가져오는 것이 아니라 경제성장과 소득분배의 조화가 경제의 지속적인 성장을 가져온다. 따라서 성장과 분배의 조화를 추구하고 경제를 한 단계 더 업그레이드하기 위해서는 법제도의 포용성과 전문성을 제고하는 법제 개혁이 필

1 Chalmers Johnson(2007), pp. 1~10.

요하며, 이러한 법제도의 개혁을 통해 경제성장과 소득분배의 조화를 이루기 위한 세 번째 새로운 모멘텀을 만들어 내야 한다.

법제 개혁을 통한 새로운 성장 모멘텀은 경제성장과 소득분배의 조화를 이루는 지속성장을 위해 혁신, 포용, 동반을 적극 지원하는 방식이 되어야 한다. 혁신을 통해 원천기술을 창조하는 선도국가로 발전해야 하고, 포용을 위한 법제도의 개혁을 통해 창조적이고 파괴적인 혁신을 수용해야 하며, 동반을 통해 애덤 스미스(Adam Smith)의 자연적 자유(natural liberty)[2]와 공정성 원칙에 부합하는 경쟁적 시장에서 성장과 분배의 조화를 추구해야 한다. 1960년대 이후 정부 주도 빅푸시에 의해 이룩한 전기 산업사회는 소수의 대기업을 중심으로 경제성장의 기본적인 토대를 구축했다. 하지만 지금 우리 경제는 여전히 빅푸시 함정(big push trap)에 빠져 모방국가 모델에서 크게 벗어나지 못하고 있으며 대기업 중심의 중상주의적 불균형 성장의 유산으로 성장과 분배의 부조화가 심각해지고 있다. 빅푸시의 유산을 발전적으로 해소하고 보다 혁신적이고 포용적이며 동반적인 선도국가로의 전환을 위해서는 정부의 역할을 빅푸시로부터 포용과 동반의 보증자로 전환하고 자유로움과 공정성이 구현된 시장 제도를 확립하는 것이 필요하다. 자유로움과 공정성이 구현된 시장 제도를 기반으로 하는 후기 산업사회는 금융산업을 경제성장의 새로운 중심으로 적극 활용하는 금융성장론을 추진해야 한다. 금융성장은 혁신금융과 금융 수출을 주된 수단으로 한다. 혁신금융을 통해 혁신성장이 가능하며 그 반대는 아니다. 금융 수출은 금융의 글로벌 경쟁력을 확보하고 이를 통해 부가가치를 창출하는 수단이다. 금융성장론이 제대로 실현되기 위해서는 금융 국제화를 지원하는 법제의 마련, 우리나라 기업 전체의 90%를 넘는 가족기업 체제의 절세 추구

2 Adam Smith(1776), p. 121.

형 거버넌스 문제점을 해소하는 자본시장 밸류업과 금융기본권을 보호하는 금융규제행정 체계로의 전환과 사법 시스템의 전문성이 제고되어야 한다. 가족기업 체제의 문제점은 금융소비자의 이익을 훼손하는 데 그치지 않는다. 더 심각한 것은 기업가로 하여금 기업가치를 제고하도록 하는 유인을 약화시켜 국가경쟁력을 훼손한다는 점이다.

이하 글의 순서는 다음과 같다. 제2절은 우리나라 경제금융의 현주소, 두 가지 문제점과 전략 방향을 살펴보고, 제3절은 포용과 동반의 보증자로서 국가의 역할과 금융성장론을 논의한다. 제4절은 개혁 과제의 범위와 법제의 개선 과제를 도출하며, 마지막으로 제5절은 이 글을 정리하는 맺음말이다.

2. 우리나라 경제금융의 현주소, 두 가지 문제점과 전략 방향

1) 경제성장과 민주주의 정치경제학

Acemoglu and Robinson(2012)이 지적한 것처럼, 민주주의는 경제적 번영을 가져온다. 우리나라에서도 민주주의는 번영을 가져왔다.[3] 1961년 이후 군사정부가 경제개발계획을 추진한 것도 한국전쟁 이후 한국 사회의 개방과 4.19 민주주의 압력에 의한 것이고,[4] 1960년부터 지금에 이르는 기

3 김자봉(2025a).

4 국가기록원의 제1차 경제개발5개년계획 보고서에 의하면 한국전쟁 이후 제1, 2차 산업의 높은 증가율은 원조비료와 원조물자의 공급에 의존한 것이었다. 제3차 산업도 원조물자의 국내 교역 증가로 인한 상업 및 서비스업의 성장에 따른 것이었다. 4.19 민주화 혁명은 한국전쟁과 해외 원조를 매개로 한 한국 사회의 급격한 개방과 민주주의에 대한 인식의

간의 중간 시점인 1987년 이후 1인당 국민소득이 그전에 비해 압도적으로 증가한 것도 1987년 민주화 이후 개방과 포용으로 확대된 경제 활동 때문이었다. 1960년 우리나라의 1인당 GDP는 158.3달러였고, 1987년에는 3,554.6달러였으나 2021년에는 35,125.5달러로 증가했다. 1960년 이후 2023년까지 벌어들인 1인당 GDP의 97.02%는 1987년 이후에 얻어졌고 그 이전이 차지하는 비중은 2.98%에 불과했다. 국부의 대부분이 시기적으로 1987년 민주화 이후에 실현된 것이다. 한마디로, 민주화 이후 경제가 폭발적으로 성장했다. 〈그림 1-1〉은 이러한 폭발적 성장 과정을 여실히 보여 준다. 그림에서 I은 군사독재의 영향력하에 있던 시기이고, II는 민주화로 경제가 급격히 확대된 시기이고, III은 글로벌 금융위기 이후 빅푸시의 유산이 재등장하면서 포용성과 법치가 하락하고 경제 활동이 위축된 시기다. 1987년 민주화 이후 산업 구조도 하이테크로 바뀌었다. 〈표 1-1〉에서

확대를 배경으로 했다고 할 수 있다.

국민총생산의 성장과 구성비(1955년 불변가격기준)

	제1차 산업		제2차 산업		제3차 산업		국민총생산	
	성장률	구성비	성장률	구성비	성장률	구성비	성장률	구성비
1953	—	42.3	—	12.7	—	45.0	—	100.0
1954	6.1	42.7	16.0	14.0	1.2	43.7	5.2	100.0
1955	3.0	42.3	13.1	15.2	2.1	42.5	4.0	100.0
1956	–5.9	39.7	12.2	17.0	2.1	43.3	0.3	100.0
1957	8.7	39.7	17.0	18.3	5.3	42.0	8.7	100.0
1958	7.4	39.9	8.9	18.7	5.6	41.4	7.0	100.0
1959	1.4	38.5	13.3	20.0	5.3	41.5	5.2	100.0
1960	1.7	38.2	4.8	20.5	1.8	41.3	2.3	100.0
연평균	3.2		12.2		3.3		4.7	

자료: 제1차 경제개발5개년계획(1962~1966), 1962년 1월, 국가기록원, p. 12.

그림 1-1 1인당 GDP 추이: 1960~2023 (단위: US 달러)

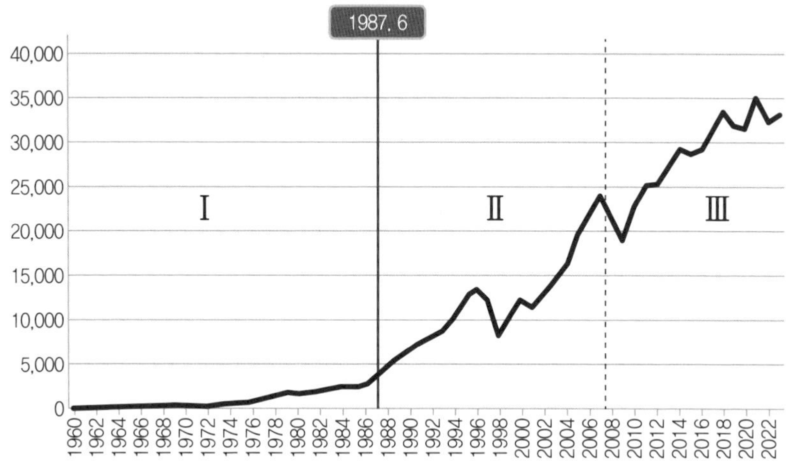

자료: 세계은행.[5]

보는 바와 같이 1961년 주요 수출 품목은 철광석, 중석, 생사, 무연탄, 오징어 등이었고, 1990년대 들어 반도체 등 하이테크로 변화하기 시작하여 2022년 주요 수출 품목은 반도체, 석유 제품, 자동차, 합성수지, 자동차 부품 등으로 변화되었다.

5 https://data.worldbank.org/indicator/NY.GDP.PCAP.CD?locations=KR(검색일: 2025. 2. 27).

▌**표 1-1** 우리나라 주요 수출품의 구성 변화 추이

순위	1946	1961	1972	1980	1992	2002	2012	2022
1	어류 및 어류 제품	철광석	편물 제품	의류	반도체	반도체	석유 제품	반도체
2	기타 해조류	중석	합판	철강판	자동차	자동차	반도체	석유 제품
3	동식물성 원료	생사	가발	신발	무선 통신기기	무선 통신기기	자동차	자동차
4	가공품	무연탄	신발류	선박해양구조물 및 부품	컴퓨터	컴퓨터	선박해양 구조물 및 부품	합성수지
5	기타 제품	오징어	생사	음향기기	선박	선박해양구조물 및 부품	평판시스플레이 및 센서	자동차 부품
6	식료품	활선어	면직물	인조장 섬유직물	석유 제품	석유 제품	자동차 부품	철강판
7		흑연	활선어	고무 제품	합성수지	합성수지	무선통신기기	평판시스플레이 및 센서
8		합판	중석	목재류	철강판	영상기기	철강판	정밀화학원료
9		미곡	철광석	영상기기	영상기기	철강판	합성수지	선박해양구조물 및 부품
10		돼지털	오징어	반도체	자동차 부품	의류	전자응용기기	무선통신기기

자료: 지표누리 e-나라지표, 10대 수출입 품목.[6]

2) 두 가지 당면 문제점과 전략 방향

현재 우리 경제가 당면한 문제점은 경제성장의 정체와 소득분배의 악화이다. 이 문제점은 둘이면서 또한 하나이다. 경제성장과 소득분배가 선순환의 조화를 이루지 못하면 지속성장은 보장되지 못한다. 성장하되 분배가 악화되거나 성장 없이 분배만 이루어질 경우 경제는 지속 가능하지 못한다. 〈그림 1-1〉에서 II단계에 해당하는 민주화 이후 폭발적인 성장 국

6 https://www.index.go.kr/unity/potal/main/EachDtlPageDetail.do?idx_cd=2455(검색일: 2025. 2. 27).

그림 1-2 우리나라 경제성장률 추이: 1961~2023

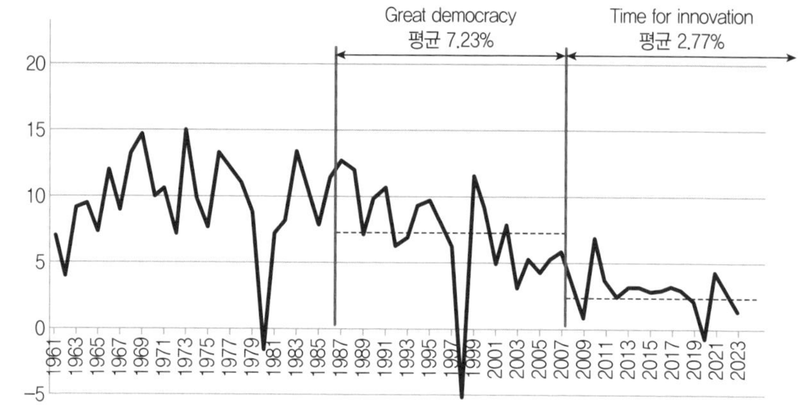

자료: 세계은행.[7]

면을 지나, III단계에서 경제성장은 정체하고 동시에 소득분배는 악화되고 있다. 경제성장의 정체는 〈그림 1-2〉가 드라마틱하게 보여 준다. 보는 바와 같이 경제성장률은 1987년 이후 2007년까지 평균 7.23%이었으나, 그 이후 2023년까지는 평균 2.77%, 그리고 특히 최근에는 지속적으로 하락하여 급기야 2025년에는 0%대로 전망되기에 이르렀고 2025년 1분기에는 -0.2%를 기록했다. 〈그림 1-3〉과 〈그림 1-4〉에서 소득분배는 상하위 소득격차가 더욱 확대되고 있고 근로소득 양극화뿐 아니라 자산 양극화도 심화되고 있다. 노인빈곤율과 자살률은 전 세계적으로 유례없이 높은 수준에 이르고 있으며 사회공동체가 약화되고 각자도생에 내몰린 사회가 되고 있다. 이에 따라 우리 경제는 성장률을 높이는 새로운 모멘텀의 확보와 소득분배 개선을 통해 성장의 지속성을 확보해야 하는 처지에 놓여 있으며, 이 처지에서 벗어나기 위한 정책과 법의 역할을 도출하는 것이 시급하다.

7 https://data.worldbank.org/indicator/NY.GDP.MKTP.KD.ZG?locations=KR(검색일: 2025. 2. 27).

그림 1-3 소득 불평등 추이

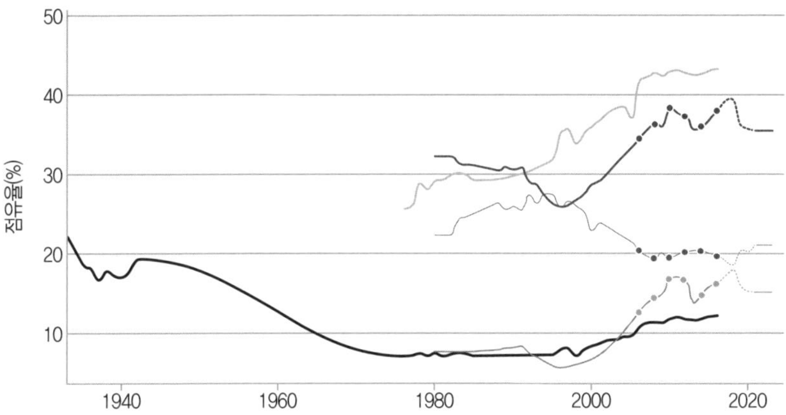

주: —은 상위 10%의 fiscal income, —은 상위 10%의 pre-tax national income, —은 하위 50%의 pre-tax national income, —은 상위 1%의 fiscal income, —은 상위 1%의 pre-tax national income.

그림 1-4 소득 불평등을 초과하는 자산 불평등 추이

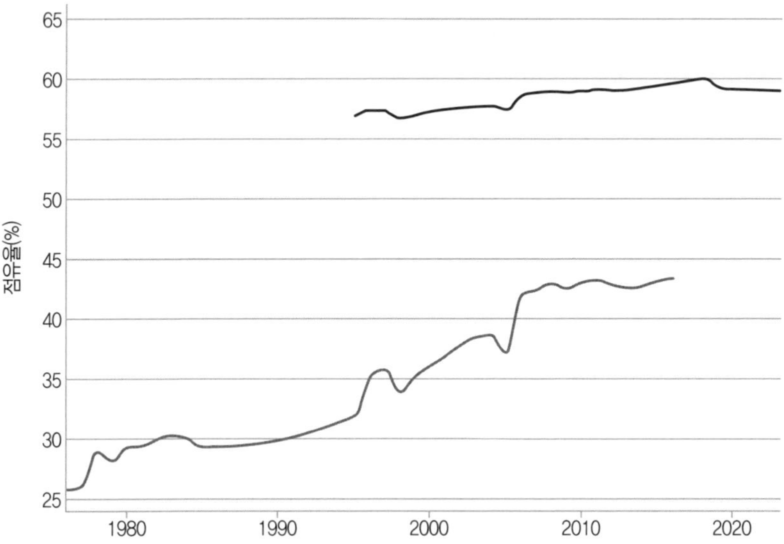

주: —은 상위 10% net personal wealth, —은 상위 10% fiscal income.
자료: WID(world inequality database).[8]

지속 가능한 성장의 모멘텀을 확보하기 위한 전략 방향은 혁신-포용-동반성장이다. 혁신, 포용과 동반은 지속적으로 질적인 경제성장을 이루는 데에 상호 보완적인 역할을 한다. 혁신은 글로벌 경쟁력을 갖는 새로운 기술을 개발하고, 포용은 새로운 변화를 유인하는 제도를 도입하고, 동반은 공정한 경쟁과 협력을 통해 변화의 과정과 결과를 함께 하고 나누는 것이다. Acemoglu and Robinson(2012)에 의하면, 성장의 모멘텀을 확보하기 위해서는 경제 체제의 포용성이 중요하다. 포용적 체제에서 혁신이 적극적으로 이루어져 성장의 모멘텀을 만들어 낼 수 있고 이러한 모멘텀이 장기적으로 지속되기 위해서는 성장과 소득분배가 조화를 이루는 동반이 필수적이다. Kuznets(1955),[9] Banerjee and Duflo(2003),[10] Berg and Ostry(2011), 신관호·신동균(2011)[11] 등에 의하면 경제성장이 지속되기 위해서는 성장과 분배가 조화를 이루어야 한다. 실질임금과 금융자산의 증가, 경제위기 과정에서 소득 불평등이 심화되지 않도록 하는 적극적인 노력이 이루어져야 한다. 이들의 연구가 시사하는 바에 의하면, 현재 우리나라가 당면한 성장 정체와 분배의 악화는 법제도의 포용성 약화와 함께, 성장과 분배의 부조화로부터 기인한 바가 있다.

3) 국제기구의 우리나라 포용적 성장과 법치 수준 약화에 대한 평가

국제연합무역개발협의회(UNCTAD)[12]에 의하면, OECD 국가 중에 우리

8 https://wid.world/country/korea/(검색일: 2025. 2. 27).
9 Simon Kuznets(1995), pp. 1~28.
10 Abjojitt Banerjee and Esther Duflo(2003), pp. 267~299.
11 신관호·신동균(2011), pp. 107~164.
12 UNCTAD.

▌**표 1-2** 우리나라의 포용성장 구성 요소별 OECD 내 순위

항목	순위(2020년)	순위(2021년)
경제	19위(영국, 일본 제외)	19위
생활 조건	22위(영국, 일본 제외)	15위
평등	25위(영국, 일본 제외)	49위
환경	31위(영국, 일본, 룩셈부르크 제외)	105위
종합	24위(영국, 일본, 룩셈부르크 제외)	36위

자료: UNCTAD.

나라의 포용성은 낮으며 심지어 악화되고 있다. 2020년 포용성장지수에 의하면 우리나라는 영국과 일본이 빠진 상태에서 36개 OECD 국가 중에서 27위이고, 2021년에는 38개국 중에서 36위로 하락했다. UNCTAD의 포용성장지수의 평가 기준은 경제, 생활 조건, 평등, 환경 등 네 가지 범주로 나뉜다. 제1 범주인 경제는 GDP와 NI로 측정된 국민소득, 고용, 무역 등을 요소로 하고 제2 범주인 생활 조건은 사회적 및 건강 조건, 교통 및 금융이 요소이고, 제3 범주인 평등은 소득 불평등, 학교등록률, 정치 참여, 여성·어린이·노인의 사회적 돌봄 등이 요소이고, 제4 범주인 환경에서는 물·토지·가스 등 자연적 자본의 보호, GDP 대비 에너지 소비량 등이다. 〈표 1-2〉에서 보는 바와 같이, 2020년에는 일본과 영국이 평가 대상에서 빠진 상태에서 우리나라는 제1 범주에서는 19위, 제2 범주는 22위, 제3 범주는 25위, 제4 범주는 일본, 영국, 룩셈부르크가 빠진 상태에서 31위이고 전체적으로는 24위에 해당한다. 2021년에는 제1 범주가 19위, 제2 범주 15위, 제3 범주 49위, 제4 범주 105위로 전체 36위가 되었다. 제1 범주 경제 영역은 두 기간 동안 변화가 없으나 제2범주는 개선된 반면, 제3, 4범주인 평등과 환경이 크게 후퇴했다.

이러한 우리나라의 OECD 내 상대적으로 낮은 포용성은 그간 우리 경

제의 운영에 기반이 되는 법치(rule of law)의 전개 과정과 무관하기가 어렵다. 법치는 시장경제의 질을 결정하는 중요한 요소이다. 법치가 제대로 이루어지면 신뢰와 안정성이 담보된 시장경제가 가능하게 된다. 포용적이고 민주적인 정치경제학에 기반하여 경제와 금융이 작동하기 위해서는 반드시 포용적 법치가 제대로 작동해야 한다. 포용적 법치는 건전한 자본주의 발전을 위한 조건이다.[13] World Justice Project[14]에 의하면, 법의 지배는 법, 제도, 규범, 그리고 공동체의 헌신으로 구성된 지속 가능한 체계로서, 네 가지 보편적 원칙, 즉 책임성(accountability), 공정한 법(just law), 개방된 정

그림 1-5 UNCTAD의 포용적 성장지수 비교

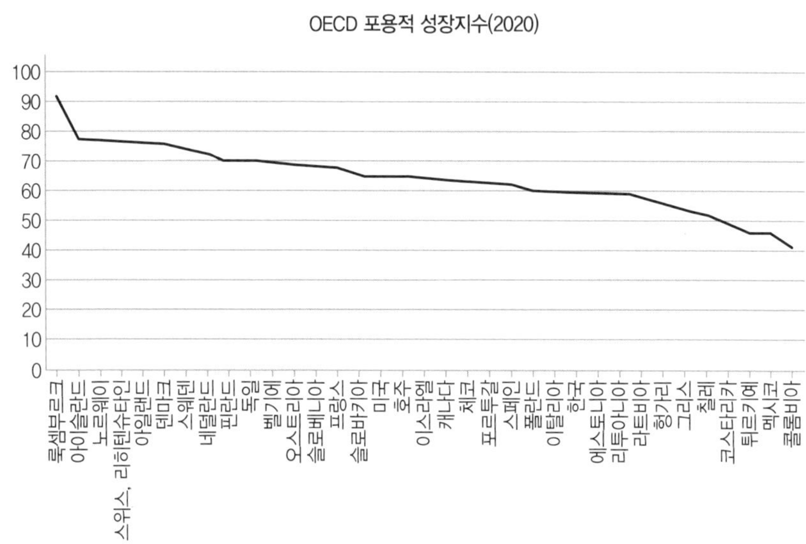

자료: UNCTAD.

13 송옥렬(2014), pp. 59~103.

14 https://worldjusticeproject.org/about-us/overview/what-rule-law.

▌그림 1-6 2020년 UNCTAD의 포용적 성장지수

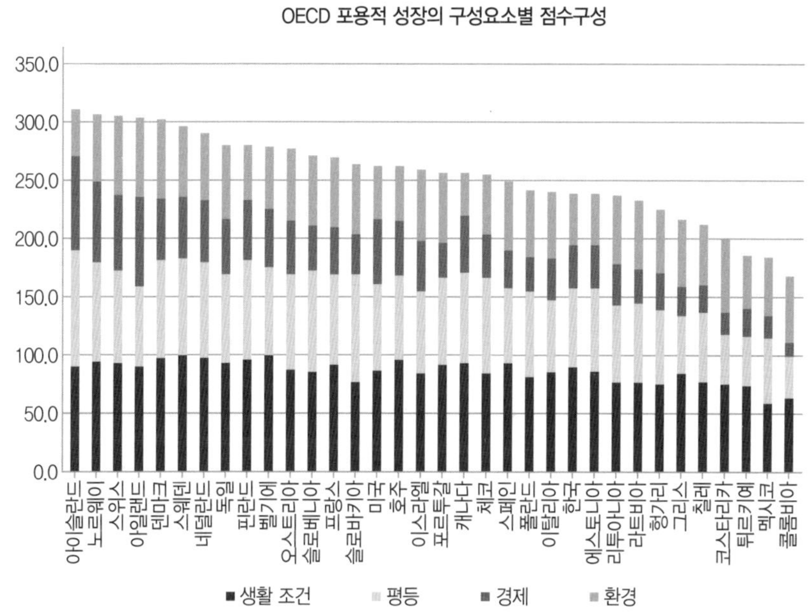

자료: UNCTAD.

부(open government), 그리고 접근 가능하고 공정한 사법(accessible and impartial justice)을 실현한다. 책임성은 정부뿐 아니라 일반인도 법을 준수해야 하고, 공정한 법은 법이 명확하게 공표되고 안정적이며, 공정하게 적용되며 인권뿐만 아니라 재산권, 계약권, 절차적 권리를 보장한다. 개방된 정부는 법의 제정, 집행, 심리와 강제의 모든 절차가 공개적이고 공정하고 효율적이어야 함을 의미한다. 접근 가능하고 공정한 사법은 정의의 실현이 유능하고 윤리적이며 독립적인 담당자와 중립적인 인사들에 의해 시의적절하게 실현되고 이들은 접근 가능하고 충분한 자원을 갖추고 있으며 자신들이 봉사하는 공동체의 구성원을 위해 노력한다.

포용성장지수와 마찬가지로 우리나라의 법치지수는 글로벌 차원에서

표 1-3 World Justice Project의 법치지수 비교

항목	순위(2014년)	순위(2024년)
법에 의한 정부권력의 통제	16	23
반부패지수	16	34
정부투명성지수	13	20
기본권	23	24
질서와 안전성	7	29
규제집행지수	17	20
민사정의지수	10	13
형사정의지수	8	15

자료: World Justice Project.

별로 높지 못하며 지속적으로 하락하고 있다. 〈표 1-3〉에서 보는 것처럼, World Justice Project[15]의 법치지수에 의하면, 비교 대상 99개 국가 중 우리나라의 2014년 법에 의한 정부권력의 통제지수(constraints on government powers)는 16위였고, 반부패지수(absence of corruption) 16위, 정부투명성지수(open government) 13위, 기본권(fundamental rights) 23위, 질서와 안전성(order and security) 7위, 규제집행지수(regulatory enforcement) 17위, 민사적 정의지수(civil justice) 10위, 형사적 정의지수(criminal justice)는 8위였다. 하지만 그로부터 10년 후인 2024년에는 정부권력의 통제지수는 23위, 반부패지수 34위, 정부투명성지수 20위, 기본권 수 24위, 질서와 안전성 29위, 규제집행 20위, 민사적 정의 13위, 형사적 정의 15위로 하락했다. 10년 사이에 정부통제지수는 7단계 하락했고, 반부패지수는 18단계, 정부투명성지수는 7단계, 기본권지수는 1단계, 질서와 안정성지수는 22단계, 규제집행지수는 3단계, 민사적 정의지수는 3단계, 형사적 정의지수는 7단계 하락했다. 모든 항목에

15 https://worldjusticeproject.org/rule-of-law-index/global(검색일: 2025. 2. 27).

서 눈에 띄는 하락이 목격되었다.

3. 혁신-포용-동반의 보증자로서 국가 역할과 금융성장론

1) 국가 역할의 변화: 빅푸시에서 포용성 보증자로의 이행

우리 경제는 양적 측면에서는 발전의 초기 단계에서 국가의 역할을 중심으로 성공적으로 운영되어 왔다. 그 성과의 배경에는 Murphy, Shleifer, and Vishny(1989)[16]가 구체적으로 한국의 사례를 소개하는 바와 같이 빅푸시가 있었다. 빅푸시는 크게 세 가지를 특징으로 한다. 정부 주도적인 산업화 코디네이션, 불완전경쟁과 과점을 전제로 한 규모의 경제 추구, 보완성을 갖는 다수 부문의 동시 산업화를 통한 수요의 창출이다. 간략히 표현하면, 빅푸시는 정부 주도의 소수 주요 기업을 중심으로 한 성장 전략이다. 정부 주도는 직접적인 성장 전략 코디네이터 역할을 의미한다. 1962년 1월 1일 발표된 군사정부의 경제개발5개년계획에서도 "민간인의 자유와 창의를 존중하는 자유기업의 원칙을 토대로 하되 정부의 강력한 계획성, 즉 기간산업과 그 밖의 중요 부문에 대해서는 정부가 직접적으로 관여하거나 또는 간접적으로 유도 정책을 쓰는「지도받는 자본주의 체제」"라고 명시적으로 밝히고 있다.[17]

Acemoglu and Robinson(2012)의 포용적 성장 모델도 정부의 역할을 중시하지만 내용이 다르다. 포용적 성장에서 정부는 포용적 제도와 기관으로

16 Kevin M. Murphy, Andrei Shleifer, and Robert W. Vishny(1989), pp. 1003~1026.

17 제1차 경제개발5개년계획(1962~1966), 서문 및 p. 16.

서 역할을 한다. 포용적 성장에서 정부는 투자와 혁신의 직접적이고 구체적인 의사결정권자라기보다는 성장을 지원하고[18] 그 성과에 대해 책임을 진다. 또한 정부는 재산권 보장, 법치, 공정 경쟁, 공평한 기회의 보장 등을 통해 사회 구성원이 투자와 혁신 노력으로 경제성장에 기여하도록 하는 '포용성의 보증자'로서의 역할을 해야 한다. 이러한 포용적 성장의 특징을 셋으로 요약하면, 정부의 포용성 보증자로서의 역할, 독점의 억제를 통한 경쟁 보장, 포용적 법치이다.

UNCTAD의 포용성지수와 World Justice Project의 법치지수에서 본 것처럼, 우리나라의 포용성과 법치는 지속적으로 악화되어 왔다. 민주주의 정치경제학에 의하면, 포용성과 법치의 악화는 궁극적으로 경제성장률 하락과 소득 양극화 심화를 초래하는 부작용을 낳았다. 이러한 문제를 개선하기 위해서는 법제 차원의 광범위한 혁신과 변화의 노력이 필요하다.

애덤 스미스는 자연적 자유(natural liberty)의 중요성을 강조했다. 여기에서 '자연적'은 독점기업 등 제3자의 외생적인 개입이 없이 법치가 작동하는 공정한 법률 시스템하에서 투자, 생산, 거래에 참여할 수 있는 자유 의지의 자유를 말하는 것으로 자유방임을 의미하는 것은 아니다. 애덤 스미스의 자연적 가격(natural price)[19]이 독점기업에 의해 지배되지 않는 경쟁 상태에서 달성되는 가격을 의미하는 것과 같다.

자연적 자유는 빅푸시의 중상주의적 정부 역할을 제한한다. 애덤 스미스가 정부 역할의 제한 범위를 명확히 한 것은 아니다. 하지만 대체로 정

18 이러한 정부 역할의 전환이 국가가 과학기술의 R&D 전략으로부터 손을 떼야 한다는 것을 의미하는 것은 아니다. 국가의 R&D 지원 전략은 추진하되 그 운영 방식이 독립적이고 전문성을 중시하고 포용적인 방식이어야 한다는 것이다. 예를 들어, 미국 정부는 직접 R&D를 지휘하고 결정하기보다는 민간전문가로 구성된 전문기구인 DARPA, NASA 등에게 독립성을 부여하며, 이들 R&D 전문기구들은 장기적인 비전으로 R&D뿐 아니라 벤처기업을 대상으로 한 산업 생태계 조성과 상업화 지원까지 행한다.

19 Adam Smith(1776), pp. 30, 51~57, 171, 510.

부의 역할은 국방, 법치, 공공재의 제공 등으로 제한했다. 이에 따르면 자연적 자유는 산업발전을 직접 관장하는 빅푸시의 정부 주도적 역할을 허용하지 않는다. 빅푸시는 애덤 스미스가 비판한 중상주의적인 것이다. 중상주의에서 정부는 독점을 통해 국부를 창출한다. 자연적 자유에서 정부는 포용적 성장을 위해 포용성을 보장하는 제도로서 역할을 한다. 빅푸시에서는 정부가 경제성장의 주도권을 행사하는 반면, 애덤 스미스의 자연적 자유에서 정부의 역할은 공정성을 보장하는 것으로 제한되고 경제는 시장을 중심으로 작동한다.

빅푸시와 자연적 자유는 경제발전 단계에 따라 유용성이 다를 수 있다. 경제발전의 초기 단계에서는 어느 정도 정부의 역할이 상대적으로 중요할 수 있다. 민간 부문에 가용할 자원이 빈약할 수 있기 때문이다. 이 경우에는 정부 주도의 빅푸시가 효과적인 결과를 낳을 수 있다.[20] 하지만 경제가 일정 수준에 이르는 경우 정부의 직접적이고 주도적인 역할은 가급적 제한하고 자연적 자유 모델에 따라 시장 제도의 포용성과 공정성을 보장하는 역할로 전환하는 것이 바람직하다. 다만, 빅푸시에서 자연적 자유로 전환하는 과정이 매끄럽게 이루어지지 못할 가능성이 있다. 빅푸시에서 주도적인 역할을 해 온 큰 정부와 과점적 기업으로부터 포용적 제도를 보증하는 지원 역할의 정부와 경쟁기업으로 전환하는 것이 사회적 갈등비용을 초래할 수도 있다. 그러나 장기적인 지속성장을 위해서는 포용적 제도로의 전환이 필수적이라는 점에서 전환비용은 불가피하게 지불해야 하는 사회적 비용이라고 할 수 있다.

---

20 물론 이것이 발전 초기에는 반드시 빅푸시여야 한다고 정당화하는 것은 아니다. 빅푸시일지라도 정책 방향이 잘못되면 실패를 피할 수 없다. Chalmers Johnson(1989)에 의하면, 1960년대 빅푸시의 성공 배경에는 1960년 4.19 민주주의 혁명에 의한 민주적 압력이 있었다고 지적한다.

자연적 자유에서 자유롭고 공정한 시장의 역할을 중심으로 하는 경제 체제가 이루어지기 위해서는 중상주의적 과거형 법제도를 공정과 경쟁을 지지하는 미래형 법제도로의 전환이 필요하다. 구체적으로 말하면, 1960년대 이후 빅푸시형 국가 운영의 철학, 거버넌스와 규제의 한계가 개선되어야 한다. 이를 통해 경쟁과 창조적 파괴를 제약하는 기존의 틀이 혁신되고 산업은 체질화된 정부 정책 의존으로부터 탈피할 수 있다. 또한 빅푸시에서 형성된 과점 체제 기업의 거버넌스와 사회적 역할도 변화해야 한다. 자연적 자유를 추구하는 방향으로의 제도 개선이 이루어져 특혜 없이 자유롭고 공정한 경쟁이 가능한 시장경제 체제의 확립이 필요하다.

2) 후기 산업사회의 비전으로서 금융성장론

1960년부터 지금에 이르기까지 이룩한 한국경제의 성과를 뒤로 하고, 앞으로의 한국은 이전보다 더욱 포용적이고 생산성이 업그레이드된 경제를 지향해야 한다. 지금까지 우리가 이룩한 산업화를 전기 산업사회라고 칭한다면, 앞으로 2025년 이후 우리가 이룩할 사회는 후기 산업사회라고 할 수 있다. 전기 산업사회는 1960년을 기점으로 현재에 이르기까지 220배를 넘는 1인당 GDP의 증가를 경험하는 등 폭발적인 성장에도 불구하고 최근 우리 경제의 성장률은 급격히 하락하여 이제는 0%대로 떨어지고 있다. 잃어버린 30년으로 일본은 경제성장률이 2018년 0.64%로 하락했다. 우리 경제도 일본과 마찬가지로 이미 잃어버리는 30년으로 빠져들었다. 잃어버리는 이 시간을 어떻게 극복할 것인가?

후기 산업사회의 비전은 금융성장과 이에 기반한 실물·금융의 균형성장이다. 이를 위한 방안에는 두 가지가 있다.[21] 첫째, 끊임없는 혁신을 통해 경제의 생산성을 높은 수준에서 유지하는 것이다. 물론 이를 위해서는 경제가 성숙 단계에 접어들수록 성장률이 떨어진다는 경제학의 불편한 진실과 싸워 이겨야 한다. 이 싸움에서 이기기 위해서는 전기 산업사회를 추구했던 국가 주도 모방 전략에서 탈피하여 후기 산업사회에서는 시장과 기업 주도의 선도자 전략으로 변화해야 한다. 국가는 기술을 직접 개발하는 자가 아니므로 국가 주도 성장 전략은 불가피하게도 해외의 선진적인 기술을 국내에 이식하여 모방하는 역할에 치중하게 된다. 특히 국내의 모든 기업을 모방기업으로 만들 수는 없으므로 소수의 기업을 대상으로 모방 전략을 지원하게 되고, 그 결과 과점 체제가 구축된다. Murphy, Shleifer, and Vishny(1989)가 지적한 빅푸시의 특징도 바로 이러한 사정으로부터 기인한다.

선도자 전략에서는 직접 기술을 개발하는 기업과 시장의 역할이 중요해진다. 누구보다 기술을 잘 알아야 하고 새로운 기술에 대한 투자를 기업과 시장이 해야 하기 때문이다. 미국 실리콘 밸리와 대등한 글로벌 경쟁력을 갖는 선도자 전략을 국가가 직접 기업처럼 행동하며 주도할 수는 없다. 선도자 전략은 경제적 인센티브가 작동하는 시장과 기업이 주도하고, 대신 국가는 제도로서 방향을 설정하고 체계적으로 지원하는 역할을 해야 한다. 선도자는 새로운 기술을 선도하고자 하는 누구라도 될 수 있으며, 이를 위해서는 소수의 기업이 아니라 모든 기업을 대상으로 하는 경쟁 체제가 중요해진다. 선도자 전략을 성공적으로 추구하기 위해서는 특히 과거의 성공 경험에 기반한 제도적 확증 편향, 즉 혁신을 위해서는 제도 개혁이 필요한데 지금까지 잘 굴러온 제도를 왜 손대려 하느냐는 저항과 싸워야 한다. 과거 정부 주도의 빅푸시에 따른 제도적 유산은 여전히 정부의 주도적 코디네이터 역할을 중시하고 과점 체제를 전제로 하므로 기업과 시장 주도

21 김자봉(2024a).

의 경쟁 체제에는 부합하지 않는다.

선도자 전략의 성공을 위해서는 금융의 역할이 중요하다. 정부는 과거에 행하던 직접적인 모방 전략 코디네이터 역할을 뒤로 하고 시장 제도의 포용성을 보증하는 역할을 해야 한다. 대신 혁신과 성장의 다이나믹스가 이루어지는 현장으로서의 시장의 역할이 더욱 중요한 역할을 해야 한다. 특히 경제 활동의 모든 정보를 분석하고 효율성에 따른 자금 배분으로 경제 전체적으로 외부성이 큰 의사결정을 지원할 뿐 아니라 포용금융을 통해 장기적인 지속성장을 이끌어 가는 경제의 조율자로서 금융의 역할이 더욱 중요해진다. 즉, 선도자 전략에서는 금융시장이 정부 대신에 성장 전략의 직간접적인 코디네이터 역할을 하게 된다.

둘째, 금융 수출이다. 경제발전의 초기에는 실물기업이 수출로 국부 창출의 막중한 임무를 맡았다. 하지만 후기 산업사회에서는 금융이 실물기업 못지않게 금융 수출을 위한 해외 진출을 통해 적극적으로 국부 창출을 해야 한다. 정운찬(1995)에 의하면, 금융 국제화는 실물경제의 보완 차원이 아니라 금융산업 자체가 비교우위를 갖는 산업의 하나로서 자유무역의 새로운 핵심으로 등장한 것을 의미한다. 실물경제의 성과를 발판 삼아 금융이 해외에 진출한 대표적인 예는 19세기 영국, 20세기 미국, 21세기에는 일본이다. 영국은 산업혁명이 성공한 이후 빅토리아여왕 시기에 은행과 자산 운용을 중심으로 금융의 해외 진출이 이루어졌고, 미국은 20세기 들어 특히 제2차 세계대전 이후 전 세계 가장 규모가 큰 금융 수출국이 되었다. 일본은 잃어버린 30년을 겪고 눈을 뜬 것이 금융 수출이며, 일본의 주요 금융그룹은 이제 해외 수익 비중이 60%에 근접하고 있다. 금융 수출은 선택이 아니라 필수다. 산업화 초기에는 실물 중심의 성장론이 필요하고 산업화 후기에는 금융 수출을 수단으로 하는 금융성장론이 핵심이다. 금융성장론을 통해 산업발전이 완성된다. 어떤 선진국도 실물기업만으로 국가경쟁력을 유지하지 못한다. 실물 부문과 금융 부문의 균형 잡힌 성장이 중요하다. 전기 산업사회가 실물 부문을 중심으로 발전해 왔다면, 후기 산업사회는 실물 부문에 비해 성장이 뒤처진 금융을 중심으로 발전을 이루어내 실물 부문과 금융 부문의 균형이 이루어진 글로벌 경쟁력을 확보해야 한다. 실물 부문과 금융 부문이 균형을 이룬 글로벌 경쟁력은 국가 운영의 안정성에도 기여한다. 더구나 보호무역주의와 지정학 위기로 곤란을 겪는 제조업 수출과는 달리 금융 수출은 보다 효과적으로 국부 증대에 기여할 수 있다는 점에서 적극적으로 금융 수출을 추진하는 것이 필요하다.

우리나라는 무역 규모로는 OECD 국가 중 최상위이나 금융의 해외 진출 규모로는 하위에 속한다. 영국 하원 통계[22]에 의하면, 2023년 금융 서비스의 전 산업 대비 부가가치 비중 자체는 7% 정도로 영국의 9%와 큰 차이가 없다. 하지만 금융 국제화의 지표인 금융 서비스 수지 흑자 규모는 2023년 불과 10.95억 달러로 영국의 966.1억 달러의 1.1%에 불과하다. 2000년 이후 GDP 대비 수출입 규모는 OECD 평균을 거의 50% 넘어서나 GDP 대비 대외자산 부채 규모는 OECD 평균의 1/3 수준에 불과하다. 우리나라의 GDP 대비 해외 금융자산 보유 규모는 2023년 기준 0.79로 일본의 1.70, 영국의 4.29에 비해 턱없이 낮다. 2000년대 들어 우리나라는 경상수지 흑자를 지속해 왔고 디지털금융으로 무장한 효율적인 금융 역량을 갖춘 지금이 금융 수출의 적기다. 경상수지 흑자가 언제나 지속될 수 있는 것은 아니다. 트럼프 이후 극심한 보호무역주의가 지배하면 언제든 적자로 돌아설 수 있다. 경상수지 흑자로 쌓인 잉여자금을 소비하지 말고 성장률이 높은 해외 국가와 기업의 자산 보유를 늘려야 한다. 일본은 잃어버린 30년을 경험하며 금융 수출에 눈을 떴다. 이제 우리도 금융 수출에 눈을 떠야 한다. 우리

22 House of Commons, Financial Services in the UK(2024. 11. 18), p. 17.

나라 금융의 해외 진출은 증가 추세이고 잠재력이 매우 높지만, 금융 수익 전체에서 해외 수익이 차지하는 비중은 9% 수준에 불과하다.

4. 개혁 과제의 범위와 법제의 개선 과제

1) 개혁 과제의 범위

경제성장과 소득분배가 조화를 이루는 장기 지속성장을 위한 법제 개혁 과제의 범위는 6개 과제로 나눌 수 있다. 지속성장은 궁극적으로 혁신, 포용과 동반을 구현하는 경제·금융의 균형성장을 의미한다. 경제·금융의 균형 잡힌 지속성장을 위한 6개 수단은 ① 금융자산의 재산권에 대한 금융 기본권 강화, ② 원칙 중심(principle-based) 규제에 기반한 금융행정 체계 개선, ③ 사법 시스템의 전문성 제고, ④ 기업 지배구조의 개선과 주주 평등을 통한 주주 참여 확대와 기업 가치를 제고하는 자본시장 밸류업, ⑤ 금융 수출을 수단으로 한 금융 국제화, ⑥ Korea Global Innovation Valley 설치 등이다.

2) 금융기본권 강화

헌법은 크게 헌법총론, 기본권, 국가 조직으로 구성된다. 이 가운데 헌법총론은 헌법의 기초가 되는 개념과 원리를 담은 것으로 인간의 존엄성을 출발점으로 한다. 헌법의 지향점은 궁극적으로 존엄한 인간의 기본권 보장에 있다.[23] 헌법총론과 국가 조직도 궁극적으로는 인간의 존엄성을 위한 기본권 보장에 있는 것이다. 경제와 금융 활동은 존엄한 인간의 기본권의 한 축을 이룬다. 금융성장론에서 중시되어야 하는 것은 금융자산에 대한 재산권 보장과 보호 의무의 강화이다. 금융성장론이 지향하는 궁극적인 목적은 금융 자체가 아니라 금융 활동을 하는 존엄한 인간의 금융복지다.

재산권 보호를 정한 헌법 조항은 제13조(모든 국민은 소급입법에 의하여 재산권을 박탈당하지 아니한다), 제22조(저작자, 발명가 등의 권리는 법률로써 정한다), 제23조(제1항 모든 국민의 재산권은 보장되며 내용과 한계는 법률로 정한다. 제2항 재산권 행사는 공공복리에 적합하도록 해야 한다. 제3항 공공필요에 의한 재산권의 수용, 사용, 제한 및 그에 대한 보상은 법률로써 정당한 보상을 지급해야 한다) 등이다.

현대 헌법의 재산권 보호는 절대적 보호가 아니라 상대적 보호다. 즉, 재산권의 취득, 사용, 처분의 자유에 대해서 국가가 전혀 개입하지 않는 절대적 보호가 아니라 공공복리를 위해서는 국가의 개입이 이루지는 상대적 보호다. 이러한 국가의 개입은 각자의 재산권을 보호할 뿐 아니라 타인의 재산권 침해를 억제한다. 특히 재산권 보호는 형식적이 아니라 실질적인 자유와 평등을 실현시키는 사회적 여건의 조성을 위해 국가가 노력해야 하는 의무다. 이런 까닭에 현대 헌법의 사회국가 원리[24]에서는 재산권 행사에 대해 사회적 구속성이 인정된다.[25] 다만 사회적 구속성이 인정되더라도 시장경제를 기본으로 하는 우리의 경제 체제에서 재산권 제한은 법

23 Sitaraman(2017)에 의하면, 현대 사회국가 원리에 입각한 헌법은 계급 간의 전쟁이 아니라 계층 이동성과 융화에 기초한 중산층 기반 헌법이며, 심각한 소득 불평등에 의한 양극화는 헌법의 기반인 중산층을 허물어 헌법의 존립에 위협이 될 수 있다고 지적한다.

24 차병직·윤재왕·윤지영(2014).

25 헌법이 명시하고 있는 사회적 구속성이 인정되는 경우는 헌법 제120조 제1항에 의한 광업권 등의 특허에 대한 규정, 제121조의 농지소작제의 금지, 위탁경영 및 임대차의 허용, 제122조 국토에 관한 제한과 의무, 제125조 대외무역의 규제와 조정, 제126조의 사영기업의 국공유화에 대한 원칙적 제한 등이다. 또한 독점에 의한 시장 경쟁의 악화, 소득 불평등 등에 대한 정부 개입 역시 사회적 구속성의 원인이 된다.

률에 따라 보충적으로만 인정된다.[26] 헌법의 재산권 보호 대상은 물권, 채권, 지적재산권 등을 포함한다. 이에 따라 금융자산 역시 이미 헌법상 경제적 기본권 보장의 대상이다. 금융자산은 물적 자산과 차이점을 갖는다. 물적 자산의 재산권은 사용가치와 금전적 가치를 내용으로 하나, 금융자산의 재산권은 사용가치와는 무관하게 금전적 가치 자체가 목적이다. 이에 따라 금융자산의 경우 어떤 외생적인 이유로 인한 가치의 하락은 금융자산의 보유에 따르는 효용을 심각하게 훼손하는 문제점을 초래한다. 따라서 금융자산의 가치를 손상시키는 외생적인 요인은 신중하게 관리되고 억제하는 것이 바람직하다.

재산권에 있어서는 재산권의 취득, 행사, 처분의 자유로운 권한을 보장하는 것뿐 아니라 재산권의 가치가 타인에 의해 부당하게 훼손되지 못하도록 하는 것 역시 중요하다. 특히 국가와 기업의 고의적으로 잘못된 의사결정에 의해 국민의 재산가치가 집단적으로 훼손되거나 혹은 가족기업 오너의 기업 운영에 대한 의사결정이 일반주주가 보유한 증권가치의 훼손을 초래하는 행위 등에 대해서도 재산권 보호의 원리가 적용되는 것이 바람직하다. 예를 들어, 외환위기 당시 구조조정을 이유로 정부는 1998년 1월 이자제한법을 폐지했는데, 이 폐지는 이자에 대한 최고한도 규제를 없애 신용이 취약한 서민을 대상으로 하는 초고금리 사채업을 성행하게 하고 개인과 기업의 파산이 급격히 확대되어 국민들의 재산권을 심각하게 훼손했다. 외환위기라는 어려움에 직면하여 불가피한 측면이 있었다고 하더라도

26 제23조 제1항은 사유재산 제도를 보장하나 소유란 단순히 사실 관계가 아니라 사람과 사람 사이의 관계로 기능한다. 그러므로 소유자 아닌 자를 배척하는 소유를 정당화할 수 있어야 한다. 만일 정당성을 발견할 수 없다면 이 지점이 사유재산 제도의 한계 지점이 된다. 이에 따라 제2항은 재산권 행사가 타인의 생활에 영향을 주므로 재산권 행사는 무한정 인정되지 않으며 공공복리에 적합하도록 하여야 한다는 점을 정하고 있다(차병직·윤재왕·윤지영, 2014, pp. 167~168).

이자제한법 폐지가 가져올 국민의 재산권 침해에 대한 대응 방안이 마련되지 않았다는 점에서 재산권 보호라는 중대한 국가의 의무가 잊혀진 채 이루어진 측면이 있다. 따라서 이자제한법 폐지와 같이 재산권 침해 가능성이 예상되는 국가 정책은 가급적 자제하고 불가피하다면 적절한 대응 방안을 마련하도록 하는 의무가 도입되어야 한다. 금융시장에서 타인의 재산적 가치를 훼손하는 불공정 거래행위, 사기행위 등에 대해서는 징벌적 제재 수단을 강화해야 한다.

또한 금융자산의 물권성에 대한 권리 보호가 강화되어야 하며 법이 황금주를 인정하지 않음에도 실질적으로는 대주주가 보유하는 주식이 마치 황금주처럼 인정되는 현실적인 문제점을 해소해야 한다. 황금주의 존재는 가족기업 오너에게는 이익을 주나 투자자의 실망으로 인한 투자 감소로 경제의 활력을 약화시킨다는 점에서 궁극적으로 국가경쟁력을 훼손하는 문제점을 초래할 수 있다. 따라서 황금주 문제는 가족기업의 오너주주와 일반주주 간의 이해상충뿐 아니라 가족기업의 승계 상속세 절감과 국가경쟁력의 감소라는 또 다른 차원의 이해상충을 초래한다. 또한 구조조정과 무관하게 대주주의 지분율 강화를 목적으로 하거나 일반주주의 주주권 약화를 목적으로 하는 물적 분할의 금지 혹은 제한, 주식의 의결권을 주요 내용으로 하는 공익권 기능 강화 등이 이루어져야 한다. 재산권을 침해하는 위헌·위법한 국가의 행위에 대해 엄격히 책임을 묻는 것이 필요하다. 예를 들어, 위헌으로 심판된 2024년 12월 3일 발생한 비상계엄은 하루 만에 150조 원 상당의 주식가치 하락이라는 막대한 재산적 손실을 초래했다. 이와 같이 위헌·위법한 것으로 판단된 국가와 공무원의 행위로 재산적 손실이 초래될 경우에 대해서는 헌법 제29조 제1항에 따라 국가와 대통령을 포함하여 당사자 공무원에 대해 손해배상 청구소송의 대상이 되도록 하는 것이 필요하다.

금융이 국민경제 생활에서 차지하는 중요성에 비추어 헌법 제9장의 제목 명칭을 경제와 금융으로 변경하고 제119조에 제3항을 신설하여 금융기본권 조항을 도입하는 방안도 검토할 필요가 있다. 헌법 제9장 제119조의 제1, 2항은 시장경제 질서하에서 국민경제의 성장과 안정을 위한 국가의 의무를 정하고 있는데, 제3항은 금융교육을 받을 권리, 금융 접근성 확대 등 포용금융을 누릴 권리 등을 주요 내용으로 하는 금융기본권을 정하는 것이 바람직하다.

3) 금융규제행정 체계의 전환

금융성장을 위해서는 금융규제의 변화가 필요하다. 영국과 미국이 우리의 구체적인 목적일 수는 없지만 현재 시점에서 글로벌 최고의 금융산업 수준을 보여 주는 영국과 미국의 금융규제는 우리나라 금융규제가 가야 할 방향을 보여 준다. 미국과 영국은 오랜 기간 금융산업의 발전 고비마다 중요한 규제 개혁을 추진했다.

미국과 영국에서 추진된 규제 개혁의 핵심은 금융산업과 금융시장의 고도화를 뒷받침하고 규제의 효율성과 효과성을 제고하는 것이었다. 이들이 추진했던 개혁의 주된 사례는 금융산업의 고도화를 전제로 금융규제의 형사적 방식에서 민사적 방식으로의 전환,[27] 규정 중심에서 원칙 중심으로 전환,[28] 정책 의사결정의 숙의제 도입과 공시 확대, 상사·금융전문법원 도입을 통한 규제의 책임성과 전문성 제고 방안[29] 등이었다. 형사에서 민사로의 전환은 미국의 경우 1990년 증권법의 개정을 통해, 영국은 2000년 금

27 김자봉(2020b).
28 김자봉(2018).
29 상사·금융전문법원에 대한 사항은 제4항에서 다시 논의한다. 김자봉(2021) 참고.

융서비스시장법(FSMA)의 제정을 통해 금융규제의 개혁을 추진했다. 형사에서 민사로의 전환은 형사적 접근법 자체를 없앤 것이 아니라 징벌적 손해배상을 통해 형사를 민사적으로 갈음하는 방식이었다. 종래 손해배상은 손실 발생액 자체를 기준으로 하는 보상적 손해배상(compensatory damage)이었다. 하지만 징벌적 손해배상(punitive damage)은 손실을 초래한 행위의 사회적 중요성을 고려하여 손실 발생액의 많게는 10배 혹은 20배까지 손해배상 책임을 묻는다. 이는 고도화된 금융거래에 대한 신속한 문제 해결을 가능하게 할 뿐 아니라, 형사적 접근법이 갖는 책임 부과의 상대적 어려움을 해소하고 피해 당사자에게 금전적인 배상을 제공함으로써 피해자를 실질적으로 구제하는 규제접근법으로의 전환이었다. 금융산업의 발전 단계가 낮을 때에는 위법·불법 행위가 단순하여 형사적 접근법이 효과적으로 적용 가능했으나 금융산업의 발전 단계가 높을수록 금융거래의 자율성과 복잡성을 수용하는 규제 방법으로서 민사적 접근법이 보다 더 효과적으로 작동할 수 있다.

4) 사법 시스템 전문성 제고: 상사·금융전문법원, 증거심, 변호사시험

금융산업이 발전하기 위해서는 사법 시스템의 금융 전문성이 높아야 한다. 사법 시스템의 금융 전문성을 높이는 방안의 하나는 상사·금융전문법원을 설치하는 것이다.[30]

헌법 제27조 제1항은 모든 국민이 법관에 의하여 법률에 의한 재판을 받을 권리를 정하고 있고, 제3항은 모든 국민이 신속한 재판을 받을 권리

30 김자봉(2021).

를 정하고 있다. 여기서 재판은 전문성이 높은 효율적인 재판을 의미한다. 사법 제도는 권리 침해 상황에서 중립성과 독립성에 의하여 공정성을 보장받는 법원의 심사를 통해 침해된 권리의 구제가 가능하도록 보장하는 제도이고, 재판청구권은 자신의 정당한 권리가 침해당할 경우 중립성과 독립성을 통해 그 공정성을 담보하는 사법부에 의한 재판을 통하여 권리의 구제를 청구할 수 있는 기본권이다. 그런데 과거와 달리 전문 분야 지식의 질적 진보와 양적 확장이 광속에 이르고 있는 현시점에서는, 법원이 전문법관 제도를 비롯한 재판의 전문화에 관한 패러다임의 변화를 고민하지 않는다면 '국민의 재판받을 권리'를 실질적으로 침해하는 결과에 이를 우려가 있다.[31] 따라서 재판 전문화는 높은 전문성이 요구되는 시대에 국민의 권리를 침해하지 않고 법치주의 원리를 실질적으로 구현하기 위한 필수요건이라고 할 수 있다.

현재 국내에는 재판의 전문성을 위해 특허법원, 가정법원, 행정법원, 회생법원 등 전문법원 및 각급 법원에 전문재판부를 두고 있다. 다만, 순환근무제와 집단적 선발로 인하여 법관의 전문성을 유지하기 어려운 실정이다. 전문성을 높이기 위해서는 각급 전문법원별로 판사를 선발하고 지속적으로 근무할 수 있는 제도가 도입되어야 한다. 사법부의 한 부분으로 설치하는 전문법원의 유형은 두 가지이다. 하나는 일반법원 제도의 한 부분으로 전문법원(특수법원)이고, 다른 하나는 일반법원 조직 외부에 별도의 최고법원을 정점으로 하는 사법 체계에 기반한 전문법원(특별법원)이다. 해외 사례를 보면, 둘 중의 어느 하나 혹은 둘 다를 혼용하는 경우도 있다. 우리나라는 전자의 방식이다. 현행 전문법원의 최종심은 법원조직법에 근거하여 대법원이다. 그런데 우리나라의 전문법원을 구성하는 판사의 자격

31 윤영찬(2021), p. 8.

과 신분 등은 고등법원이나 지방법원의 그것과 다르지 않아서(법원조직법 제7조 제3, 4항) 법률상으로는 전문법원에 일반법관과 다른 전문법관의 배치를 의무화하고 있지는 아니하다. 실제 인사도 순환보직제로 이루어져 법원조직법상 별도로 규정하여 분리 운영하는 것 외에는 현행법상 특수법원이 일반법원과 사실상 구별되지 않고 전문화의 취지와는 거리가 있다. 해외와 큰 차이를 가지고 있는데, 영국에서는 기본적으로는 모든 법원이 전문법원화 되어 있는 가운데 직무별 법관선발 제도와 비상근법관 제도를 도입하고 있고, 유럽 국가에서는 전보 금지 원칙을 통해 동일법원 장기 근무의 연속성을 보장하고 있다.

해외 사례에 비추어 상사·금융전문법원의 유형은 크게 두 가지이다. 하나는 영국, 미국 등[32]처럼 사법부의 한 부분으로서 금융을 전문적으로 담당하는 법원을 설치하는 방식이다. 다른 하나는 미국 금융규제행정 당국의 내부에 사법적 권한을 가진 전문행정법원(expert administrative tribunal)[33]을 두는 방식이다. 궁극적으로는 두 방식 모두 사법과 금융행정의 두 전문

32 영국의 경우 산업과 재산법원 부문(Business and Property Courts)의 16개 유형 중에 기업법원(Business List)과 금융법원(Financial List)이 은행, 증권, 보험의 통합법인 Financial Services and Market Act 2000 관련 사건 및 연금 관련 분쟁도 담당하고 금융규제 당국이 이해당사자가 되는 사안도 담당한다. 중국의 경우 주요 도시인 상하이, 베이징, 선전에 금융법원(Financial Court)이 설치되었다. 프랑스에서는 상사법원(Tribunal de Commerce)이 금융사건을 담당하고, 홍콩은 국경 간 금융분쟁을 다루는 국제상사법원(Singapore International Commercial Court)과 은행, 증권 등의 금융분쟁을 다루는 금융분쟁부(Financial Disputes Division(FDD) of the High Court)를 두고 있다. 미국 델라웨어주의 형평법원(Delaware Court of Chancery)은 1792년에 설치되어 200년이 넘는 역사를 가진 상사전문법원이다.

33 FRB, SEC 등의 행정법판사(Adminstrative Law Judge) 제도가 대표적이다. 영어표현 tribunal은 종래 심판원으로 해석된다. 그럼에도 이 글에서는 법원이라는 표현을 사용했는데 2018년 Lucia v. SEC 대법원 판례와 대통령 행정명령에 의해 ALJ 역시 동일한 판사 지위를 갖는 것으로 결정이 난 이후에는 tribunal을 예전과 마찬가지로 여전히 심판원으로 볼 것인지 여부에 대한 이견이 있을 수 있다. 이에 따라 이 글에서는 법원의 의미로 표현했다. 김자봉(2019a) 참고.

성을 결합한다. 전자는 사법부의 금융행정 전문성을 높이는 효과가 있고, 후자는 행정부의 사법 전문성을 높이는 효과를 갖는다.

금융사건은 다른 어떤 분야와는 달리 매우 신속한 재판의 필요성이 크다. 금융사건은 금융시장을 통해 다수의 금융소비자에게 집단적으로 피해를 초래할 수 있고, 금융사고를 초래한 자들이 매우 신속하게 금전적 이득을 해외로 이전하는 등 불법행위를 은폐하여 피해자 구제를 어렵게 하기 때문이다. 또한 일반적인 금융거래의 복잡성은 빠르게 높아지고 있다. 이러한 금융사고와 금융거래의 특징에 비추어 우리나라에서 상사·금융전문법원의 설치는 매우 시급히 요청된다.

법조인의 금융 전문성을 강화하기 위해서는 변호사시험 과목에 금융법이 포함되어야 한다. 현재 변호사시험에는 금융법이 포함되지 않아 변호사가 금융 전문성을 획득할 기회를 얻는 것이 쉽지 않다. 금융법에 대한 이해가 없거나 높지 않으므로 변호사 업무를 개시하더라도 변호사는 금융시장에서 이루어지는 전문성 높은 금융거래에 대해 법률 서비스를 제공할 기회를 제대로 갖지 못한다. 이에 따라 변호사시험 합격 후 법조일원화에 따라 5년 혹은 10년이 지나더라도 금융 관련 전문판사로서 임용될 자격은 갖추지 못하는 문제점이 초래될 수 있다. 따라서 법조일원화의 실시로 제대로 된 전문판사 임용 제도의 시행을 위해서는 변호사시험에 금융 과목을 추가하는 것이 바람직하다.

사법 시스템의 전문성을 높이기 위한 두 가지 추가적인 사항이 있다. 첫째, 디스커버리 제도(pretrial discovery)의 도입을 중심으로 하는 증거법의 개정을 통해 증거심을 강화해야 한다.[34] 증거심의 강화 없이는 3심 이후에도 사실 관계에 대한 이견이 해소되지 못하는 문제점이 지속될 수 있으며 이

34 김자봉(2020c).

는 공정하고 중립적인 재판을 기대하지 못하게 만드는 주된 요인이 된다. "증거가 승부이고 소송은 증거전이며, 가장 훌륭한 변호사는 증거다."[35] 증거법은 증거의 수집, 그 증거 능력 및 증거력 평가, 증거조사의 방법, 증명책임의 분배 등을 결정한다. 환경소송, 의료과오소송, 제조물책임소송 등과 같은 현대형 소송에서는 특히 원고와 피고 간에 증거의 편향적 존재, 즉 정보 비대칭성이 존재하여 증거 획득에 어려움을 겪을 수 있다. 이러한 어려움에 대하여 디스커버리는 효과적인 증거 획득의 방법이 될 수 있다. 이에 따라 상대적으로 정보 능력이 취약한 소송 당사자에게 디스커버리를 통해 확보한 증거는 골리앗을 이기는 다윗의 돌이 될 수 있다.[36] 우리나라 소송법의 특성상 디스커버리 제도의 부재에 따른 가장 큰 한계는 포괄적 정보 수집이 불가능하여 소송 당사자 간 정보 비대칭성이 해소되지 않은 채 소송이 진행될 수 있다는 점이다. 소송 당사자 간 정보의 불균형이 유지되는 가운데 진행되는 사실 판단은 진실에 부합하는 결론의 도출을 보장하는 데 어려움을 겪는다. 자유심증주의는 형식적인 증거법칙이 갖는 한계를 극복하고자 한다는 점에서는 법정증거주의에 비해 바람직한 측면이 있

35 정동윤·유병현·김경욱(2020), p. 456. 소송사건에서 결론은 법률의 해석과 적용보다 증거에 의한 사실 인정에 좌우되는 경우가 60~70%에 이른다. 이런 점에서 디스커버리에 의한 증거 확보는 매우 큰 유용성을 갖는다. 디스커버리 제도는 독일에도 영향을 미쳤다. 상대방에 이익이 되어도 사건 관계를 알고 있는 모든 사람을 지정하고 자기 수중의 모든 문서에 대한 제출 의무를 지우는 미국의 pretrial discovery 제도로부터 영향을 받아 독일에서도 증명책임 없는 당사자의 2차적 주장 및 설명책임이 판례에서 인정되고, 2002년 독일 민법 제142조는 법원의 직권조사로서 어느 한 당사자의 관계되는 문서나 증거물을 소지하는 당사자나 제3자에게 제출명령을 할 수 있도록 개정되었다. 일종의 사안해명의무(Aufklarungspflicht)의 도입이 이루어진 것이다. 일본에서도 日最高裁判 平成 4.10.29 판결에 따라 증명책임 없는 당사자가 어느 사실에 대한 관련 자료를 갖고 있는 경우 그 당사자에게 주장 및 입증을 요구할 수 있게 되었다. 하지만 반대로 우리나라 판례에서는 증거자료 접근이 훨씬 용이한 당사자가 상대방의 증명 활동에 협력하지 않더라도 신의칙에 위배되지 않는다고 함으로써 국내에서는 증거의 불평등 문제를 해소할 길이 제한된다(이시윤, 2019, pp. 558~559).

36 정동윤·유병현·김경욱(2020), p. 525.

다. 하지만 자유심증주의의 기초가 되는 증거 확보가 포괄적으로 이루어지지 못한 경우 자유심증주의는 실체적 진실을 밝히지 못하는 한계를 가질 수 있다. 미국의 법정증거주의는 어떤 측면에서 보면 디스커버리를 통해서는 최대한 많고 포괄적인 정보를 확보하여 정보에 기초한 판결(informed judgment)을 할 수 있는 기초를 만들고, 이 정보(information pool)를 최대한 엄격하게 판단하여 진실을 가리겠다는 구상을 반영한다.

우리나라 민사소송법이 갖는 증거법적 한계는 꾸준히 지적되고 대안도 모색되고 있다. 문서제출명령의 강화, 증거보전 제도의 확대, 모색적 증명 및 증명방해의 이론 등을 통한 보완이 어느 대안이 될 수 있다.[37] 또한 최근 민사소송법 개정이 소송 당사자 간 증거의 비대칭적 편재를 시정하기 위해 문서제출의무의 일반의무화, 문서목적제출 제도, 문서제시명령, 교호신문제에서의 법관의 역할 강화, 당사자 본인신문의 보충성 폐지, 그리고 증권 관련 집단소송법에서 직권증거조사제의 강화 등을 새로 입법한 것은 바람직하다는 평가도 있다. 그럼에도 불구하고 미국식 디스커버리 제도를 도입하는 것이 바람직하다.[38]

최근 수년간 국내에서는 미국식 디스커버리 제도 도입의 필요성에 대한 논의와 민사소송법 개정이 제출된 바 있다. 대법원은 2015년 '사실심 충실화 사법제도개선위원회'를 구성하고 한국형 디스커버리 제도에 관한 논의를 진행했다. 디스커버리 제도의 도입에 대해 법관과 변호사들은 충분한 증거조사로 당사자가 신뢰할 결론의 도출이 가능하고, 신속하고 효율적인 재판에도 기여하고, 재판 절차가 빨라져 법관 부담도 줄어들 것으로 보고 있다.[39] 국내에서 디스커버리 제도 도입을 위한 논의는 다양한 방식

37 정동윤·유병현·김경욱(2020), p. 525.
38 이시윤(2019), p. 548.
39 법률신문(2021. 12. 16).

으로 진행되어 왔다.[40] [41] 미국 민사소송연방규칙이 디스커버리 제도의 장점을 극대화하고 단점은 최소화하는 것을 정책 목적으로 추구하는 바와 같이, 국내에서의 디스커버리 제도 도입 역시 장점은 극대화하고 단점은 최소화하는 방향을 추구하는 것이 바람직하다.

5) 혁신금융과 금융 국제화

금융성장론은 후기 산업사회 성장의 중심축을 금융이 맡는 것을 말한다.[42] 1960년대부터 지금까지 우리나라 경제성장의 축은 실물 부문이었다. 하지만 금융성장을 바탕으로 한 실물과 금융의 균형 없이는 더 높은 단계로의 도약과 지속성장이 곤란하다. 금융성장은 후기 산업사회의 완성을 위한 과정이다.

---

40 이정민(2021); 이근우(2020).

41 국내에서 디스커버리 제도 도입 논의는 크게 네 가지로 구분된다. 첫 번째 유형은 기존의 민사소송법상 증거보전(동법 제375조 이하), 문서제출명령(동법 제344조 이하) 제도를 적극적으로 활용하는 방안인데, 증거의 구조적 편재에 효율적으로 대응하고 증거의 효과적인 개시·수집을 달성하기에는 부족하다는 평가가 있다. 두 번째 유형은 소제기 전 증거조사 제도를 도입하자는 것으로서 대표적으로 2019년 9월 16일 조응천 의원이 대표발의한 민사소송법 개정안을 들 수 있다. 이에 대해 소제기 전 증거조사를 위해서는 법률상 이익을 요구하고, 증거인닉 등을 방어하기 위해 증거유지명령 제도를 두되 명령 위반에 대해 제재 조치를 도입하며, 증거방법은 제한하지 않되 신청에 대한 기각 또는 조사를 하지 아니할 별도 사유를 규정하는 등 제도 운영의 실효성 확보를 위한 노력은 인정되나, 증거보전을 활용하면 된다거나 소제기 후 증거조사가 존재하여 그 실익이 낮다는 평가가 있다. 세 번째 유형은 특허법상 자료제출명령(동법 제132조) 제도를 참조해서 여러 다른 법률에서 이를 도입하는 방식으로 자료 수집의 확대를 도모하는 시도이다. 독점규제 및 공정거래에 관한 법률 개정안, 노동위원회법 개정안, 대·중소기업 상생협력 촉진에 관한 법률 개정안에서 당사자에게 침해 사실(또는 손해액) 입증 자료를 제출하도록 하고, 당사자가 문서를 제출하지 아니할 경우 상대방의 주장을 진실한 것으로 인정할 수 있도록 하는 방안을 도입하고 있다. 네 번째 유형은 중소벤처기업부가 중소기업 기술 침해 행위 행정조사를 도입하고 그 조사 과정에서 자료제출명령 제도를 강화하는 방식과 같이 행정절차를 활용하여 자료 확보를 강화하려는 것이다(이근우, 2020).

42 강영기·김자봉(2024); 김자봉(2024a).

금융성장의 두 축은 혁신금융(innovation banking)과 금융 국제화다. 혁신금융은 선도자 전략에 기반한 혁신성장을 지원한다. 혁신금융은 혁신성장의 전제 조건이다. 혁신금융 없이는 혁신성장을 기대할 수 없다. 0%대로 추락할 때까지 경제성장률의 지속적인 하락은 한 번도 제대로 된 혁신성장이 없었음을 의미한다. 혁신성장은 마땅히 글로벌 유니콘과 데카콘을 목표로 해야 한다. 우리보다 생산비용이 더 저렴한 중국과 베트남이 등장한 상황에서 모방 전략은 더 이상 유효하지 않다. 혁신성장을 위해서는 과감하고 정교하게 위험을 인수하는 혁신금융이 반드시 필요하다.

혁신금융은 고위험고수익을 낳는 새로운 기술의 R&D에 대해 장기에 걸쳐 지원하는 금융이다. 미국 실리콘 밸리에서 이루어지는 금융이 대표적이다. 미국과 달리 우리나라의 벤처자금시장은 공적자금 중심이고 규모가 작다. 그만큼 혁신금융을 위한 시장 기반이 약하다. 이 한계를 넘기 위해서는 은행의 역할이 중요하다. 은행은 벤처스타트업 기업과의 관계형 금융을 바탕으로 혁신금융의 플랫폼 역할을 해야 한다. 해외 은행의 대표적인 사례는 2023년 파산한 실리콘밸리은행의 전문성을 사실상 흡수한 HSBC 혁신금융이다. 우리나라 은행과 금융그룹도 상업은행의 한계를 넘어 스타트업의 기술R&D를 평가할 수 있는 기술전문가를 고용하고 벤처조합 출자를 확대하고 스타트업의 창업과 법률 서비스 등을 제공하는 혁신금융센터를 도입해 혁신금융 생태계 조성을 위한 플랫폼 역할을 해야 한다. 은행의 이러한 혁신금융 노력은 경영평가에 적절히 반영함으로써 적극 유인하는 방안도 고려할 필요가 있다. 또한 400조 원을 훌쩍 넘긴 퇴직연금도 영국 맨션하우스협약(MHC 2023)처럼 혁신벤처기업에 투자할 수 있도록 검토하는 것이 필요하다.

금융성장을 위한 또 하나의 핵심 수단은 금융 수출이다. 금융 수출 중심의 금융 국제화가 성공적으로 추진되기 위해서는 금융 수출을 적극적으로 지원하는 법제 마련이 필요하다. 일명 금융 국제화지원법은 금융외교, 금융그룹 차원의 금융 수출과 금융지주회사의 리더십, 현지 규제를 우선하는 로마법 조항 도입 등을 주된 내용으로 하며 과거 빅푸시와 같은 특혜성 세제 지원은 가급적 자제하고 해외 이자소득에 대한 세제 혜택을 지원하는 등 금융 수출을 적극 장려하는 것이 필요하다.

금융 수출과 글로벌 자산 운용이 성장할 경우 가계는 부동산 경제로부터 탈출하여 금융자산 보유 비중을 크게 확대하는 것이 가능해지고 은퇴 후 중단된 근로소득을 대신할 금융소득을 확보할 수 있게 된다. 금융자산은 금융소득을 낳는다는 점에서 고령화로 인해 장기간의 근로소득 부재를 대체할 뿐 아니라 소득분배 개선의 효과도 강화할 수 있다. 가계가 대부분 보유하는 거주용 부동산은 그 자체가 부가가치를 창출하지 않는다. 하지만 금융자산은 타인이 창출한 부가가치를 공유하는 결과를 낳는다. 금융성장이 이루어지는 상황에서는 은행과 주식시장 등 금융시장 중심의 중산층 육성도 가능해질 수 있다. 지금까지는 근로소득이 부동산 자산으로 전환되어 집은 있으나 소득은 없는 소위 하우스푸어 현상인 소득함정에 빠질 수 있으나, 금융성장을 통해서는 근로소득이 금융소득으로 전환되어 지속적으로 소득을 창출하는 노후소득을 기대할 수 있다.

정리하면, 금융성장론에서는 금융의 효율적 자금 배분 기능이 제고되어 산업의 혁신을 과거 빅푸시보다 더 효과적으로 지원하고, 동시에 금융 수출을 중심으로 하는 금융 국제화를 통해 글로벌 자산 운용의 강자로 성장해 그 과실이 가계에 나누어진다.

금융성장론을 위해서는 몇 가지 추가적인 법적인 쟁점에 대한 대응이 필요하다. 먼저, 공법인 은행법과 사법인 회사법의 적용을 받는 은행의 역할에 대한 올바른 정립이 필요하다. 은행법상 금융기관으로서 은행과 회사법상 회사로서 은행의 역할에 충돌이 발생할 경우 허용 가능한 충돌의 범위와 한계를 도출하고 두 역할의 균형이 이루어지도록 해야 한다. 이를 통해 은행의 사회적 역할과 관련한 불필요한 논란을 정리할 필요가 있다. 예를 들어, 은행은 공익적 자산을 다룬다는 점에서 건전성 규제와 내부 통제의 대상이 되지만 주주의 이익도 고려해야 한다는 점에서 두 이익의 균형, 즉, 공익과 사익의 균형을 기준으로 정립하는 것이 필요하다. 물론 균형의 기준을 무엇으로 할 것인지에 대해서는 논의가 필요하고 다양한 방안이 나올 수 있는데, 기본적으로는 최소한 공익적 기능의 충족을 선결요건으로 하는 사익 추구라는 단계적 기준 설정이 바람직할 것으로 보인다. 예를 들어, 자본건전성, 내부 통제, 금융소비자 보호 등 공익적 의무를 충족하는지 여부와 그 정도에 비례하여 사익 추구의 정당성을 허용하는 것이다.

다음으로는, 금산분리 제도의 합리적인 운용을 위한 환경 개선이 필요하다. 특히 지배구조 규제를 도입하여 소유규제와 지배구조 규제의 균형이 이루어질 수 있도록 함으로써 소유와 지배의 분리 관점에서 금산분리 원칙이 정립되어야 한다. 현재의 금산분리는 사실상 소유규제 일변도로 이루어지고 있는데, 미국 등 해외의 금융 선진국은 지배구조 규제를 더 중시하는 측면이 있다. 소유규제와 지배구조 규제가 균형을 이룰 경우 금산분리 규제는 보다 유연하면서도 효과적일 수 있다. 우리나라는 과도한 가족경영 체제로 인해 금융과 산업의 조그마한 결합도 허용되는 것이 곤란한 상황이다. 가족경영 체제는 소유와 경영의 미분리로 인해 전문경영 체제가 작동하지 않는다. 이는 기업의 낮은 수익성을 초래하는 가장 큰 원인이다. 그런데 만일 이러한 가족경영 기업이 은행을 소유하게 되면 현행 금산분리 제도가 소유와 지배를 분리하는 지배구조 규제를 적용하지 않기 때문에 가족기업은 은행을 지배하게 되고 이에 따라 전문경영 능력 부족으로 인한 기업의 실패를 은행에게 전가해 은행의 실패를 초래할 위험이 크다. 소위 은행의 사금고화 문제점이며 1997년 외환위기를 거치면서 호되게 경험했던 바이다.

정리하면, 지배구조 규제의 미도입과 가족경영 체제는 금산분리의 탄력적인 운용을 곤란하게 하는 문제점이다. 따라서 영미식의 보다 유연하고 발전된 방식의 금산분리 제도를 위해서는 국내에서는 아직 도입되지 않은 지배구조 규제가 도입되어야 하고, 동시에 가족경영 체제의 전문경영 체제로 전환을 통해 금산 결합 시 초래될 이해상충 가능성을 해소해야 한다.

6) 자본시장 밸류업

자본시장 밸류업의 핵심은 궁극적으로 자본시장으로 보다 많은 투자자의 자금이 유입되어 기업 투자를 활성화하도록 하는 것이다. 이를 위해서는 투자자의 증권 보유에 따른 기대수익이 충족되어야 하고, 이러한 기대를 충족하기 위해서 기업은 보다 큰 부가가치를 창출하고 그 결과를 투자자와 공유할 때 1원 1표의 원칙을 충실히 지켜야 한다. 하지만 기업 지배구조의 관점에서 가족기업의 지배구조는 1원 1표의 원칙을 충실히 준수하지 않아 주주평등 원칙의 실현을 제약하고 기업가치의 제고를 추구하지 않음으로써 궁극적으로 자본시장으로 자금 유입의 유인과 기업경쟁력을 약화시키는 문제점을 초래한다. 더 나아가 기업 주도의 경제발전과 국가경쟁력 제고에도 부정적 영향을 미친다. 따라서 자본시장 밸류업과 국가경쟁력을 위해서는 가족기업이 안고 있는 기업 지배구조 문제점이 시급히 개선되어야 한다.

기업 지배구조 개선의 관점에서 자본시장 밸류업은 투자자의 재산권 보호 강화 차원에서 이해되고 추진되는 것이 바람직하다. 주식 보유에 따라 주주가 갖게 되는 두 가지 권리, 즉 자익권(배당권)과 공익권(의결권) 가운데 주주의 자익권보다는 공익권을 중심으로 하는 제도 개선이 중요한 의미를 갖는다. 보통주를 가진 모든 주주로 하여금 공정한 공익권을 갖도록 하는 것은 대주주의 실질적 황금주를 해소하여 주주평등 원칙을 구현할 수 있고, 일반주주의 강화된 공익권은 기업오너로 하여금 기업가치 제고를 최우선의 기업 목표로 하도록 압력을 가하는 효과를 낳아 배당보다는 기업가치 제고에 따른 자본이득을 누리는 결과를 가져올 수 있다.[43] 주주평등 원칙이 구현되지 않으면 황금주 제도가 없으면서도 실질적으로는 황금주가 존재하는 문제점이 발생하고 일반주주의 공익권이 현저히 훼손된다. 황금주의 존재는 가족기업 오너에게는 이익을 주지만 투자자의 실망으로 인한 투자 감소로 주가가 하락하고 가족기업의 승계에 도움이 되는 상속세 절감 효과는 낳으나 궁극적으로 기업과 국가의 경쟁력을 위협한다는 점에서 적극적으로 해소되어야 한다.

기업 지배구조에서 궁극적으로는 소유와 지배의 분리가 중요하다. 현재 국내 기업의 90% 이상이 가족경영 체제이며 그만큼 전문경영인 체제를 도입한 기업은 극소수다.[44] 미국에도 20~30% 수준의 가족기업이 존재하는 예를 보면, 국내 모든 기업의 소유와 지배가 분리되어야 하는 것은 아니다. 하지만 소유와 지배의 분리는 전문경영인 체제의 도입을 촉진하고 기업가치를 제고하는 효과를 낳을 수 있다. 한편 자본시장의 증권 거래에 대한 신뢰를 제고하기 위해서는 불공정 거래행위에 대한 민사적 제재를

43 회사의 의사결정이 일반주주 이익에 미치는 영향을 검토하고 이사의 주주보호의무를 명문화하는 방안도 마찬가지의 의미를 갖는다(정준혁, 2024).

44 Roe(1994)에 의하면, 미국 기업과 산업의 경쟁력은 소유와 지배의 분리로 전문경영인에 의해 운영되는 기업의 다이나믹스 때문이다. 소유와 분리는 우리나라도 추구해야 할 바람직한 방향이다. 다른 선진국과는 달리 독일에서는 가족경영 체제가 약 70% 수준에 이른다. 하지만 우리와 같은 기업 지배구조 문제점을 낳지는 않는다. 그 이유는 미국의 사외이사 제도가 독일로부터 수입해 간 제도인데, 그 만큼 주주와 이해관계자 보호를 위한 이사회 제도가 잘 발전되어 있기 때문이다. 만일 우리가 가족경영 체제를 여전히 유지하고자 한다면 적어도 독일식의 주주 보호에 충실한 이사회 도입이 필요하다.

강화해야 하며 그 일환으로 감독 당국의 민사제재권[45] 도입을 적극 검토할 필요가 있다.

7) Korea Global Innovation Valley

앞서 논의한 혁신금융은 혁신성장을 위한 것이다. 혁신성장이 없다면 혁신금융은 의미를 갖지 못한다. 그래서 혁신금융과 혁신성장은 둘이면서 하나다. 혁신성장을 이루기 위해 우리가 추진해야 하는 실물 부문의 프로젝트는 미국의 실리콘 밸리와 동등한 수준의 글로벌 경쟁력을 목표로 하는 Korea Global Innovation Valley의 도입 추진이다. 지금까지 우리 경제는 추격이론에 따른 모방을 추구했고 이는 단기간에 빠른 성장을 달성하는 원동력이 되었다. 하지만 이제는 글로벌 상위 국가 그룹에 속하게 된 상황에서 더 이상의 모방 전략은 실효성을 상실했다. 우리보다 더 낮은 비용으로 모방 전략을 추진하여 모방 제품의 글로벌 가격경쟁력을 갖는 중국, 베트남 등 추격국가가 등장했기 때문이다.

이제는 우리 스스로가 새로운 원천기술의 창조를 추구하는 선도국가로 전환해야 하며, 이를 위해서는 글로벌 경쟁력을 갖는 혁신밸리의 도입

45 민사제재는 보상적 민사제재와 징벌적 민사제재로 구분되며 민사제재의 대표적인 수단은 금전적 민사제재금(money civil penalty)이다. 미국에서 증권법상 민사제재는 Securities Enforcement Remedies Act of 1990을 통한 증권법 개정으로 도입되었다. 징벌적 민사제재는 형사를 민사로 갈음하거나 사회적 배상의 필요로 책임을 두텁게 물음으로써 형사의 민사화를 가능하게 한다. 민사제재금은 국가가 아니라 피해자가 특정되는 경우 피해자 사인에게 귀속되며 이를 통해 피해자를 구제할 수 있다. 또한 민사제재는 규제행정 당국의 직접 제재권의 형태로 집행되고 불공정행위에 비례하는 효율적이고 효과적인 책임 부과를 할 수 있다. 우리나라에서는 이시윤(2019)에 따르면, 영국, 미국과는 달리 민사의 형사화 현상이 빚어지는 등 신속한 규제를 곤란하게 하고 규제 수단이 유인부합적이지 못한 문제점을 낳고 있다. 우리나라에서도 이미 시장거래 제도가 크게 발전했으므로 규제 당국의 민사제재권 부여를 포함하여 보상적 및 징벌적 민사제재 제도를 적극적으로 확대하는 것이 바람직하다(김자봉, 2020b).

을 적극 지원하는 포용적 제도로의 전환과 이에 부응하는 법제도의 개혁이 필요하다. 물론 그간 국내에서는 실리콘 밸리를 염두에 둔 크고 작은 시도가 있었다. 2012년에는 구글 캠퍼스를 본뜬 창업 생태계 허브인 선릉역 근처의 디캠프, 2015년 중소기업청 주도의 역삼동 TIPS, 2017년 판교테크노밸리 등이 있다.[46] 하지만 이러한 시도의 성과는 여전히 실리콘 밸리와는 큰 차이를 가지며, 글로벌 유니콘뿐 아니라 데카콘을 낳는 R&D 공동체로서 실리콘 밸리의 면모와는 큰 차이를 갖는다. 실리콘 밸리와 대등한 경쟁력을 갖는 선도자 전략을 위해서는 국가, 기업, 시장의 거버넌스와 규제를 포함하는 넓은 의미의 법제도에 대한 개혁의 검토가 필요하다.

참고로, Stone(2021), Aran(2018), Casper(2007), Bagley and Dauchy(2018) 등에 의하면 미국 실리콘 밸리의 경쟁력 원천은 크게 네 가지로 나뉜다. 첫째, 집단학습(collective learning)과 높은 노동 이동성에 따른 지식의 전파와 정보 공유(knowledge spillover and information sharing)를 특징으로 하는 문화이다. 둘째, 정부의 자금 지원, 대학 등 연구기관, 기술 스타트기업들 간의 긴밀한 협력 관계이다. 캘리포니아주의 환경법, 노동법과 세법 등의 규제 자체는 오히려 다른 주에 비해 더 강했음에도 연구공동체로서의 협력 체제는 미국 전역의 경쟁력 있는 혁신기업가를 캘리포니아로 불러들였다. 셋째, 기술을 가진 직원의 이직과 퇴직에 대해 캘리포니아 주법은 경업 금지 조항(noncompete clause)을 적용하지 않았다.[47] 이에 따라 퇴직하여 벤처회사를 만

46 홍종학(2020), pp. 140~147.

47 California Business and Professions Code § 16600 (2024): (a) Except as provided in this chapter, every contract by which anyone is restrained from engaging in a lawful profession, trade, or business of any kind is to that extent void. (b) (1) This section shall be read broadly, in accordance with Edwards v. Arthur Andersen LLP (2008) 44 Cal.4th 937, to void the application of any noncompete agreement in an employment context, or any noncompete clause in an employment contract, no matter how narrowly tailored, that does not satisfy an exception in this chapter.

들거나 다른 회사로 이직하는 것이 용이했고 이로 인해 벤처 성공의 생태계가 조성되었으며 이는 실리콘 밸리만의 가장 큰 성공 요인으로 꼽힌다. 넷째, 로펌은 법률 서비스를 제공하는 대가로 시간당 자문료를 받는 대신에 스타트업의 지분(equity)을 받고, 이에 따라 스타트업의 성공을 지원하는 폭넓은 서비스를 제공한다. 서비스의 범위는 법률 서비스의 자문뿐 아니라 스타트업 창업, 자금 조달, IPO에 이르는 전 과정을 지원하고 중개(reputational intermediaries)하는 서비스를 포함한다. 실리콘 밸리의 이러한 경쟁력 요소에 의하면 우리나라에서도 지식공동체로서의 혁신센터, 정부의 자금 지원, 회사법상 경업 금지 조항 적용의 면제, 법률 서비스와 스타트업 간 성공 유인 체계의 일체화 등에 대한 제도 개선이 필요함을 알 수 있다.

글로벌 혁신밸리를 위해서는 이에 걸맞는 금융시장의 역할이 필요하다. 무엇보다 국가 주도 모방 전략하에서의 정부의 소위 관치금융에 의해 결정된 사항을 집행하던 수동적인 역할로부터 벗어나야 한다. 금융은 경쟁력을 가진 기업에게 자금을 배분하는 효율성 원칙에 보다 철저해져야 한다. 과거 빅푸시의 모방 전략하에서는 정부가 정책을 통해 실질적으로 자금을 배분하는 역할을 담당했으나, 선도자 전략을 위해서는 많은 정보를 가진 금융기관이 기업을 분석하고 보다 강화된 효율성을 잣대로 자금을 배분하는 금융의 리더십을 추구해 나가야 한다. 선도자 전략의 성공을 위해서는 정부가 기꺼이 빅푸시의 코디네이터가 아니라 포용성을 보증하는 제도와 혁신 생태계의 구축과 유지를 지원하는 자로 전환되어야 한다.

금융성장과 글로벌 혁신밸리의 성공을 위해서는 포용적 법치가 필수적이다. World Justice Project의 보고처럼 후퇴하는 포용성과 법치로는 금융성장과 글로벌 혁신밸리를 실현할 수 없다. Acemoglu and Robinson(2012)[48]

48 Acemoglu and Robinson(2012), pp. 28~32, 40~44, 73~87.

에 의하면, 정치권력에 대한 민주적 통제가 이루어지는 전제하에서 포용적 정치 제도가 포용적 경제 제도를 가능하게 하고 정치 제도와 경제 제도 간에 강한 시너지가 형성될 수 있다. 또한 포용적 제도하에서 독재정치를 완전히 배제함으로써 정치안정을 이루고 이에 기초하여 법치가 행해져 경제 발전이 이루어질 수 있다. 시장경제 시스템에서 경제 제도의 핵심은 무엇보다 재산권 보호를 시작으로 효율적 금융 배분에 의한 경쟁과 기술혁신이 이루어지고 선별 기능이 작동하는 노동시장과 함께 기업 활동이 활성화되는 것이다. 우리나라에서는 1987년 이후 정치권력에 대한 민주적 통제가 비로소 시작되었다. 그 결과, 1960년에서 지금에 이르는 기간의 중간지점인 1987년의 1인당 국민소득에 비해 2023년의 1인당 국민소득은 거의 10배 증가했다. 하지만 최근에는 법치와 포용성이 약화될 뿐 아니라 경제성장률이 0%대로 급락하고 소득분배가 악화되는 문제점이 나타나고 있다. 장기 지속 가능한 성장의 관점에서 심각한 상황이다.

빅푸시에 따른 불균형 성장 정책의 유산으로 포용적 법치가 약화되는 가운데 경제성장과 소득분배의 조화가 붕괴되는 상황에서는 미국 실리콘밸리에 견줄 수 있는 글로벌 혁신 연구공동체를 성공적으로 도입하는 것은 불가능하다. 현재 우리나라의 경제 제도와 시장에는 1960년 이후 지속되어 왔던 빅푸시에 따른 불균형 성장 정책의 유산이 많이 남아 있다. 빅푸시의 유산은 1987년 이후 20여 년 동안 완화되는 기조였으나 2007년 글로벌 금융위기 이후에는 오히려 강화되어 포용적 법치가 약화되었다. 이러한 유산은 시장의 효율적 작동과 기업의 다이나믹스에 제약이 되고 있으며 더 나아가 우리 경제의 성장 기회와 동력을 소진하는 문제점을 낳고 있다. 경제성장과 소득분배가 조화되는 가운데 장기적으로 지속성장이 유지되기 위해서는 국가, 기업, 시장의 거버넌스를 개혁하여 빅푸시의 유산을 발전적으로 해소해야 한다. 이를 통해 궁극적으로 시장이 경쟁, 혁신, 분배의 터전으로서 효율적 역할을 하도록 만드는 것이 중요하다. 즉, 애덤 스미스의 자연적 자유와 공정성에 따라 "시장 제도를 제대로 디자인"하는 것이 필요하며, 이는 현시점 우리나라의 시대정신이라고 할 수 있다.

8) 요약

〈그림 1-7〉은 앞에서 논의한 법제 개혁 과제의 목적과 범위를 요약한 그림이다. 법제 개혁이 궁극적으로 추구하는 것은 혁신, 포용, 동반이 구현되는 지속적인 경제성장이다. 이를 위한 중간 목적이 금융성장론이고 금융성장을 위한 여섯 가지 영역의 법제 개혁과 실물 부문에서 이루어지는 글로벌 경쟁력을 갖는 혁신센터를 담고 있다. 미래형 법제도를 기반으로 하여 금융 국제화, 자본시장 밸류업과 글로벌 혁신센터는 금융성장을 실현하는 주된 역할을 한다. 금융산업과 글로벌 혁신센터는 경제성장과 소득분배의 조화를 이루는 데 상호적으로 기여한다.

5. 맺음말

0%대 성장과 소득분배 악화를 개선하는 새로운 모멘텀은 포용적 법치를 강화하는 법제 개혁에서 찾아야 한다. 1960년대 이후 우리 경제는 두 가지 유형의 모멘텀을 가졌다. 하나는 1961년 이후 정부 주도의 빅푸시에 의해 경제성장의 토대를 구축하는 것이었고, 다른 하나는 1987년 민주화 이후 포용과 개방을 통해 글로벌 선진국가로 성장한 것이었다. 하지만 최근 포용과 법치의 수준이 하락하는 가운데 경제성장률이 0%대로 추락하고 소득분배는 악화되는 상황에 직면하고 있다. 포용적 법치가 결여된 빅

▌**그림 1-7** 5대 법제 개혁 과제의 범위

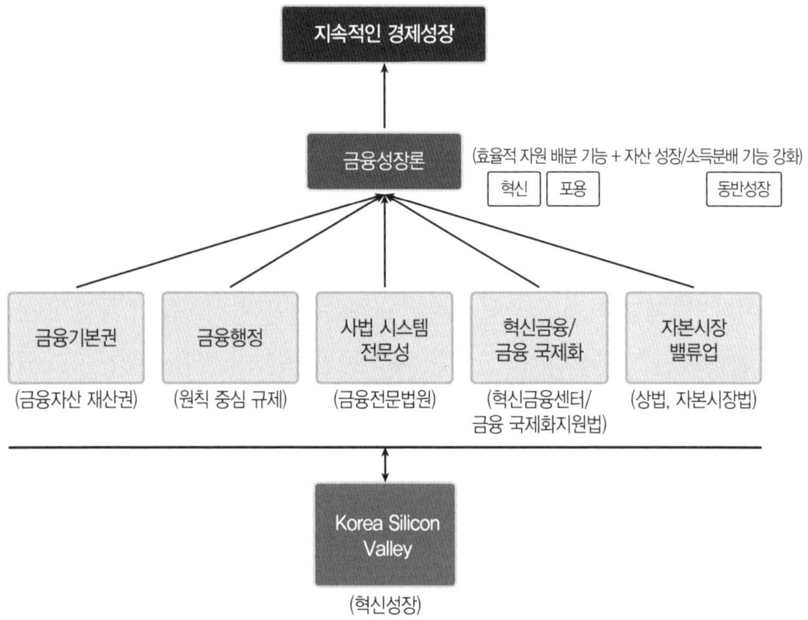

푸시는 단기적으로는 성과가 있을 수 있으나 지속성장의 정책 수단이 되기는 힘들다. 경제성장과 소득분배의 조화는 경제에서 가장 중요한 문제로 경제의 지속적인 성장을 위해서는 반드시 그 조화가 유지되어야 하며 포용적 법치에 기반해야 한다. 현재의 어려움을 극복하고 경제가 한 단계 더 업그레이드하기 위해서는 법제도의 포용성과 전문성을 제고하는 법제 개혁에서 세 번째의 새로운 모멘텀을 찾는 것이 필요하다.

법제 개혁을 통한 새로운 성장 모멘텀은 경제성장과 소득분배의 조화를 이루는 지속성장을 위해 혁신, 포용, 동반을 적극 지원하는 방식이 되어야 한다. 혁신은 원천기술을 창조하는 선도자 모델을 추구하는 것이고 포용은 창조적이고 파괴적인 혁신을 수용하는 것이다. 또한 동반은 애덤 스미스의 자연적 자유에 부합하는 경쟁적인 시장 제도에서 성장과 분배의 조화를 추구하는 것이다. 지금까지의 전기 산업사회는 정부 주도의 소수 기업을 중심으로 한 빅푸시에 의해 이루어져 왔으며, 현재의 성장과 분배의 비조화는 빅푸시의 불균형 성장 유산으로부터 기인하는 바가 있다. 따라서 이 유산을 발전적으로 해소하기 위해서는 정부의 역할을 포용성 보증자로 전환하고 애덤 스미스의 자연적 자유를 추구할 수 있도록 경쟁적 시장 제도를 확립하는 것이 바람직하다. 특히 후기 산업사회는 금융산업을 또 하나의 새로운 중심으로 추진해야 하며 국가경쟁력과 충돌하는 가족기업 체제의 거버넌스 문제점을 해소하는 차원에서 자본시장 밸류업과 금융기본권 도입이 추진되고 이를 지원하는 금융규제행정 체계의 전환과 사법시스템의 전문성이 제고되어야 한다.

참고문헌

강영기·김자봉, 「금융의 해외진출을 위한 법적 과제」, 은행법학회-금융학회 공동 학술대회, 2024. 10. 25.

고동원, 「금융감독 전문화」, 에너지경제신문, 2017. 12. 22.

김광수·김영식·김자봉·김진영·류덕현·이명헌·주병기, 『애덤 스미스 경제학의 현대적 재조명』, 금융연구원, 2024.

______, 『애덤 스미스: 자연적 자유와 정의』, 해남, 2025.

김우수·김부한·이호산·김기수, 「특허법원 20년의 회고와 향후과제」, 『특허소송연구』 특별호, 2018.

김자봉, 「금융의 역할, 비전과 금융법제의 주요 정책과제」, mimeo, 2017.

______, 「원칙중심 v. 규정중심: 법의 형식에 대한 법철학적 논의」, 『금융법연구』 제15권 제2호, 2018.

______, 「미국 SEC의 증권규제 권한 범위에 관한 연구-Lucia v. SEC 판례에서 행정법판사(Administrative Law Judge)의 헌법상 지위에 대한 논쟁을 중심으로」, 『증권법연구』 제20권 제1호(통권 제47호), 2019a.

______, 「규제가치 최적화를 위한 금융규제체계의 구성과 정책적 시사점」, 『금융법연구』 제16권 제1호(통권 제36호), 2019b.

______, 「은행은 여전히 특별할 것인가?-세 가지 경제적 및 법적 쟁점의 문제제기를 중심으로」, 『은행법연구』 제13권 제1호, 2020a.

______, 「자본시장법 민사제재 체계의 비교법적 분석과 개선과제-미 증권법 민사제재 체계와의 비교를 중심으로」, 『증권법연구』 제21권 제2호(통권 제51호), 2020b.

______, 「미국 디스커버리 제도의 주요 내용과 시사점」, mimeo, 2020c.

______, 「전문법원의 활성화 필요성과 방법: 금융전문법원을 중심으로」, mimeo,

2021.

______, 「잃어버린 30년, 금융 수출이 답이다」, 헤럴드경제, 2024a. 11. 28〈https://biz.heraldcorp.com/article/10005684〉.

______, 「내부통제와 외부통제의 균형」, 머니투데이, 2024b. 12. 16〈https://news.mt.co.kr/mtview.php?no=2024121509103688357〉.

______, 「민주주의의 경제적 가치」, 농민신문, 2025a. 1. 20〈https://www.nongmin.com/article/20250117500589〉.

______, 「금융성장론으로의 전환을 위한 법제 개혁 과제」, 『은행법연구』, 제18권 제1호, 2025b. 3, pp. 33~71.

대법원, 「전문분야 사건 담당 '전문법원제도' 추진… 전문심리관 제도 신설도 논의」, 시사경제신문, 2015. 5. 26.

미국 사법제도연구반, 「미국의 사법제도, 각국의 사법제도」, 사법정책연구원, 2020. 12.

법률신문, 「법조계 디스커버리 제도 도입 기대감 높다」, 2021. 12. 16〈https://m.lawtimes.co.kr/Content/Article?serial=175055〉.

사법정책연구원, 「각국의 사법제도-외국사법제도 연구」, 2020. 12.

송옥렬, 「기업경영에서 법치주의 확산: 외환위기 이후 회사법의 발전을 중심으로」, 『서울대학교 법학』 제55권 제1호, 2014, pp. 59~103.

신관호·신동균, 「소득불평등이 경제성장에 미치는 효과」, 『한국경제분석패널』, 2011, pp. 107~164.

윤영찬, 「법조일원화 시대의 법관전문화 방안」, 사법정책연구원, 2021. 3.

윤진수, 『판례의 무게』, 박영사, 2020.

이근우, 「한국형 디스커버리제도」, 법률신문, 2020. 8. 18.

이시윤, 『신민사소송법』 제13판, 박영사, 2019.

이정민, 「우리나라에서의 디스커버리 도입에 관한 논의」, mimeo, 2021.

______, 「우리나라에서의 디스커버리 도입에 관한 논의」 발표문, 2022. 5.

정동윤·유병현·김경욱, 『민사소송법』, 법문사, 2020.

정운찬, 『금융개혁론』, 법문사, 1995.

정운찬·김자봉·김영식·하준경·강경훈·노형식·최승필·홍정민, 『동반성장의 정책과 전략』, 율곡출판사, 2025.

정준혁, 「의무공개매수 제도의 기능과 도입 가능성에 대한 검토」, 『증권법연구』 제20권 제2호, 2019, pp. 79~123.

______, 「주주보호를 위한 상법 자본시장법 개정안 검토」, 대한상의 밸류업과 주주보호의 주요 쟁점과 과제 세미나, 2024. 12. 27.

정차호, 「특허권침해소송 관련 법원조직의 개편방안-특허소송제도의 효율성·전문성 강화 필요」, 2009.

차병직·윤재왕·윤지영, 『지금 다시 헌법』, 포고폴리스, 2014.

최승필, 「원칙중심 감독의 공법적 수용가능성에 대한 검토」, 『은행법연구』 제17권 제1호, 2024, pp. 53~84.

한국금융학회, 『한국 금융의 미래』, 율곡출판사, 2024.

홍종학, 『K-이노베이션』, 이콘, 2020.

Acemoglu, Daron and James A. Robinson, *Why Nations Fail*, 2012.

American Bar Association, *How Courts Work*, November 28, 2021.

______, *Steps in trial*, September 9, 2019.

Aran, Yifat, “Beyound covenants Not to compete: Equilibrium in high-tech startup labor markets,” *Stanford Law Review*, Vol. 70, April 2018.

Armour, John, Henry Hansmann, and Reinier Kraakman, “Agency problems and legal strategies,” *The anatomy of corporate law*, Oxford University Press, 2009, pp. 39~40.

Bagley, Constance E. and Craig E. Dauchy, *The entrepreneur's guide to law and strategy*, fifth edition, Cengage learning, 2018.

Banerjee, Abjojitt and Esther Duflo, “Inequality and growth: what can the data say?,” *Journal of Economic Growth*, Vol. 8, No. 3, 2003, pp. 267~299.

Beck, Thorsten, Asli Demirguc-Kunt, and Ross Levine, "Law and finance: Why does legal origin matter?," *Journal of Comparative Economics*, Vol. 31, 2003.

Berg, Andrew G. and Jonathan Ostry, "Inequality and Unsustainable Growth: Two sides of the same coin," IMF Staff Discussion Note 11-08, 2011.

Bevo v. SEC, 799 F. 3d 765, SEC Press Release, 2015.

Breyer, Stephen G., Richard B. Stewart, Cass R. Sunstein, Adrian Vermeule, and Michael E. Herz, *Administrative Law and Regulatory Policy*, Wolters Kluwer, 2017.

Casper, Steven, *Creating Silicon Valley in Europe*, Oxford University Press, 2007.

Chafetz, Josh, *Congress's Constitution: Legislative authority and the separation of powers*, Yale University Press, 2017.

Chemerinsky, Erwin, *Constitutional Law*, 5th edition, Wolers Kluwer, 2017.

Cox, James D., Robert W. Hillman, and Donald C. Langevoort, *Securities Regulation: Cases and Materials*, 8th edition, Wolters Kluwer, 2017.

Djankov, Simeon, "The regulation of entry: A survey," *The World Bank Research Observer*, Vol. 24, No. 2, 2008.

Djankov, Simeon, Rafael La Porta, Florencio Lopez-de-Silanes, and Andrei Shleifer, "The regulation of entry," *Quarterly Journal of Economics*, Vol. CXVII, Issue 1, 2002〈https://scholar.harvard.edu/files/shleifer/files/reg_entry.pdf〉.

Dodd-Frank Act Sec. 929P(b).

Fallon, Richard H. Jr., *The Dynamic Constitution: An introduction to American Constituional Law and Practice*, Cambridge University Press, 2013.

Issacharoff, Samuel, Pamela S. Karlan, Richard H. Pildes, and Nathaniel Persily, *The law of democracy*, Foundation Press, 2016.

Kaplow, Louis, "Rules Versus Standards: An Economic Analysis," 42 *Duke Law Journal* 557~629, 1992〈http://scholarship.law.duke.edu/dlj/vol42/iss3/2〉.

Kuznets, Simon, "Economic growth and income inequality," *The American Economic*

Review, Vol. XLV, No. 1, March 1995, pp. 1~28.

Lamoreaux, Naomi R. and William J. Novak, eds., *Corporations and American Democracy*, Harvard University Press, 2017.

Lucia v. SEC, 138 S.Ct. 2044, 2018.

Mounk, Yascha, *The People vs. Democracy: Why our freedom is in danger & how to save it*, Harvard University Press, 2018.

Murphy, Kevin M., Andrei Shleifer, and Robert W. Vishny, "Industrialization and the Big Push," *Journal of Political Economy*, Vol. 97, No. 5, 1989, pp. 1003~1026.

Park, James, "Rules, principles, and the competition to enforce the securities laws," *California Law Review*, Vol. 100, No. 115, 2012, pp. 115~182.

Porta, Rafael La, Florencio Lopez-de-Silanes, and Andrei Shleifer, "The economic consequences of legal origins," *Journal of Economic Literature*, 46(2), 2008.

Porta, Rafael La, Florencio Lopez-de-Silanes, Andrei Shleifer, and Robert W. Vishny, "Law and finance," *Journal of Political Economy*, Vol. 106, No. 6, 1998.

Pound, Roscoe, *An introduction to the philosophy of law*, Yale University Press, 1921.

Roe, Mark J., *Strong managers, weak owners*, 1994.

Scalia, Antonin, *A Matter of Interpretation: federal courts and the law*, edited by Amy Gutmann, Princeton University, 1997.

SEC, "Office of Administrative Law Judges"〈https://www.sec.gov/about/divisions-offices/office-administrative-law-judges〉(검색일: 2025. 3. 2).

Sitaraman, Ganesh, *The crisis of the middle-class constitution*, Vintage, 2017.

Smaghi, Lorenzo Bini (Member of the Executive Board of the ECB), *Legal system and financial markets*, 2007.

Smith, Adam, *An inquiry into the nature and causes of the wealth of nations*, 1776.

Stone, Sergio D., "The legal and institutional foundations of Silicon Valley's technological innovation: An interdisciplinary literature review," *Kutafin Law Review*, Vol. 8, Issue 3, 2021.

UNCTAD, "Stark contrasts in inclusive growth - progress towards equal opportunities needed everywhere"〈https://sdgpulse.unctad.org/inclusive-growth/#Ref_XP7G3WQ5〉(검색일: 2025. 2. 27).

United States Courts, "Federal Rules of Civil Procedures"〈https://www.uscourts.gov/forms-rules/current-rules-practice-procedure/federal-rules-civil-procedure〉.

Weitzman, Mark, "Profit sharing as macroeconomic policy," *AER*, 1985.

Winkler, Adam, "We the corporations: How American businesses won their civil rights," Liveright, 2018.

World Bank and IMF, "Assessing the legal infrastructure for financial systems," *Financial Sector Assessment: A Handbook*, 2005.

Yeazell, Stephen C. and Joanna C. Schwartz, *Civil Procedure*, 10th edition, Wolter Kluwer, 2019.

2

금융감독기구 체제의 개편 과제

고동원

1. 머리말
2. 금융감독기구 체제의 현황과 문제점
3. 금융감독기구 체제의 개편 방향
4. 맺음말

✲

「금융감독기구 체제의 문제점과 바람직한 개편 방향」(국회의원 이정문 의원실 정책자료집 연구보고서, 2021. 9. 24)의 내용을 토대로 하여 수정·보완한 것이다.

1. 머리말

한 나라의 금융 제도를 평가할 때 얼마나 효율적인 금융감독기구 체제를 갖추고 있는지는 그 나라 금융 제도 및 금융산업의 발전 척도를 가늠할 수 있는 중요한 잣대가 된다. 그래서 각 나라마다 효율적이면서 작동이 잘되는 금융감독기구 체제를 갖추려고 한다. 그런데 우리나라 금융감독기구 체제는 많은 문제점이 있어서 시급히 개선되어야 한다. 금융감독기구 설치의 법적 근거는 「금융위원회의 설치 등에 관한 법률」(이하 "법"이라 한다)이다. 우리는 금융위원회와 금융감독원으로 구성된 2개의 금융감독기관을 갖고 있다. 중앙행정기관인 금융위원회는 '금융산업 정책'[1] 기능뿐만 아니라 '금융감독 정책'[2] 기능도 수행한다. 특수법인 형태의 민간 조직인 금융감독원은 금융감독 업무의 집행기관이다. 이러한 체제의 가장 큰 문제는 금융감독기구가 수직적으로 이원화되어 있어 두 기관 사이에 협조가 잘 되지 않고, 금융감독 체계의 기본원칙인 독립성, 자율성 및 전문성이 잘 확보되어 있지 않다는 점이다. 그동안 여러 차례 금융감독 실패 사례가 발생했다는 것이 이를 증명하고 있다. 우리나라 금융산업이 한 단계 더 발전하고 도약하려면 비정상적인 금융감독기구 체제를 시급히 개편해서 정상화시켜야 한다. 그래서 이 글은 금융감독기구 체제의 현황과 문제점을 지적하면서 개편 과제에 대하여 논의하고 있다.

---

1 '금융산업 정책' 기능은 금융 관련 법률 제·개정안의 마련, 시행령(대통령령) 및 시행규칙(총리령 또는 부령)의 제·개정에 관한 사무를 통해 구현된다고 볼 수 있다.

2 '금융감독 정책' 업무는 주로 관련 금융업 감독 규정(예를 들어, 은행업 감독 규정, 금융투자업 규정, 보험업 감독 규정 등)의 제·개정을 통해 수행된다.

2. 금융감독기구 체제의 현황과 문제점

1) 금융감독기구 체제의 현황

금융위원회의 산하에는 자본시장의 관리·감독 기능을 수행하는 증권선물위원회가 있다. 이하에서는 금융위원회, 증권선물위원회 및 금융감독원의 조직 및 기능 등에 대하여 살펴본다.

(1) 금융위원회

금융위원회는 「정부조직법」 제2조에 따른 중앙행정기관으로서 국무총리 소속 기관이지만, 그 "권한에 속하는 사무를 독립적으로 수행"한다(법 제3조 제2항). 국무총리 소속 기관이어서 국무총리 지시를 받아야 하지만 업무의 독자성을 고려해서 국무총리의 업무 지시를 받지 않고 금융위원회가 독자적으로 업무를 수행할 수 있다는 의미이다. 금융위원회는 위원회 조직으로 대통령에 의해 임명되는 임명직 위원 5인과 당연직 위원 4인을 포함한 9인의 위원으로 구성되는 합의제 의결기구이다(법 제4조 제1항). 금융위원회의 사무를 처리하기 위하여 사무처를 두도록 하고 있다(법 제15조 제1항). 임명직 위원은 금융위원회 위원장, 부위원장, 2인의 상임위원 및 1인의 비상임위원 등 총 5인이다(법 제4조 제1항). 금융위원회는 금융산업 정책과 금융감독에 관한 사무 이외에도 외국환 업무 취급기관의 건전성 감독 사무도 수행한다(법 제17조). 금융위원회는 금융감독 집행기관인 금융감독원의 업무·운영·관리에 대한 지도·감독을 할 수 있어서(법 제18조 본문), 금융감독원에 대한 통제를 할 수 있는 근거가 되며, 상호 협조해야 할 두 기관이 상하 관계가 되면서 협조를 할 수 없도록 만드는 문제가 있다.

(2) 증권선물위원회

자본시장의 감시와 회계 감리 등에 관한 사무를 주된 업무로 하는 증권선물위원회가 금융위원회 내에 설치되어 있는데(법 제19조), 이는 합의제 행정기관이다. 증권선물위원회는 위원장 1명을 포함한 5명의 위원으로 위원장 1인을 포함한 2인의 상임위원과 3인의 비상임위원으로 구성된다(법 제20조 제1항). 위원장은 금융위원회 부위원장이 겸임하며, 나머지 4인의 위원은 일정한 자격 요건을 충족하는 자 중에서 금융위원회 위원장의 추천으로 대통령이 임명한다(법 제20조 제2항).

(3) 금융감독원

금융감독원은 금융기관에 대한 검사·감독 업무를 주로 수행하는 금융감독 집행기관으로서(법 제37조) 무자본특수법인이다(법 제24조 제2항). 금융감독원은 특별법에 의하여 설립되었고, 금융감독이라는 국가 사무를 수행하므로 국가의 간접행정기관으로서 공법상의 '영조물법인'(營造物法人)으로 보는 것이 타당하다. 금융감독원은 검사 대상 금융기관에 대하여 업무 또는 재산에 관한 보고, 자료의 제출, 관계자의 출석 및 진술을 요구할 수 있다(법 제40조 제1항). 금융감독원은 금융기관 및 그 임직원에 대한 제재 권한도 갖고 있다(법 제41조 제1항). 금융감독원은 집행 간부로 원장 1명, 부원장 4명 이내, 부원장보 9명 이내와 감사 1명을 둘 수 있다(법 제29조 제1항). 또한 금융감독원은 금융분쟁조정 업무도 수행하고 있는데, 근거 법률은 2020년 3월 제정된 「금융소비자 보호에 관한 법률」이다.

2) 금융감독기구 체제의 문제점

(1) 수직적으로 이원화된 체제의 문제점

가. 서설 우리나라 금융감독기구 체제의 가장 큰 문제점은 기능이 금융감독 정책을 수립하는 금융위원회와 금융감독 집행을 담당하는 금융감독원으로 수직적인 분리가 되어 있다는 점이다. 금융감독 정책과 금융감독 집행 기능이 나누어져 있는 체제를 갖고 있는 나라를 찾아볼 수 없다는 점에서 기형적인 체제이다. 그렇다보니 비효율적인 금융감독이 이루어져 금융산업과 금융시장의 발전을 가로막는 장애 요인이 되고 있다.

나. 상호 협조가 안 되는 체제로 인한 금융감독의 비효율성 초래 두 기관이 서로 협조가 잘 되지 않는 구조로 되어 있어서 비효율적인 금융감독이 이루어지고 있다. 금융위원회는 금융감독원의 예산 및 결산에 대한 승인 권한과 금융감독원을 지도·감독할 수 있는 권한을 갖고 있어(법 제18조), 금융감독원은 금융위원회의 산하기관이 되어 있는 셈이다. 상하 관계에 있기 때문에 상호 협조가 잘 이루어질 수 없는 근본적인 문제를 갖고 있다. 이에 따라 금융감독 정책과 금융감독 집행이 서로 어긋나고, 금융감독 집행 기능만 갖고 있는 금융감독원이 금융위원회의 금융산업 정책과 금융감독 정책에 대한 견제 기능을 수행할 수 없어서 금융감독의 실패를 초래하고, 그 피해는 감독을 받는 금융기관과 이를 이용하는 금융소비자에게 돌아가는 문제를 초래하고 있다.

다. 두 기관의 업무 관련 충돌에 따른 금융시장의 혼란 초래 같은 사안을 두고 두 기관이 서로 다른 견해를 취하게 되면 금융시장에 혼란을 주게 되어 금융산업의 발전에 장애가 된다. 예를 들어, 어떤 사안의 법적 해석과 관련하여 금융위원회와 금융감독원이 서로 다른 입장을 취할 때, 감독을 받는 금융기관은 어느 기관의 입장에 따라 업무를 처리해야 할지

명확하지 않아 시장에 혼란을 초래하는 문제가 발생한다.

라. 책임 소재의 불분명에 따른 문제점 두 기관 사이의 책임 관계가 명확하지 않다 보니 책임 소재가 불명확한 문제가 발생하여 서로 책임을 떠넘기는 문제도 있다. 즉, 금융감독 정책과 금융감독 집행의 업무 구분이 명확하지 않은 점이 있어 책임 소재가 명확하지 않은 문제가 있다.

마. 업무 중복에 따른 금융감독의 비효율성 초래 두 기관 사이에 업무 중복이 일어나 비효율적인 금융감독이 이루어지고 있다. 금융감독원이 금융감독 집행기관이라고 하더라도 금융감독 정책을 담당하는 부서가 있을 수밖에 없고, 이러한 업무는 금융위원회가 수행하는 업무와 중복된다. 금융감독원이 금융감독 정책 부서를 두는 이유는 금융감독 집행기관인 금융감독원이 금융기관에 대한 검사 및 제재 업무를 수행하려면 금융감독 정책 업무에 대한 이해가 있어야 하기 때문이다.

바. 금융시장의 정보 부족에 따른 금융감독 정책 수립·집행의 적시성 실기의 문제 금융시장에 대한 정보를 많이 갖고 있는 금융감독원은 금융감독 정책을 수립할 권한이 없고(즉, 금융업 관련 감독 규정(監督規程)의 제·개정 권한이 없고), 금융감독 정책 권한을 갖고 있는 금융위원회는 금융기관 검사 업무를 수행하지 않아 금융시장에 대한 충분한 정보를 가질 수 없어서 제대로 된 금융감독 정책을 수립할 수 없는 문제가 있으며, 금융시장에 대한 정보의 전달 과정에서 시차로 인해 적시에 금융감독 정책을 수립·집행하지 못하는 문제가 발생한다.

(2) 금융위원회의 금융산업 정책과 금융감독 기능 수행에 따른 문제점

가. 서설 금융위원회가 금융산업 정책과 금융감독 기능을 다 수행하고 있는 것도 문제이다. 세계 여러 나라들의 사례를 보더라도 이렇게 하나의 기관이 금융산업 정책과 금융감독 기능을 모두 수행하는 나라는 거

의 찾아보기 어렵다는 점에서 국제적인 기준에도 맞지 않다. 특히 정부가 금융감독 정책 업무를 수행함에 따라 금융감독의 독립성이 심각히 훼손되고 있다는 비판이 제기되고 있다.[3]

나. 금융감독을 압도하는 금융산업 정책의 문제점 하나의 기관이 금융산업 정책과 금융감독의 두 기능을 수행하다 보니 아무래도 금융산업 정책이 금융감독 정책을 압도하여 금융감독 기능이 제대로 작동하기 어렵게 되는 문제가 있다. 예를 들어, 금융규제 완화를 통하여 금융산업을 육성하려는 금융산업 정책 목표에 대하여 금융기관 건전성 감독에 책임이 있는 금융감독기관은 이러한 규제 완화적인 금융산업 정책의 문제점을 지적하여 견제 역할을 해야 한다. 하나의 기관이 금융산업 정책과 금융감독 기능을 수행하게 되면 이러한 견제 기능이 사라져 균형이 상실된다. 금융 당국 입장에서는 금융감독 업무도 수행하고 있지만, 금융 당국 업무의 속성상 금융산업 정책을 우선시하는 경향이 강할 수밖에 없다. 문제는 금융산업 정책의 특성상 규제 완화 경향의 정책을 취하게 되는데, 이렇게 되면서 자연스럽게 금융감독 강화 조치가 취해지지 않을 유인이 강하다는 점이다.

다. 금융감독의 독립성 훼손의 문제점 정부기관인 금융위원회가 금융감독 기능을 수행하는 것은 금융감독의 독립성 내지 중립성 확보 차원에서도 문제가 있다. 원래 금융감독의 중립성을 확보하려면 중립적이고 독립적인 기관이 수행해야 하는데, 정부기관이 금융감독 업무를 수행하고 더욱이 금융산업 정책 업무까지 수행하고 있어서 금융감독의 독립성을 확보하는 것이 어렵다. 정부가 금융감독 기능을 수행하면 아무래도 정치적인 영향이나 선거에 영향을 쉽게 받으므로 중립성을 확보하기가 그만큼 어려운 것이다.

---

3 윤석헌 외 5인(2012), p. 4; 이성남(2008), p. 13; 김홍기(2012).

라. 정부의 경제 정책과 부조화에 따른 문제점 별도의 정부 조직인 금융위원회가 국내 금융산업 정책을 수행하게 됨에 따라 기획재정부가 수행하는 경제 정책 및 국제금융 정책(즉, 외환 정책)과도 단절이 되고 조화를 이루지 못해서 경제·외환 정책 수행 및 운영에도 비효율성이 나타나는 문제점이 있다. 특히 국제금융 정책은 기획재정부가 수행하고 있어서 국내와 국제 금융 정책이 분리되어 운영되고 있는데, 금융위기가 발생할 때 효과적인 대응이 어려운 문제가 발생할 수 있다. 국내와 국제 금융 정책은 서로 연결되어 있기 때문에 국내금융 정책도 국제금융 정책을 고려하여 수립되어야 하는데, 그렇지 못하고 있는 것이다.

마. 금융감독의 국제적인 기준에도 어긋나는 문제점 정부가 금융감독 업무를 수행하는 현 체제는 금융감독의 독립성·책임성·전문성 확보가 중요하다는 국제적인 기준[4]에도 역행하고 있어 문제이다. 정부기관이 금융감독 업무를 수행하게 되면 아무래도 선거를 의식해야 하고 정부의 경제 정책에도 부응해야 하는 속성상 금융감독의 중립성 내지 독립성을 유지하기가 어렵다. 그래서 대부분의 나라들은 금융감독기관을 정부 조직에서 분리하여 별도의 독립된 공적인 역할을 수행하는 비정부 조직으로 두고 있다. 그런데 우리는 이러한 기본원칙도 지켜지지 않고 있어 문제이다.

(3) 금융감독의 독립성 확보가 어려운 체제의 문제점

금융감독에 있어서 독립성을 확보하는 것은 아주 중요하다. 국제적인 감독 기준을 제시하고 있는 국제금융기구들은 금융감독의 독립성 확보가

4 바젤은행감독위원회(BCBS)의 "Core Principles for Effective Banking Supervision," 국제증권감독위원회(IOSCO)의 "Objectives and Principles of Securities Regulation," 국제보험감독기구협회(IAIS)의 "Insurance Core Principles and Methodology," 국제통화기금(IMF)의 "Financial Supervisory Independence and Accountability" 등의 국제적인 기준은 금융감독의 독립성·책임성·전문성을 강조하고 있다.

가장 중요하다는 점을 강조하고 있다. 금융감독의 독립성 확보는 바젤은행감독위원회(BCBS), 국제증권감독위원회(IOSCO), 국제보험감독자협회(IAIS) 등 국제금융감독기구가 제시하는 기준이다.[5] 금융감독기관의 독립성을 확보하려면 정부기관이 아닌 독립적인 공적 민간기구가 금융감독 업무를 맡아야 한다. 그래야 정부나 정치권의 압력에 영향을 받지 않고, 금융기관의 건전성 유지와 금융소비자 보호를 목표로 하는 금융감독 업무를 효율적으로 잘 수행할 수 있다. 대부분의 국가도 정부기관이 아닌 민간 조직이 금융감독 업무를 수행하고 있다.[6] 이것이 국제적인 기준이다. 그런데 우리는 그렇지 않아서 문제이다. 정부기관인 금융위원회가 중요한 금융감독 기능을 수행하여 금융감독의 독립성을 확보하기 어려운 체제로 되어 있다. 물론 민간기구인 금융감독원도 금융감독 업무를 수행하지만, 주로 검사 및 제재 업무를 수행하기 때문에 금융감독에서 중요한 금융감독 정책을 결정할 수 있는 권한이 없다. 따라서 정부가 사실상 금융감독 권한을 행사하고 있다. 그렇다고 금융감독 집행기관인 금융감독원이 독립성을 갖추고 있다고 말하기도 어렵다. 금융감독원은 금융위원회의 "지도·감독"을 받도록 되어 있고, 예산 통제도 받는다. 이런 통제 장치에 비추어 금융감독원이 독립성을 갖고 있다고 보기도 어렵다.

(4) 금융감독의 전문성 부재의 문제점

금융감독기관의 전문성 확보는 금융감독의 기본원칙이고 국제적인 기준이기도 하다. 금융감독기관의 전문성이 확보되어야 이를 바탕으로 금융

5 Basel Committee on Banking Supervision(2024), Principle 2; International Organization of Securities Commissions(1998), p. 11; International Association of Insurance Supervisors(2011), p. 17.

6 미국(FRB, FDIC, SEC), 영국(FCA), 독일(BaFin), 프랑스(FPSA), 호주(APRA, ASIC), 스위스(FINMA) 등 주요국도 금융감독기구를 공적 민간기구로 설치하여 운영하고 있다.

기관과 금융시장에 대하여 효율적인 감독을 할 수 있기 때문에 그만큼 금융감독기관의 전문성은 중요한 금융감독의 요소이다. 그런데 우리는 금융감독기관의 전문성이 확보되지 않아 문제이다. 금융위원회는 공무원 조직인데(구체적으로는 금융위원회 사무를 보조하는 사무처 조직을 말한다), 공무원 조직은 원칙적으로 순환 보직을 실시해야 한다. 공무원은 고시(考試)나 시험을 통해서 선발되므로 기본적으로 모두에게 공평한 기회를 주어야 하기 때문이다. 금융위원회 사무처도 예외가 될 수 없어서 대부분의 직원이 1년 내지 2년 정도 근무하고 다른 부서로 보직 이동을 하므로 전문성을 확보하는 데 한계가 있다. 금융감독원도 마찬가지인데, 직원 공채 제도를 유지하고 있어서 1년 내지 2년 기간마다 순환 보직을 하고 있기 때문에 직원들의 전문성을 쌓을 수 없는 문제가 있다. 금융 분야는 다른 일반 행정 분야에 비하여 전문성을 요하는데, 금융감독기관의 순환 보직 제도는 직원의 전문성을 쌓는 데 장애 요소가 되고 있다.[7] 금융 분야는 일반 행정 분야와 달라서 단시간 내에 전문성을 쌓기가 쉽지 않아 순환 보직제 적용의 예외가 되어야 하는데, 금융위원회 조직만 예외를 인정하는 것이 쉽지 않다. 순환 보직제에서는 1년 내지 2년 정도의 기간마다 부서를 이동하기 때문에 직원들의 '무사안일주의'로 연결된다. 본인이 해당 직무에서 일을 하는 동안 아무런 사고나 문제가 없이 해당 보직 기간을 채우는 것이 가장 최선이라고 생각해서 해당 보직에서 업무를 하는 동안 적극적인 업무 수행하려고 하지 않는 경향이 강하다. 이러한 문제점들은 결국 금융산업의 성장에 걸림돌이 된다.

7 이처럼 "순환보직은 전문성 확보와 상충될 수 있다"라고 지적하는 글은 정홍주·성수현·김기영·이명창(2017), p. 16.

(5) 합의제 의결기구의 취지를 반영하지 못하는 금융위원회 위원 구성의 문제점

합의제 의결기구의 장점은 여러 이해관계자나 전문가 등으로 구성되어 다양한 이해관계자들의 의견을 바탕으로 의사 결정을 내릴 수 있다는 점이다. 금융감독 정책 결정에 합의제 의결기구가 필요한 이유이다. 그래서 대부분의 국가에서도 금융감독기구 내부에 최고의사결정기관으로서 합의제 의결기구를 두어 운영하고 있다. 우리도 금융위원회라는 합의제 의사결정기구를 두고 있지만, 위원들의 구성을 보면 '무늬만' 합의제 의결기구이다. 즉, 외부 비상임위원이 1명뿐이다. 나머지는 당연직 위원 4인(기획재정부 차관, 금융감독원장, 예금보험공사 사장, 한국은행 부총재), 위원장 및 부위원장, 상임위원 2인으로 구성되어 있다(법 제4조). 그래서 금융위원회의 위원 구성은 당연직으로 참여하는 위원이 속하는 기관 사이의 정책 조율 기관으로 변모했다는 비판도 있다.[8] 비상임위원 1인을 갖고 과연 합의제 의결기구라고 할 수 있는지 의문이다. 다양한 이해관계자의 의견을 반영하려는 합의제 의결기구의 취지를 구현할 수 없는 문제가 있다.

(6) 금융안정협의기구 부존재 및 금융정보 공유 체계의 문제점

가. 서설 금융감독 관련 기관들인 금융안전망기구들 사이의 거시건전성 및 금융 안정 정책 협의와 상호 정보 공유 문제도 중요한 사안이다. 2008년 세계적 금융위기를 겪으면서 거시적 금융 안정 정책 협의가 중요하다는 점이 인식되었다. 그래서 미국은 재무부, 금융감독기관, 중앙은행, 예금보험기구 등이 참여하는 금융안정감시협의회(Financial Stability Oversight Council: FSOC)를 설치하여 운영하고 있다.[9] 그런데 우리는 아직 이

8 김건식 외 6인(2012), p. 123.
9 12 U.S.C. Part A-Financial Stability Oversight Council (§§ 5321 to 5333).

러한 협의기구도 존재하지 않고 금융안전망기구들 사이의 정보 공유 체계도 잘 정립되어 있지 않다.

나. 금융정보 공유 체계의 문제점 금융안전망기구들 사이의 정보 공유 체계와 관련해서는 금융감독기관, 한국은행, 기획재정부 및 예금보험공사 등 금융안전망기구들 사이의 정보 공유 체계에 대한 법적 근거가 부족하다. 상호 자료 공유가 잘 안 되다 보니 감독을 받는 금융기관은 각 금융안전망기구들이 요구하는 자료를 해당 기관에게 각각 제출하게 됨으로써 보고서 등의 중복적인 제출 등 업무 부담이 커지는 면이 있다. 기획재정부 장관과 금융위원회 및 금융통화위원회는 정책 수행에 필요하다고 인정하는 경우 상호 자료를 요청할 수 있지만(법 제65조), 금융감독원과 한국은행 사이, 그리고 금융감독원과 기획재정부 사이에는 상호 자료 요청을 할 수 있는 근거 규정이 없다. 그리고 예금보험공사와 금융감독원 사이에도 「예금자보호법」에 근거해서 예금보험공사는 금융감독원에 자료 요청을 할 수 있지만(제21조 제4항), 금융감독원은 예금보험공사에 자료 요청을 할 수 있는 근거 조항이 없다. 다만 실무적으로 2009년 9월 기획재정부, 금융위원회, 금융감독원, 한국은행, 예금보험공사 사이에 금융정보 공유에 관한 양해협의서(MOU)가 체결되어[10] 정보 공유를 하고 있기는 하지만, 양해협의서는 법적 구속력이 없기 때문에 실질적인 정보 공유가 제대로 이루어지기 어려운 한계가 있다.[11]

다. 금융안정협의기구의 부존재 또한 금융안전망기구들 사이에 거시건전성과 금융 안정 정책을 협의할 공식적인 법적 기구가 없는 것도 문제이다. 우리가 두 차례 금융위기를 겪으면서 금융안전망기구들 사이에 금융 안정 대책을 논의하고 대처할 기구가 필요하다는 것을 절실하게 느꼈

10 기획재정부·금융위원회·금융감독원·한국은행·예금보험공사(2009. 9. 15).

11 같은 지적은 정지만·오승곤(2010), p. 171; 고동원·노태석(2010), p. 133.

으면서도 이러한 기구를 만들지 못한 것은 문제이다. 금융위기에 잘 대처하기 위해서는 금융감독기관만의 역할로는 부족하다. 통화신용 정책을 관장하는 한국은행, 재정 및 경제 정책을 총괄하는 기획재정부, 부실금융기관의 관리 및 정리 업무를 담당하는 예금보험공사 등 모든 금융안전망기구들이 함께 논의하고 협의를 해야 금융위기에 잘 대처할 수 있다. 금융안전망기구들 사이의 금융 안정 정책을 논의할 협의체 기구가 필요한 이유이다.

3. 금융감독기구 체제의 개편 방향

1) 서설

금융감독기구 체제의 가장 큰 문제점으로서 금융감독기구가 '수직적으로' 이원화되어 분리되어 있다는 점은 앞서 지적한 바 있다. 원래는 하나의 금융감독기구가 금융감독 업무를 수행하는 것이 맞는데, 우리는 '기이하게도' 수직적으로 나누어진 2개의 금융감독기관을 두고 있어서 여러 감독 실패 사례가 발생하고 있다. 더욱이 금융위원회가 금융감독 기능뿐만 아니라 금융산업 정책 기능까지 수행하는 권한을 갖고 있다 보니 금융위원회의 정책 결정에 대하여 견제할 수 있는 기관이 없어서 금융위원회가 결정하면 그대로 집행하게 되면서 발생하는 문제점도 크다.

2) 개편 방향

(1) 금융위원회로부터 금융감독 기능의 분리

가장 중요한 개편 과제는 금융위원회가 수행하고 있는 금융감독 기능을 분리하는 것이다.[12] 금융위원회가 금융감독 권한을 갖고 있는 것이 '비정상적인' 체제를 만든 것이기 때문에 이것을 바로 잡는 것이 중요하다. 하나의 기관이 금융산업 정책과 금융감독 기능을 수행하는 외국 사례도 없다는 점에서 정상화 조치가 필요하다. 금융감독 기능을 분리할 때 금융위원회의 금융정보분석원이 수행하고 있는 자금세탁 방지 업무도 분리하여 금융감독기관에게 넘기는 것이 필요하다. 이러한 업무도 금융감독 업무에 속하기 때문이다. 금융감독 기능의 분리와 관련해서 제기되는 것이 금융위원회의 금융감독 기능을 분리하여 정부 부처인 '금융부'를 설치하는 방안인데,[13] 이는 문제가 많은 방안이다. 금융부를 설치하면 결국 금융기관 검사 기능까지 수행하게 되는데, 이는 금융부가 금융산업 정책 기능뿐만 아니라 금융감독 집행 기능까지 수행하는 것이어서 지금보다도 더 개악이 된다. 금융감독의 독립성·책임성·전문성을 가질 수 없고, 심지어 '관치금융'이 심화되므로 더 퇴행적인 개편이 된다. 정부가 금융산업 정책, 금융감독, 심지어 금융기관 검사 및 제재 업무까지 다 수행하는 것은 심각한 문제를 초래한다.

그다음 금융위원회의 금융산업 정책을 기획재정부로 이관할 필요가 있는데, 이 경우 기획재정부의 권한 비대를 지적하기도 한다. 물론 기획재정부가 금융산업 정책 기능까지 갖게 될 경우 이러한 점은 있다. 그러나 이는 기획재정부의 개편 방향으로 해결해야지 이런 이유 때문에 금융위원회의 금융산업 정책 기능을 기획재정부로 이관할 수 없다고 하는 것은 타당하지 않다. 기획재정부의 예산 기능을 분리하는 것도 방안이 될 수 있다. 그러나 분명한 것은 하나의 정부 부처가 재정·경제 정책과 금융산업 정책을 같이 수행해야 한다는 것이다. 정부의 재정·경제 정책과 조화된 금융산

12 같은 주장은 김효연(2011), p. 4.
13 김건식 외 6인(2012), pp. 217, 223.

업 정책을 수립하고 집행하기 위해서라도 금융산업 정책 기능이 기획재정부로 이관하는 것은 필요하다.[14]

(2) 공적 민간기구인 금융감독기구의 설립 필요

금융위원회의 금융감독 기능을 분리한다고 했을 때 그 기능을 누가 이관받을 것인가에 대한 논의가 있어야 한다. 금융감독기구를 정부 조직으로 둘 때는 관치금융의 가능성이 있고, 금융감독의 독립성·책임성·전문성을 확보하기가 어려운 점이 있다.[15] 답은 공적 민간기구 형태인 금융감독기구를 출범시키는 일이다. 이러한 방안은 다수 학자들의 주장에 의해서 뒷받침되고 있다.[16] 대부분의 나라들도 금융감독 기능을 정부기관이 아닌 공적 민간기구가 담당하고 있다. 미국, 영국, 독일, 프랑스, 호주, 스위스 등 주요국도 금융산업 정책과 금융감독 기능을 분리하고, 금융감독기구를 공적 민간기구로 설치하여 금융감독의 중립성 및 전문성을 추구하고 있다.[17] 또한 국제적인 기준에 비추어 보아도 민간 금융감독기구가 금융감독 기능을 수행하는 것이 맞다. 이는 금융감독의 독립성·책임성·전문성을 확보하는 것이 필요하다는 점에 비추어 보더라도 타당하다.

금융감독기구를 공적 민간기구로 할 때 다음과 같은 장점을 들 수 있다. 첫째, 금융감독의 독립성 확보가 용이하다는 점이다. 즉, 공적 민간 금융감독기구는 정부나 정치권으로부터 독립성을 확보하여 중립적인 관점

---

14 같은 주장은 전성인(2009), p. 151.

15 이에 대한 자세한 논의는 고동원(2004), p. 32.

16 공적 민간기구로 해야 한다는 주장으로는 김대식·윤석헌(2004), pp. 18~21; 윤석헌·김대식·김용재(2005), p. 421; 김상겸(2003), p. 117. 반면에 정부기관으로 해야 한다는 주장으로는 김건식 외 6인(2012), pp. 217~220.

17 정부기관인 금융감독청으로 개편해야 한다는 주장이 현실성이 없다는 지적은 홍준형(2001), p. 129. 금융감독기구를 준입법적, 준사법적 기능을 가진 독립행정위원회로 개편해야 한다는 주장은 정호열(2000), p. 61.

에서 금융감독 업무를 수행할 수 있다. 정부가 금융감독 기능을 수행하면 선거를 의식해야 하고, 정부의 경제 정책에 맞추어야 하기 때문에 금융감독의 독립성을 확보하기가 어렵다. 둘째, 금융감독기구 운영 재원 확보가 보다 쉬워질 수 있다. 즉, 정부 재원에 의존하지 않고 감독을 받는 금융기관으로부터 받는 출연금이나 분담금 내지는 금융감독기관이 업무 수행과 관련하여 부과하는 수수료 등의 수입으로 재원을 조달할 수 있어서 정부의 조세 수입에 의존하지 않고 자체적으로 예산을 확보할 수 있는 장점이 있다. 셋째, 금융감독기관의 전문성 추구가 더 쉬워질 수 있다. 민간 조직이어서 공무원 조직과 달리 필요한 경우 금융 전문가를 수시 채용하는 것이 가능하며, 운영 재원 확보가 보다 용이하므로 높은 임금으로 우수한 금융 전문 인력을 채용할 수도 있어서 금융감독의 전문성 확보에도 정부 조직보다 훨씬 유리하다. 넷째, 시장친화적인 금융감독을 펼 수 있는 장점이 있다. 민간기구이어서 정부 조직보다도 아무래도 금융시장에 보다 쉽게 다가갈 수 있고, 금융시장의 정보를 보다 용이하게 취득할 수 있는 장점이 있어 보다 시장친화적인 금융감독 정책을 수행할 수 있다.

(3) 금융감독기관의 책임성 강화 방안

금융감독기구 체제를 개편함에 있어 금융감독의 책임성(accountability)[18]을 강화하는 방안도 고려해야 한다. 금융감독기구에게 독립성을 부여하면 이에 상응하는 책임성을 부여해야 금융감독기관의 권한 남용을 막을 수 있기 때문이다. 특히 공적 민간기구가 금융감독 업무를 수행하는 경우 책임성을 강화할 필요성은 더욱 크다. 국회에 1년에 2회 이상 금융감독보고서

18 '책임성'이란 "어떤 기관에 부여된 권한 및 기능이 원래의 목적에 부합하는 방향으로 행사될 수 있도록 조직 구조나 운영 면에서 마련된 각종 법률적 장치"라고 설명하는 견해는 김홍범(2002), p. 123.

를 제출하는 방안을 고려할 수 있다. 금융감독보고서 제출 의무는 국회가 금융감독기관을 견제하는 역할을 할 수 있다는 점에서 긍정적이다. 국회에 제출된 금융감독보고서는 일반국민에게도 공개될 것이므로 국민들도 금융감독 업무에 대한 현황을 알 수 있어 국민이 금융감독기관에 대한 견제 역할을 할 수 있다. 또한 금융감독보고서 제출 의무는 금융감독기관 자체적으로 금융감독 업무에 대한 평가도 하게 되므로 잘못된 금융감독 업무에 대해서 시정하는 기회도 될 수 있다.

(4) 금융감독기관의 전문성 강화 방안

금융감독기구 체제 개편과 관련해서 관련 법률에 반영해야 하는 사항 중 하나는 금융감독기관의 전문성 강화에 관한 내용이다. 올바른 금융감독기구 체제 구축도 중요하지만, 간과해서는 안 되는 것은 금융감독기관의 전문성을 높일 수 있는 법적 기반을 만드는 것이다. 우선 금융감독기관의 예산 편성 자율성을 보장해 주어야 한다. 충분한 재원이 있어야 우수한 금융 인력을 채용해서 금융감독의 전문성을 높일 수 있기 때문이다. 직원들의 순환 보직 제도를 지양하는 근거 조항도 담을 필요가 있다. 금융위원회와 금융감독원은 1년 내지 2년마다 보직을 순환하는 인사 제도를 시행하다 보니 직원들의 전문성을 높이지 못하는 문제가 있다. 이러한 인사 제도는 내부 규칙으로 정할 수도 있지만, 금융감독기구의 수장이 바뀔 때마다 이러한 제도가 제대로 운영되지 않을 가능성이 있으므로 법에 순환 보직 금지에 대한 근거 조항을 두어 법적 안정성을 도모해야 한다. 물론 자세한 운영 사항은 내부 규정에 위임할 수 있다. 또한 공채 제도를 지양하여 수시 채용을 통한 우수한 인력을 채용할 수 있도록 하는 규정도 두어야 한다.

(5) 금융감독기관의 자율성 확보 방안

금융감독기관의 독립성 내지 중립성을 확보하기 위해서는 금융감독기관의 자율성 확보도 중요하다. 우선 금융감독기관의 예산 편성과 운영에 있어서 자율성을 확보해야 한다. 금융감독기관의 예산 운영의 자율성 확보는 국제금융감독기구가 제시하는 국제적인 기준이기도 하다.[19] 바람직한 금융감독기관 체제를 구축함에 있어 금융감독기관의 예산 편성 자율성을 확보할 수 있는 장치를 마련할 필요가 있는데, 금융감독기관의 예산은 내부 최고의사결정기관으로 두는 위원회가 승인하도록 해야 한다.

또한 감사원이 행하는 '정책 감사'가 금융감독의 독립성 내지 중립성을 수행하는 데 장애 요인이 되고 있어 금융감독기관의 자율성 확보 차원에서 이를 폐지해야 한다. 「감사원법」은 감사 대상 기관에 대한 '직무감찰'을 할 수 있도록 되어 있는데(제24조 제3호), 이는 정책 감사까지 포함한다고 보기가 어렵다. 직무감찰은 말 그대로 감사 대상 기관 직원의 직무 수행과 관련한 법규 위반 등의 행위 여부에 대한 '감찰' 업무에 한정되어야 한다. 특히 금융감독 업무에 대한 정책 감사는 금융감독기관 직원이 '소신'을 갖고 업무를 수행하지 못하도록 하고, 소극적으로 감독 업무에 임하게 함으로써 문제가 된다. 또한 감사원이 금융감독 업무에 대하여 전문성을 갖기도 어려운 현실에서 전문성이 필요한 금융감독 업무에 대하여 정책 감사를 한다는 것은 금융감독을 왜곡시킬 소지도 있다. 따라서 전문성이 필요한 금융감독 업무에 대해서는 감사원의 정책 감사 대상에서 제외해야 한다.

(6) 금융감독평가기구의 설치 방안

금융감독기관을 통제하고 견제할 수 있는 기관은 국정 감사를 수행하

19 Basel Committee on Banking Supervision(2024), Principle 2.

는 국회와 행정기관 등에 대한 업무·회계 감사를 하는 감사원이다. 그런데 금융 업무는 전문화되어 있는 분야이다. 전문화되어 있지 않은 국회나 감사원이 금융감독기관에 대한 업무 감사를 하는 것은 한계가 있다. 더욱이 국회와 감사원은 상시적인 감시 내지 감사 업무를 수행하지 않는다는 점에서도 한계가 있다. 금융감독기관을 견제하는 전문성을 갖춘 기구가 필요한 이유이다. 이에 대한 답은 금융감독평가기구를 만드는 일이다. 이 기구는 전문성을 갖추어 금융감독기관이 수행하는 금융감독 업무에 대하여 주기적 또는 수시 평가를 통해서 금융감독기관이 역할을 제대로 수행하는지에 대하여 감시 및 감독하는 역할을 수행하게 된다. 이는 감독 실패의 가능성을 줄여 궁극적으로 금융소비자를 보호하고 금융시장의 안정을 유지할 수 있게 된다.

호주의 사례가 대표적이다. 호주에서는 금융기관의 불건전 영업행위로 소비자에게 피해를 준 사건이 발생했고, 금융감독기관이 금융기관에 포획되어(즉, 소위 말하는 '산업 포획'(industry capture)을 말한다) 제대로 금융기관을 감독하지 못했다는 비판이 제기되면서, 호주 정부는 이를 조사하기 위하여 외부 전문가로 구성된 독립적인 '왕립특별조사위원회'(Royal Commission into Misconduct in the Banking, Superannuation, and Financial Services Industry)를 2017년 11월 설치했고, 위원회는 약 1년여 동안의 청문회 등을 통한 조사를 실시한 후 제도 개선을 위한 최종보고서를 2019년 2월 발표했다.[20] 이 보고서는 금융사고의 원인이 금융감독기관이 제대로 금융기관을 감독하지 못했다는 점을 지적하면서 이에 대한 해결책의 하나로서 금융감독평가기구 설치를 제안했다.[21] 이에 따라 2021년 6월 금융감독평가기구법(Financial Regulator Assessment Authority Act)이 제정되었고, 이에 의거하여 2021년 6월 29

20 Schmulow(2018), p. 1.

21 Schmulow *et al.*(2021), p. 2.

일 금융감독평가위원회(Australian Financial Regulator Assessment Authority)가 설립되었다.[22]

우리도 호주의 예에 따라 독립된 법정 기구로서 금융감독평가기구를 설치해야 한다. 대통령 직속 산하의 독립된 비상설 기구로 설치하며, 독립성을 유지하기 위해서 금융에 관한 경험과 지식을 가진 전문가를 비상임 민간위원(예를 들어, 5인)으로 임명하여 구성하는 것이다. 주요 업무는 1년에 1회 정기적으로 금융감독 업무를 평가한 후 '금융감독평가보고서'를 발간·공표하게 함으로써 금융감독 관련 개선 방안을 제시하고 장기적인 금융감독 정책을 수립하는 데 도움이 되도록 하는 것이다. 그리고 대통령이 요청하는 경우에는 특정 사안에 대한 금융감독평가보고서를 작성할 수 있도록 해야 한다. 이렇게 될 때 금융감독 업무를 수행하는 금융감독기관 입장에서는 금융감독평가기구를 의식하게 됨으로써 권한 남용의 가능성이 적어지고, 금융감독평가기구가 제안한 금융감독 개선 사항을 반영할 수 있는 통로로 작용하여 장기적으로 보면 금융산업 발전에도 긍정적인 영향을 미칠 수 있다.

(7) 쌍봉형 금융감독기구 체제의 도입 방안

민간 금융감독기구 체제로 갈 때 또 하나 논란이 많이 제기되는 사항이 바로 단봉형(내지 통합형) 체제로 갈 것인지 아니면 새롭게 쌍봉형(Twin-Peaks) 체제로 갈 것인지에 관한 문제이다. 쌍봉형 체제는 금융기관의 건전성 규제를 담당하는 금융감독기관과 금융기관의 영업행위 규제를 담당하는 금융감독기관으로 분리하는 체제를 말한다. 단봉형 체제와 쌍봉형 체제는 서로 장단점을 갖고 있다. 쌍봉형 체제는 각 금융감독 분야의 전문성을 높여

22 https://fraa.gov.au/about-fraa.

서 감독의 효율성을 높일 수 있고, 특히 영업행위 규제 분야를 강화할 수 있어 금융소비자 보호를 강화할 수 있는 장점이 있다. 반면에 쌍봉형 체제에서는 규제의 사각 지대 및 규제의 중복 문제가 발생할 수 있는 단점이 있다. 따라서 어느 장점을 취하느냐의 문제인데, 금융감독의 전문성 제고와 금융소비자 보호가 중요하다는 점을 고려하면 쌍봉형 체제가 더 바람직하다. 쌍봉형 체제의 단점은 법률이나 두 금융감독기관 사이에 양해협의서 체결을 통한 업무 협조를 강화함으로써 실무적으로 해결할 수 있는 문제이다. 영국이 2008년 세계적 금융위기 이후 금융감독기구 체제의 문제점을 인식하고 종전의 단일 금융감독기구 체제(Financial Services Authority: FSA)에서 쌍봉형 체제(건전성 감독기관은 Prudential Regulation Authority(PRA) of the Bank of England, 영업행위 감독기관은 Financial Conduct Authority(FCA))로 전환을 했는데,[23] 바로 쌍봉형 체제의 장점을 더 높이 산 것이라고 할 수 있다.

(8) 독립된 '금융분쟁조정중재원'의 설립 방안

금융감독기구 체제 개편과 관련해서 또 하나 해결해야 할 과제는 금융감독원이 수행하는 금융분쟁조정 기능을 분리해서 독립된 금융분쟁조정기구를 설립하고, 이에 더하여 중재 기능도 부여하여 (가칭)'금융분쟁조정중재원'을 설립하는 일이다. 분쟁조정 제도는 중립적이고 독립적인 조정자가 조정안을 만들어 분쟁 당사자들이 이를 수락함으로써 자율적으로 분쟁조정을 꾀하는 제도이므로 분쟁 조정자의 역할이 상당히 중요하다.[24] 즉, 조정자의 독립성이 확보되지 않으면 조정자의 신뢰를 떨어뜨리게 되고 조정안에 대한 수용을 어렵게 만든다.[25] 이런 면에서 금융감독기관이 수행하는

23 http://www.bankofengland.co.uk/publications/Documents/quarterlybulletin/qb120405pre.pdf; https://www.bankofengland.co.uk/prudential-regulation; https://www.fca.org.uk/.

24 고동원(2013), p. 74.

분쟁조정 제도는 독립성 면에서 문제가 있다. 즉, 공정하고 독립적인 분쟁조정기구로서 역할을 수행하기에는 한계가 있다.[26] 이런 점에서 분쟁조정의 공정성과 신뢰성을 확보하기 위해서는 분쟁조정 기능을 금융감독기관으로부터 분리해야 한다.[27] 다만 분리된 금융분쟁조정기구도 금융감독기관에 의한 통제를 일정 부분 받을 필요가 있으며, 분쟁조정 과정에서 발견된 문제점을 제도 개선에 반영하기 위해서는 금융감독기관과 업무 협조도 필요하다. 따라서 금융감독기관의 감독을 받도록 하되, 업무의 독립성을 보장해 주는 것이 바람직하다.[28] 효율적인 금융분쟁조정 제도의 운영을 통하여 금융소비자 보호를 잘 하고 있다고 인정되는 영국과 호주의 경우에도 금융감독기관으로부터 분리하여 별도의 독립적인 기구가 분쟁조정 업무를 수행하도록 하면서 금융감독기관의 감독을 받도록 하고 있으며, 대신에 운영의 독립성을 보장해 주고 있다는 점[29]에 비추어 보더라도 개선 조치가 필요하다. 따라서 금융분쟁조정 제도의 효율성을 도모하여 금융소비자 보호를 강화하기 위해서 금융감독원이 수행하는 금융분쟁조정 기능을

25 노태석(2011), p. 90.

26 같은 지적은 노태석(2011), p. 91; 주규준(2011), p. 61.

27 같은 주장은 김춘(2010), p. 164; 고재종(2021), p. 91; 이효섭(2024), p. 62.

28 같은 주장은 김춘(2010), p. 164; 고동원(2013), p. 78.

29 영국의 경우 금융분쟁조정원(Financial Ombudsman Service Limited: FOSL)은 은행 등 금융기관의 영업행위와 관련해서 발생하는 금융소비자와 분쟁을 해결하는 기관으로서 「2000년 금융서비스 및 시장법」(Financial Services and Markets Act 2000: FSMA)에 근거하여 2001년 설립되었고, 정부 조직이 아닌 법인 형태의 독립된 기관이며(FSMA, Sec. 225(2)), 금융감독기관인 금융행위감독원(FCA)의 감독을 받는 기관이지만(FSMA, Schedule 17 para. 2(1), (3), 3(2)), 운영상의 독립성은 보장하고 있다(FSMA, Sec. 225(1), Schedule 17 para. 3(3)). 호주의 경우도 금융분쟁조정원(Australian Financial Complaints Authority Limited: AFCA)은 「2018년 금융분쟁조정원설치법」(Australian Financial Complaints Authority Act 2018)에 근거하여 2018년 4월 설립된 독립된 민간 금융분쟁조정기구로서 영업행위 금융감독기관인 호주증권투자위원회(ASIC)의 감독을 받는 기관이지만(Corporations Act, Sec. 1052A), 운영상의 독립성을 보장해 주고 있다[Regulatory Guide 267: Oversight of the Australian Financial Complaints Authority, September 2021, 267.24(c), 267.30].

분리하여 별도의 금융분쟁조정기구를 설립해야 한다.

(9) '금융안정협의회' 설치 방안

앞서 우리나라 금융안전망기구들 사이의 상호 자료 공유에 대한 법적 근거가 미흡하고, 양해협의서 형태로 운영되는 정보 공유 체제도 법적 강제성이 없다는 한계가 있어서 잘 작동이 되지 않고 있다는 문제점을 지적한 바 있다. 또한 금융안전망기구들 사이에 거시건전성 및 금융 안정 정책을 논의할 협의체 기구가 없다는 점도 지적한 바 있다. 따라서 금융감독기구 체제 개편 논의와 더불어 이러한 문제에 대한 개선 방안이 필요하다. 우선 한국은행, 금융감독원, 예금보험공사 사이의 상호 자료 제출 요청을 할 수 있는 법적 근거를 법률에 명확히 두어 모든 금융안전망기구들 사이에 상호 자료 요청을 할 수 있도록 함으로써 금융정보 공유가 잘 될 수 있는 체제를 만들어야 한다. 또한 모든 금융정보를 한 군데 집중하게 하여 각 금융안전망기구들이 필요한 자료나 정보를 이용할 수 있도록 하는 체제를 만들어야 한다. 즉, '금융정보공유협의회'를 법적 기구로 만드는 것이다.[30] 각각의 금융안전망기구들에게 자료 제출 의무가 있는 금융기관들은 제출해야 하는 자료를 통일된 양식으로 해서 '금융정보공유협의회'에 제출하고, 금융안전망기구들이 '금융정보공유협의회'를 통해서 필요한 자료를 얻도록 하는 전산 체계를 구축하는 것이다.

또한 거시건전성 및 금융 안정 정책을 논의하고 결정할 '금융안정협의회'를 법적 기구로 만들어야 한다.[31] 이 협의회는 금융안전망기구들 사이에 정보 공유를 하면서 거시건전성 및 금융 안정 정책에 관한 협의를 하는 역

30 이러한 주장은 여러 문헌에서 발견할 수 있다(김정석, 2005, p. 8; 고동원·노태석, 2012, p. 84; 장병훈·손영진, 2017, p. 180).

31 같은 주장은 윤석헌 외 5인(2016), p. 135.

할을 하게 된다. 금융 안정 정책은 어느 하나의 기관만이 다루어야 할 성격이 아니고, 각 금융안전망기구들 사이에 협의를 통해서 결정해야 하는 사안이므로 협력 체계가 필요하다. 협의회 구성은 당연직 위원인 기획재정부 장관, 한국은행 총재, 금융감독기구의 장, 예금보험공사의 장뿐만 아니라 외부 전문가도 과반수로 참여하게 해서 다양한 의견을 반영한 금융 안정 정책이 나올 수 있도록 해야 한다.

4. 맺음말

1999년 1월 통합 금융감독기구가 출범한 후 몇 차례 금융감독기구 개편 시도가 있었지만, 그때마다 근본적인 개혁은 이루어지지 못하고 미봉책으로 마무리되곤 했다. 특히 2008년 2월 이명박 대통령 정부가 들어서면서 추진된 금융감독기구 개편은 세계적으로도 유례가 거의 없는 금융산업 정책과 금융감독 기능의 통합 등 잘못된 방향으로 갔다. 2011년 상호저축은행 파산 사태, 2013년 동양그룹 사태, 2020년 사모집합투자기구 환매 중단 사태 등 감독 실패가 발생한 원인도 이러한 잘못된 금융감독기구 체제에서 찾을 수 있다. 바람직한 금융감독기구 체제를 만들기 위해서는 국민의 대표 기관인 국회에 각계 전문가 등으로 구성된 금융감독기구 체제 개편을 위한 특별위원회를 설치하여 논의를 하는 것이 필요하다. 바람직한 금융감독기구 체제는 금융산업 정책 기능과 금융감독 기능이 분리되고, 금융감독기구는 정부 조직이 아닌 공적 민간기구 형태로 가는 것이다. 이 방안이 금융감독의 독립성·책임성·전문성 확보라는 면에서 가장 바람직하다.

참고문헌

고동원, 「금융감독 행정의 현황과 문제점」, 『금융법연구』 제1권 제2호, 한국금융법학회, 2004. 12.

______, 「현행 금융감독기구 체제의 문제점과 개편 방향」, 『성균관법학』 제24권 제2호, 성균관대학교 법학연구원, 2012. 6.

______, 「금융 분쟁 조정 제도의 개선을 위한 입법 과제」, 『입법과 정책』 제5권 제1호, 국회입법조사처, 2013. 6.

고동원·노태석, 「금융안정을 위한 예금보험기구의 역할에 관한 연구」, 『금융안정연구』 제11권 제1호, 예금보험공사, 2010. 6.

______, 「국제예금보험기구협회(IADI)의 「예금보험제도 핵심원칙」에 비추어 본 우리나라 예금보험제도의 개선 방향」, 『금융안정연구』 제13권 제1호, 예금보험공사, 2012. 6.

고재종, 「금융소비자보호법상 분쟁조정제도의 재검토-분쟁조정기구를 중심으로-」, 『금융소비자연구』 제11권 제1호, 한국금융소비자학회, 2021. 4.

기획재정부·금융위원회·금융감독원·한국은행·예금보험공사, 「정보공유 및 공동검사 양해각서(MOU) 체결」, 보도자료, 2009. 9. 15.

김건식 외 6인, 『금융감독 선진화를 위한 감독체계 개편 방안』, 국무총리실 연구용역보고서, 서울대학교 금융법센터, 2012. 10.

김대식·윤석헌, 「금융감독기구의 지배구조」, 2004년 재무 5개 학회 춘계 공동학술연구발표회 특별 심포지엄 발표논문, 2004. 5. 21.

김상겸, 「금융감독체계에 관한 법적 고찰-헌법상의 경제질서의 관점에서-」, 『공법연구』 제31집 제3호, 한국공법학회, 2003. 3.

김정석, 「금융안정망 기구간 상호관계에 대한 논의」, 『KDIC 금융분석정보』, 예금보험공사, 2005. 8.

김 춘, 「금융분쟁조정제도의 개선방안에 관한 연구」, 『증권법연구』 제11권 제2호, 한국증권법학회, 2010. 12.

김홍기, 「우리나라 금융감독체계의 문제점과 개선 방안」, 대한금융공학회·한국금융연구원 주최 정책심포지엄 발표자료, 2012. 12. 10.

김홍범, 『금융감독, 이대론 안된다』, 두남, 2002.

김효연, 「금융감독 혁신TF 대책의 문제점과 과제」, 『이슈와 논점』 제281호, 국회입법조사처, 2011. 8. 8.

노태석, 「현행 금융 분쟁 해결제도에 관한 법적 연구」, 『일감법학』 통권 제19호, 건국대학교 법학연구소, 2011. 2.

윤석헌·김대식·김용재, 「금융감독기구 지배구조의 재설계」, 『상사법연구』 제24권 제2호, 한국상사법학회, 2005. 8.

윤석헌 외 5인, 「금융감독체계 개편, 어떻게 할 것인가?」, 2012년 한국금융학회 정기학술대회 발표자료, 2012. 6. 8.

윤석헌 외 5인, 「모델 금융감독법의 구조-기본 내용과 법안의 제안-」, 『은행법연구』 제9권 제1호, 은행법학회, 2016. 5.

이성남, 『감독이 바로서야 금융이 산다: 현 금융감독체계의 문제점 및 개선방안』, 국회정책자료집, 2008.

이효섭, 「해외 금융분쟁 해결제도의 특징 및 국내 시사점」, 조사보고서 24-03, 자본시장연구원, 2024. 7.

장병훈·손영진, 「부실우려금융회사 지정 및 운영체계 개선 방향」, 『금융리스크리뷰』 제14권 제3호, 예금보험공사, 2017. 10.

전성인, 「유인부합적 금융감독체계 구축방안」, 『입법과 정책』 제1권 제1호, 국회입법조사처, 2009. 12.

정지만·오승곤, 「금융안정을 위한 금융기관 부실정리제도」, 『금융안정연구』 제11권 제1호, 예금보험공사, 2010. 6.

정호열, 「금융개혁과 관치금융의 법적 문제」, 『저스티스』 제33권 제4호, 한국법학원, 2000. 12.

정홍주·성수현·김기영·이명창, 「금융감독기구의 조직과 보직순환 고찰-전문성과 금융소비자 보호 측면의 시사점」, 『금융소비자연구』 제7권 제2호, 한국금융소비자학회, 2017.

주규준, 「금융소비자 보호체계의 문제점과 개선방안」, 『입법과 정책』 제3권 제1호, 국회입법조사처, 2011. 6.

홍준형, 「금융행정의 법적 구조와 개혁방향」, 『공법연구』 제29집 제2호, 한국공법학회, 2001. 2.

Basel Committee on Banking Supervision, "Core Principles for Effective Banking Supervision," April 2024.

International Association of Insurance Supervisors, "Insurance Core Principles, Standard, Guidance and Methodology," Oct. 1, 2011.

International Organization of Securities Commissions, "Objectives and Principles of Securities Regulation," Sep. 1998.

Schmulow, Andrew, "Regulating the Regulator: Improving consumer protection under a Twin Peaks regulatory framework," *The International Review of Financial Consumers*, Vol. 3, Issue 1, April 2018.

Schmulow, Andrew, Paul Mazzola, and Daniel de Zilva, "Twin Peaks 2.0: Avoiding Influence Over an Australian Financial Regulator Assessment Authority," *Federal Law Review*, 2021.

최 승 필

3

금융산업 발전을 위한 금융규제의 개편 및 전환 방향

1. 머리말
2. 규제의 의미와 개선 방향성에 대한 일반적 논의
3. 규제 개선의 방향성
4. 원칙 중심 규제의 수용을 통한 민간의 역할 확대
5. 금융규제 샌드박스에 대한 법리적 검토와 쟁점
6. 자율규제 체제의 활용을 위한 체계 정비
7. 내부통제 제도와 책무구조도의 바람직한 활용 방안
8. 금융기관 임직원 제재 제도의 쟁점과 개선 방안
9. 금융동의명령제의 도입 및 활용
10. 그림자 규제로서 행정지도의 문제점과 개선 방향
11. 맺음말

이 글은 저자가 그간 발표한 주제별 논문에 기초한 것으로 출간을 준비 중인 금융행정법론의 주요한 내용들임을 밝힌다. 보다 깊은 논의는 각주에서 제시하고 있는 주제별 논문을 참고해 주기 바란다.

1. 머리말

규제는 국가 및 산업의 경쟁력 강화를 위해 정부 교체를 포함한 중요한 시기마다 핵심적 과제로 다루어져 왔다. 최근에는 디지털 및 AI 기술의 발전으로 인해 규제의 전환과 개편은 선택이 아닌 필수가 되었다. 혁신적 기술이 가져올 수 있는 위험의 모습이 다양하며, 그 파급력 또한 매우 크기 때문이다. 특히 혁신적인 기술이 가장 잘 결합될 수 있는 영역 중 하나가 금융이라는 점에서 금융규제의 변화 요구는 더욱 크다. 빅테크(BigTech)의 금융업 진출이 그 하나의 예이다. 과거 규모의 경제(economies of scale)를 지향했던 빅테크는 이제 고유의 영역을 넘어 범위의 경제(economies of scope)로 나아가고 있다. 반면 혁신기술에 대해 규제 당국이 가지고 있는 정보가 모두 완전한 것은 아니어서 위험과 규제의 적절한 균형점을 찾는 노력들은 규제 설정에 주요한 사항이 되고 있다.

그간 국가 차원의 금융 분야 규제 개선의 가장 일반적인 모습은 인허가의 신고제로의 전환, 금융규제 샌드박스의 활용, 업무 영역의 확대 허용 등으로 전통적인 규제 방식의 틀에서 벗어나지 못하고 있으며, 질적인 측면의 제고보다는 양적인 측면에서 규제의 수나 범위를 조정해 나가는 데 주안이 두어졌다고 할 수 있다. 이 글에서는 그간의 전통적 규제 개선 노력에서 다루지 않았던 사안에 대해서 질적 개선을 중심으로 규제 개선의 방안을 찾아보고자 한다.

2. 규제의 의미와 개선 방향성에 대한 일반적 논의

1) 규제의 개념

규제가 무엇인지에 대해서는 명확하게 정의하기는 어렵다. 통상적으로 사용하고 있는 용어인 규제는 그 내용 면에서 행정규제를 의미한다는 점에서 행정규제기본법상 정의인 행정규제를 살펴보면, "국가나 지방자치단체가 특정한 행정 목적을 실현하기 위하여 국민의 권리를 제한하거나 의무를 부과하는 것으로 법령 등이나 조례·규칙에 규정되는 사항"으로 정의하고 있다. 따라서 규제는 본질적으로 침익적인 특성을 가지고 있으며, 반드시 법령에 근거를 두어야 한다. 이러한 개념적 특성을 비추어 볼 때, 규제의 개선은 국민의 자유로운 행위 선택의 자유를 회복하도록 하는 것으로 그 방식은 법령 등의 개정 내지는 그 해석의 전환을 통해서 이루어지게 된다.

2) 규제와 위험

규제를 하는 이유는 위험 때문이다. 위험은 협의의 위험과 광의의 위험으로 나눌 수 있다. 독일 경찰법에서 태동된 협의의 위험은 'Gefahr'(danger)로 인식이 가능하고, 국가의 특별한 개입이 없다면 가까운 장래에 현실화되는 손해를 의미한다. 이에 비해 광의의 위험은 협의의 위험을 포함하며 우리가 통상 'Risiko'(risk)라고 부르는 개념이다. 여기에서 리스크는 위험의 인식이 불분명하고 손해의 발생 여부도 확실하지 않은 단계를 의미한다. 그러나 오늘날은 사이버 공격과 같이 인식이 불분명한 리스크가 곧바로 대응해야 할 위험으로 변한다는 점에서 위험과 리스크를 특별하게 구분할 실

익은 점점 줄어들고 있다.[1]

위험에 대한 대응은 크게 진입 단계에서 이루어지거나 업역 진입 후 행위 단계에서 나타난다. 전자를 진입규제, 후자를 행위규제라고 한다. 진입규제는 특정한 업을 영위하기에 필요한 진입 요건을 갖추지 못한 자가 시장에 진입하는 것을 방지하는 것으로, 개별 회사의 건정성과 함께 시장의 안전성이 중요시되는 금융에서는 매우 중요한 의미를 가진다. 행위규제는 시장 진입 이후 개별적인 행위에 대한 규제로서 진입규제보다는 본질적으로 위험 저지의 필요성이 덜하고 행위의 양상 역시 다양하고 신속하게 변해 간다는 점에서 유연한 규제 내지는 완화된 형태의 규제도 가능하다.

3) 규제의 법적 근거

규제의 헌법적 근거는 헌법 제119조 제2항에서 찾을 수 있다. 헌법 제119조 제1항은 시장경제 원리를 원칙으로 정하고 있으며, 제2항은 이에 대한 국가의 교정적 개입을 규정하고 있다. 그러나 이외에도 헌법 제120조 이하에서는 자연 자원의 활용상 제한, 국토의 균형 있는 개발을 위한 제한, 농지 소유의 제한, 중소기업의 보호, 소비자의 보호 등에 대한 규정을 두고 있어 관련 규제의 헌법적 근거가 되고 있다.

규제의 구체적인 모습은 분야별 개별법을 통해 나타나고 있다. 금융의 경우 은행법, 자본시장법, 보험업법 등 업역별 규제를 중심으로 하고 있으며, 이를 횡단하는 규제로서 소비자 보호를 위한 금융소비자보호법, 금융회사지배구조법, 금융산업구조개선법 등 개별법상 규제들이 있다.

---

1 최승필(2018), p. 63.

3. 규제 개선의 방향성

규제의 개선을 위한 일반적 방향은 불필요·불합리한 규제의 철폐, 규제의 합리화, 새로운 기술의 테스트와 시장 적용을 위한 규제 샌드박스(Regulatory Sandbox)의 운영, 국가의 직접규제를 대체하는 자율규제의 확대, 공적 규제의 민사화, 신분제재의 금전제재화를 들 수 있다.

먼저 불필요하고 불합리한 규제의 개선을 위해서는 규제에 대한 영향평가를 실시하거나 규제의 설정과 개편 시 시장과의 협력적 과정을 절차화하는 방안이 필요하다. 규제의 합리화를 위해서는 진입규제와 행위규제로 나누어 각 규제가 가지고 있는 기능적 측면에 주목할 필요가 있다. 진입규제의 경우 금융시장에 위험을 야기할 수 있는 요소의 시장 진입을 차단한다는 점에서 합리적 수준의 규제가 다소간 보수적으로 설정될 수 있지만, 행위규제의 경우 무규제로 인한 위험 정도에 따라서 규제의 강도가 유연하게 달라질 수 있다.

위험이 중대하고 발생 가능성이 높은 경우(제1유형)에는 강한 규제가 설정될 수 있지만, 위험이 미약하고 발생 가능성이 낮은 경우(제4유형)에는 규제가 설정될 필요가 없다. 위험이 중대하지만 발생 가능성이 낮은 경우(제2유형)에는 직접규제를 설정하고 위험저감 수단을 모색해야 하며, 위험이 미약하고 발생 가능성이 큰 경우(제3유형)에는 국가의 직접규제보다는 자율규제를 설정할 필요가 있다.[2]

새로운 기술의 적용을 위한 규제 샌드박스는 디지털 및 AI의 비약적 발전에 맞물려 매우 의미 있는 규제 개선 수단이라고 할 수 있으며, 실증특례와 임시허가는 후속되는 입법을 촉구하는 기제가 된다. 그러나 규제 샌

2 최승필·김대인·임현(2017), p. 43; 윤혜선(2009), pp. 30~49.

드박스에서 발해지는 실증특례와 임시허가에 대한 구체적 기준 설정, 그리고 실증의 결과에 따른 출구 전략의 마련이 요구된다.

자율규제의 확대도 필요하다. 금융산업은 성장하고, 시장참가자들의 전문성이 제고되고 있는 반면, 빅테크와 금융의 결합 등을 통해 금융의 범위가 확대됨에 따라 해당 행정청이 모든 금융규제를 효율적으로 담당할 수 없는 상황에서 내부통제 제도를 포함한 자율규제의 활용성 강화와 규제계약(협약)을 적극적으로 검토할 필요가 있다.

국가가 담당하고 있는 공적 규제가 시장의 자율성을 저해하고 민간의 창의력 발휘에 제한이 된다는 지적이 커짐에 따라 국가가 직접적인 개입을 하는 공적 규제를 줄이고, 소비자 피해가 발생 시 합리적이고 적절한 보상이 이루어질 수 있도록 공적 규제의 민사적 책임으로의 전환도 모색될 필요가 있다. 한편 금융사고와 관련하여 금융기관 임직원들에 대한 제재의 경우 적어도 직원의 경우 핵심적 기본권인 직업 선택의 자유에 대한 심대한 제한을 수반하지 않도록 할 필요가 있다는 점에서 신분 제재에서 금전 제재로의 전환도 모색할 필요가 있다.

4. 원칙 중심 규제의 수용을 통한 민간의 역할 확대

1) 원칙 중심 규제의 개념과 필요성

원칙 중심 규제는 국가가 의도하는 규제 목적의 달성을 위하여 원칙을 설정하고 이를 통하여 금융회사의 행위를 일정한 방향으로 유도하는 규제 체제를 말한다. “일반원칙에 근거하여 바람직한 결과의 달성에 초점을 두는 규제 방식”[3] 또는 “필요 시 규정과 연성 가이드라인으로 뒷받침되는 상위 원칙을 통해 규제 목표 및 결과를 구현하는 것”[4]으로 보는 견해도 있다.

원칙 중심 규제가 나타나게 된 배경에는 업역을 달리하는 금융기관들의 통합적 영업과 금융과 플랫폼을 중심으로 한 빅테크와의 결합 현상으로 인해 규정 중심 규제의 효율성이 저하되고 있으며, 국가의 규제 역시 시시각각 변해 가는 환경에 적절하게 대응하지 못하고 있다는 문제가 있다.[5]

2) 영국에서의 원칙의 구현 형식

원칙 중심 규제는 영국에서 처음으로 시작했으며, 원칙 중심 규제가 가장 잘 발달되어 있다고 평가받고 있다. 영국 금융서비스시장법 part 1A. Ch. 3. 3B. Regulatory Principles를 몇 가지 살펴보면 다음과 같다.[6]

- 효율성과 경제성(efficiency and economy): 규제자는 가장 효율적이고 경제적으로 자원을 활용해야 한다.
- 비례성(proportionality): 개인 또는 활동의 수행에 부과되는 부담 또는 제한은 해당 부담 또는 제한의 부과로 인해 발생할 것으로 예상되는 이익에 비례하여야 한다.
- 시니어 경영진의 책임(senior management responsibility): 법정 부과 요건-소비자에게 영향을 주는 것을 포함한-이 적용되는 시니어 경영진은 그 요건의 준수에 대하여 책임을 부담한다.

3 김용재(2018), p. 169.
4 Niamh Moloney(2017), pp. 208~209.
5 최승필(2024a), p. 55.
6 해당 내용은 최승필(2024a), pp. 59~62에 있는 번역문을 그대로 활용했다.

한편 금융회사가 준수해야 할 영업 원칙을 몇 가지 살펴보면 다음과 같다.

- 금융회사는 적절한 리스크 관리 체계를 갖추고 사업을 책임 있고 효과적으로 통제하고 조직하기 위하여 주의를 기울여야 한다.
- 금융회사는 적절한 금융자원을 유지해야 한다.
- 금융회사는 고객의 정보 수요에 대하여 적절한 관심을 기울여야 하고, 명확하고 공정하고 오인되지 않은 정보를 전달해야 한다.

3) 원칙 중심 규제의 수용 가능성

(1) 규제법령에서의 일반원칙과의 관계

규제법령은 행정법령에 속함에 따라 행정법의 일반원칙을 준수해야 한다. 먼저 비례의 원칙의 경우 해당 원칙의 해석과 위반 시 제재 수준에 대한 관행이 비례적으로 획정되지 못하면 위법의 문제가 발생할 수 있어 초기 행정 관행의 수립이 매우 중요한 역할을 하게 된다. 자기 구속의 원리와 관련하여, 원칙 위반에 대한 행정 처분을 하는 경우 초기에 형성된 몇 건의 사례가 행정 관행을 성립하게 되며, 만약 행정 관행을 변경할 필요가 있는 경우라면 관할 행정청의 유권해석을 거쳐야 하기 때문에 원칙 중심 규제에서는 행정 관행의 수립과 변화하는 환경에 대해 대응적 유권해석 체계를 갖출 필요가 있다.

(2) 인허가와 원칙 중심 규제

가. 진입규제 인허가는 진입규제와 행위규제에서 나타나는 행정 행위이다. 인허가를 원칙 중심 규제로 전환할 수 있는지가 문제된다. 진입

규제는 금융시장 진입 자체를 규율하는 것으로 진입장벽은 최소한의 기준으로 설정되지만, 그 기준 자체는 명확히 설정될 필요가 있다. 규제 실패 시 시장에 미치는 영향이 매우 크기 때문이다. 그리고 진입규제는 진입 당시에만 해당 기준을 준수해야 하는 것이 아니라 퇴출 전까지 지속적으로 유지되어야 할 필요가 있다는 점에서 감독 당국의 상시적 점검이 필요한 영역이라는 점을 고려하면 원칙 중심 규제로 전환하기는 어렵다.

나. 행위규제 행위규제의 경우는 규제 대상이 개별 상품이나 서비스라는 점에서 규제 실패 시 미치는 부정적 효과가 제한적이고 이로 인해 피해를 입은 소비자에게는 신속한 분쟁조정과 소액인 경우 편면적 구속력이 있는 조정을 통해 보상을 해 줄 수 있다는 점을 고려할 필요가 있다. 아울러 금융상품 및 서비스의 경우 기술발전에 따른 새로운 상품 및 서비스의 출시와 소비자 니즈의 변화에 기존 법령이 대응적으로 작동하지 않는다는 점에서 이러한 점을 모두 포섭할 때 유연성 있는 원칙 중심 규제를 선택할 수 있을 것이다. 다만 원칙 중심 규제를 도입하기가 어려운 부분에서는 원칙을 정하되, 중대성이 있는 개별행위에 대해서는 원칙 중심과 규정 중심을 혼합한 하이브리드(hybrid) 방식을 선택할 수 있다.[7]

행위규제 역시 전형적으로 허가를 중심으로 이루어져 왔다는 점에서 원칙 중심 규제로 전환하고 개별적 허가 없이 금융회사가 원칙의 범위 내에서 행위 유형을 선택하고, 선택의 내용에 대해서 자기완결적 신고로 이를 전환한다면 규제 개선의 효과가 뚜렷하게 나타날 수 있다.

(3) 국제금융규범과 원칙 중심 규제

업역별 건전성 규제의 대부분은 해당 업역별 국제금융기구가 제정한

7 최승필·이효경(2022), pp. 58, 65, 73.

국제금융기구의 기준을 단계적으로 국내법화면서 형성되어 왔으며, 은행업의 BIS 자기자본비율이 대표적이다. 그리고 이러한 건전성 기준은 국경을 넘어 타국 소재 금융기관과의 거래 및 투자에 중요한 자료로 쓰인다는 점에서 수시로 국제 비교가 이루어지는 영역이다. 따라서 이러한 부분은 우리만 원칙 중심 규제로 전환하는 것은 어려우며, 국제금융기구 차원의 논의가 필요하다.

한편 자금세탁 방지 및 테러자금 조달 금지 규범 역시도 국제 금융규범을 기초로 한 것으로 특정 금융거래 정보의 보고 및 이용 등에 관한 법률의 요건을 원칙 중심 규제로 전환하기는 어렵다.

(4) 제재와 원칙 중심 규제

법령을 위반한 금융회사에 대한 감독 당국의 제재는 전형적인 침익적 행정행위이다. 금융회사에 대한 제재를 포함하여 침익적 행정행위에 대한 소송에서 침익적 행정행위의 근거가 되는 법령은 문언의 통상적 의미 범위 내에서만 해석이 가능해야 한다는 것이 대법원의 일관된 입장[8]이라는 점에서 해당 근거 규정을 추상화하여 과도하게 다양한 법적 해석이 이루어지도록 하는 것은 바람직하지 않다. 따라서 제재규정의 원칙주의화는 허용되기 어렵다.

---

8 "침익적 행정행위의 근거가 되는 행정법규는 엄격하게 해석·적용해야 하고, 입법 취지와 목적 등을 고려한 목적론적 해석이 전적으로 배제되는 것은 아니라 하더라도 그 해석이 문언의 통상적인 의미를 벗어나서는 아니 된다"(대법원 2022. 1. 27. 선고 2020두39365 판결; 대법원 2019. 2. 21. 선고 2014두12697 전합판결; 대법원 2016. 7. 27. 선고 2015두46390 판결).

4) 원칙 중심 규제의 과제와 방향

원칙 중심 규제는 피규제자의 자유로운 선택 폭을 넓힘에 따라서 민간의 창의에 기반하여 부가가치 창출에 기여할 수 있다는 장점이 있다. 그러나 원칙의 모호성으로 인해 규제의 실패가 발생할 수 있는 우려도 동시에 존재한다. 따라서 금융시장 내에서 업무의 행태에 대한 최적 관행이 존재하는 것이 원칙 중심 규제의 성패를 가르는 중요한 요건이 된다. 이를 위해서는 자율규제기구가 형성하는 모범 규준이 필요하며, 모범 규준의 방향 설정을 위해서는 감독 당국의 유권해석 내지는 비조치의견서가 활성화될 필요가 있다. 아울러 내부통제 제도의 관리 강화를 통해 자율적 통제가 효율·효과적으로 이루어지도록 해야 한다.

이상에서 살펴본 결과 원칙 중심 규제에 가장 적합한 것은 행위규제의 영역이다. 행위규제의 영역은 규제 부문에서 가장 큰 영역에 해당한다는 점에서 행위규제만이라도 적극적으로 원칙 중심 규제로 전환할 수 있다면 규제 개선의 효과는 상당할 것으로 생각된다.

5. 금융규제 샌드박스에 대한 법리적 검토와 쟁점

1) 금융규제 샌드박스의 현황과 법리적 검토의 필요성

규제 샌드박스는 2016년 영국의 금융 분야 혁신 프로그램의 일환으로 금융행위감독청(FCA)에 의해 시행되었다. 우리나라에서 규제 샌드박스는 2019년 시작되었으며, 2024년 12월 30일자 기준으로 금융규제 샌드박스는 500건으로 디지털 및 AI를 통한 혁신기술이 금융에 접목되는 과정에서 매우 중요한 역할을 수행해 왔다. 그러나 규제 샌드박스 제도는 정책적 성공을 거두었지만 상대적으로 법리적 측면에서 그 성질과 쟁점이 규명되지는 못했다. 이러한 법리적 검토가 필요한 이유는, 규제 샌드박스 제도의 발전과 개선을 위한 법적 기반을 조성하기 위한 것으로 규제 개선의 첫 시작점이라고 할 수 있기 때문이다. 즉, 규제 샌드박스 지정 등의 법적 성질을 밝히는 것은 지정 거부 처분에 대한 권리구제를 위한 것이며, 조건의 성질을 살피는 것은 비례성에 위반한 과도한 부관의 부과를 방지하기 위한 것 등 다양한 측면에서 제도 개선의 선결적 사항이다.

2) 금융규제 샌드박스의 법적 의미와 요건

(1) 금융규제 샌드박스의 법적 의미

규제 샌드박스는 "혁신적 신제품·서비스의 시장 진입의 필요성 및 가능성을 판단하기 위하여 해당 신제품·서비스에 대하여 실험적 적용을 위해 임시적으로 기존 규제의 전부 또는 일부를 적용하지 않는 제도"[9]로 정의할 수 있다. 우리나라의 경우 규제 샌드박스의 범위로 규제 신속 확인, 임시허가 그리고 실증특례까지를 두고 있다.

금융규제 샌드박스가 규제적 측면에서 갖는 의미는 금융혁신지원특별법 논의 당시 정무위원회의 심사보고서에 잘 나타나 있다.

> "새로운 금융 서비스의 시장 테스트는 필요성에도 불구하고 현행 금융 관련 법령과 상충되는 측면이 있어 그동안 실현되지 못했음. 금융 관련 법령상 금융업 인·허가가 있어야 금융업 영위가 가능하므로 일반 핀테크 기업은 시장 테스트를 진행하기 어렵고, 금융업 인·허가가 있는 금융회사도 사전적·열거적

9 구자현·최승필(2020), p. 83.

금융규제로 인해 기존의 규제 틀을 뛰어넘는 서비스의 테스트가 불가능한 상황임. … (중략) … 이에 우리나라도 금융 분야에서 혁신과 경쟁을 촉진함으로써 혁신성장을 선도할 수 있도록 혁신적 금융 서비스의 테스트 공간으로서 금융규제 샌드박스를 도입·운영할 수 있는 법적 근거를 마련하는 것임."[10]

(2) 금융규제 샌드박스의 요건

규제 샌드박스로 진입하여 실증특례나 임시허가를 받기 위해서는 다음의 요건을 충족하여야 한다.[11]

- 첫째, 서비스의 지역: 국내 금융시장에서 주된 활동을 하는 것을 목표로 하여야 한다. 해외 시장에서의 주된 활동은 해당 국가의 감독당국의 승인 요건을 준수하여야 함에 따라 우리 금융 당국이 부여하는 특례 효과의 범위는 제한된다.
- 둘째, 서비스의 혁신성: 기존 금융 서비스와 비교하여 충분히 혁신적이어야 한다. 혁신적이지 않다면 기존 규제를 적용하지 않는 특례를 통해 다른 취급을 할 필요도 없으며, 이는 평등의 원칙에 비추어 볼 때 위법한 처분이 될 수 있다.
- 셋째, 규제특례 적용의 불가피성: 기존 규제만으로도 충분히 영업활동이 가능하다면 특례 부여의 필요가 없다는 점에서 특례의 적용은 보충적일 수밖에 없다.
- 넷째, 서비스의 영위 자격과 능력을 갖추었는지 여부이다.
- 다섯째, 서비스의 범위, 업무 방법 및 사업계획: 범위, 업무 방법 및 사업계획의 구체성이며, 타당하고 건전한지 여부이다.
- 여섯째, 소비자 보호 및 위험관리 방안: 금융소비자 보호 및 위험관

10 국회(2018), pp. 2~3.
11 구자현·최승필(2020), p. 111.

리 방안의 충분성이다. 새로운 금융 서비스가 야기할 수 있는 위험성이 확인되지 않음에 따라 신속한 분쟁해결 절차와 같은 소비자 보호 방안 및 위험에 대한 정기적 측정 등의 방안이 요구된다.

- 일곱째, 금융시장 및 금융질서의 안정성을 해치지 않는지 여부이다.
- 여덟째, 금융 관련 법령의 목적 달성 여부이다.

3) 금융규제 샌드박스의 효과

금융규제 샌드박스의 효과는 실증특례와 임시허가이다. 실증특례는 안전성 측면에서 검증이 아직 이루어지지 않아 시험·검증을 위해서 규제의 전부 또는 일부를 적용하지 않도록 하는 것이며, 임시허가는 안전성 측면에서 검증된 경우에 본허가의 발령을 전제로 하여 관련 법령의 정비 기간 동안 임시로 허가하는 것을 말한다. 양자의 가장 중요한 차이점은 위험성의 확인 여부이다.

임시허가의 경우 또 한 가지 중요한 사항이 행정청에 법령정비의무를 부과한다는 것이다. 따라서 결과적으로 법령이 정비되어 본허가를 받게 되므로 임시허가는 본허가를 전제로 한 일종의 가행정행위로서의 의미를 갖는다. 반면 실증특례는 한시적인 허용성을 갖는 테스트 베드(test bed)라고 할 수 있다.

4) 금융규제 샌드박스의 몇 가지 문제점과 개선 방향

(1) 혁신성 평가 체계의 개선

금융규제 샌드박스에서 가장 중요한 것이 혁신성이다. 혁신성은 현재 법령상 허용되지 않는 상품 및 서비스를 예외적으로 허용해 주는 수익적 행정행위의 가장 중요한 요소이다. 따라서 혁신성이 인정되지 않음에도 불구하고 규제 샌드박스를 통해 특례나 임시허가를 받게 될 경우에는 사업자들로서는 일종의 규제 차익거래(regulatory arbitrage)의 유인 요소를 갖게 되어 규제의 우회경로로 활용될 수 있다.

여기에서 문제되는 것이 어느 정도의 혁신성을 요구할 것인가이다. 몇 가지 유형을 살펴보면, 제1유형은 기존에 출시된 상품 내지 서비스에서 일부 수정을 한 경우, 제2유형은 출시된 적은 없지만 이미 시장에서 상당 부분 공유되어 온 기술인 경우, 제3유형은 복수의 사업자들이 같은 기술을 기반으로 동시에 규제 샌드박스를 신청한 경우이다. 결국에는 기존 기술과의 본질성 차이를 기준으로 결정할 수밖에 없는데 그 본질성 차이를 평가하는 세부적인 기준이 부재하다는 것이 문제이며, 이에 대해 적어도 원칙적 기준을 제시하는 정도는 필요하다.

(2) 과도한 부가 조건의 지양

실증특례나 임시허가의 과정에서 과도한 부가 조건을 지양할 필요가 있다. 앞서 언급한 바와 같이 임시허가와 달리 실증특례의 경우 위험성의 확인이 충분하지 않은 경우이므로 조건이 빈번하게 부가되는데, 해당 부가 조건이 과도한 경우 사실상 규제 샌드박스의 취지가 몰각될 우려가 있어 위험에 대한 비례성의 원칙이 관철될 필요가 있다.

한편 임시허가의 경우 위험성 확인이 이루어지고 입법을 위한 대기 목적이 강해 조건 부가의 필요성이 낮다는 점에서 조건의 부가는 반드시 필요한 경우와 상당한 정도의 이익 보호를 위한 것에 국한될 필요가 있다.

(3) 혁신 서비스 기간의 다양화

우리의 금융규제 샌드박스는 혁신 서비스의 기간과 관련하여 영국이나 호주에서와 같이 대상 서비스의 내용에 따른 다양한 기간의 설정이 아닌 일괄적으로 2년의 기간을 설정하고 있다.[12] 그러나 서비스의 종류에 따라서 다양한 테스트 기간이 설정될 필요가 있다. 물론 당시 2년의 기간을 설정한 것은 초창기 우리나라 핀테크 산업의 인프라 미비와 벤처투자의 비활성화로 인해 투자자금의 모금이 어려웠던 사정에 기인하나 지금은 상당한 수준의 디지털 금융 기반이 조성되었고, 벤처 지원을 위한 자금 지원 수단들이 다양하게 보완되었다는 점에서 기간의 다양화를 고려할 필요가 있다.

(4) 출구 전략의 수립과 이행

기간의 다양화와 함께 논의될 수 있는 것이 출구 내지는 퇴출 전략의 부재이다. 규제 샌드박스에 진입한 기업이 규제 샌드박스에서 실증특례를 통해 테스트를 한 결과, 출시에 부적합한 상품인 경우에는 출구 전략이 있어야 하나 사실상 기간의 연장을 통하여 장시간 테스트가 유지될 수 있도록 하고 있다는 점은 테스트 베드로서 규제 샌드박스의 취지에 부합하지 않는다. 따라서 퇴출되는 기업에 대한 명확한 기준의 제시를 통해 규제 샌드박스가 규제의 우회로가 아닌 테스트 베드로서의 기능을 유지할 수 있도록 정비할 필요가 있다.

한편 임시허가의 경우는 사실상 입법이 이루어질 때까지 규제 샌드박스 내에서 영업을 영위할 수 있다는 점에서 본허가와 큰 차이를 두기 어렵다. 그런데 규제 샌드박스에서 실증특례와 임시허가의 차이는 위험성의 확인이라는 점인데, 이에 대한 재량적 판단의 기준이 모호하다는 문제가 있다.[13] 이 차이는 출구 전략이 이루어지는 경우에 실증특례와 임시허가가

12 금융혁신지원특별법 제9조, 제10조.

13 2024년 12월 정부는 행정규제기본법 시행령에 제13조의7을 신설했는데, 규제개혁위원회가 분야별 규제 샌드박스에 공통적으로 적용되는 규제 샌드박스 표준운영지침을 제정할

각각 퇴출과 존속이라는 큰 차이를 가지게 된다.

6. 자율규제 체제의 활용을 위한 체계 정비

1) 자율규제의 개념과 스펙트럼

자율규제는 피규제자들 스스로가 또는 피규제자들이 단체를 구성하고 해당 단체로 하여금 자율적 수단과 방법을 사용하여 스스로 또는 단체의 구성원들을 일정한 방향으로 통제함으로써 국가가 설정한 규제 목적을 달성하는 것을 말한다.[14] 규제 강도의 스펙트럼 차원에서 볼 때 규제가 가장 강한 국가의 명령적 규제에서 민간의 자율규제적 요소가 가미된 국가규제와 규제된 자율규제(regulierte Selbstregulierung)를 거쳐 규제가 가장 약한 민간의 순수한 자율규제로 나뉜다. 그러나 시장이 순수한 자율규제로만 규율되지는 못한다는 점에서 일반적으로 일정한 범위 내에서 민간이 자율권을 갖는 '규제된 자율규제'가 채택된다.[15] '규제된 자율규제'는 규제 과제에 대한 책임(Aufgabenverantwortung)은 국가가 지기 때문에 해당 과제의 수행(Aufgabenerfüllung)이 자율규제기구에 의해 이루어지는 경우라도 국가는 규제 목적 달성을 위해 필요한 최소한도의 외연을 설정해야 한다는 것이다.[16]

자율규제는 복잡해진 금융상품과 서비스의 규제에 있어 금융회사가 가지고 있는 전문성을 활용함으로써 국가 입장에서는 규제 목적을 달성하고

수 있도록 했다.

14 최승필(2024b), p. 10.

15 Jan Ziekow(2020), S. 282; 최승필(2023), p. 234.

16 최승필(2023), p. 235.

민간은 효율적이면서도 민간의 창의를 저해하지 않는 규제를 선택할 수 있다는 장점이 있다. 그러나 반대로 자율규제는 피규제자 스스로 규제를 한다는 점에서 제도설계가 잘못될 경우 실효성이 없는 규제가 되어 사실상의 규제공백 상태가 된다는 문제가 있다.

줄리아 블랙(Julia Black)에 따를 경우 자율규제는 명령적 자율규제, 승인적 자율규제, 강제적 자율규제, 자발적 자율규제로 나눌 수 있으며, 이들 자율규제는 오직 한 가지 방식으로만 나타나는 것은 아니고, 혼합적으로 나타날 수 있다. 여기에서 강제적 자율규제는 정부의 직접규제 대신에 사업자 단체가 선택하는 것으로 정부 직접규제 대응적 규제라고 할 수 있다.[17]

자율규제의 종류와 특징

분류	내용 및 특징
명령적 자율규제 (madated self-regulation)	정부가 요청하고 정부가 정하는 외연의 범위 내에서 사업자 단체가 자율규제 체제를 형성하고 규제
승인적 자율규제 (sanctioned self-regulation)	사업자 단체들이 자율적 규제 체제를 형성하지만 정부의 승인이 있어야 효력이 발생
강제적 자율규제 (coerced self-regulation)	정부가 법령을 통해 규제 조치를 실시하는 것에 대응하기 위하여 사업자 단체들이 자율규제 체제를 형성
자발적 자율규제 (voluntary self-regulation)	자율규제에 대해 정부의 직·간접적 개입이 없는 상태에서 사업자 단체가 자발적으로 행하는 자율규제

자율규제의 가장 일반적인 모습은 정부가 규제의 전체 체계를 구성하고 그중 일부에 대해 규제의 외연을 정한 후 민간에게 스스로 구체적인 규제 방식과 수단을 설정하도록 하는 것이다.

17 최승필(2024b), p. 13.

2) 금융업 자율규제의 특징과 현황

(1) 금융업 자율규제의 특징

금융산업에서 자율규제의 활용 필요성이 높은 이유는, 첫째 금융상품 및 서비스의 복잡성, 둘째 디지털 및 AI 등 새로운 기술의 반영성, 셋째 타 업역과의 융합 및 플랫폼화 때문으로 금융회사 스스로의 규제 필요성이 더욱 크다. 금융업 자율규제는 일종의 매트릭스 형식으로 구성되어 있는데, 기본적으로 업역별(은행, 자본시장, 보험 등)로 구성되어 있으며, 지배구조 거버넌스와 금융소비자 보호의 경우 금융회사지배구조법과 금융소비자보호법을 통해 전체 업역을 관통하는 횡적인 자율규제 체제를 가지고 있다. 그러나 횡적 규제인 금융회사지배구조법이나 금융소비자보호법은 명시적으로 자율규제에 대한 규율을 두고 있지 않으며, 자율규제의 한 형태인 내부통제에 대한 사항을 두고 있다.

금융업 자율규제는 은행, 투자 및 증권 그리고 보험을 대상으로 다음과 같이 크게 세 가지 유형으로 나눌 수 있다.

자율규제의 법적 근거에 따른 분류

유형	내용	분야
제1유형	법령에서 자율규제의 법적 근거를 두면서, 자율규제기구의 역할을 규정하지 않는 방식	
제2유형	자율규제의 법적 근거와 자율규제기구의 역할을 규정하면서 법령상 위탁을 하는 방식	투자·증권, 보험
제3유형	법령에서 자율규제의 법적 근거는 물론 역할에 대해서 아무런 규정을 두지 않은 방식	은행

(2) 금융업역에서 자율규제 현황

은행업의 경우 은행법에 자율규제의 법적 근거와 역할에 대한 아무런 규정을 두고 있지 않으며, 순수 사업자 단체인 은행연합회가 내부적으로 자율규제 규범을 제정하여 회원사에 대한 규제 업무를 수행하고 있다. 은행법에 자율규제에 대한 사항을 규정하지 않은 이유는 은행업이 가지는 금융업상 위치와 국가규제의 필요성으로 자율규제의 영역을 허용할 여지가 많지 않았기 때문이다.

투자 및 증권업의 경우 자본시장법 제283조는 금융투자협회의 설립의무를 두고 있으며, 제286조 제1항 각 호에서 영업행위 및 투자자 보호 등에 대한 자율규제 사항을 규정하고 있다. 그런데 해당 제5호의 경우에는 증권시장에 상장되지 않은 주권의 장외매매거래도 규정하고 있는데, 해당 업무가 순수 자율규제인지 아니면 행정청이 수행해야 할 업무인지 모호한 부분 또한 존재한다. 한편 제2항은 자율규제 활동의 일환으로 독립적 분쟁조정 기능까지 두고 있다.

보험업의 경우 보험업법 제175조 제1항은 보험협회를 설립할 수 있는 근거를 두고 있으나, 의무를 부여한 것은 아니며, 제3항에서는 협회가 수행하는 자율규제 업무를 나열하고 있는데, 보험회사 간 건전한 업무질서 유지, 불공정 모집 방지를 위한 규약 제정, 분쟁조정 등이다. 한편 보험업법 제179조는 자율규제 기구에 대해 명령권, 자료제출요구권, 제재권 등을 정하고 있어 전형적인 규제된 자율규제의 형태를 보여 주고 있다.

3) 금융업 자율규제의 활용 방향

(1) 체계의 정비와 자율규제의 활용 범위 확대

금융업 자율규제의 활용성을 제고하기 위해서는 몇 가지 사항을 정리해 볼 필요가 있다. 첫째, 업역별 법률에 자율규제의 근거를 둘 필요가 있다. 자본시장법과 보험업법은 자율규제의 근거를 두고 있고, 특히 자본시장법은 금융투자협회를 반드시 설립하도록 하고 있다. 자율규제기구의 법적 근거를 살피는 이유는, 자율규제기구에 공무를 위탁하거나, 자율규제 활동의 결과에 따라 행정청에 의한 직접규제를 대체할 수 있는 효과를 부여하기 위한 기반이기 때문이다.

둘째, 자율규제의 역할 명확화이다. 자율규제의 이름이지만 사실은 순수한 자율규제보다는 국가가 특정한 사항을 위탁하고 위수탁 관계에서 감독권이 행사되는 자율규제가 있으며, 더 나아가서 자본시장법 제283조에서와 같이 자율규제 기구의 설치를 강제하고 있으며, 제286조는 자율규제 기구가 수행해야 할 업무를 법령상 열거하고 있다는 점이다. 따라서 자율규제를 순수자율규제 방식, 관할 행정청의 판단에 따른 규제 업무의 위탁으로 자율적 규제가 이루어지게 하는 방식, 법령상 자율규제기구의 설치를 강제하고 일종의 법령상 의무로서 규제 업무를 법정위탁하는 방식으로 카테고리를 나누어 규제의 성격에 따라 자율규제를 재편할 필요가 있다.

셋째, 자율규제기구에 대한 모니터링과 피드백 체계의 확립이다. 규제 업무가 자율적 형태로 이루어지는 경우라도 해당 규제는 전체 정책 목표 달성을 위해 하나의 궤를 이룬다는 점에서 자율규제 영역에 대한 모니터링과 피드백 체계를 확립할 필요가 있다. 순수자율규제의 경우 정보보고적 모니터링만으로 족하지만, 법정 내지는 행정상 위탁의 경우에는 일정한 보고서를 징구하고, 법령 위반행위에 대해서는 전체 업역에 대해서 시정명령 및 제재도 정비할 필요가 있다.

(2) 규제계약의 적극적 활용

규제당국인 행정청과 자율규제를 수행하는 업역별 사업자 단체 간 규제계약을 체결하는 것도 생각해 볼 수 있다. 규제계약이란 국가가 의도하는 정책 목표를 달성하기 위하여 해당 규제 사무를 민간에게 위탁하되, 세

부적인 조건과 절차 그리고 달성 목표를 민간과의 합의를 통해 정하는 것을 말한다. 통상적인 행정행위에 의한 업무의 위탁보다 민간의 입장을 잘 반영할 수 있다는 장점이 있고 정책 목표 달성을 위한 동기부여에 유리하다. 이러한 계약을 규제계약(regulatory contract)이라고 한다. 규제계약의 법적 성격은 일종의 공법상 계약으로, 현재 이와 같은 규제계약이 가장 잘 활용되고 있는 분야는 환경법 분야로 국가가 제시한 정책 목표의 달성 시 규제상 인센티브와 지원을 부여하고 있다.

규제계약은 시장사업자가 많지 않으면서 감독 당국과 시장사업자 간 상호 협력적 관계가 잘 형성될 수 있는 분야에서 그 활용성이 높은데,[18] 금융시장의 경우 업역별 사업자가 상대적으로 제한적이고, 감독 당국과 금융회사 간 밀접한 교류 체계를 가지고 있다는 점에서 규제계약을 활용할 필요가 있다.

7. 내부통제 제도와 책무구조도의 바람직한 활용 방안

1) 내부통제 제도의 변화와 그 원인

내부통제 제도는 회사법 영역에서 시작되었지만 지금은 금융법제의 핵심적 사안이 되었다. 새로운 기술이 금융 분야에 속속 접목되면서 금융상품 및 서비스가 다양화되었고 이에 상응하는 법제도적 대응이 필요했지만 그 성과는 그에 미치지 못했다. 이에 따라 복잡한 금융규율을 해당 금융기관 스스로에 맡겨 이를 통제함으로써 시장의 건전성 확보와 함께 금

18 최승필·김대인·임현(2017), p. 134.

융소비자를 보호하고자 했다. 그러나 금융사지배구조법(이하 '지배구조법')은 내부통제 제도의 마련의무만을 규정하고 있었으며, 구체적인 규율보다는 원칙적 규정만을 둠에 따라 "실효성 있는"[19] 마련을 했는지가 소송상[20] 쟁점이 되었다.

마련의무에서 '실효성'의 여부가 쟁점이 된 사건들은 DLF, 라임, 옵티머스 사모펀드 사건과 관련한 금융기관들의 제재 사안에서였고, 결국 대규모 소비자 피해가 발생했음에도 불구하고 '실효성' 있는 내부통제 제도라는 것이 모호한 상태에서 마련의무를 준수한 금융기관들에게 제재가 이루어지지 못하면서 지배구조법 개정을 통해 새롭게 관리의무를 부과하게 되었다.

2) 내부통제 제도의 법적 성질

내부통제 제도의 법적 성질을 살피는 것은 규제의 목적 달성을 완전히 민간 내부의 자율적 통제로 맡겨 둘 수도 없으며, 동시에 국가가 직접규제 중심의 규제 체제를 유지하는 것 역시 비효율적이라는 점에서 양자의 타협과 조화에 따른 법리 구성이 전제가 되기 때문이다.

내부통제 제도는 본래 국가 임무에 속하는 규제 업무를 효율성을 위해 해당 회사가 직접 수행하도록 하는 것으로서 임직원이 준수해야 하는 일련의 절차라고 말할 수 있다. 내부 기준의 준수와 준수 여부에 대한 관리까지를 포함하여 정의한다면 "회사가 발생할 수 있는 위험의 방지 및 관리를

19 금융회사의 지배구조에 관한 법률 시행령 제19조 제1항.

20 서울행정법원 2021. 8. 27. 선고 2020구합57615 판결; 서울행정법원 2022. 3. 14. 선고 2020구합65654 판결. 이들 판결에서는 내부통제 기준 마련의무 위반이 아닌 내부통제 기준 준수 위반으로 금융회사나 임직원에 대하여 제재 조치를 가할 법적인 근거가 없다고 판시했다.

위해 소속 임직원 및 업무의 외부수탁자 등이 지켜야 할 기준을 제시하고 해당 기준의 준수 여부를 관리하는 제반 절차"[21]로 설명할 수 있을 것이다. 따라서 국가는 민간의 역할을 통해 정책 목표를 달성할 수 있는 범위 내에서는 규제의 외연 밖에 존재하고 있으며, 목표 달성에 실패할 경우 개입하는 보충적 지위를 가지게 된다.

이를 살피건대, 내부통제 제도는 앞에서 언급한 줄리아 블랙의 분류에 따를 경우 명령적 자율규제에 속한다. 그리고 사전에 규제 기준을 설정하고 준수를 유도한다는 점에서 사전적 규제에 속하며, 지배구조법령에서 상대적으로 제도의 외연을 설정하고 구체적인 사항은 해당 금융기관 내부에서 정한다는 점에서 규정 중심과 원칙 중심이 혼합된 형태라고 할 수 있다.[22]

3) 현행 지배구조법상 내부통제 제도의 구조와 책무구조도

(1) 현행 내부통제 제도의 구조

지배구조법 제15조는 이사회가 내부통제 및 위험관리 정책의 수립 및 감독에 대한 사항을 심의·의결하도록 하면서 대표이사가 이에 대한 총괄적 감독 업무를 수행해야 한다고 정하고 있다. 그리고 제16조에는 이사회 내에 내부통제위원회를 두도록 하고 있으며, 이 위원회는 내부통제의 기본방침 및 전략 수립 그리고 해당 기준의 제·개정을 담당한다. 한편 가장 핵심적인 사항으로 지배구조법 제24조는 내부통제 제도의 마련의무를 정하고 있는데, 마련의무의 내용은 시행령 제19조에 정한 바와 같이 임직원

21 최승필(2024b), p. 23 이하.
22 최승필(2024a), p. 77.

의 업무 수행 시 준수 절차, 임직원의 내부통제 기준 준수 여부 확인 절차 그리고 위반 시 처리 등을 정하고 있다. 그리고 제15조와 제16조, 제30조의2, 제30조의3, 제30조의4는 내부통제 제도에 대한 대표이사 및 임원의 관리 책임을 정하고 있다.

(2) 책무구조도의 구조와 기능

지배구조법 제30조의3은 내부통제에 대한 임원의 담당 업무를 명확하게 하고 그 책임을 정하기 위하여 책무구조도를 작성하도록 하고 있다. 책무구조도는 내부통제 제도의 형해화로 인한 대형 금융사고의 발생과 대규모 소비자 피해의 결과로 관리 책임이 부여되면서 나타난 것으로 타율적 규제의 성격이 혼재되어 있어 자율규제의 취지에 부합하게 운영될 필요가 있다.

(3) 책무구조도에 따른 바람직한 책임의 부과와 제재

책무 위반에 따라 금융 당국이 지배구조법 제35조의2 제1항에 따른 제재 시 제1호(위법행위 고려 요소)에서 정한 위법행위의 경위, 정도, 결과와 제2항에서 정한 상당한 주의를 고려하도록 하고 있다. 먼저 위법행위의 발생 경위 및 정도의 세부판단 기준은 a. 관리의무의 미이행, b. 임원 등의 지시·묵인 또는 조장·방지 등, c. 광범위 또는 조직적·집중적 위법행위, d. 장기간 또는 반복적 위법행위, e. 위법행위의 발생 가능성에 대한 문제 제기 여부로 구성되어 있다. 이 항목에서 문제 제기가 이루어질 수 있는 부분은 임원 지시의 '무리성'에 대한 평가 기준과 '광범위'의 범위에 대한 판단 기준, '장기간'의 의미, 위법행위 발생 가능성에 대한 문제 제기에서 가능성의 판단에 대한 객관적 인식과 주관적 인식의 비중이다.

제2호(행위자 책임 고려 요소)에서 정하고 있는 상당한 주의를 기울였느

냐의 판단은 객관적 예측 가능성과 결과 회피의 노력 여부에 따른다. 이때 예측 가능성의 기준은 명확하지 않으며, 법조항과 대상 법률의 성질 등을 종합적으로 고려하여 결정하게 되는데,[23] 여전히 판단재량의 통제 과제가 남게 된다. 그리고 결과 회피 노력의 경우 위험에 따른 비례적 조치가 있었는지를 판단하여 결정해야 할 것이다.

8. 금융기관 임직원 제재 제도의 쟁점과 개선 방안

1) 금융기관 임직원 제재 제도의 현황과 문제

소비자 피해를 유발한 금융사고의 발생 그리고 금융법령상 위규의 문제가 빈번해지면서 금융기관 및 임직원 제재 제도에 대한 관심이 제고되었고, 이에 대한 개선의 목소리 또한 높아지고 있다. 제도 개선을 요구하는 주요한 이유를 2개로 나누어 보면, 금융기관의 경우, 임직원의 경우 감독 당국의 제재 조치 그 자체보다 더 중요한 것이 해당 제재 조치에 부수되는 자격제한을 통해 재취업 금지 등이 직업의 자유를 침해할 수 있기 때문이다.

---

23 판례는 예측 가능성에 대한 명확한 기준을 제시하지 않고 있어 여전히 판단의 기준은 모호하다. 예측 가능성의 존부에 대한 객관적 표지라도 예시적으로 제시한다면 수범자인 금융회사의 측면에서 준수 부담이 크게 줄어들 수 있을 것이다. 관련 판례: "예측 가능성의 유무는 당해 특정 조항 하나만을 가지고 판단할 것은 아니고, 관련 법조항 전체를 유기적·체계적으로 종합 판단하여야 하며 각 대상 법률의 성질에 따라 구체적·개별적으로 검토하여 법률 조항과 법률의 입법 취지를 종합적으로 고찰할 때 합리적으로 그 대강이 예측될 수 있는 것이라면…"(대법원 2007. 10. 26. 2007아32,2007두9884 결정 [위헌법률심판제청]).

2) 제재의 형태와 법적 근거

(1) 제재의 정의

제재란 법 위반행위에 대해 행정청이 법률에 근거하여 행하는 침익적 처분을 의미한다. 그리고 금융기관 및 그 임직원에 대한 제재란 "금융감독당국의 검사행위에 의하여 법규 위반 사실이 적발되고 이를 근거로 하여 금융기관 또는 그 임직원에 대하여 금융위원회 또는 금융감독원장이 취하는 불이익 조치"로 정의할 수 있다.[24]

(2) 제재의 법적 근거와 형태

금융기관이나 임직원에 대한 제재는 전형적인 침익적 행정행위라는 점에서 반드시 법률에 근거를 두어야 한다. 제재의 법적 근거는 업역별로는 은행법, 자본시장법, 보험업법을 두고 있으며, 시장 전체를 관통하는 횡단적 법적 근거로는 금융위원회법, 금융회사지배구조법, 금융소비자보호법이 있다. 그러나 구체적인 제재 기준은 대체로 금융위 고시인 제재규정에 두고 있다. 해당 제재규정 등 행정규칙은 상위법령의 위임을 받은 법령보충적행정규칙으로서 형식상의 문제는 없지만, 이들 행정규칙에 제재의 실질적 중요 사항을 두고 있는 점들은 지양해야 할 부분이라고 할 수 있다.[25]

한편 제재는 기관제재와 인적제재로 나눌 수 있는데, 기관제재는 인가취소, 영업정지, 시정명령, 개선요구, 개선권고, 주의, 경고, 변상요구, 수사기관 통보, 조치 사실의 공표 등이 있다. 임직원에 대한 인적제재는 해임요구, 해임권고, 직무정지, 문책경고, 정직, 감봉, 견책, 주의, 경고 등이 있는데 업역별 법령에 따라 일부 제재 종류상 차이를 보이고 있다.

24 최승필(2022), pp. 380~381.
25 최승필(2022), pp. 382~383.

3) 현행 제재 제도의 문제점과 개선 방향

(1) 임직원에 대한 제재

가. 임원과 직원의 범위 획정 임직원의 위법행위에 대한 제재에서는 두 가지가 문제될 수 있다. 첫째, 임원과 직원의 구분이다. 임원과 직원을 구분하는 이유는 제재양정상 차이점 이외에도 금융기관 내부의 자율적 제재로 일임하는 것과도 밀접한 관련을 갖는다. 누가 임원인지에 대해서 은행법과 보험업법은 명확한 정의를 두고 있지 않으나, 자본시장법 제9조 제2항은 이사와 감사를 포함하고 있다. 문제는 부행장, 부행장보, 전무, 상무 등의 직함을 가지고 있으나, 실제 이사가 아닌 경우를 어떻게 볼 것인가이다. 이를 판단하기 위해서는 지배구조법이 필요한바, 지배구조법 제2조 제2호와 제5호가 임원의 범위를 정하고 있기 때문이다. 해당 규정에 따르면 임원은 이사, 감사, 집행임원 그리고 업무 집행 책임자를 의미한다. 이와 같이 임원의 범위를 획정하기 위해서는 개별 법률의 복잡한 구조를 이해해야 한다. 따라서 제재를 정하고 있는 각 법률에 임원에 대한 정의를 일괄적으로 둘 필요가 있다.[26]

나. 직원제재의 금융기관 자율조치로 전환 직원에 대한 제재는 금융기관 자체적인 징계로 맡겨 두는 방향으로 이행할 필요가 있다. 현재는 제재규정 제19조에 따라 금융감독원장이 금융기관장에게 면직, 정직, 감봉, 견책, 주의의 조치를 요구하는 방식이다. 그러나 임원은 의사결정과정에서 중요한 역할을 할 수 있다는 점에서 제재가 필요하지만, 직원의 경우 금융기관 내부의 영업 관행 내지는 정책에 기인하는 것이 많다는 점이다. 아울러 직원의 법규 위반이 있는 경우에 이에 기인하여 기관제재도

26 최승필(2022), p. 387.

함께 이루어질 경우 개인에 대한 구상은 물론 인사상 불이익이 이루어진다는 점에서 해당 금융기관의 장이 소속 직원에 대한 징계의 경우 감독 당국이 이를 직접 정하여 요구하는 것이 아니라 금융기관 내부적인 양정을 거쳐 조치하도록 하는 것이 내부통제의 취지와 자율성 강화라는 측면에서 필요하다.[27]

다. 제재에 수반되는 자격제한의 합리적 조정 임직원에 대한 제재는 행정청이 행하는 본처분으로서 제재뿐만 아니라 일정 기간 동안의 자격제한이 수반된다. 지배구조법 제5조 제1항 제7호는 임직원의 제재 조치를 받은 사람으로서 최대 5년 이내에 시행령으로 정하는 기간이 아니한 사람은 임원이 될 수 없다고 정하고 있고, 시행령 제7조 제1항 제1호와 제2호는 임원의 경우 해임은 5년, 직무정지는 4년, 문책경고는 3년을 정하고 있으며, 직원의 경우는 면직은 5년, 정직은 4년, 감봉은 3년의 자격제한을 두고 있다.[28]

그러나 일정 기간 동안의 자격제한 역시 실질적인 침익적 제한이 이루어진다는 점에서 비례의 원칙에 따른 제한이 부과될 필요가 있다. 금융산업의 경우 변화 속도가 빠름에 따라 그에 따른 경력 단절이 쉽게 발생한다는 점에서 장기의 자격제한은 사실상 시장에서 퇴출을 의미한다. 그러므로 달성하려는 공익과 침해되는 사익 간 비교형량을 통해 자격제한의 범위를 제한할 필요가 있으며, 특히 직원의 경우에는 임원 등의 지시나 KPI(Key Performance Indicator)의 압박에 의해 법위반 행위를 할 동기가 크다는 점에서 부수적 자격제한에 대한 재고의 필요성이 더욱 크다고 할 수 있다.

27 최승필(2022), p. 385.
28 최승필(2022), p. 388.

(2) 제재양정 고려 요소의 반영

제재규정 제18조 제2호 나목은 처분청이 양정 시 동기, 목적, 방법, 수단, 사후수습 노력을 고려하여 정상참작의 필요성이 있는 경우 양정에 반영하도록 하고 있다. 금융법령뿐만 아니라 다른 법령에서도 양정 시 동기 목적, 방법, 수단 등이 고려되도록 하고 있어 이에 대한 나름의 기준은 성립되어 있다. 그러나 금융의 경우 금융소비자의 피해 발생이라는 특히 대량의 피해 발생 가능성이 있다는 점에서 사후수습 노력은 양정에서 특별한 의미를 갖는다.

금융감독원 분쟁조정위원회에서의 조정 결과는 사후수습 노력을 평가하는 중요한 판단 기준이 될 수 있다. 기관제재의 경우 제재규정 제17조 제1항 제7호 및 제9호는 각각 기관경고 및 기관주의 시 사후수습 노력을 양정에 고려하도록 하고 있으며, 임원제재의 경우 제재규정 제18조 제1항 제4호 및 제5호에서는 주의적 경고 및 주의에서도 사후수습 노력을 양정에 고려하도록 하고 있다. 그러나 모든 제재 조치에 대해서 이러한 사후수습 노력을 양정에 고려하도록 정하고 있지 않다는 점에서 사후수습 노력을 양정에 반영하는 일반조항을 둘 필요가 있다.[29] 더 나아가 분쟁조정위원회의 조정 결과가 제재의 양정에 영향을 미친다면 당시 조정의 과정에서의 적극성 내지는 자발성을 평가한 의견서를 분쟁조정위원회에서 제재심의위원회에 제출하는 것도 하나의 방안이 될 수 있으며, 이는 분쟁조정에서도 하나의 동기가 될 수 있을 것이다.

29 최승필(2022), pp. 389~390.

(3) 제재심의위원회의 독립성 확보와 새로운 모색으로서 금융행정심판위원회의 설치

가. 금융전문 행정심판위원회 설치의 의의 금융기관에 대한 제재처분 그리고 금융 당국의 인허가 거부처분 내지는 부작위에 대하여는 이의신청을 하거나 중앙행정심판위원회에 심판청구 그리고 행정소송을 제기하는 방안이 있다. 그러나 이의신청의 경우 비의무적 절차이며, 행정청 내에서 이루어지는 비독립적 재검토 절차라는 점에서 당사자의 구제에 적극적이지 않거나 중립적 의사결정이 이루어지지 않을 가능성이 있어 그 한계를 노정하고 있다.

이의신청의 다음 단계는 행정심판인데, 현재 행정심판은 별도의 전문 행정심판위원회가 구성되어 있는 것이 아니라 행정처분에 불복하는 사건 전부를 다루고 있는 중앙행정심판위원회가 이를 수행하고 있어 금융사건에 대한 전문성을 충분히 반영하기 어려운 구조이다. 물론 금융사건의 경우 위원 선임에 있어 금융전문가를 고려한다고는 하나 금융의 특성이 충분히 고려되고 있다고 할 수는 없다. 따라서 금융사건에 특화된 별도의 행정심판위원회를 설치하여 금융사건에 대해 전문적이고 신속한 재결이 내려질 수 있도록 할 필요가 있다. 신속성 측면에서 시시각각 변해 가는 금융시장에 금융회사가 능동적으로 대응하기 위해서는 신속한 재결을 통해 법률적 문제가 해결될 필요가 있다는 점에서 전문성 못지않게 신속성의 배려도 필요하다.

한편 별도의 금융전문 행정심판위원회의 설치와 관련하여 현재 금융감독원에 설치되어 있는 제재심의위원회가 대심적 구조를 이루고 있어 사실상 행정심판에 준하는 과정이라고 보아 별도의 행정심판위원회의 설치가 불필요하다는 주장이 제기될 수 있다. 그러나 제재심의위원회는 다음과 같은 몇 가지 쟁점을 가지고 있다.

나. 현행 제재심 구조의 문제점 제재심의위원회는 제재 대상 사안에 대하여 양 당사자인 금융감독원과 피처분 대상자가 제출한 자료 또는 직접 양 당사자의 진술을 통해 사실을 정리하고 해당 사실을 기반으로 법령을 적용하여 양정하는 절차를 진행한다. 그리고 이러한 제재심의위원회의 최종 결과를 기반으로 금융감독원장에게 처분권이 있는 사안에 대해서는 금융감독원장이, 금융위원회의 권한에 속한 경우에는 금융위원회의 회의를 거쳐 금융위원장이 처분을 하게 된다. 따라서 이러한 절차를 볼 때 제재심의위원회가 진행하는 절차는 처분의 전 단계에서 자문을 하는 것으로 볼 수 있으며, 행정심판의 재결에 해당하는 것은 아니다.

그럼에도 불구하고 제재심의 결과는 상당 부분 금융감독원장뿐만 아니라 금융위원회의 의결에도 영향을 미침에 따라 심의위원의 공정한 구성 및 심리에 대해 독립성과 관련한 문제 제기들이 지속적으로 이루어지고 있다. 먼저 대심제 구조인지에 대해서 살펴보면, 현재도 제재심의위원회는 대심제의 구조를 이루고 있다고 할 수 있다. 운영상 독립성이 확보되는가에 대해서는 대회의 구성원 8명 중 5명의 위원이 외부위원이고, 외부위원의 경우에는 독자적 판단에 따라 의견을 제시한다는 점에서 기본적인 의사결정에서 독립성은 유지되고 있다고 할 수 있다.

가장 큰 문제점은 금융감독원이 검사와 제재 업무를 동시에 하고 있다는 점이다. 수사 및 기소와 판단이 하나의 기관에서 이루어지고 있는 구조이어서 나름의 독립성이 유지되고 있음에도 불구하고 여전히 결과의 수용성에서 문제가 제기되고 있다. 아울러 제재심에서의 외부위원에 대한 자료 제공 역시 금융감독원이 보다 유리하다는 점에서 실질적인 차이가 있을 수 있으며, 제재심의 결과에 대해 금융감독원과 금융위원회의 정책적 접근이 가능하다는 점에서 독립성이 확보된 상태에서 독립적 판단이 가능한 제도의 모색을 검토해 볼 필요가 있다.

다. 금융행정심판위원회의 설치 방안 금융위원회 산하에 독립적인 금융행정심판위원회를 신설하여 준사법적 절차에 의해 당사자의 권리구제가 이루어질 수 있도록 할 필요가 있다. 독립적 행정심판위원회인데 소속을 금융위원회에 두는 것에 대한 문제 제기가 이루어질 수 있다. 이와 유사한 기구 구성으로는 감사원을 들 수 있다. 감사원법 제2조 제1항은 "감사원은 대통령에 소속하되, 직무에 관하여는 독립의 지위를 갖는다"라고 규정하고 있다. 한편 행정심판법 제7조는 위원회의 독립성에 대한 규정을 두고 있는데, "행정심판위원회는 그 권한에 속하는 사항을 심리·재결함에 있어 독립하여야 하며, 어느 누구의 간섭도 받아서는 안된다"고 규정하고 있다.

금융위원회 내에 행정심판위원회에 설치되더라도 금융위원회법 제OO조를 신설하여 제1항에 '금융위원회 소속으로 행정심판위원회를 두되, 독립하여 심판한다.'고 규정하고, 제2항에는 행정심판법 제7조와 같이 "행정심판위원회는 그 권한에 속하는 사항을 심리·재결함에 있어 독립하여야 하며, 어느 누구의 간섭도 받아서는 안된다"고 규정하면 된다. 행정심판위원회의 구성에서도 금융전문 법률가를 포함하여 금융전문가로 구성하도록 할 경우 재결의 수용성을 크게 높일 수 있을 것이다.

특정한 분야에 별도의 행정심판위원회를 두는 예로서는 조세심판원, 특허심판원, 해난심판원을 들 수 있는데, 이러한 전문행정심판위원회를 둘 경우 전문적으로 관할 행정청이 행하는 처분의 적법성 여부를 판단받을 수 있음과 동시에 재결에 대한 수용성이 증가하여 소송으로 이어지는 빈도를 낮출 수 있을 것으로 기대된다.

9. 금융동의명령제의 도입 및 활용

1) 의의

동의명령제는 법규 위반으로 조사 대상이 된 자와 권한이 있는 행정청 간에 합의를 통해 위법 상태를 해소하는 것을 의미한다. 이러한 동의명령제는 공정거래법에 처음으로 도입되었는데, 소비자의 피해를 신속히 구제하면서도 사업자의 부담도 경감할 수 있다는 점에서 이를 금융소비자 보호체계에도 도입하자는 주장이 제기되었다.

금융회사에 대한 제재가 금융회사의 자발적 위법행위 개선에 얼마나 효과적인지 불분명하고, 금융회사에 과징금을 부과하더라도 해당 과징금이 소비자의 피해 구제에 쓰이는 것이 아닌 일반예산에 속함에 따라 회복적 조치의 측면이 간과되고 있다는 점도 하나의 논거로 들어졌다. 더 나아가 금융의 국제화에 따라 우리 금융회사의 해외 진출이 활발해지면서, 해외 진출 시 국내 제재이력의 누적이 제약 요소로 작용하고 있다는 점, 현재의 제재 제도는 외부적 통제를 위주로 함에 따라 금융회사 내부적인 개선조치 등이 소홀하게 될 수 있어 금융의 선진화에 제약 요소로 작용할 수 있다는 점 등이 동의명령제 도입의 근거로 들어질 수 있다.

2) 동의명령의 법적 성격

동의명령의 법적 성질에 대해서는 행정법리적으로 자세하게 연구되지 않아 그 성질이 명확하지 않다. 동의명령의 법적 성질을 명령적 행정행위와 당사자 간 화해가 혼재된 형태로 보는 입장[30]도 있지만, 우리나라는 위법 사실을 두고 행정청과 피규제자 간 화해를 하는 제도는 지금까지 인정하고 있지 않다는 점에서 이를 화해로 보기는 어렵다.

동의명령은 당사자의 신청에 대해 행정청이 처분을 발하는 일종의 명령적 행위로서, 특정한 행위의무를 부여하고 해당 의무를 충족한 경우 처분을 하지 않겠다는 일종의 확약이면서도, 일종의 공법상 계약의 성질도 함께 가지고 있다고 할 수 있을 것이다. 그러나 이를 전면적인 공법상 계약으로 보기는 어려운데, 동의명령을 구하는 당사자에 대한 행정청의 일방적인 승인이라는 점과 동의의결의 취소권은 행정청만이 가질 수 있다는 점을 그 이유로 들 수 있다.

3) 동의명령제의 장·단점

동의명령제의 장점을 각 주체를 기준으로 살펴보면, 소비자의 경우 신속한 피해보상을 받을 수 있고, 피해보상을 받기 위한 쟁송을 거치지 않아도 된다는 점에서 비용이 들지 않는다는 장점이 있다. 금융회사의 입장에서는 사건을 조기 종결할 수 있고, 위법성 여부를 판단하지 않는다는 점에서 장점이 있다. 한편 감독청의 입장에서도 제재를 위한 증거 확보 부담의 해소, 감독 자원의 효율적 배분, 실효성이 있는 시정 방안을 도출해 낼 수 있다는 장점이 있다.

단점으로는 금융회사의 입장에서는 위법하지 않다고 생각하는 경우 위법 사실의 판단이 이루어지지 않는다는 점에서 적법을 입증할 기회가 상실된다는 점이 있다. 또한 감독청은 제재 대신 동의명령의 선택이 가능하다면 위법의 증거 확보에 소극적일 수 있다는 점, 감독 정책상 처분 및 판례의 축적 기회가 상실된다는 점, 조사 능력 및 기법발전이 이루어지지 않는

30 이상제(2021~2022).

다는 점도 단점으로 들 수 있다.[31]

4) 동의명령을 신청하기 위한 요건

동의명령을 신청하기 위한 요건이라 함은 제재에 갈음하여 동의명령을 하기 위하여 제재 대상자인 금융기관이 동의명령 신청서에 담아야 할 사항을 말한다. 주요한 사항으로는 위법으로 추정되는 행위의 중지, 원상회복, 소비자피해구제, 재발방지 조치를 들 수 있다.

(1) 참고사례로서 공정거래법상의 요건

동의명령의 요건에 대해서는 현재 동의의결 제도를 운영하고 있는 공정거래법을 살펴볼 필요가 있다. 공정거래법 제89조 제2항은 신청인이 대상 행위를 특정할 수 있는 사실 관계, 해당 행위의 중지, 원상회복 등 경쟁질서의 회복이나 거래질서의 적극적 개선을 위하여 필요한 시정 방안, 소비자 및 다른 사업자 등의 피해를 구제하거나 예방하기 위한 방안을 동의의결을 신청하기 위한 요건으로 제시하고 있다. 여기에서 중요한 것 중의 하나가 비례성과 적절성이다. 공정거래법 제89조 제3항은 이를 규정하고 있는데, 제1호는 "해당 행위가 이 법을 위반한 것으로 판단될 경우에 예상되는 시정 조치 및 그 밖의 제재와 균형을 이룰 것"을 정하고 있으며, 제2호는 "공정하고 자유로운 경쟁질서나 거래질서를 회복시키거나 소비자, 다른 사업자 등을 보호하기에 적절하다고 인정될 것"을 규정하고 있다.

31 송혜진·박희주(2020), pp. 13~14 참조.

(2) 비교법적 사례로서 미국 소비자보호청의 동의의결의 요건

미국 소비자보호청(CFPB)의 동의의결서를 중심으로 하여 요건을 살펴보면, 먼저 동의의결의 계기가 되었던 행위의 특정, 동의의결이 이루어질 경우 금지되어야 하는 행위와 행해야 하는 행위 그리고 컴플라이언스 계획, 이사회의 역할, 소비자 피해의 전보계획 등이 포함되어야 한다. 여기에서 컴플라이언스 계획에 포함될 사항으로는 a. 동의명령에 따라 요구되는 행위들의 실시를 위한 세부적인 단계, b. 컴플라이언스 차원에서 행하는 조치를 이사회에 보고하는 메커니즘, c. 세부적인 단계의 이행을 위한 시간계획이 있다.[32]

5) 동의명령 요건의 이행관리

참고할 만한 제도로서 공정거래법상 동의의결 제도를 차용하여 내용을 구성해 보면 다음과 같다. 명령요건의 이행관리에는 이행을 강제하는 것과 요건을 미이행 시 동의명령을 취소하고 제재 처분을 하는 것이 포함하게 된다. 동의명령이 결정되면 이행관리가 시작되는데, 동의명령이 이행되지 않는 경우 두 가지 방식으로 대응할 수 있다. 첫째, 이행강제금의 부과가 가능할 것이다. 공정거래법 역시 제51조의5와 제17조의3에 이행강제금을 두고 있다. 둘째, 만약 신청인이 정당한 사유 없이 동의명령의 내용을 이행하지 않는 경우에는 동의명령이 취소될 수 있을 것이다.

한편 이외에도 동의명령 당시 전제로 했던 사실 관계가 변하여 동의명령상 시정 방안이 더 이상 적정하지 않는 경우와 악의의 동의명령 신청에 기초하여 동의명령이 발령된 경우에는 동의명령을 취소하고 다시 제재 절

32 Consent Order in the Matter of: U.S. Bank National Association (File No. 2022-CFPB-0006).

차로 들어가는 것으로 구성할 수 있다.

6) 동의명령제가 현행 구조에 주는 의미

동의명령 제도는 위법행위에 대한 제재를 단순한 재발 방지 및 재발 방지 약속과 피해보상으로 갈음하고 위법행위에 대한 확정적 판단을 하지 않는다는 점에서 정의의 원칙에 반한다는 문제가 있다. 그럼에도 불구하고 동의명령제가 필요한 이유는 소비자의 피해에 대해서 신속한 보상이 가능하고, 금융회사 스스로 재발 방지 조치를 강구하여 위법 문제가 재발하지 않으므로 소비자의 권리 구제 및 자율성 제고라는 측면에서 충분히 도입을 논의할 가치가 있다고 할 수 있다.

10. 그림자 규제로서 행정지도의 문제점과 개선 방향

1) 행정지도의 개념과 의미

행정절차법 제2항 제3호는 행정지도에 대해서 “행정기관이 그 소관 사무의 범위에서 일정한 행정 목적을 실현하기 위하여 특정인에게 일정한 행위를 하거나 하지 아니하도록 지도, 권고, 조언 등을 하는 행정작용”으로 정의하고 있다. 이 정의에 따른 행정지도의 특성을 살펴보면, 첫째 행정 목적으로, 둘째 특정인에 대해, 셋째 권고 또는 조언 등의 방식으로, 넷째 특정한 작위 내지는 부작위를 요구하는 것이라고 할 수 있다. 여기에서 가장 중요한 것이 권고 또는 조언에 기반한 비강제성으로 상대방의 동의를 기반으로 한다는 점이다.

한편 총리훈령인 금융규제 운영규정은 금융행정지도에 대해서 제2조에서 "금융위원회 또는 금융감독원이 금융회사 등의 경영건전성을 확보하고 금융소비자를 보호하는 등 금융행정의 목적을 달성하기 위하여 금융회사 등의 자발적인 협력에 기초하여 그 금융회사 등에 일정한 행위를 하거나 하지 않도록 지도, 권고, 조언 등을 하는 행위"로 정의하고 있다. 이때 행정지도에 해당하지 않는 것으로 감독행정작용, 법령 해석, 법령상 조치에 따른 단순 통지행위, 인허가의 통보 등을 들고 있다. 이는 단순한 사실의 통보에 그치기 때문에 별도로 상대방의 동의가 불필요하기 때문이다.

2) 행정지도를 둘러싼 침익적 규제성과 처분성

금융에서 행정지도가 자주 사용되고 있는 이유는 금융규제가 매우 촘촘하게 구성되어 있다는 점, 금융시장의 참가자들이 사실상 과점 체제를 이루고 있어 정책 의도의 전달이 용이하다는 점, 정부 정책에서 부동산 가격의 통제 목적으로 금융적 수단을 활용하는 것처럼 일반 정부 정책 목표 달성을 위해 빈번히 사용되고 있다는 점, 거시감독과 같이 미래대응적 조치가 필요하다는 점 등을 들 수 있다.

행정지도에 대한 처분성 논란은 행정지도가 규제인지에 대한 논의와 맞물려 있다. 행정지도는 말 그대로 상대방의 동의를 전제로 한 행정 당국의 설득이라는 점에서 상대방이 이를 받아들이지 않는 경우 아무런 효과를 발생시키지 못한다. 그러한 점에서 행정지도를 통해 특정인의 권리를 제한하고, 의무를 부과하는 것은 형식적인 면에서는 가능하지 않지만, 행정지도를 발하는 행정당국이 인허가권 및 위법행위에 대한 제재권을 가지고 있다는 점에서 사실상의 강제력을 갖게 되는 문제가 있다. 이러한 배경에서 행정지도는 그림자 규제의 가장 대표적인 것이라고 할 수 있다.

형식적으로 행정지도는 강제력을 수반하지 않는다는 점에서 대법원은 처분성을 인정하지 않아 소송의 대상으로 보고 있지 않다. 행정지도에 기한 행위는 적어도 법원에 의해서 권리구제를 받을 수 없다. 한편 헌법재판소는 행정지도에 대해서 다소간 수용적인 모습을 보이고 있다. 물론 그 전제는 기본권 침해성과 보충성의 원칙을 충족하는 것이다. 여기에서 보충성의 원칙은 헌법재판소법 제68조 제1항 단서의 것으로 "다만, 다른 법률에 구제 절차가 있는 경우에는 그 절차를 모두 거친 후가 아니면 청구할 수 없다"고 정하고 있어 법원에 의한 권리구제 절차가 있는 경우에는 헌법재판소에서 구제받을 수 없다. 따라서 행정지도의 경우 법원은 처분성을 부인하여 소의 대상으로 삼고 있지 않다는 점에서 헌법재판소에 의한 권리구제를 보다 적극적으로 활용할 필요가 있다.

3) 금융행정지도의 원칙

(1) 행정절차법상 행정지도의 일반원칙

행정지도의 일반법적 근거인 행정절차법 제48조는 제1항에서 최소한도의 원칙, 부당한 강요 금지의 원칙, 상대방의 수용 거부 시 불이익 조치 금지의 원칙을 정하고 있다.

(2) 금융행정지도의 원칙

금융규제 운영규정 제7조는 금융행정지도에 대해서 원칙을 정하고 있는데, 첫째 비례성의 원칙, 둘째 투명성의 원칙, 셋째 책임성의 원칙, 넷째 명확성의 원칙, 다섯째 행정지도 내용 금융회사 내부규범 반영 금지의 원칙, 여섯째 행정지도 미준수 시 불이익 조치 금지 원칙, 인사 개입 금지의 원칙, 가격·배당 개입 금지 원칙 등이다. 비례성, 투명성, 명확성은 행정행위에 있어서 당연히 요구되는 것이며, 불이익 조치 금지는 행정지도의 본질이 상대방의 동의를 전제로 한 권고라는 점에서 나오는 결과이다. 금융회사 내부규범 반영 금지는 행정지도가 사실상의 규제로 전환되는 것을 방지하기 위한 것이며, 인사나 가격에의 개입 금지는 영업 및 경영의 자유에 대한 침해가 되기 때문이다.

여기에서 가장 많이 문제가 되는 것은 불이익 조치 금지의 원칙으로 감독청의 경우에는 해당 행정지도에 따르지 않을 경우 다른 형태로 불이익을 줄 수 있는 다양한 수단과 권한을 가지고 있다는 점에서 그 한계가 여전히 존재한다고 할 수 있다.

4) 금융행정지도의 절차 및 방식

(1) 행정절차법상 행정지도의 절차 및 방식

행정절차법 제49조는 행정지도의 방식에 대하여 행정지도를 하는 자는 해당 지도의 취지와 내용 그리고 신분을 밝혀야 하며, 상대방이 서면 교부 요구 시 원칙적으로 서면을 교부하여야 한다고 정하고 있다. 아울러 제50조는 상대방은 행정지도의 방식과 내용에 대해서 의견을 제출할 수 있다고 규정하고 있다.

(2) 금융행정지도의 절차와 방식

금융규제 운영규정 제8조는 행정절차법의 사항을 구체화하여 규정하고 있는데, 여기에서 특이한 사항은 제1항 제6호는 불합리한 행정지도에 대해서 옴부즈만에게 이를 신고할 수 있다고 정하고 있다. 그리고 제7항은 이러한 신고를 이유로 불이익한 조치를 취해서는 안된다고 정하고 있다. 제3항은 행정지도를 구두로 할 수 있으나, 이때에는 지체 없이 문서로 해당 행정지도의 내용을 통지하도록 하고 있어 행정절차법보다 더 강화된 규정을 두고 있다. 한편 제4항은 이와 같은 절차와 방식을 위반한 행정지도에 대해서 무효임을 선언하고 있다. 행정법상 통상적인 절차 위반의 경우에는 이를 취소 사유로 보는 것에 비해 이를 무효로 선언한 것은 그 의미가 크다.

금융 당국은 금융규제 운영규정 제9조에 따라 새롭게 행정지도를 하거나 기존의 행정지도를 변경하거나 유효 기간을 연장하는 경우 원칙적으로 20일 이상 공고하고 의견을 청취하도록 하고 있으며, 이때 내부적으로 제9조의2에 근거하여 금융행정지도 심의위원회의 사전심의를 거치도록 하고 있다.

금융규제 운영규정 제13조에 따라 행정지도의 유효 기간은 각 사안에 따라 90일에서 최대 2년의 기간을 두고 있으며, 최대 유효 기간을 2회 연장할 수 있다.

5) 행정지도의 개선 방향

금융행정지도에 대해서 금융규제 운영규정은 행정절차법보다 정치하고 강화된 규정을 두고 있다는 점에서 활용과 통제 면에서 균형을 이루고 있다고 평가할 수 있다. 그러나 여전히 행정지도는 비권력적 작용의 옷을 입은 권력적 작용일 수 있다는 점에서 지양될 필요가 있다.

규제 및 감독 정책상 명확하게 필요한 부분은 처분의 형태로 하고, 그렇지 않은 부분은 시장의 자율적인 규제에 맡기는 방향으로 갈 필요가 있으며, 이 경우 자연스럽게 행정지도의 활용 빈도가 줄어들 수 있다. 한편 거시감독 정책과 같이 미래 경기 대응적 조치가 필요한 경우처럼 행정지도가 필요한 부분에 대해서도 경기역행적 내지는 경기순응적 조치 수단과 규제 당국의 재량권을 입법화하여 처분 형태로 이를 발할 수 있다는 점에서 행정지도가 활용되는 범위를 줄일 수 있다.

행정지도에 대해서 권리구제 장치가 미흡하다는 것은 행정지도의 가장 크고 핵심적인 문제로 지적되고 있다. 불합리한 행정지도에 대해서 옴부즈만에게 이를 신고한다는 것은 권리구제 내지는 행정지도의 통제 측면에서 의미를 갖지만, 옴부즈만의 기능이 금융위원회에 개선 및 시정을 건의하는 것에 그친다는 점에서 권리구제 수단으로 보기는 미흡하다. 따라서 이러한 권리구제 수단을 확충하기 위해서는 행정지도에 대해 단순한 의견 제시가 아닌 준사법적 절차를 갖춘 이의신청 제도를 둘 필요가 있는데, 그 절차는 행정심판에 준하는 대심적·독립적 구조로 형성해야 한다. 왜냐하면, 처분성의 불인정으로 행정심판으로도 행정소송으로도 권리구제가 이루어지지 않으며, 헌법재판소에 권리구제형 헌법소원을 제기하는 것도 가깝고 용이한 권리구제 수단이라고 보기 어렵기 때문이다. 따라서 사실상의 행정심판에 준하는 정도로 이의신청 제도를 운영할 필요가 있을 것이다.

11. 맺음말

금융산업은 대표적인 규제산업이다. 그 이유는 금융이 자금의 중개, 지급결제, 신용창출을 통해 실물경제에 영향을 주고 있으며, 정보의 비대칭성으로 인해 소비자 보호의 필요성이 있기 때문이다. 여기에 더해 개별 회사의 부실이 시장 전체에 시스템 리스크를 야기할 수 있기 때문이다. 그러나 과도한 규제는 산업으로서 금융의 성장을 저해하고 다양한 금융 서비스를 이용하고 싶은 금융소비자의 수요에 부응하지 못한다는 문제가 있다. 결국은 합리적 수준의 규제가 무엇인지 그리고 이를 달성할 수 있는 수단은 무엇인지로 논의가 모아진다.

이 글에서는 규제의 의미와 금융규제가 왜 필요한지에 대해서 살펴보았으며, 원칙 중심 규제의 도입 방안, 금융규제 샌드박스·자율규제·내부통제 제도·금융기관 임직원 제재 제도·행정지도의 개선에 대해서도 다루었다. 여기에 더해 금융행정심판위원회 설치도 제안했다. 이외에도 금융규제와 관련하여서는 BigTech의 금융업 진출에 따른 규제 방안, 금융회사 후선 업무의 제3자 위탁 허용 범위, 증권형 토큰(STO)의 허용과 그 관리 방안, 스테이블코인 도입 시 관리 및 거버넌스의 구조 등 다양한 이슈들이 있다. 새로운 기술 변화에 따른 규제 대응은 차후의 과제로 남긴다.

과도하고 불합리한 규제는 산업과 시장의 발전을 저해하는 걸림돌이 되지만, 합리적이고 적정한 규제는 산업의 건전한 성장과 시장의 안정에 기여하는 디딤돌이 될 수 있다. 전형적인 규제산업에서 끊임없이 적정한 규제가 무엇인지, 개선을 어떻게 해야 하는지 논의하는 이유가 여기에 있다.

참고문헌

구자현·최승필, 『금융규제 샌드박스의 금융산업에 대한 영향 고찰』, KDI, 2020.

국회, 『금융혁신지원특별법 정무위원회 심사보고서』, 2018. 12.

김용재, 「자본시장법상 원칙중심감독 도입의 필요성 및 방향」, 『증권법연구』 제19권 제1호, 2018.

송혜진·박희주, 『동의의결제도의 실효성 확보를 위한 운영방안 연구: 동의의결 이행관리를 중심으로』, 한국소비자원, 2020.

윤혜선, 「리스크 규제에 관한 공법적 연구」, 서울대학교 법학박사학위논문, 2009.

이상제, 「금융소비자보호를 위한 동의명령제도 도입과제」, 『금융브리프』 제31권, 2021. 12. 25~2022. 1. 7.

최승필, 「법은 위험을 어떻게 반영하는가-행정법적 시각을 통해」, 『법연』, 2018 가을.

______, 「금융기관 및 그 임·직원 제재제도에 대한 몇 가지 쟁점」, 『외법논집』 제46권 제1호, 2022.

______, 「기술발전에 따른 규제방식 전환과 그 법적 쟁점」, 『공법학연구』 제24권 제2호, 2023.

______, 「원칙중심규제의 공법적 수용가능성에 대한 검토」, 『은행법연구』 제17권 제1호, 2024a.

______, 「금융분야에서 자율규제의 활용상 법적 쟁점」, 이슈페이퍼, 한국법제연구원, 2024b.

최승필·김대인·임현, 『제4차 산업혁명에 따른 규제체제 및 거버넌스 개편-행정법 이론을 중심으로 한 접근』, 한국법제연구원, 2017.

최승필·이효경, 『코로나 19 이후 금융의 디지털화에 대한 글로벌 규범동향과 시사점 연구』, 한국법제연구원, 2022.

Moloney, Niamh, 「원칙중심감독: 영국의 경험」, 『증권법연구』 제18권 제1호, 2017.

Ziekow, Jan, *Öffentliches Wirtschaftsrecht*, C. H. Beck, 2020.

4

출산장려주거지원대출과 탈 부동산편중경제

윤 석 헌

1. 머리말
2. 현황과 문제점
3. 정책 디자인
4. 탈부동산 및 금융자산 전환
5. 법제화
6. 맺음말

*

이 글은 은행법학회 '법과정책포럼'의 재정적 지원으로 집필되었다. 저자는 집필 과정에서 도움 말씀을 주신 김헌수 교수, 박상욱 전 금감원 부원장보, 박선종 교수, 서영숙 교수, 이진석 전 금감원 부원장보 그리고 최영승 교수의 귀중한 코멘트에 감사드린다. 남아 있는 모든 오류는 저자만의 책임이다.

1. 머리말

지난해 12.3 비상계엄 선포는 한국경제에 단기적 충격을 가하면서, 경제지표가 일제히 하락세를 보이고 있다. 엎친 데 덥친 격으로 미국의 트럼프 2기 행정부 출발 이후 보호주의 무역기조 강화와 관세 인상 등으로 한국경제 통상 분야에 먹구름이 갈수록 짙어진다. 수출시장의 불확실성 확대가 대기업과 중소기업 투자를 강타하고 내수시장의 소비가 위축되고 외국인 관광객이 감소하면서, 자영업자 및 서민들 어려움이 가중되고 있다. 주가 하락과 환율 변동성이 상승하면서 한국경제의 단기적 전망이 밝지 않은데,[1] 보다 심각한 문제는 단기적 이슈들이 가리고 있는 구조적 이슈들이다.

이 글의 목적은 한국경제의 구조적 문제들 중 저조한 출산율, 과다한 가계부채, 국민 보유 자산의 부동산 편중 문제 등에 대한 해결 방안을 모색하는 데 있다. 우선 낮은 출산율은 내수 확충이 절실한 한국경제의 성장 잠재력의 발목을 잡을 가능성이 높다. 과다한 가계부채는 내수시장에서 소비와 투자의 위축을 초래하여 경기침체 원인으로 작용하고 더 나가 소규모 개방경제에서 시스템 리스크를 유발한다. 국민 보유 자산의 부동산 편중은 금융 부문 발전을 제약하여 향후 한국경제 선진화에 필요한 금융중개 역할 활성화를 제한할 가능성이 크다. 비교적 단기에 경제성장을 빠르게 이룩한 우리나라는 고령인구의 자산 점유율 비중이 높고 이들의 부동산 자산 보유 비중이 높다. 한국 사회의 빠른 고령화는 이런 문제 악화에 기여한다.[2]

1 현대경제연구원은 『금년도 한국 경제 전망(수정)』 보고서에서 올해 국내총생산(GDP) 성장률 전망치를 지난해 12월 1.7%에서 1.0%포인트(p) 하향한 0.7%로 조정했다(연합뉴스, 2025. 5. 1).

2 이런 문제 해결을 위해 한편으로 금융투자소득세(2020년 도입이 결정되었으나 집필 현재 미시행)와 종합부동산세 등 세제 개편이 필요하고, 금융적 해법도 필요하다. 이 글은 후자를 대상으로 한다.

부동산편중경제에서 주택담보대출(주담대) 상환 부담은 소비와 투자를 위축시킬 뿐만 아니라 주택의 투기적 수요가 주택 가격 거품을 일으키면 개방형인 한국경제 특성상 시스템 리스크 발생도 가능하다. 주택 가격이 계속 상승하는 상황에서 주택 보유층은 가격 상승으로 이득을 보지만 주택 마련이 어려운 미보유층은 잠재적 주담대 부담이 늘면서 경제적·사회적 양극화가 초래된다. 따라서 가계의 주택 소유와 주담대 부담 간 관계의 단절이 필요한데, 이는 정부가 정책금융 방식으로 가계의 주담대 부담을 완화하는 것이 해결책이 될 수 있음을 시사한다. 한편 금융의 공급 측면은 이런 사회적 양극화 문제의 해결 보다 오히려 악화에 기여한다. 주택 가격이 상승세를 지속하는 한, 금융사 특히 은행은 저비용 예금을 조달하여 주담대를 공급함으로써 별다른 위험 없이 수익 창출이 가능하다. 따라서 주담대 점유율 경쟁에 몰입하는 가운데 천수답 경영의 규모 확대에 매몰되어 결국 국가 시스템 리스크 확대를 초래하게 된다. 목전의 이익 챙기기에 급급한 금융사가 국가의 큰 부담이 자라는 데 눈감는 도덕적 해이를 저지르는 것이다. 더 근본적인 문제는 천수답 경영으로 손쉽게 수익 창출이 가능한 상황에서 위험 부담이 수반되는 고부가가치 금융 서비스 개발 유인이 자라지 못한다는 점이다.

이제 선진경제로 접어든 한국경제는 지속 가능 성장을 위해 금융권의 실물경제 지원이 필요하다. 특히 트럼프 2기 체제의 탈세계화, 중국 경제의 성장 둔화, 미중 갈등 등 어려움 속에서 한편으로 주춤하는 수출의 확대를 지원하고 또 한편으로는 내수 확충을 도모하는 이원적 국가 위험관리 체계 구축이 절실하다(윤석헌, 2022). 이를 위해 한국경제는 부동산 편중을 줄이고 금융 중심 체제로 전환해야 하는데, 국가가 이를 출산율 제고와 연계하여 해결할 수 있다면 한국경제 지속 가능 성장을 위해 금상첨화일 것이다. 이러한 상황에서 이 글은 출산장려주거지원대출(출주대)을 제안한다.

이는 정부가 신생아 출산을 장려하고 무주택 가계의 주거 문제를 해결함으로써 탈부동산편중경제 및 금융중심경제 전환의 계기를 마련하기 위해 출산가계에 제공하는 저비용 대출금이다.

정부는 출주대 요건으로 출산, 무주택 및 주담대 비가입을 요구하는데, 주담대 대비 경쟁력 강화를 위해 대출 부담 경감을 시도하고 이에 따른 비용은 정부가 부담한다. 첫째, 차주에게 요구하는 담보나 신용평가를 최소화한다. 둘째, 주담대보다 대출금리를 낮게 하고, 부도 발생 시 법원의 회생 절차를 이용하도록 한다. 그런데 이들은 모두 출산가계에는 혜택이나 정부 측에는 부담이다. 결국 정부는 출주대 제공의 신생아 출생 효과와 탈부동산편중경제 효과 등과 소요 비용을 비교분석하여 의사결정하게 될 것이다. 한편 금융사는 출주대가 주담대 영업을 대체하는 만큼 감소한 수익을 보충하기 위해 고부가가치 금융 서비스 개발 유인이 예상된다. 금융사가 주담대 영업 축소에서 발생하는 여유 자금과 인력을 고부가가치 금융 서비스 창출에 투입함으로써 탈부동산편중경제의 또 다른 축을 완성하도록 유인하는 것이 출주대 제안의 부수적 목적이다.

이 글은 다음과 같이 구성된다. 제2절에서 관련 이슈들에 대한 현황과 문제점을 살펴본다. 1)항에서 출산율 문제를 살펴보고, 2)항에서 부동산편중경제와 과다한 가계부채 문제를 논의한다. 주택 마련을 위해 차용한 주담대 부담이 소비와 투자를 위축시켜 경기침체로 이어지고 시스템 리스크 원인이 될 수 있기에 탈부동산편중경제 및 금융중심경제로 전환이 필요함을 논의한다. 제3절에서는 정책 디자인을 논의하는데, 1)항에서 기본방향을, 2)항에서 대출상품을 각각 논의한다. 이를 토대로 3)항에서 시나리오를 설정, 현금흐름을 분석한다. 4)항에서 편익과 비용을 분석하고, 5)항에서 정부 조달 방안으로 증세와 국채 발행을 비교하며, 정부부채와 민간부채 부담을 살펴본다. 제4절에서는 탈부동산편중경제 및 금융중심경제 전환을 논의한다. 1)항에서 출주대가 주담대보다 부담이 작아 가계의 소비와 투자 확대가 기대되고 금융자산 투자 활성화가 기대됨을 논의한다. 2)항에서는 금융권 대응을 논의한다. 제5절에서 법제화에 대해 언급하고, 제6절에서 마무리한다.

2. 현황과 문제점

1) 저조한 출산율

(1) 주택 수요 전망

2024년 12월 23일에 우리나라는 65세 이상 인구가 총인구의 20%를 넘는 초고령사회(super-aged society)에 진입했다. 2023년 합계출산율[3]이 0.72로 저점을 찍는 등 출산율 하락세 덕분이다. 한편 통계청은 최근 인구동향조사에서 2020년 2,073만 가구였던 총가구 수가 2039년 2,387만 가구로 증가 후 줄어들 것으로 전망했다. 이에 따라 총가구 수와 밀접한 관계를 보이는[4] 주택 수요가 향후 약 15년간 증가세를 보이다가 하락세로 반전될 것으로 전망된다(서정호, 2025).

현재 우리나라 가계의 주택 보유 상황은 긍정적이지 않다. 서울의 경우 소득 대비 주택 가격 배율(Price to Income Ratio: PIR) 지수를 살펴보면,[5] 2022년 기준 32.32를 기록 전 세계 도시 중 13위로 높았고, 대한민국 전

3 여성 1명이 평생 낳을 것으로 예상되는 평균 출생아 수.

4 국토교통부에 따르면 2022년 현재 전국 주택보급률(주택 수÷일반가구 수×100)이 102.1로 전년의 102.2 대비 다소 하락했다(아시아경제, 2024. 1. 16).

5 PIR=25란 25년간 한 푼도 쓰지 않고 소득을 저축해야 주택을 구매할 수 있다는 의미로 풀이된다.

체는 2023년 기준 23.4로 OECD 국가 중 1위를 차지한 것으로 드러났다(ChatGPT, 2025. 4. 21). 특히 서울 강남 지역의 PIR은 47.5로 전국 평균의 두 배 이상 높은 수준이다. 한편 그간 국가의 내집 마련 정책은 결과적으로 은행만 배불리고 청년과 서민들은 평생 대출금의 노예로 살아야 하는 불합리한 투기조장적 정책이라는 비판에 노출되어 있다.

(2) 출산 장려 정책

2023년 0.72로 세계 최저 수준을 기록했던 우리나라의 합계출산율은 2024년 다시 증가하여 0.75명을 기록했다. 다행히도 저점을 통과한 모습을 보이고 있는데, 정부는 일·가정 양립, 양육, 주거의 3대 핵심 과제 정책 추진이 효과를 보았다고 풀이한다(통계청, 2025). 그러나 이러한 증가세가 앞으로도 지속될지, 인구 고령화 추세 속에 현재의 합계출산율이 적절한 수준인지, 그리고 현재의 인구 정책이 충분한 것인지 등에 대해서 좀더 고민이 필요해 보인다. 특히 차제에 국가적으로 비용을 들이더라도 출산율 제고 방안을 심각하게 고민할 필요가 있다는 주장이 설득력을 지닌다.

〈표 4-1〉에서 2024년 출생아 수가 9년 만에 반등한 것은 코로나19 전염병으로 결혼을 미루었던 신혼부부들의 첫 아이 출산 효과가 큰 것으로 분석된다. 다만 이것만으로 정부의 저출산 정책이 효과를 거두었다거나 향

표 4-1 인구 동향

연도	2014	2015	2016	2017	2018	2019	2020	2021	2022	2023	2024
합계 출산율	1.21	1.24	1.17	1.05	0.98	0.92	0.84	0.81	0.78	0.72	0.75
명	43만 5435	43만 8420	40만 6243	35만 7771	32만 6822	30만 2676	27만 2337	26만 0562	24만 9186	23만 28	23만 8343
증가율 (%)	−0.2	0.7	−7.3	−11.9	−8.7	−7.4	−10.0	−4.3	−4.4	−7.7	3.6

자료: 통계청(2025).

후 인구 감소 추세의 전환을 단정하기는 어려워, 보다 실효성 있는 정책의 추가 내지 보완이 당연해 보인다.[6]

최근 민간 기업들을 중심으로 자체적으로 출산장려금을 지급하거나 또는 사내대출 제도를 통해 주택자금을 지원하는 방식으로 출산을 지원하는 사례가 등장하여 눈길을 끈다.[7][8] 이들은 모두 이 글의 출주대와 동일한 취지를 지니며, 경우에 따라 보완적으로 쓰일 수 있다. 다만 정부 자원 활용의 효율성을 극대화하고 중복 지원의 비효율성을 배제하기 위해 출주대는 무주택자 지원을 원칙으로 한다. 그리고 기업의 출산장려금이나 사내대출이 기업 자체의 인재 유치를 위한 것이거나 또는 직원을 대상으로 하는 일종의 사내복지 제도인 데 비해, 출주대는 모든 국민을 대상으로 출산율 제고를 목적으로 추진된다는 점에서 차이가 있다.

한편 출주대는 민간 금융사 가계대출을 정부의 정책대출로 대체하는 것으로 최근 통화금융 정책의 부담으로 지적받는 가계부채, 특히 주담대 부담을 정부부채로 이전하여 부담을 완화한다는 부수적 의미를 지닌다. 더 나아가 한국경제의 부동산 편중을 줄이고 금융자산 투자 확대를 촉진하여 금융 생태계 조성을 도모하는 계기로 삼으려는 것이다.

---

6 세계 3대 투자자로 알려진 미국의 짐 로저스는 최근 JTBC와의 인터뷰에서, "한국은 대단한 미래 잠재력을 가진 나라이나, 인구 문제가 해결되지 않으면 미래는 없다. 이대로 두면 30년 안에 한국이 사라질 수 있다"는 섬뜩한 경고를 내놨다(JTBC 뉴스, 2025. 2. 18).

7 부영그룹(이중근 회장)은 지난해 출산한 직원 자녀 28명에 대해 1인당 1억 원씩 총 28억 원의 출산장려금을 지원했다. 시행 첫해인 2024년에는 그전 2년간 해당분 70억 원을 포함 누적 98억 원을 지급했다. 이 덕분인지 2021~2023년까지 연평균 23명, 지난해에는 5명의 아이가 태어났다(서울경제, 2025. 2. 6).

8 최근 국내 대기업을 중심으로 직원들에게 주택자금 1억 원을 대출해 주는 사내대출 제도가 운영되고 있다. 사내대출이란 금융권 대출의 부족한 부분을 회사 내 대출로 메우는 방식인데, 2024년 기준 사내대출이 1조 3,419억 원으로 집계되었다. 구체적으로 지난해 생활비 목적의 사내대출은 감소했으나, 주거비 목적의 사내대출은 증가한 것으로 드러났다(중앙일보, 2025. 3. 3).

2) 부동산 편중과 과다한 가계부채

(1) 가계자산의 부동산 편중

일부 국민이 주거 목적의 주택을 보유하지 못함에도 다른 국민은 투자 등 주거 외 목적으로 주택과 부동산을 보유하는 상황은 몇 가지 문제점을 야기한다. 첫째, 주택과 그 밖의 부동산 가격이 상승하면서 주거나 사업 용도를 떠나 투자와 투기 대상으로 변질된다. 그 결과 경제가 창출하는 소득이 부동산 투자로 몰려 부동산 자산의 가격과 비중이 상승하고 금융자산은 오히려 비중이 하락하는 결과를 초래한다. 문제는 이런 상황에서 저비용 자금 조달이 보장된 은행 등 금융권이 위험의 분석과 평가를 토대로 고부가가치 금융 서비스 창출에 노력하기보다 손쉬운 주담대 업무에 인적 물적 자원을 집중하여 수익성 확보에 나선다는 점이다. 〈표 4-2〉에서 한국 가계의 금융자산 보유 비중이 주요 선진국 대비 크게 낮음을 볼 수 있는데, 향후 한국경제 선진화 과정에서 극복할 문제가 아닐 수 없다.

둘째, 가계의 높은 부동산 자산 보유 비중은 경제와 사회에 거시적 위험을 부른다. 자금이 부동산으로 쏠리다 보면 부동산 가격은 줄곧 상승하는 반면, 소비와 생산 활동 투입 자금 비중은 낮아져 경기침체 가능성을 높인다. 이런 상황에서 부유층은 '똘똘한 한 채'의 부동산에 투자하지만, 서

표 4-2 주요국 가계의 금융자산 구성 추이 (단위: %)

연도	2015	2016	2017	2018	2019	2020	2021
미국	71.6	71.2	71.7	70.3	71.9	72.5	71.5
영국	54.3	55.0	54.3	53.6	54.8	55.4	53.8
일본	61.9	61.7	62.5	62.0	62.1	63.0	NA
한국	36.4	36.6	36.9	35.6	35.6	36.4	35.6

자료: 한국금융투자협회(2022).

민층은 그런 기회가 주어지지 않아 빈부 격차가 심화되고 양극화 및 사회적 갈등 요인으로 작용하게 된다.

셋째, 부동산 편중의 또 다른 문제는 주담대와 엮여 가계부채 의존도가 높아질 경우 부채 상환 부담을 확대함으로써 가계와 기업 등에 소비와 투자를 제한하는 부채잔류 효과(debt hangover effect)를 초래한다는 점이다. Sufi(2023)는 2015~2021년 중 가계부채의 GDP 대비율을 분석했는데, 한국의 경우 가계부채 증가에 불구하고 소비자 지출이 증가하지 않은 것으로 드러났다.

(2) 과다한 가계부채

최근 국내 가계부채 수준이 감소하는 모습을 보이는 것은 매우 다행한 일이다. 한국의 GDP 대비 가계부채 비율(이하 가계부채 비율)은 1962~2024년 기간 중 평균 42.71%를 기록했고, 2021년 3분기에 99.20%로 사상 최고치를 기록한 후,[9] 2023년 말 93.54%로 하락 후 다시 증가하는 모습을 보이고 있다. 최근 정부는 가계부채 증가율을 GDP 증가율 이내로 허용한다는 '총량 관리' 방식을 택하고 있는데, 대체로 성공적으로 운영되고 있다. 그러나 아직 IMF의 80% 기준에 미치지 못하고 있으며,[10] 주요국 대비 높은 수준을 보인다는 점에서 경계를 늦추기 어렵다.

가계부채 논의에서 주로 우려하는 부분은 주담대이다. 주담대는 만기가 장기로 이자 부담이 클 뿐만 아니라 주택 가격이 경기순행성을 보이는

9 한국은행에 따르면 2021년 3분기 가계신용이 1,844조 원을 기록했다(이코노미스트, 2021. 11. 23).

10 정부는 IMF가 제시한 'GDP의 80%' 기준을 총량 관리 목표로 삼고 있는 것으로 알려지고 있다. 현재 가계부채를 1,900조 원, 금년 경상 GDP를 2,000조 원이라고 가정하면, 경상 GDP의 80%인 1,600조 원이 가계부채의 목표 수준인 셈이고, 따라서 현재의 1,900조 원은 목표를 약 300조 원 초과하는 규모다.

표 4-3 GDP 대비 가계부채 비율 국제 비교(2023)

국가	스위스	호주	캐나다	한국	네덜	영국	미국	일본	중국	싱가	인도
%	126.45	109.81	102.21	93.54	84.92	77.76	72.93	65.66	63.67	46.44	39.16

주: 네델은 '네델란드', 싱가는 '싱가포르'를 나타낸다.
자료: IMF(2025a).

상황에서 부채 부담의 고정성이 해외발 충격 발생 시 시스템 리스크 원인으로 작용할 수 있다.[11]

(3) 탈부동산 및 금융자산 전환[12]

이 글이 제안하는 출주대는 출산율 제고와 가계부채 부담 완화에 기여하는 것 외에 부수적으로 가계자산의 금융자산 투자 활성화 계기를 제공한다는 목적을 지닌다. 가계자산에서 부동산이 차지하는 높은 비중은 관련 주담대 부채의 원리금 상환 부담과 부동산 자산의 낮은 유동성 등이 소비와 투자 활성화에 장애 요인으로 작용할 가능성이 크다. 향후 인구 감소세가 전망되는 상황에서, 부동산 가격의 하방위험도 무시할 수 없다.

이런 상황에서 가계의 투자자산 포트폴리오가 탈부동산 및 금융자산으로 전환하도록 정책적으로 유도하는 것은 유동성 확대 외에 경제와 사회에 다음과 같은 긍정적 효과가 기대된다. 첫째, 채권과 주식 등 금융자산은 부동산 자산 대비 생산유발 효과가 높아 경제 내 산업 생산에 긍정적 효과가 기대된다. 둘째, 부동산 자산이 주거 니즈에 묶여 유동성과 시장성 제한이 큰 데 비해 금융자산은 이러한 제한이 상대적으로 작다. 그간 주택

11 "한국의 경우 소비 침체와 과중한 가계부채 부담이 장기적인 경기 침체로 이어질 것이라는 우려도 팽배하다. … 젊은 층의 부채 부담이 향후 저축과 소비 저하로 이어져 한국 경제 성장의 발목을 잡을 가능성이 높아지고 있"(이윤수, 2024, pp. 171, 173)다.

12 김세완·김경록(2024, 제3장)은 고령화로 인한 국내 금융시장의 변화와 정책 과제에 대해 논의한다.

연금이나 REITs 등 부동산 관련 금융상품이 도입되어 부동산의 유동성과 시장성 제한 문제 해소에 기여했으나 시장의 발전이 충분하지 않아 이들만으로 은퇴 후 생활에 필요한 현금흐름을 충분히 확보하기 어렵다. 특히 한국에서 일반적 거주 형태인 아파트는 부동산 불패 신화가 지속되는 가운데 유산으로 대물림함으로써 주택연금 활성화에 장애 요인으로 작용한다. 따라서 이러한 문제에 대한 종합적 정책 대응이 요구된다. 셋째, 최근 금융은 핀테크 발달에 힘입어 즉시성, 편의성, 정보력 등이 개선됨으로써 금융 중개 역할 활성화가 기대된다.[13] 넷째, 금융발전은 부동산 편중과 달리 국가 위험관리 강화에 기여할 것이다. 앞에서 가계 보유 자산이 지나치게 부동산에 편중되어 있는 것이 시스템 리스크 원인으로 작용할 수 있음을 지적했는데, 국가 전체적으로 부동산 비중을 낮추고 금융자산 비중을 높이는 것만으로도 위기 대응력의 강화가 기대된다.

한편 국가의 출산율 제고에는 비용이 따를 수밖에 없다. 문제는 과연 얼마의 비용이 들어야 원하는 결과를 얻을 수 있는가를 알아야 정책 판단이 가능해진다는 점이다. 이런 시각에서 다음 절에서는 문제 해결의 핵심 수단인 출주대를 다소 구체적으로 제안하고 시나리오 분석을 통해 시행에 따른 비용과 편익 분석(cost-benefit analysis)을 시도한다.

---

13 최근 부동산 부문에서도 에어비앤비(airbnb)나 시간분할형 공유(timeshare) 등에서 소유와 무관하게 이용의 활성화 방안이 도입되고 있지만, 관광이나 휴가용에 집중된다. 정부와 지자체가 지분형 분양주택, 공유형 모기지, 지분적립형 주택금융 등을 추진하고 있지만 호응이 크지 않다(국민일보, 2025. 3. 28).

3. 정책 디자인

1) 기본방향

(1) 대출의 기본조건

본고가 제안하는 출주대는 출산과 주거 마련을 조건으로 원하는 모든 가계에 대출 기회를 제공하는 조건부 기본대출이다. 두 가지 조건을 좀 더 자세히 살펴보자.

첫 번째 조건은 신생아 출산이다. 출산을 대출 조건으로 요구하므로 결혼의 유인이 될 수 있다. 다만 출산율 증대가 목표이므로 결혼을 조건으로 요구하기는 어렵고 따라서 가임 여성에게 부여되는 특권으로 볼 수도 있다.[14]

두 번째 조건은 주거 마련인데, 무주택자를 대상으로 주택 구입이나 전월세 가입이 해당되며, 주담대 기계약자는 제외하고 출주대 계약 후 5년간 주담대 계약을 불허한다. 주담대를 대체하여 그 부담을 완화하는 것이 출주대 제안의 또 다른 목적이기 때문이다. 다만 주택 보유자 또는 주담대 기계약자가 일정 기간 내에 기존 주택을 판매하거나 전세계약이 종료되는 경우라면 출산을 전제로 대출 자격을 인정한다. 이 밖에 출주대는 두 가지 특성을 지닌다. 첫째, 출주대는 신용대출의 성격을 지닌다. 즉, 후일 차주가 주택을 처분하거나 전세계약이 종료되어도 출주대 상환은 출주대 계약에 따른다. 둘째, 출주대는 기본적으로 라인 즉, 상업용 신용라인(a commercial line of credit)의 성격을 지닌다. 라인이란 은행이 기업 고객에게 '일정한 기간 동안 일정 금액 한도(라인) 내에서 원하는 금액을 사전에 정해 둔 금리 등의

14 출주대 대상을 가계 대신 여성으로 할 것인가의 문제는 추가적 논의가 필요해 보인다.

조건으로 대출해 준다는 약속'으로 은행이 개인에게 제공하는 마이너스 통장과 유사하다. 이는 차주로 하여금 자금의 가용성(availability)을 사전에 확보하게 함으로써 조달 부담을 줄이고 따라서 차주가 환경 변화에 신축적으로 대응할 수 있도록 한다는 장점이 있다.

(2) 대출상품의 보편성과 신축성

기본소득은 모든 국민에게 일정한 금액의 소득을 조건 없이 지원하는 제도이다. 이재명 대통령이 성남시장 재직 시 시작한 내고향사랑 쿠폰은 모든 성남시민을 대상으로 했다는 점에서 보편성을 지닌다.[15] 이 글의 출주대는 이러한 보편성 개념을 대출에 적용하되, 출산가계의 주거 지원을 목적으로 한다. 다만 일정한 한도 금액 안에서 정해진 금리와 조건으로 차주가 원할 때 대출받을 수 있게 하고 만기 이전이면 상환 및 재대출을 가능하게 한다는 점에서 일반 대출보다 차주의 선택권을 넓혀 주는 방식이다(윤석헌, 2023c). 기본소득이 요구하는 충분성, 무조건성 등에는 못 미치나, 상업성 주담대보다 금리와 상환 조건 등을 우대하여 가입 조건의 제한을 줄이고 대출상품의 신축성을 높인 것이다. 출주대를 라인 방식으로 제공함으로써 출산 희망 가계의 주거 마련 시 조달 부담을 낮추어 신축적으로 대응할 수 있게 하고 따라서 기존의 주담대 대비 우위를 점할 수 있도록 했다. 출주대의 이러한 특성은 가계에게는 이득이나 정부에게는 부담이다.

신생아 출산을 전제로 무주택이고 주담대 비사용 가계는 주거 목적으로 1채의 주택(아파트)을 구입하거나 전월세 가입용으로 대출을 받을 수 있

15 2023년 4월 국회에서 열린 '청년 첫 출발, 소상공인 새 출발과 기본금융 토론회'에서 더불어민주당 이재명 대표는 2021년 8월 '기본소득 공청회'에서 소개했던 기본대출 정책을 다시 꺼냈다. 모든 국민이 은행권 수준의 저금리로 일정 금액(1,000만 원)을 만기(20년)까지 대출받을 수 있게 하는 제도이다.

다. 대출금리는 국가가 정하는 낮은(또는 제로) 금리로 하고, 만기는 주택의 소유 또는 전세계약 만기와 무관하게 장기로 결정한다. 시행 금융사 측에서 주택을 담보로 요구하지 않으며 정부가 전액 보증하므로 정부 보증 신용대출인 셈이다. 이 업무는 금융사(은행, 저축은행, 신협)가 금융위원회에 신청, 인가를 받아 수행한다.

(3) 자금의 용도와 상환

아기를 출산한 무주택이고 주담대와 무관한 가계는 누구나 출주대를 신청할 수 있지만, 주택 구입용 또는 전월세 계약 등 주거 용도로만 사용할 수 있다.[16] 출주대는 기본적으로 신용대출이며 따라서 주택의 보유, 매도, 전세 등 상황 변화가 출주대 계약에 영향을 주지 않는다. 예로, 주택을 매도하면 판매대금을 받고 전세계약이 끝나면 전세자금을 돌려받지만 이들은 출주대 상환 요건이 아니다. 이는 대출금의 부동산 연관성을 최소화하여 부동산의 금융자산 전환을 용이하게 하려는 취지다. 결국 원리금 상환은 매도, 전세와 무관하게 사전에 정해진 일정을 따른다.[17] 상환 유인 창출을 위해 일단 출주대를 조기 상환했더라도 만기 이전이면 재차입을 허용한다. 한편 출주대가 주택 가격 상승의 불쏘시개 역할을 함으로써 가계부채 규모 확대로 이어지지 않을까라는 우려를 불식하기 위해 시행 초기 주담대와 중복을 불허한다. 단, 출주대 차입 후 5년 동안 원리금 상환 의무를 차질 없이 이행한 차주에 대해 이 제한을 해제한다.

---

16 2025년 2월 금융위는 주택도시기금(HUG)의 디딤돌(구입자금)·버팀목(전세자금) 대출 및 주택금융공사의 보금자리론(구입자금) 등 정책대출을 금년에도 작년과 비슷하게 60조원 내외로 공급할 계획임을 발표했다(금융위원회, 2025).

17 깡통전세가 발생하여 출주대 차주가 전세금을 제대로 돌려받지 못하는 상황에서, 만약 그가 출주대를 상환하지 못한다면 법원에 회생 절차를 신청하여 처리한다.

2) 대출상품

(1) 대출 한도와 대출금

출주대 금액은 대출 한도(정부가 사전 책정, 예 1억 원[18]) 내에서 차주가 선택한다.

(2) 대출금리

대출금리는 고정금리로 연 1% 이하를 적용한다. (단 시나리오 분석의 간명함을 위해 아래에서 대출금리를 0으로 가정한다.) 원금 상환 연체분에 대해서는 실제 정부 조달금리(예, 2.5%)를 적용한다. 대출금리를 고정금리로 하는 이유는 국민들의 금리 위험 부담을 최소화하기 위한 것이다(김석기·김현열, 2025). 고정금리가 변동금리보다 금리 위험 부담이 작다고 단정하기 어렵지만, 차주 입장에서는 고정금리가 변동금리보다 이자 지급의 예측 및 준비가 용이할 것이다. 게다가 일반인보다 금리 위험관리 역량이 우수한 정부(금융사)가 금리 변동위험을 부담하는 게 효율적이다.

(3) 만기

출주대의 만기는 일정 기간(예, 30년) 안에서 차주가 선택하도록 하며,[19]

18 통계청(2024)은 지난해 3월 말 한국인 가구의 평균자산은 5억 4,022만 원, 평균 부채는 9,128만 원으로 보도했다. 출주대 한도 1억 원은 한국인 가구의 평균 부채 수준을 참고했다.

19 25~35세에 취업, 결혼 및 출산을 가정하면 10년 안에 1억 원 상환은 쉽지 않겠지만, 20년 정도면 원활한 상환이 가능할 것이다. 원금 기준으로 균일분할 상환을 가정하면 상환금액은 만기가 20년이면 월 416,667원, 30년이면 월 277,778원, 40년이면 월 208,333원 수준이다. 현행 보금자리론은 이자율 연 2%에 40년 기간이다. 만기가 길어지면 이자 부담이 기하급수적으로 증가하는 문제도 있다. 이런 상황에 비추어 최장 만기=30년이 적정해 보인다. 한은(2024)은 2024년 3분기 말 국내 은행의 약정 만기 30년 초과 주담대 비중을 41%로 발표하면서, 금융권 가계대출 만기가 장기화되어 금융사의 자산·부채 만기

소유 부동산의 매도나 전세계약 종료와 무관하다. 해지수수료는 없고 조기 상환을 허용한다. 만기를 설정하는 이유는 출주대의 부채 성격을 십분 이용하여 정상적인 상환을 촉구하기 위해서다. 상환이 완료되었어도 만기 이전이면 한도 금액 안에서 대출을 재신청할 수 있다.

(4) 상환과 채무불이행

출주대 상환과 관련하여 원금과 이자를 다음과 같이 단순화한다. 우선 대출 원금에 대해 매년 일정 비율의 상환을 요구하되 연체 발생 시에는 차주에게 정부의 조달금리를 부담시킨다. 아래 출주대 대출금리를 영(0)으로 가정하는 상황에서,[20] 정상 상환 시에는 정부가 자신의 자금비용만큼 손실을 보지만, 원금 상환이 지연되면 조달금리와 동일한 지연이자로 보상받게 되므로 오히려 정부 손실이 상쇄된다. 차주에게 상환 지연 시 높은 이자를 물리는 것은 정상 상환을 유도하기 위한 목적이다. 한편 출주대 만기가 도래했으나 상환을 마무리하지 못하여 부도가 발생하면, 법원의 개인회생 절차에 따라 처리하며 처리비용은 국가가 부담한다. 이 경우 미회수 원리금은 결국 정부 부담이 되어 출주대 운영 비용의 주요 부분을 차지하게 된다.[21][22]

불일치 위험이 커지고 있음을 우려했다.

20 이는 상업성 주담대의 출주대 전환을 유도하려는 목적이나 계산의 간편함을 위한 것이기도 하다.

21 만약 어떤 차주가 상환 능력이 있음에도 의도적으로 상환하지 않는다면 국가가 도덕적 해이를 방조하는 셈이 된다는 비난이 가능하지만, 이는 어디까지나 예외적인 경우이며 국가가 원하면 상환을 강제할 수 있다. 상환 능력이 있는 누구라도 국가 채무를 상환하지 않을 경우 수반되는 사회적·경제적 불편함이 작지 않을 것이고, 무엇보다 그는 정부 정책에 발맞추어 신생아를 출산한 기여가 있다.

22 출주대 지원으로 설정한 전세계약이나 매입한 주택에 대해 정부(금융사)가 질권이나 근저당권을 설정해야 하는가의 문제가 있다. 이를 설정하게 되면 정부 부담은 줄고 차주 부담은 늘어 출주대가 담보대출 성격을 닮게 되고 따라서 정부 부담이 줄어든다는 논리이다. 그런데 현재 우리나라 주담대는 차주 부도 시 담보물 소유권을 금융사에 넘기는

(5) 대출금 용도

기본조건(출산, 무주택자) 충족을 전제로, 출주대의 구체적 용도에 대해서는 주거 마련 외에 별다른 제약을 가하지 않는다. 그래서 정해진 만기 동안 이 자금을 전세나 월세 목적으로 그리고 구매자금으로도 사용할 수 있다.

(6) 시행 금융사

출주대 시행사는 정부가 은행권 및 비은행권 금융사 중에서 신청을 받아 출주대 업무를 인가한다. 이는 그간 은행권의 선순위 주담대 독점 취급 등에 대한 비은행권의 불만 등 '기울어진 운동장' 해소에 일부 기여할 것으로 기대된다(윤석헌, 2023b). 출주대 도입은 은행의 주담대 영업 위축을 초래할 것인데, 은행은 이를 계기로 유휴 인력과 자원을 고부가가치 금융 서비스 창출을 위해 투입할 수 있다. 한편 비은행권의 출주대 취급은 금리 위험관리를 위해 강화된 자기자본 예치가 요구된다.

3) 시나리오 분석

정부는 전 국민을 대상으로 출산가계의 주거 마련을 위한 출주대 신청에 대해 금융사를 통해 1억 원 이내 대출금을 제공한다. 이 소절에서는 이에 따른 현금흐름 분석을 예시하는데, 분석의 간명함을 위해 다음과 같이 가정한다. 정부의 자금원가=국채금리=2.5%, 주담대 대출금리=0, 상환

것으로 채무가 모두 해소되지 않고 부족분을 마저 갚아야 하는 소구권 모기지(mortgage with recourse) 방식이다. 따라서 비록 정부가 출주대에 질권이나 근저당권을 설정하더라도 그것이 차주의 채무 상환 유인을 확대하지는 않을 것으로 판단된다. 이런 점들을 감안하여 출주대가 담보대출 대신 신용대출 성격을 지니는 것으로 가정했다.

연체금리=국채금리=2.5%, 할인율=0이다.[23] 모든 이자 계산은 단리 방식으로 한다. [시나리오 1]에서 벤치마크 목적으로 가장 간명한 시나리오를 살펴보고, [시나리오 2]와 [시나리오 3]에서 보다 현실적인 분석을 시도한다.

(1) [시나리오 1] 연간 출생아 목표: 30만, 신청률=100%, 만기=10년, 총회수율=100%

계산의 간편함을 위해 차주가 10년 만기를 선택했다고 가정하고, 〈표 4-4〉에 프로그램이 종료하는 향후 20년간의 현금흐름을 제시했다. 매년 10%씩 회수 및 총회수율=100%를 가정한다. 목표인 30만 가계 모두 대출 신청하는 것으로 신청률=100%를 가정하고, 매년 30만 가계×100%×가계당 1억 원=30조 원이 10년간 공급되어 총 300조 원이 공급된다. 실제로 2024년 1분기 기준 국내 가계부채가 1,900조 원 수준이고 그중 71%인 1,350조 원이 주담대임을 고려할 때, 총공급액 300조 원은 당시 실제 주담대의 22.22%에 해당된다. 다시 말해, 총출주대 300조 원은 현행 주담대의 22.22%를 대체하는 규모이다. 이를 정부의 민간금융 구축으로 볼 수 있지만, 이 글에서는 민간금융(주담대)의 확대가 국가경제에 초래하는 소비와 투자의 위축과 시스템 리스크 차단을 위한 정부의 예방 조치로 본다.

대출금 수령 후 만기까지 매년 10%씩 분할 회수한다는 가정에 따라,[24]

---

23 대출금리는 정부의 비용·편익 분석에서 핵심적 역할을 한다. 만약 대출금리를 0에서 국채금리와 동일한 연 2.5% 수준으로 인상한다면, 정부의 이자비용 부담은 줄지만, 출주대 수요가 줄어 출산율 하락으로 이어질 것이다. 그리고 주담대와 출주대 대출금리 격차가 줄면서 출주대의 주담대 대체 효과도 줄어들 것이다. 결국 정부 입장에서 비용과 정책 효과 간에 상반 관계가 존재하므로 정책 결정에 보다 정교한 분석이 요구된다. 이 글에서는 분석의 간명함을 위해 출주대 대출금리와 정부의 할인율을 모두 영(0)으로 가정했다.

24 상환 패턴의 단순화를 위해 정액법을 사용했다.

정부는 대출 후 10년이 지난 11년 초에 대출을 전액 회수하게 되고 이 시점에 조달금을 상환해야 한다. 즉, 해당 대출 소요자금 조달을 위해 발행된 만기 10년 국채를 상환해야 하는 것이다. 다만 대출이 매년 일어나는 상황에서, 2년 초가 되면 회수된 자금을 같은 시점에 공급하는 대출의 자금원으로 사용할 수 있어 10% 회수금을 제외한 금액만 국채를 발행하게 된다. 이런 방식으로 조달과 대출 공급이 진행되어 11년 초에 이르면, 그동안 차주로부터 분할 상환받은 대출금 회수분이 모여 이 시점에 만기도래하는 1년 초 발행 국채를 상환할 수 있고, 이로써 1년 초 제공한 대출의 전 과정이 마무리된다. 2년 초 및 3년 초 등등에서 제공하는 출주대 역시 같은 방식으로 진행된다.

이런 방식으로 [시나리오 1]에서 매년 신규대출 30조 원씩을 공급한다고 가정하면 〈표 4-4〉의 대출 현금흐름을 얻을 수 있다. 〈표 4-4〉에서 매년 출생아 30만 명을 기준으로 1년 초 30조 원의 대출 신청이 이루어지는데, 이 대출금은 2년 초부터 매년 10%(3조 원)씩 10년간 회수되어 11년 초에 회수가 마무리된다(회수 1에 해당). 계속해서 2년 초, 3년 초에 두 번째 대출, 세 번째 대출 등등(각 30조 원)이 공급되고 각각이 다시 매년 10%씩 상환되므로(회수 2, 회수 3, …) 대출 만기의 10년 후에 해당하는 12년 초와 13년 초에 이르러 출주대 전액이 상환된다. 이러한 과정이 10년 초의 열 번째 대출까지 모두 진행되어 마무리되면, 20년 초까지 출주대 300조 원이 모두 회수되고 이어서 정부도 국채 발행 및 상환을 마무리함으로써 전 과정이 종료된다.

〈표 4-4〉에서 대출잔고는 1년 초의 30조 원에서 시작, 2년 초의 57조 원, 3년 초의 81조 원 등으로 증가하여 10년 초에 최대금액 165조 원에 달한 후, 11년 초부터는 더 이상 대출은 없고 순 상환(Δ30조 원)을 반영하여 135조 원으로 감소, 동일한 방식으로 감소를 지속하여 20년 초에 이르러

표 4-4 대출 현금흐름표 1 (단위: 조 원)

연도 / 내용	1년 초	2년 초	3년 초	4년 초	5년 초	6년 초	7년 초	8년 초	9년 초	10년 초	11년 초	12년 초	…	20년 초
대출금	30	30	30	30	30	30	30	30	30	30				
회수1		3	3	3	3	3	3	3	3	3	3			
회수2			3	3	3	3	3	3	3	3	3	3		
회수3				3	3	3	3	3	3	3	3	3	...	
...														
회수10											3	3	...	3
연간회수	–	3	6	9	12	15	18	21	24	27*	30	27		3
순 대출/조달상환	30	27	24	21	18	15	12	9	6	3**	△30∮	△27		△3
대출잔고	30	57	81	102	120	135	147	156	162	165***	135	108	...	0

주: * 연간회수=전기까지 누적대출금 중 금기 회수금=30x9회x10%=27.

** 순 대출=금기 대출금–연간회수=30–27=3.

*** 전기 대출잔고+금기 순 대출(=금기 대출금–금기 연간회수)=162+(30–27).

∮ 더 이상 대출은 없고 회수금 30을 이용하여 1년 초 발행한 국채 30을 상환.

종료한다. 모든 현금흐름은 표시된 연도 초에 차질없이 이루어지는 것으로 가정했다.

이제 이자비용을 살펴보자. 1년 초~10년 초 기간 동안 대출이 증가하면서 국채 발행에 따른 지급이자(연 2.5% 가정)가 발생하나, 주담대 대출금리=0이므로 대출로부터 수입이자는 없다. 반면, 11년 초~20년 초 기간 동안에는 출주대 공급이 종료되면서 자금의 순 상환이 발생하므로 매년 10년 전에 발행한 국채 원금을 상환한다. 이를 다시 정리하면 〈표 4-4〉에서 1년 초 30조 원 국채 발행과 동일 금액 출주대 공급 그리고 10년간 차주로부터 균일분할 상환을 받고 국채 이자를 지급하며 11년 초 30조 원의 국채 상환을 끝으로 1년 초 출주대 공급 관련 거래를 종료한다. 출주대 공급과 상환 그리고 국채의 발행과 상환 전 기간을 20년으로 제한한다. 이에 따라 전체 기간(1년 초~20년 초) 동안 발생하는 순 이자비용 합계는 41조 2,500억 원이 된다.[25]

[시나리오 1]에서 출주대 전체 운영기간 20년 동안 출산 효과와 총비용 등은 다음과 같이 요약된다:

총대출한도	매년 30조 원×10년=총 300조 원
총대출금	매년 30조 원×100%×10년=300조 원[26]
총회수금	3조 원(2년 초)+6조 원(3년 초)+⋯+30조 원(11년 초)+⋯+3조 원(20년 초) =300조 원
미회수금	총대출금−총회수금=300조 원−300조 원=0
순 이자비용 합계	41조 2,500억 원
총비용	41조 2,500억 원
총출산 효과	10년간 총 300만 신생아 출생
순 출산 효과	300만 명−240만 명(〈표 4-8〉)=60만 명
효율성	신생아 1명당 6,875만 원

10년간에 걸쳐 출주대 프로그램의 순 출산 효과는 '300만 명−출주대 시행 전 기본 출생아 수(240만 명, 〈표 4-8〉)=60만 명'이고, 총비용은 미회수금(이 경우 0)과 순 이자비용의 합계 41조 2,500억 원이다. 신생아 1명당 6,875만 원이 소요된 셈이다.

(2) [시나리오 2] 연간 출생아 목표: 30만, 신청률=90%, 총회수율=8/9

〈표 4-5〉에서 대출만기=10년을 계속 유지하고, 출생아 30만 명 기준,

25 순 이자비용 합계=(30조 원+27조 원+⋯+3조 원)×2.5%×10년=165조 원×2.5%×10년=41조 2,500억 원.

26 회수율=100%를 가정했으므로 대출금=총회수금=300조 원이고, 따라서 순 대출금은 0이다. 한편 출주대 300조 원이 동일한 금액의 주담대 감축으로 이어진다면 각주 10에서 언급한 IMF 기준 달성이 가능하다.

신청률=90%, 총회수율=8/9, 매년 균일한 회수율=8/90을 가정한다. 1년 초 대출금 30만 명×90%×1억 원=27조 원 중 10%인 2.7조 원이 2년 초 회수 예정인데, 그중 8/9인 2.4조 원은 회수되고 나머지 0.3조 원은 회수되지 못한다. 이런 상황이 2년 초, 3년 초에도 되풀이 되어 10년간 진행되면 첫해 대출금 27조 원 중 24조 원은 회수되고 3조 원은 미회수됨으로써 첫 번째 대출금은 마무리된다. 그리고 11년 초에 정부도 1년 초 발행한 국채 27조 원을 상환하는데, 이 중 24조 원은 출주대 회수금으로 충당하고 나머지는 국고의 순 부담(조세 등)으로 처리한다. 이런 과정이 10년간 되풀이되면서, 총대출금=270조 원 중 240조 원은 회수되고 나머지 30조 원은 부실처리(부실률=1/9)된다.

이자비용 발생은 [시나리오 1]과 유사하다. 1년 초~10년 초 기간 동안

표 4-5 대출 현금흐름표 2 (단위: 조 원)

	1년 초	2년 초	3년 초	4년 초	5년 초	6년 초	7년 초	8년 초	9년 초	10년 초	11년 초	12년 초	…	20년 초
대출금	27	27	27	27	27	27	27	27	27	27				
회수1		2.4	2.4	2.4	2.4	2.4	2.4	2.4	2.4	2.4	2.4			
회수2			2.4	2.4	2.4	2.4	2.4	2.4	2.4	2.4	2.4	2.4		
회수3				2.4	2.4	2.4	2.4	2.4	2.4	2.4	2.4	2.4		
…														
회수10											2.4	2.4	2.4	2.4
연간회수		2.4	4.8	7.2	9.6	12	14.4	16.8	19.2	21.6*	24	21.6		2.4
순대출	27	24.6	22.2	19.8	17.4	15	12.6	10.2	7.8	5.4**	△24∮	△21.6	…	△2.4
대출잔고	27	51.6	73.8	93.6	111	126	138.6	148.8	156.6	162***	138	116.4		30

주: * 연간회수=전기까지 누적대출금 중 금기 회수금=30×0.9×9회x10%×(8/9)=21.6.
** 순 대출=금기 대출금-연간회수=27-21.6=5.4.
*** 전기 대출잔고+금기 순 대출(=금기 대출금-금기 연간회수)=156.6+5.4=162.
∮ 더 이상 대출은 없고 회수금 24를 이용하여 1년 초 발행 국채 27 중 24를 상환하고 나머지 3은 국고의 순 부담으로 처리.

에는 대출이 증가하면서 국채 발행에 따른 지급이자(연리 2.5%)가 발생하고, 11년 초에 마무리된다. 이에 따라 순 이자비용 합계는 43조 8,750억 원이 된다.[27] 전체 운영기간 동안 출산 효과와 총비용 등은 다음과 같다.

총대출한도	매년 30조 원×10년=총 300조 원
총대출금	매년 30조 원×90%×10년=270조 원
총회수금	2.4조 원(2년 초)+4.8조 원(3년 초)+…+24조 원(11년 초)+… +2.4조 원(20년 초)=240조 원
미회수금	총대출금−총회수금=270조 원−240조 원=30조 원
순 이자비용 합계	43조 8,750억 원
총비용	30조 원+43조 8,750억 원=73조 3,750억 원
총출산 효과	10년간 총 270만 신생아 출생
순 출산 효과	270만 명−240만 명(〈표 4-8〉)=30만 명
효율성	신생아 1명당 2억 4,625만 원

출주대 프로그램의 순 출산 효과는 10년간 30만 명의 신생아가 초과 출생한 것이고 총비용은 미회수금과 순 이자비용 합계를 포함하여 73조 3,750억 원이다. 신생아 1명당 2억 4,625만 원이 소요된 셈이다.

(3) [시나리오 3]: 연간 출생아 목표: 40만, 신청률=80%, 총회수율=3/4

계속해서 대출만기=10년으로 가정한다. 전체 운영기간 중 총대출금과 총회수금은 다음과 같다. 목표출산율의 인상으로 총대출금은 증가했으나 회수율 하락으로 회수금은 전과 동일하다. 이자비용은 [시나리오 2]와 유사한 과정이 전개되는데, 이에 따라 정부의 총비용은 순 이자비용 합계 62

27 순 이자비용 합계=(27조 원+51.6조 원+…+138조 원+…+32.4조 원)×2.5%=43조 8,750원.

표 4-6 대출 현금흐름표 3 (단위: 조 원)

	1년 초	2년 초	3년 초	4년 초	5년 초	6년 초	7년 초	8년 초	9년 초	10년 초	11년 초	12년 초	…	20년 초
대출금	32	32	32	32	32	32	32	32	32	32				
회수1		2.4	2.4	2.4	2.4	2.4	2.4	2.4	2.4	2.4	2.4			
회수2			2.4	2.4	2.4	2.4	2.4	2.4	2.4	2.4	2.4	2.4		
회수3				2.4	2.4	2.4	2.4	2.4	2.4	2.4	2.4	2.4		
…														
회수10											2.4	2.4	2.4	2.4
연간회수		2.4	4.8	7.2	9.6	12	14.4	16.8	19.2	21.6*	24	21.6		2.4
순 대출	32	29.6	27.2	24.8	22.4	20	17.6	15.2	12.8	10.4**	△24∮	△21.6		△2.4
대출잔고	32	61.6	88.8	113.6	136	156	173.6	188.8	201.6	212***	188	166.4		80

주: * 연간회수=전기까지 누적대출금 중 금기 회수금=40×0.8×9회x10%×(3/4)=21.6.
** 순 대출=금기 대출금-연간회수=32-21.6=10.4.
*** 전기 대출잔고+금기 순 대출(=금기 대출금-금기 연간회수)=201.6+10.4=212.
∮ 더 이상 대출은 없고 회수금 24를 이용하여 1년 초 발행 국채 32 중 24를 상환하고 나머지 8은 국고의 순 부담으로 처리.

조 원[28]과 순 대출비용 80조 원을 합한 142조 원이다. [시나리오 2] 대비 출산율 목표치를 올림으로써, 순 대출액이 늘고, 신청률과 회수율이 줄면서 이자비용이 크게 증가했다. 10년에 걸친 출주대 프로그램의 순 출산 효과는 80만 명의 신생아가 초과 출생한 것으로, 신생아 1명당 1억 7,750억 원이 소요된 셈이다. [시나리오 2] 대비 효율성이 상승했다.

총대출한도	매년 40조 원×10년=총 400조 원
총대출금	매년 40조 원×80%×10년=320조 원
총회수금	2.4조 원(2년 초)+4.8조 원(3년 초)+…+21.6조 원(11년 초)+21.6조 원(12년 초)+…+2.4조 원(20년 초)=240조 원

28 순 이자비용 합계=(32조 원+61.6조 원+…+18.8조 원+…+82.4조 원)×2.5%=62조 원.

미회수금	총대출금-총회수금=320조 원-240조 원=80조 원
순 이자비용 합계	53조 원
총비용	80조 원+53조 원=133조 원
총출산 효과	10년간 총 320만 신생아 출생
순 출산 효과	320만 명-240만 명(〈표 4-8〉)=80만 명
효율성	신생아 1명당 1억 6,625만 원

4) 편익과 비용

(1) 출생아 수 목표

출주대 시행에 앞서 출생아 수 목표 설정이 필요한데, 앞의 예를 이용해서 살펴보자.

앞의 세 가지 시나리오에서 출생아 수의 연간 목표는 각각 30만 명, 27만 명 및 32만 명이다. 각 시나리오에서 정책 효과는 출생아 수 순 증가(목표 출생아 수-출주대 시행 전 예상 출생아 수)이다. 여기서 (출생아 수 순 증가/총비용)을 기준으로 시나리오들의 효율성을 비교할 수 있다. [시나리오 1]은 신청률과 미회수율 등이 비현실적인 단순 벤치마크였으므로 비교 대

표 4-7 목표 설정

	기준	신청률	출주대	회수율*	미 회수금	순 이자 비용 합계*	총비용(A)	신생아 수 순증(B)**	신생아당 비용(A/B)
시나리오 1	30만 명	100%	300조 원	1	0	41조 2,500 억 원	41조 2,500 억 원	60만 명	6,875만 원
시나리오 2	30만 명	90%	270조 원	8/9	30조 원	40조 5,000 억 원	70조 5,000 억 원	30만 명	2억 3,500 만 원
시나리오 3	40만 명	80%	320조 원	3/4	80조 원	53조 원	133조 원	80만 명	1억 6,625 만 원

주: * 가정: 정부의 조달비용=2.5%, 출주대 이자=0, 원금 상환 연체이자=2.5%.
** 출주대 시행 전 출생아 수 평균=연 24만 명으로 가정(〈표 4-8〉).

표 4-8 [시나리오 3]에서 출주대 출산율 제고 효과

연도	목표 출생아 수－출주대 시행 전 예상 출생아 수
2024년	32만 명－23만 8,343명=8만 1,657명
2023년	32만 명－23만 28명=8만 9,972명
2022년	32만 명－24만 9,186명=7만 814명
3년간 산술평균	32만 명－23만 9,186명*=8만 814명 순 증가

주: * 앞에서 24만 명으로 인용했음.

상에서 제외하고, [시나리오 3]이 [시나리오 2] 대비 우월함을 알 수 있다.

〈표 4-8〉은 [시나리오 3]에서 출생아 수 연간 목표 32만 명을 기준으로 2022~2024년 기간 중 한국의 실제 출생아 수를 대입하여 출주대 정책 효과를 계산한 결과이다.

실제로 정부는 2022년 24만 9,186명이었던 출생아 수가 2025년 22만 명, 2072년에는 16만 명으로 감소할 것으로 전망한 바 있는데(통계청, 2023), 이 글에서 제안하는 출주대 시행은 이러한 감소세 반전의 계기를 제공할 것으로 기대된다.

한편 가계부채 총량 관리와 관련하여 정부는 금년중 가계부채 증가율을 명목GDP 증가율 전망치=3.8% 이내로 관리할 계획임을 발표한 바 있는데, 이에 따라 금년중 가계부채가 명목 GDP의 90% 안팎에서 안정적 증가세를 보일 것으로 전망된다. 다만 IMF의 'GDP의 80%' 기준에 맞추려면 GDP의 10%에 해당하는 가계부채의 추가적 감축이 필요하다. [시나리오 2]와 [시나리오 3]에서 매년 27조 원 및 32조 원의 출주대를 각각 10년간 공급할 경우, 이들이 주담대의 동일한 감소를 초래한다는 가정하에, 가계부채 비율은 각각 270조 원/약 2,401조 원(2023년 경상 GDP)=11.2% 및 320조 원/약 2,401조 원=13.3% 가까이 하락하여 IMF 기준을 실질적으로 충족할 수 있다.

(2) 그 밖의 편익

출주대 시행으로부터 정부가 기대할 수 있는 편익은 〈표 4-8〉의 출산율 제고 효과 외에 두 가지 정도가 더 있다. 첫째, 출주대가 가계부채를 대체함으로써 가계부채가 국내 경제 특히 내수에 미치는 부정적 효과를 완화할 것으로 기대된다. 가계부채 부담이 소비와 투자를 위축시키는 가운데, 출주대 부담이 주담대 부담보다 가벼워 발생한 여유가 소비 활성화로 이어져 내수경기 회복에 기여할 것이다. 둘째, 투자 활성화 역시 기대할 수 있다. 한편으로 출주대 전환이 부채 부담을 줄여 투자 활성화를 부르고, 또 한편으로는 언제든 낮은 금리로 출주대를 이용할 수 있다는 가용성 확보가 주택 투자에 대한 조급함 그리고 수요 자체를 줄이거나 최소한 늘이지 않아 가계의 금융자산 투자 전환의 계기가 될 것으로 기대된다. 이에 대해 제4절에서 다시 논의한다.

(3) 정부의 비용

앞의 시나리오 분석에서 정부의 부담은 미회수금과 정부가 지불하는 순 이자비용의 합계로 구성된다. 실제로 이들은 정부가 정하는 출주대 특성의 함수인데, 출산율 목표와 조달금액 등 정부의 정책변수로부터 영향을 받지만 대출금리와 원리금 회수율 등은 경기지표와 금융시장으로부터도 영향을 받는다. 특히 대출금/회수금 관련해서 프로그램 시행의 전반부에는 자금의 순 공급이 중반 이후부터는 순 회수가 일어나, 경기주기에 영향을 끼칠 수 있다.

(4) 주택 가격 상승 유발 위험

'출주대가 주택 가격 상승을 이끄는 불쏘시개 역할을 하지 않을까'라는 걱정은 그간 전세대출자금의 많은 부분이 갭투자자로 흘러들면서 부동산

가격 인상을 초래했다는 주장에 힘입어 설득력을 지닌다. 그러나 출주대의 경우는 무엇보다 출산율 제고라는 확실한 편익을 얻게 된다는 점에서 단순 주택 지원 정책과는 다르다. 다만 불쏘시개 역할 억제를 위해 출주대를 받은 후 예컨대 5년 정도 주담대와 중복 사용을 금지하는 조치 설정이 필요해 보인다. 출주대 자체가 출산을 전제로 무주택자의 주거 마련을 지원하는 것이므로 출산가계의 주거 마련을 위한 마중물 역할이 강하지만, 5년 제한을 도입하면 불쏘시개 역할을 억제할 수 있을 것이다. 한편 출주대의 공급 자체가 출산과 연계된다는 점도 불쏘시개 역할을 제한하는 의미가 있고, 향후 인구 감소가 예상되는 상황에서 부동산 가격의 하방위험이 커지고 있다는 점도 같은 의미를 지닌다.

(5) 도덕적 해이

출주대의 실효성 제고 차원에서 도덕적 해이 문제 및 기존 정책들과의 보완성 유지 또한 주목할 만하다. 우선, 출주대는 신용도 불구 전 국민에게 자금의 가용성을 부여한다는 점에서 차입자가 상환 의무 해태라는 도덕적 해이에 빠질 수 있고 이에 따라 지속 가능성에 문제가 생길 수도 있다. 앞의 시나리오들에서 만약 출산가계의 출주대 상환이 여의치 않게 되면, 정부의 조달 부담이 커질 뿐만 아니라 제반 사회적 비용 발생이 우려되는데, 이러한 부담과 비용 역시 출산율 제고와 가계부채 부담 완화를 위해 정부가 부담해야 할 비용이다. 다만 도덕적 해이를 완화하기 위해 상환 이행자를 대상으로 사후에 금융기관이 상업성 대출라인 또는 마이너스 통장 개설 등 유인을 제공하는 방안을 고려할 만하다. 처음에는 대출 한도를 1억 원으로 시작하되, 이를 단계적으로 높여 출주대 상환 유인을 높이고 금융사의 추가적 업무 개발에도 기여할 수 있다. 신용 경력이 일천한 국민이 신용데이터를 집적하여 금융권 진입을 유인하는 효과도 기대된다.

(6) 여타 정택대출과의 관계

여타 정책들과의 관계도 고려해야 한다. 출주대는 주담대와 대출 후 5년간 중복을 허용하지 않으므로 출주대 추진은 주담대 감소를 가져올 것으로 기대된다. 다만 디딤돌 대출, 버팀목 대출, 보금자리론 등 주택 관련 정책대출은 각각이 지닌 특수한 정책 목표에 비추어 출주대와 중복을 허용하되, 중장기적으로 정책 목표 달성을 감안하여 조정해 나가도록 한다. 출산율 제고와 관련해서도 그간 정부는 다양한 정책 패키지를 사용했으나 세계 최저의 낮은 출산율을 되돌리기에는 역부족이었다. 이는 앞의 시나리오 분석에서 살펴보았듯이, 확실한 효과를 얻기 위해서는 그에 걸맞는 비용 부담이 필요하다는 점을 일깨운다.

5) 정부부채와 민간부채

재원 충당은 국채 발행과 증세로 가능하다. 우선 국채 발행의 경우, 예컨대 [시나리오 3]에서 프로그램 초기 연 32조 원에서 시작해서 계단식으로 줄어드는 국채 발행 및 이에 따른 금리 인상이 예상된다. 한편 프로그램의 중반 이후에는 국채 환수가 계단식으로 발생하므로 금리 인하가 가능하다. 이와 달리 증세를 활용할 수도 있는데, 종부세 또는 재산세를 인상하여 자금원으로 사용할 수 있다. 이 경우 고가 부동산 보유에 대한 세금을 부과하여 출산가계의 저가주택 보유를 지원하게 된다는 점에서 부동산 관련 양극화 해소에 기여할 것이다. 다만 자금 수요를 반영하여 새금액이 매년 달라지고 출주대 중반 이후에는 세금의 환급이 발생한다는 점에서 불필요한 경기파동을 초래할 가능성이 있다.

정부의 저비용 출주대 공급은 민간의 고비용 가계부채를 대체함에 따른 긍정적 효과가 기대된다. 그러나 가계부채 감축의 다른 한편에 정부의

▌**표 4-9** 가계부채 및 정부부채 국제 비교(2023 기준) (단위: %)

	한국	일본	중국	미국	프랑스	독일*	이탈리아	네덜란드*	호주	캐나다	영국
가계부채/GDP	93.5	65.7	63.7	72.9	62.6	51.3	37.8	84.9	109.8	102.2	77.8
정부부채/GDP	48.9	205.6	84.4	112.3	92.3	44.9	131.7	45.0	34.8	49.9	100.5

주: 정부부채는 IMF 기준에 따른 중앙정부 부채, 단 *는 IMF 기준의 일반정부 부채.
자료: IMF(2025b).

채권 발행이나 증세가 발생시키는 사회적 및 경제적 비용에 대한 고려가 필요하다. 다행히도 우리나라는 대부분의 선진국과 비교하여 가계부채 비중은 높고 정부부채 비중은 낮은 편이다. 〈표 4-9〉에서 한국의 가계부채와 정부부채를 해외 국가들과 비교하는데, 2023년 기준으로 한국은 가계부채(이 중 70%가량이 주담대)의 GDP 대비율이 93.5%에 달하여 전 세계 최고 수준인 반면, 정부부채는 48.9%로 선진국 대비 비교적 낮은 수준을 보이고 있다. 출산율 제고 및 주담대 부담 완화 등을 포함하여 이 글이 제안하는 출주대의 편익이 충분하다면 정부부채 증대를 검토할 여지는 있어 보인다.

4. 탈부동산 및 금융자산 전환

본 소절에서는 부동산편중경제 탈피 및 금융중심경제 전환이 주담대 부담 경감에서 비롯될 수 있다는 점에 주목하는데, 국내 경제 주체의 투자 대상으로 부동산 자산과 금융자산을 비교하고 이를 수요와 공급 측면으로 나누어 전환 과정을 예상해 본다. 우선, 출주대가 주담대 수요를 대체하여 가계의 주담대 과부담을 줄여 주는 부분이다. 주담대 부담의 감소는 소비와 투자 여력을 늘이는데, 특히 투자 부문에서 출주대 가용성 확보가 부동산 투자 내지 투기 수요를 줄이고 금융자산 투자 수요를 늘일 것으로 예상된다. 다만 이러한 예상의 배경에는 향후 부동산 시장의 환경이 변화하여 주택 가격의 지속적 상승이 가능하지 않을 것이라는 전망, 즉 '부동산 불패' 신화가 더 이상 지속되지 않을 것이라는 기대가 깔려 있다. 다음, 금융의 공급자가 이러한 수요 변화에 적극 대응하여 금융자산 투자 메뉴를 확대하고 맞춤형 금융 서비스를 제공하는 부분이 필요한데, 이를 위해 금융의 역량 강화가 절실하다.

1) 부동산 자산과 금융자산 비교

국내에서 주식가격은 높은 변동성을 지니며 박스권에 갇혀 가격의 상승 추세를 보장하기 어려웠다. 반면에 주택 등 부동산 가격은 '부동산 불패' 신화가 말해 주듯 지난 수십 년간 대체로 증가세를 유지했다. 주택 가격은 비록 단기적으로는 조정 국면을 거쳤으나, 장기적으로는 상승세가 이어지면서 미국의 저축대부조합(S&L) 파산 사태나 서브프라임(subprime) 모기지 사태 그리고 일본의 주전사태에서 발생했던 주택 가격의 대폭락을 경험하지 못했다. 특히 수도권과 서울 강남 등 일부 지역에서는 주택 수요가 늘 공급을 초과하면서 주택자산이 투기의 대상으로 부상했다.

그러나 최근 이러한 상황의 변화 가능성이 거론되면서 서서히 부동산 편중경제의 종식과 금융중심경제 전환의 기반이 마련되는 모습을 보이고 있다. 우선 출산율 저하는 장기적으로 주택 수요 감소 요인으로 작용할 것이다. 전술한 인구 감소세와 더불어 고령화가 빠른 속도로 진행되는 가운데 강남 및 수도권 일부를 제외하면, 주택 가격이 현재 수준 이상으로 상승할 가능성은 높아 보이지 않는다. 물론 인플레, 주택 업그레이드 등이 가격 상승 요인으로 작용할 것이고, 젊은 층의 독립 주거 공간 선호 역시 새로운 주택 수요 창출에 기여할 것이나 이는 결혼 전 단기간 동안 그것도 소형 주택에 집중될 것이고 소형 주택 선호는 정부의 임대주택 대량 공급 계획 등으로 주택 가격 상승에 기여하기 어려울 것으로 판단된다. 이 밖에 향후 부동산 세제도 주택 가격 상승에 제한 요소로 작용할 가능성이 크다.

2) 출주대로 인한 소비자의 투자 행태 변화

출주대 지원이 주담대 수요를 줄이는 부분은 자명하다. 출주대 수령 후 5년간은 주담대 중복 지원을 허용하지 않는다는 조건 때문이다. 그리고 주담대 대비 경쟁력을 지니도록 출주대의 (금리 및 상환) 부담을 정책적으로 낮추는 부분도 주담대 수요 감소에 기여할 것이다. 이에 따라 과거 주담대 부담으로 인해 발생했던 소비와 투자 위축이 줄고 개인의 금융자산 투자 확대가 기대된다.[29]

기존에 이미 주담대로 차입하여 주택에 투자한 가계가 만약 추가로 금융자산에도 투자를 하게 된다면 이로부터 얻는 수익금은 주담대 원리금 상환에 우선적으로 투입하게 될 것이다. 이런 상황에서 금융자산 투자 유인이 자라기 어렵다. 물론 주담대를 대체하는 출주대 역시 부채이므로 부채 사용에 따르는 비효율을 모두 피해 갈 수 없겠으나 출주대는 원리금 상환 부담이 작아 금융자산 투자 확대에 나설 여유가 그만큼 증가할 것이다. 앞에서 출주대의 금리, 저당권 설정 및 파산 처리 등을 주담대 대비 완화한 이유다.

---

29 부채 부담이 늘면 자산 운용의 비효율이 커진다는 논리는 기업재무론에서 원칙으로 인정된다. 구체적으로 부채잔류(debt hangover) 효과, 위험 부담의 선호, 과소투자(underinvestment) 등 대리인비용 발생이 거론된다(Ross, Westerfield, and Jaffee, 2010, Chapter 17). 주담대에서 출주대로의 전환은 부채 부담을 줄여 이러한 대리인비용의 축소가 기대된다.

출주대 제공으로 출산 시 주택 마련이 가능해진다는 인식이 생기고 아울러 이것이 라인 형태의 언제든지 행사할 수 있는 옵션이라는 인식이 확산되면서, 주택금융 수요가 출산 수요로 대체될 것이다. 출주대 라인을 배경으로 출산 시 주택 마련이 가능하다는 생각이 자리하면 주택 마련에 더 이상 조바심을 가질 필요가 없다.

향후 부동산 시장 환경에서 주택 가격의 지속적 상승이 어려울 것이라는 예측이 높아지면서 주택 가격의 하방위험 확대는 주택 투자의 감소 요인 및 금융자산 투자의 확대 요인으로 작용할 것이다. 이를 흡수하기 위한 금융자산 공급이 핵심 과제로 부각된다.

3) 금융사의 고부가가치 금융 서비스 창출

금융사의 자산운용 실력 향상은 탈부동산경제의 또 다른 동력이다. 고객에게 매력적인 상품을 제공할 수 있어 효과적인 자산 증식을 가능하게 할 것이기 때문이다. 개인과 가계의 금융자산 수요 확대가 '탈부동산 및 금융자산 전환'의 한 바퀴라면, 금융사에 의한 고부가가치 금융상품 개발 및 제공은 또 다른 바퀴이다. 두 바퀴가 모두 잘 굴러야 정책이 의도하는 방향으로 진행될 것인데, 현재 국내 금융권의 중개 역량은 이런 역할을 감당하기에 부족한 것으로 판단된다. 2024년 상반기 홍콩 ELS 사태가 비근한 예이다. 은행은 위험관리 전문가임에도 고위험 금융상품 판매 과정에서 고정적 수수료 수익을 위해 고객에게 위험을 떠넘겼다. 이러한 비효율적 자원 배분은 소비자들의 금융권 신뢰를 무너뜨려 그들의 부동산 집착을 고착화시키는 데 기여한다.

(1) 천수답 경영 축소

출주대 시행에 따른 가계대출 감소는 금융사 입장에서는 수익창출 기회를 그만큼 잃는 셈이다. 그동안 은행은 저비용 자금을 조달하여 안전 주택을 담보로 주담대를 공급함으로써 이자이익을 안정적으로 벌어들이는 이른바 '천수답 경영'에 안주해 왔다. 그런데 갑자기 출주대의 등장으로 주담대가 감소하면 천수답 경영의 규모가 축소되어 이자이익 감소가 초래될 것이다. 개별 은행은 불만일 수밖에 없다. 그럼에도 국가 전체적으로 주담대의 지속적 증가는 소비와 투자를 위축시켜 경기침체의 원인으로 작용하고 더 나아가 시스템 리스크를 유발함으로써 대응책 마련이 절실하다. 개별 은행 입장에서 주담대 공급은 '이익의 사유화, 비용의 사회화'를 초래하는 셈이다.

출주대와 주담대의 공동 신청을 불허하는 것에 대해 정부가 은행 영업을 빼앗는다는 비판이 제기될 수 있다. 그러나 주담대에 의존하는 천수답 경영은 금융사가 자력으로 일구어 낸 사업은 아니고 정부의 '규제 선물'로 고부가가치 창출과도 거리가 멀다. 국가적으로 출산율 제고가 절실한 시점에 은행이 이 규제 선물을 무주택 출산가계에 돌려주는 셈이 되는 것이다. 그 대신 은행은 그간 비축한 체력을 한국경제 선진화에 필요한 고부가가치 금융 서비스 개발 및 제공 쪽으로 돌리도록 요구받는 것이다(빈기범·서근우·정지만, 2024, pp. 228~229; 윤석헌, 2023a, pp. 46~50). 이제 막 한국경제가 선진화 여정을 시작한 상황에서 은행만이 언제까지나 천수답 경영의 공짜 점심에 안주해 있을 수는 없다.

(2) 금융상품의 경쟁력 강화

탈부동산경제의 또 다른 요소는 금융사의 경쟁력 강화인데, 그중에서도 자산운용 역량 제고 및 소비자 니즈를 충족시키는 경쟁력 있는 상품 개발이 중요하다. 은행이 디지털 금융 또는 전통적인 관계형 금융을 강화하여 금융 서비스가 절실한 혁신기업, 중소기업, 자영업자 및 금융소비자들에게 그들이 요구하는 중개 역할을 충실히 수행한다면 이들의 신뢰를 얻게 되어 금융중심경제로의 전환이 가능해질 것이다. 반면, 은행이 천수답 경영에 안주하여 단순 작업을 되풀이하거나 모든 위험을 고객에게 떠넘기는 행태를 지속한다면, 비은행권 대비 경쟁력 우위를 지속하기 어렵고 결국 고객으로부터 외면당할 수밖에 없다. 그렇게 되면 주담대 업무 상실은 물론 은행의 존립이 문제될 수도 있다. 따라서 은행은 자신에게 허용된 제도적 혜택을 정당화하기 위해서라도 인적, 물적 자원의 효율적 이용을 통해 중개 서비스 개발에 전력해야 한다.

(3) 주택연금과 아바타 증권

부동산 자산을 금융자산으로 탈바꿈하는 가장 보편적인 방식은 주택연금이다. 주택연금은 주택 소유자가 집을 담보로 제공하고, 그 집에 계속 거주하며 평생 동안 연금을 받는다. 현재 이 제도를 이용하기 위해서는 부부 중 한 명이 55세 이상이어야 하며, 공시가격이 12억 원 이하의 주택 또는 주거 용도의 오피스텔에 적용된다. 주택을 보유하면서 연금이라는 금융적 혜택을 누린다는 점에서 부동산편중경제와 금융중심경제의 중간 정도에 위치하는 것으로, 활성화되면 금융중심경제 전환에 기여할 것이다. 이밖에 전세대출을 포함하여 부동산 관련 거래를 지원하는 일체의 금융거래들 모두 금융중심경제 전환이라는 용도에 기여할 것으로 이해된다.

실제 거주는 못해도 주택의 재무적 가치를 공유할 수 있는 가칭 '아바타 증권'을 투자자에게 판매하는 것도 금융중심경제 전환을 직접 구현하는 방안이다.[30] 아바타 증권은 실제 주택보다 유동성이 풍부하고 투자정보 또한 쉽게 접근할 수 있다는 장점을 지닌다. 실제 주택 대비 약점은 거주권과 무관하다는 것인데, 취학아동이 있거나 직장이 강남에 있는 일부에게는 중요하겠지만 대부분 투자자에게 직접적인 효용가치가 큰 것은 아니다. 결국 투자가치는 전체 투자인구 중 강남 선호 투자자가 차지하는 비중의 함수로 결정될 것이다. 많은 투자자들이 실제 거주를 원하지 않고 가치 증식에만 동참하겠다면, 그리고 이런 투자자 수가 늘어난다면 아바타 증권의 투자가치는 실제 주택가치에 근접할 것이다. 한편 아바타 증권 같이 부동산 자산을 닮은 금융자산 패키지를 창출하면 부동산 자산이 제공하는 것과 동일한 현금흐름을 창출할 수 있다.

5. 법제화

그간 정부의 출산 정책은 종합적이고 지속적이라기보다 그때그때 과시성 방안을 내놓거나 법령이나 조례 등에서 산발적으로 규정하는 방식으로 효과에 한계를 드러냈다. 이런 상황에서 이 글이 제안하는 출주대와 더불어 이제까지의 출산 정책들을 하나의 일관된 방안(법)으로 통합하는 방안을 모색할 수도 있지만, 이는 이 글의 범주를 벗어난다. 그 대신 이 글에서는 기존의 다양한 출산과 주택 정책의 기본 틀을 유지하면서 출산율 제고 효과 극대화를 위해 출주대 도입을 신속 안정적으로 추진할 수 있도록 특별법 제정을 제안한다. 법제화의 주요 내용으로 다음을 고려할 수 있다.

---

30 이 글에서는 부동산에서 발생하는 현금흐름을 복제하거나 유사하게 반영하는 금융상품을 '아바타 증권'으로 명명했다. 그 예로 리츠(Real Estate Investment Trusts: REITs, 부동산 임대료나 매각 수익 등에서 발생하는 현금흐름을 배당 형태로 투자자에게 분배; 한국거래소 상장), 모기지리츠(m-REITs, 모기지 수익 기반 현금흐름의 복제), MBS(모기지 상환금), 부동산 기반 토큰(특정 부동산 자산의 현금흐름을 복제한 블록체인 기반 디지털 증권(tokenization)) 등이 있다(ChatGPT, 2025. 4. 20).

(1) 정의

출주대는 무주택 가계의 출산을 장려하기 위해 거주 문제 해결에 도움이 될 만한 금액을 시장보다 유리한 조건(저금리, 장기, 유연한 상환 등)으로 대출한다.

(2) 목적 조항

출주대 추진의 일차적 목적은 가계의 주거 문제 해결 지원을 통해 출산율 제고를 유도하는 것이다. 그러나 주담대 대비 차주의 대출 관련 선택권을 확대 부채 부담을 완화하고 이를 통해 가계의 소비 및 금융자산 투자 활성화의 계기를 마련한다는 부수적 목적을 함께 지닌다.

(3) 정책의 제도화

정부는 출주대 운영을 위해 목표출산율, 운영기간 및 소요 예산 등을 편성하여 사전에 국회로부터 승인을 받는다. 여기서 운영기간은 개별 출주대 만기와 달리 전체 출주대의 존속기간(년)을 지칭한다.

(4) 출주대 상품

가. 대상: 무주택자를 대상으로 출산과 주거 마련을 기본조건으로 요구하되, 기본조건 충족 범위 내에서 자금의 구체적 용도에 제약을 가하지 않는다. 단, 주담대 보유자에게는 5년간 출주대를 허용하지 않는다.

나. 금리: 대출금리는 시장금리 변동에 불구하고 고정금리를 적용하며 그 수준은 법으로 정한다. 단, 연체금에 대해서 정부는 자신의 조달금리를 연체이자로 징수한다.

다. 금액: 대출금액은 정부가 정책적으로 정하는 대출 한도 안에서 차주가 선택할 수 있도록 한다.

라. 대출 만기: 개별 출주대의 만기는 소유 부동산의 매도나 전세계약 종료와 무관하게 최장 30년 만기 안에서 사전에 차주가 선택할 수 있도록 한다.

마. 상환: 금융사와 차주 간 원리금 상환 일정을 사전에 결정하되, 조기상환을 허용하고 중도상환 수수료는 징수하지 않는다. 사전에 정한 상환 일정이 도래했음에도 정상 상환을 마무리 하지 못하면 연체가 발생하는데, 이 부분에 대해 '나'의 연체이자를 부과한다. 만기에 원리금을 상환하지 못해 부도가 발생하면, 법원의 개인회생 절차에 따라 처리하고 비용은 국가가 부담한다.

(5) 시행 금융사

은행권 및 비은행권 중 신청을 받아 시행사로 지정한다. 단, 감독 당국은 신청 금융사에게 일정한 건전성 요건을 요구할 수 있다.

6. 맺음말

이 글에서는 한국경제의 구조적 취약점으로 인식되는 출산율 저하 문제 극복 수단으로 출산장려주거지원대출(출주대) 시행 방안을 제시했다. 무주택 가계의 출산율 제고를 목표로 그들의 주거 마련을 지원하기 위해 출산가계 신청에 따라 신용도 불구 출주대를 제공한다. 주담대가 가계부채 부담 증가의 주요 원인으로 한국경제 경기회복 및 내수 성장에 장애 요인으로 인식되는 상황에서, 정부는 단지 출산 지원 목적뿐만 아니라 주담대 부담 완화 효과를 지니도록 금리, 만기 및 상환 의무 등에서 파격적인 대출 조건을 담은 출주대를 설계 및 제시한다. 이에 따라 출주대가 주담대를 대체하면 가계의 주택 마련 부담이 줄어 한편으로 소비 여력 확대가 내수 확대로 이어지고, 또 한편으로는 금융자산 투자 활성화로 이어져 탈부동산 편중경제의 계기를 마련할 것으로 기대한다. 출주대 제공으로 출산 시 주택 마련이 가능하다는 인식이 퍼지면서 주담대 수요가 출주대 수요로 대체될 것이기 때문이다. 결국 정부는 출산율 제고와 주담대 부담 감소 및 금융 발전이라는 편익 그리고 출주대의 파격적 대출 조건 제시에 따르는 비용 부담 간의 선택 문제를 풀게 될 것이다.

정부의 출주대 지원은 향후 한국경제가 선진화 과정에 부동산 편중을 탈피하고 금융경제 활성화로 패러다임을 전환하는 계기를 마련할 것으로 기대된다. 과거 한국경제 성장 패러다임이 수출로 벌어들인 돈이 부동산으로 흘러드는 방식이었다면 이제는 수출 지원과 내수 확충을 함께 지원하는 이원적 전략으로 전환이 예상된다. 특히 과거 금융 성장이 수출 및 부동산 부문 성장에 편승하는 수동적인 방식이었다면, 이제부터는 경제의 지속성장을 이끌기 위해 금융 중개 서비스를 개발 및 제공하여 전술한 이원적 전략을 지원하는 능동적 역할이 필요하다. 특히 벤처 및 대기업 지원을 담당하는 자본시장의 발달 그리고 중소기업과 영세 자영업자 지원을 담당하는 은행의 역할 강화가 절실하다.

참고문헌

국민일보, 「지분형 주택금융 도입 가계대출 '영끌' 막는다」, 2025. 3. 28.

금융위원회, 「'25년 가계부채관리방안」, 2025. 2. 27.

김석기·김현열, 「장기고정금리주담대 활성의 필요성과 전제조건」, 한국금융연구원 금융브리프 34권 04호, 2025. 2. 15~2. 28, pp. 3~10.

김세완·김경록, 「03 노령화와 금융시장의 변화, 그리고 정책과제」, 『한국 금융의 미래』, 한국금융학회, 2024. 6. 5, pp. 109~149.

빈기범·서근우·정지만, 「05 한국 경제의 금융중개 기능 고도화」, 『한국 금융의 미래』, 한국금융학회, 2024. 6. 5, pp. 195~234.

서울경제, 「이중근 부영 회장 "합계출산율 1.5명까지 자녀 1명당 1억원 계속 지급"」, 2025. 2. 6.

서정호, 「인구변화에 따른 은행의 대응방안」, KIF 이슈리포트 2025-01, 2025. 3. 4.

아시아경제, 「무주택자 내집마련 더 어려워진다…서울 주택보급률 전년보다 하락」, 2024. 1. 16.

연합뉴스, 「현대경제硏 "올해 한국 경제 성장률 0.7% 전망…1.0%p 낮춰"」, 2025. 5. 1.

윤석헌, 「폭풍 속의 국가 위험관리」, 한겨레 칼럼, 2022. 10. 20.

______, 「한국금융의 선진화: 도전과 과제」, 『글로벌금융리뷰』 제4권 제1호, 2023a. 3, pp. 7~55.

______, 「은행개혁, 해법은 주담대 정책 이원화」, 에너지경제 칼럼, 2023b. 6. 6.

______, 「금융양극화 해법으로서 기본대출에 관하여」, 한겨레 칼럼, 2023c. 9. 15.

이윤수, 「04 가계부채의 지속 가능성 및 부동산 금융의 안정화」, 『한국 금융의 미래』, 한국금융학회, 2024. 6. 5, pp. 151~194.

이코노미스트, 「증가 속도는 꺾였지만…3분기 가계부채 1845조 '사상 최대'」, 2021. 11. 23.

JTBC 뉴스, 「세계 3대 투자자 짐 로저스 "이대로면 30년 안에 한국 사라질 것"」, 2025. 2. 18.

중앙일보, 「'주담대' 문턱 높이자 '사내대출'로 몰렸다… 역대 최대 수준」, 2025. 3. 3.

통계청, 「장래인구추계: 2022-2072년」, 2023. 12. 14.

______, 「2024가계금융복지조사결과」, 2024. 12. 9.

______, 「2024년 인구동향조사」, 2025. 2. 26.

한국금융투자협회, 「주요국 가계금융자산비교」, 2022. 8. 23.

ChatGPT, 2025. 4. 20 및 2025. 4. 21.

IMF, "Household Debt, Loans and Debt Securities, Percent of GDP, LIST(2023)," March 2025a.

______, "Global Debt Database," March 2025b.

Ross, S. A., R. W. Westerfield, and J. Jaffee, *Corporate Finance*, 9th ed., McGraw-Hill International Ed., 2010.

Sufi, A., "Housing, Household Debt, and Business Cycle: An Application to China and Korea Town," NBER Working Paper 31489, 2023.

5

인구 구조 변화 상황에서 주택 정책 및 법제 개선과 부동산 관련 금융의 대응 방안

김제완 손유은

이 연구에는 손유은(프리하라 대표)이 공동 저자로 참여하였다.

1. 서론

우리나라는 초고령화 사회로의 본격적인 진입과 저출산 추세의 고착화 속에서 급격한 인구 구조의 변화를 겪고 있다. 또한 수도권을 중심으로 한 인구 집중 현상이 지속되며 지역 간 불균형도 심화되고 있다.[1] 이러한 구조적 변화로 수도권과 지방의 주택 수요 격차가 뚜렷해지고, 지방 일부 지역에서는 실제로 거래가 일어나지 않는 미분양 적체 현상 까지 나타나고 있다.[2] 최근 사회적으로 문제되고 있는 전세사기, 깡통주택 문제 등은 이러한 인구·경제적 구조 변화 속에서 드러나는 주택시장 불안정의 직접적인 징후로, 전세 제도 자체가 주택 가격의 상승을 전제로 제대로 작동하는 제도라는 점을 감안하면 주택 가격의 하락이 예상되는 구조 속에서 제도의 구조적 한계가 본격적으로 표출되고 있다고 평가할 수 있다.

특히 최근에는 1인 가구와 고령 가구가 늘어나면서, 소형 임대주택이나 고령자 맞춤형 주택에 대한 수요가 빠르게 증가하고 있다. 그러나 정책적 대응은 여전히 단기적인 공급 확대와 자가 소유 촉진 중심의 패러다임을 벗어나지 못하고 있는데, 일부 지역에서는 공급 과잉과 가격 하락이, 수도권에서는 가격 불균형과 거래 불안정이 반복되고 있는 실정이다.[3] 최근 깡통주택과 전세사기 등으로 인한 임차보증금 미반환 문제는 서민의 주거 안정 기반을 위협하고 있으며, 갭투자(갭투기) 및 단기 시세차익에 의존한 주택 소유 행태는 금융 건전성 전반에 부정적 영향을 끼치고 있다. 문제는 이와 같은 현상이 우리 사회 전반의 장기 불황 가능성을 시사하는 구조

1 최근 우리 사회에서는 주거 양극화 현상이 심화되고 있는데, 무주택 가구 비율이 높고, 소득별 주택자산 격차도 확대되는 등 구조적 문제가 지속적으로 지적되고 있다(심민석, 2019, p. 55).

2 김세윤·ANNAYING·이석호(2024), pp. 189~215.

3 성연동(2013), pp. 224~237.

적 리스크로 해석될 수 있다는 점이다. 일본 역시 인구 감소와 부동산 과잉공급, 가계부채 문제 등이 복합적으로 작용하며 장기적인 주택시장 침체를 겪은 바 있으며, 한국도 유사한 경로를 밟을 수 있다는 점에서 중요한 시사점을 제공한다.

이에 본 연구는 한국 사회가 당면한 인구 구조 변화와 그로 인한 주택시장 불안정의 구조적 원인을 진단하고, 기존 주택 정책 및 관련 법제의 문제점을 분석하며, 개선 방향을 제시하는 것을 목적으로 한다. 나아가 부동산 금융의 제도적 대안을 함께 모색함으로써, 주거 안정성 확보와 금융시장 신뢰 회복이라는 중장기 정책 목표 실현에 기여하고자 한다.

2. 인구 구조의 변화와 주택 정책 및 관련 법제

1) 우리나라의 인구 구조 및 인구 집중의 동향

(1) 우리나라의 초고령화 사회 도래

우리나라는 2025년을 기점으로 본격적인 초고령사회에 진입했다.[4] 이러한 고령화의 진전은 단순한 인구 구성의 변화에 그치지 않고, 주택 수요 구조 전반의 구조적인 변화를 유발하고 있다. 특히 결혼과 출산을 통해 이루어지던 전통적인 가구 형성 흐름이 약화됨에 따라 주택 수요의 총량 자체가 감소세로 전환되고 있다. 관련 연구에 따르면, 단독 가구와 고령 1인 가구가 급증하면서 2039년에는 총세대수가 2,390만 세대로 정점을 찍

4 유엔(UN) 기준에 따르면, 전체 인구 중 65세 이상 인구 비율이 20%를 넘으면 초고령사회로 분류되는데, 2024년 말 기준 우리나라는 65세 이상 인구가 전체의 20%를 넘어섰다(행정안전부, 2024. 12. 26).

을 것으로 보인다. 이후에는 세대수가 줄어들고, 2050년에는 전국 주택의 13%가 빈집이 될 것이라는 예측도 있다. 또한 주택 가격 상승 속도에 비해 소득 증가가 더디게 진행되면서, 특히 청년층과 신혼부부의 주택 구매력이 저하되어 있다. 이는 '내 집 마련'을 포기하게 만들고 자가에 대한 수요를 위축시키며 주택 임대 수요를 증가시키는 원인이 되고 있다. 이런 변화로 인해 주택을 사려는 사람이 줄면서, 서울 외곽과 지방에서는 집값 하락세가 이미 뚜렷하게 나타나고 있다. 관련하여 2030년 기준 전국 주택 가격은 2014년 대비 20~58% 하락할 것이라는 분석도 제기되고 있다.[5]

이와 함께 청년·중년층의 1인 가구와 부양이 필요한 고령 가구가 증가하며 기존의 중대형 주택 중심 수요는 소형주택, 임대주택 등으로 옮겨 가고 있다.[6] 특히 고령층의 경우, 의료 접근성이나 돌봄 연계가 가능한 주거 환경을 우선적으로 고려하는 모습을 보이는데, 제한된 소득 수준에 비해 높은 주거비 지출로 '주거빈곤' 문제에 노출되는 양상도 나타나고 있다.[7] 서울시 조사에 따르면 상당수의 고령자가 은퇴 이후 제한된 소득으로 생활하면서도 월평균 100만 원 안팎의 주거비를 지출하고 있어, 노후 소득 불안과 주거비 부담을 겪고 있는 것으로 나타났다.

결국 주택에 대한 총수요는 감소하거나 정체되고 있지만, 주택 형태에 대한 니즈는 질적 변화를 겪고 있어 이에 대응하기 위한 주택 정책의 변화가 필요한 상황인 것이다. 이러한 상황은 주택 정책이 기존의 '내 집 마련'

5 인구 구조 변화와 주택시장 간 상관관계를 분석한 연구에 의하면, 고령화 및 인구 감소가 지속될 경우 2030년대 중반까지 주택 가격이 2010년대 대비 최대 50% 수준으로 조정될 가능성이 있다고 한다(김세윤·ANNAYING·이석호, 2024, pp. 189~215).

6 배건이·정극원(2014). 2040년에는 1인 가구 비율이 36.4%에 이를 것으로 전망되며, 이에 따른 지역별 맞춤형 주거 서비스 모델 개발이 필요한 상황이다(국토연구원, 2021).

7 OECD는 2024년 보고서를 통해 우리나라의 노년부양기가 2050년에는 세계에서 가장 높은 수준에 도달할 것으로 전망했다. 이는 고령층 인구가 급격히 증가함에 따라 주거복지와 주택 공급 정책의 구조 전환이 시급하다는 점을 지적한다(OECD, 2024, p. 10).

중심에서 벗어나, 장기 임대 중심의 공급 체계와 주거 안정성 확보를 우선하는 방향으로의 전환이 필요하다는 점을 시사한다. 즉, 미래의 인구 구조 변화와 수요 다변화에 효과적으로 대응하기 위해서는 거주 안정 중심의 정책적 접근이 필요하다.[8]

(2) 수도권 집중 현상의 강화

한편 수도권으로 집중되고 있는 인구 및 주거 수요도 문제다. 이와 같은 수도권 집중이 지속될수록 주택 정책은 수요를 따라가기만 하는 공급이 되어 실효성이 떨어지고, 시장은 불균형이 심화되는 양극화 구조가 형성된다는 점에서 구조적인 문제가 발생한다. 특히 수도권 중심의 대규모 주택 공급 정책은 토다로 역설(Todaro paradox)에 따라 오히려 인구 유입을 촉진시키기고 있으며. 주택 가격 상승의 구조적 요인으로 작용하고 있다.[9] 실제로 서울의 주택보급률은 2017년 96.3%에서 2020년 94.9%로 하락했으나, 같은 기간 수도권 가구 수는 930만 가구에서 1,020만 가구로 급증했다. 이는 주택 공급이 인구 유입 속도를 따라가지 못하고 있다는 점을 나타내며, 수도권으로의 인구 집중이 오히려 강화되고 있음을 보여 준다. 이로 인해 수도권과 비수도권 간 주택시장 양극화가 심화되고 있으며, 2025년 기준 수도권 아파트 평균 매매 가격은 전국 평균의 2.3배에 이를 것으로 전망된다. 이러한 전망은 다시 수도권 주택에 대한 구매 수요를 불러일으키고, 갭투자 및 고위험 대출이 재확산될 가능성이 높아지며, 이렇게 시

8 박혁서(2020); 이나겸·정준호(2024).

9 토다로 역설은 농촌에서 도시로의 인구 이동 원인을 실질소득이 차이가 아닌 기대소득의 차이로부터 찾고자 하는 이론으로, 농촌에서의 기대소득보다 도시에서의 기대소득이 높기 때문에 도시의 높은 실업률에도 불구하고 도시로 이동한다고 주장한다. 이러한 관점에서 대규모 주택공급 정책은 기회소득(예컨대, 기회가 많을 것 같다는 기대)을 높여 인구 유입을 촉진하고, 결국 집값이 다시 올라 수도권 집중이 강화되어 집값 안정이라는 정책을 실패하게끔 한다(강은택·마강래, 2014, pp. 5~16).

장에 풀린 돈은 다시 주택 가격을 상승케 하는 악순환의 고리를 만든다. 문제는 거주비용이 증가함에 따라 청년층의 경제적 부담이 커지면서 결혼이나 출산 등 중요한 생애 결정에도 영향을 미친다는 데 있다. 반면, 비수도권 지역(특히 지방)은 인구 유출과 미분양, 빈집 문제로 인해 주거 환경의 공동화 문제를 겪게 되고, 지역 간 자산 격차를 심화시켜 또 다른 사회 문제를 일으킨다. 무주택 서민과 청년층을 위한 공공임대주택 정책 또한 수도권 내 수요를 충족시키지 못하고 있는 상황이다. 서울시의 경우, 재개발을 통한 임대주택 공급량은 수요의 20% 수준에 불과하며, 2023년 기준 전국 공공임대주택 비중은 전체 주택의 6.1%에 머물러 있다.[10] 이는 수도권 저소득층의 주거 불안정을 심화시키고 있어, 공공주택 정책의 실효성과 방향에 대한 점검이 필요하다.

이러한 상황 속에서 수도권 집중 현상을 완화하기 위한 법제 및 정책적 대응이 중요한 과제로 부상하고 있으며, 실제로 다양한 입법과 제도 개선 논의가 이루어지고 있다.[11] 첫째, 「국토계획법」 개정을 통해 수도권 집중억제권역의 지정 기준을 강화하고, 비수도권 광역경제권에 대한 사회간접자본(SOC) 예산을 일정 비율 이상 지역 특화 인프라에 의무적으로 배분하는 방안이 추진되고 있다. 둘째, 기존의 대규모 택지 개발 중심의 주택 공급 방식에서 벗어나, 도시재생과 연계된 소규모 생활권 중심의 공급 체계로 전환해야 한다는 공감대가 확산되고 있으며, 이를 위해 「도시재생 활성화법」 제38조의 실효성 강화가 제도적 과제로 제기되고 있다. 셋째, 수도권의 투기 수요를 억제하고 비수도권 정주 유인을 확대하기 위한 조치로, 수도권 다주택자에 대한 주택담보대출비율(LTV) 규제 강화와 함께 비수도권 청년층에 대한 취득세 감면 등 세제 지원 확대 방안이 검토되고 있다.

---

10 국토교통부(2023).
11 기윤환 · 김주희(2020).

정책적 측면에서는 인구 분산을 유도하는 한편, 주택복지 재원을 안정적으로 확보하기 위한 노력이 병행되어야 한다. 이에 따라 주택도시기금의 비수도권 지원 비율을 현행 2025년 35%에서 2030년까지 50%로 상향 조정하는 방안이 검토되고 있고, 부동산투자회사(REITs)에 사회주택 투자를 일정 비율 의무화하는 제도적 기반도 논의되고 있다.[12] 또한 수도권 과열을 실시간으로 관리하기 위한 대응으로, 인공지능(AI) 기반 부동산 모니터링 시스템을 도입해 강남·서초 등 수도권 6개 자치구의 이상 거래를 탐지하고, 24시간 내 세무조사로 연계하는 데이터 기반 유동성 관리 체계의 구축 필요성도 제기되고 있다.[13]

수도권 집중 완화를 위한 해결책은 단순히 공급 확대나 규제 강화를 넘어 구조적 재편과 지역 기반 형성이 병행되어야 실효성을 확보할 수 있을 것이다. 이러한 인식 아래 2025년 상반기 중 국토교통부는 수도권과 비수도권 간의 구조적 불균형 해소를 위한 「국토균형발전특별법」 제정을 추진하고 있으며, 이러한 시도는 지역 간 격차 해소를 위한 새로운 정책적 전환점이 될 것이라 기대된다.

2) 우리나라의 주택 정책과 문제점

(1) 내 집 마련 중심 정책 기조의 한계

우리나라 주택 정책은 오랜 기간 '내 집 마련'을 중심으로 한 자가 소유 확대 정책에 집중해 왔다.[14] 이러한 정책 기조는 분양 중심의 부동산 산업

12 주택도시기금(2024).
13 한국건설산업연구원(2024); 서울경제(2023. 5. 23); 퍼블릭뉴스(2023. 5. 23); 디지털데일리(2024. 9. 11); 연합뉴스(2025. 4. 6).
14 이상영(2019), pp. 15~19.

을 조장하고, 주거를 자산 증식 수단으로 인식하게 만든 구조적 원인을 제공했다.[15] 그 결과, 주택은 안정적인 거주의 수단이 아닌 투기의 대상으로 변질되었고, 국민의 실질적인 주거권 보호는 뒷전으로 밀려났다. 특히 청년층은 종잣돈을 모아 갭투자 등 레버리지 기반의 부동산 투자를 통해 자산을 늘리는 방식을 자연스럽게 받아들였고, 이는 주거를 '사는 곳'이 아니라 '투자처'로 여기는 인식을 확산시켰다. 또한 부동산을 통해 돈을 벌지 못한 사람을 '경제적으로 뒤처진 사람'으로 보는 편향적인 시선을 만들어 냈으며, '집 한 채는 있어야 결혼이 가능하다'는 통념 또한 청년층의 결혼 및 출산 결정에까지 부정적인 영향을 끼치고 있다. 이와 같은 구조는 금융 투자 등 합리적인 자산관리 전략을 사회적으로 소외시키고 있으며 자산 불평등을 심화시키는 결과로 이어지고 있다.

(2) 임대차 제도의 불안정성과 주거의 단기화

우리나라의 임대차 제도는 2년 단위의 단기계약이 일반적인데, 2020년 계약갱신청구권과 전월세상한제가 도입되었음에도 제도 자체의 실효성과 적용 한계로 인해 장기 거주를 제도적으로 보장하는 데에는 여전히 제약이 많다. 임대인 입장에서는 임대료를 2년마다 갱신하고 임차인을 교체하는 방식으로 임대 수익을 극대화하는 것이 유리하므로 임차인에게는 주거 안정을 저해하는 원인이 된다. 특히 다주택자는 보유 주택을 수익 실현의 수단으로 활용하는 경향이 강해서 주택 가격이나 시장 임대료가 상승하는 시기에는 계약 기간 만료 시 임차인에게 임대료의 인상을 요구하거나, 주택 처분을 위해 계약 만료 시 퇴거를 요구하는 일이 잦아 해당 주택의 임차인들은 더 불안정한 거주 환경에 노출되어 있다.[16]

---

15 진미윤(2014), pp. 38~82.

16 특히 고령자의 주거 안정성 확보를 위해 생애주기와 맞물린 종신형 임대차 제도의 도입

특히 전세 제도는 이러한 흐름을 더욱 고착화시키는 구조를 만들고 있다. 전세는 무주택 임차인에게는 보증금을 기반으로 비교적 넓은 주택에서 거주할 수 있는 제도적 수단이 되어 주지만, 동시에 임대인에게는 무이자로 자금을 확보할 수 있는 수단으로 작동한다. 이러한 구조는 전세보증금을 활용한 갭투자, 즉 레버리지 기반의 부동산 추가 매입을 촉진시켜 왔으며, 주택은 '거주의 수단'이 아닌 '투자의 수단'으로 기능하게 되었다. 이로 인해 전세계약은 안정적인 장기 거주보다 단기 투자 수단으로 활용되는 경우가 많아졌고, 임차인은 언제든 주거지를 이동해야 하는 불안정한 환경에 놓이게 된 것이다.

더 큰 문제는 이러한 제도적 특수성이 전세사기라는 구조적 피해로 이어지고 있다는 점이다. 임대인의 파산, 주택 가격 하락, 경기침체가 발생할 경우, 임차인은 보증금을 돌려받지 못할 뿐 아니라, 법적으로도 보호받기 어려운 상태에 놓이게 된다. 특히 바지사장을 내세운 임대계약, 무자력자 명의의 주택 소유, 허위 감정가 적용, 다가구 주택의 선순위 설정 문제 등이 반복적으로 나타나고 있지만 실효성 있는 제도 개선은 미흡한 실정이다. 보증보험 미가입, 가입 거절, 보증 이행 지연 등의 문제 역시 피해자의 실질적인 회복을 가로막고 있어 전세 제도 전반에 대한 구조적인 재검토가 필요하다는 점을 보여 준다.

특히 청년층이나 저소득층의 경우, 상대적으로 낮은 소득 수준과 자산 축적의 어려움으로 인해 장기적인 주거 계획을 수립하기 어렵고, 대부분은 단기 임대주택이나 전세에 의존하는 구조에 놓이게 된다. 이들은 주거를 안정적 기반으로 삼기보다는 그때그때 '살 수 있는 곳'을 찾아 옮겨 다니는 방식의 주거 패턴을 반복하고 있으며, 불안정한 주거 환경이 반복되

필요성을 주장하는 견해로 강혁신(2012) 참조.

도록 하는 악순환을 낳는다.

(3) 분양 중심 부동산 산업 구조의 한계

우리나라 부동산 산업은 전통적으로 분양 중심의 개발 및 공급 방식에 의존하여 발전해 왔다. 이는 주택을 장기적인 거주의 수단이 아니라 단기적인 분양 수익을 위한 투자상품으로 인식하게 만든 구조적 배경이 되었다. 특히 민간 건설사들은 분양을 통해 초기 개발비를 회수하고 이윤을 극대화할 수 있는 구조에 익숙해져 있기 때문에 장기적인 임대 운영보다는 단기의 분양 중심 비즈니스 모델을 선호한다. 공공 부문 역시 일정 기간 임대 거주 후 거주자가 해당 주택을 분양받을 수 있도록 허용하는 분양 전환형 주택 공급 구조를 채택함으로써 전체 임대주택 총량의 축소를 초래하고 있다. 이로 인해 시세차익을 기대한 특정 계층의 수요가 증가하게 되고, 공공임대주택마저 투기의 수단으로 왜곡될 우려도 제기되고 있다. 특히 분양 전환 시점에서의 가격 책정이나 청약 기회 제공 방식이 불공정하게 작용할 경우, 사회적 신뢰를 저해하고 정책 수혜의 형평성 논란이 제기될 우려가 있다.

이와 같은 공공 임대의 공급 부족은 민간시장 의존도를 높이고, 저소득층의 주거 불안을 가중시키고 있다.[17] 청년층과 신혼부부를 위한 장기 임대주택 및 장기 모기지 상품 역시 정책적으로 충분히 보완되지 못하고 있어 장기적 관점에서 임대차 안정화를 위한 방향 전환이 절실한 상황이다.

(4) 주택 관련 법제의 실효성 부족과 제도적 사각지대

현행 「주택임대차보호법」은 임차인의 권리를 법적으로 보호하는 체계

17 진미윤(2007), pp. 163~186.

를 갖추고 있지만, 실제로는 임대인의 변제 능력에 따라 보호의 실효성이 달라진다. 특히 대항력 발생 시점을 둘러싼 '익일 조항'의 문제, 신탁 부동산 계약의 무효 가능성, 무권한 대리인의 허위 계약 등은 전세사기의 다양한 유형을 제도적으로 허용하거나 방조하는 결과를 낳고 있다. 또한 등기부등본만으로는 임대인의 실질적 자산 상태를 확인하기 어렵고, 실거래가 또는 담보가치 등과 같은 중요한 재산정보에 대한 접근도 제한되어 있어 임차인이 계약을 위한 충분한 정보를 수집하기가 쉽지 않다.

이러한 법제의 실효성 부족은 공인중개사 제도에 대한 신뢰를 약화시키고, 전세사기와 관련한 형사 및 민사 소송의 복잡화와 장기화를 초래하고 있다.

(5) 주택 정책의 방향 전환 필요성

주택 정책은 부동산을 '단기의 자산 증식 수단'이 아니라 '장기의 안정적인 거주 수단'으로 상정하고 수립되어야 한다. 즉, 주택을 '사는 것'이 아니라 '사는 곳'으로 바라보는 인식 전환이 필요하며, 그에 맞는 정책 기조의 변화가 병행되어야 한다.

첫째, 전세보증금 반환 보장을 위한 법제 개선이 시급하다. 전세금 보증보험의 가입 주체를 임차인에서 임대인으로 전환하고, 반환 보장 의무를 법제화하여 실효성을 확보하여야 한다. 둘째, 분양 중심에서 임대 중심의 공급 구조로 전환하여 거주 안정성을 보장하여야 하며, 공공 임대 확대와 임대 주택의 분양 전환 억제 정책이 병행되어야 한다. 셋째, 갭투자 방지를 위한 금융 규제를 강화하고, 임대인에 대한 신용 및 담보 정보 공개 의무를 강화함으로써 임차인의 정보 비대칭 문제를 해소해야 한다.

궁극적으로는 임대차 시장의 안정화 없이는 주택 시장 전체의 안정도 기대할 수 없다는 점에서, 정책 당국은 보다 강력한 사회안전망 확충과 동시에 민간의 건전한 참여를 유도하는 방향으로 정책을 조정해야 한다. '내 집 마련'만을 고집하는 정책 프레임에서 벗어나, 주거복지를 실현하는 방향으로의 패러다임 전환이 필요한 시점인 것이다.

3) 관련 법제와 주요 쟁점

(1) 부동산 개발, 분양 및 임대사업 관련 법제

우리나라의 주택시장과 부동산 금융의 불안정은 단순한 수급 불균형의 문제가 아니라 관련 법제 전반의 구조적 한계와 정책 방향의 혼선에서 비롯된 측면이 크다. 특히 부동산 개발과 임대사업을 규율하는 주요 법령은 오랜 시간 동안 주택을 자산 증식의 수단으로 보는 시각과 안정적인 거주를 보장해야 한다는 공공적 가치 사이에서 명확한 방향성을 설정하지 못한 채 운영되어 왔다. 이로 인해 전세사기, 무자본 갭투자, 분양 전환 기대심리와 같은 구조적 문제가 반복적으로 발생하고 있음에도 이를 제도적으로 방지하거나 조정할 수 있는 법적 기반은 여전히 미흡하다.

재개발 및 재건축을 규율하는 「도시 및 주거환경정비법」과 「빈집 및 소규모주택 정비에 관한 특례법」 등은 주택 공급 확대라는 측면에서 긍정적인 효과가 있었지만, 동시에 부동산 가격 상승과 임대료 상승의 원인이 되어 실수요자를 배제시키는 결과를 낳았다. 특히 임차인의 주거권이 충분히 보장되지 않은 상황에서 정비사업이 추진되면서 사회적 갈등도 반복되어 왔다. 이 과정에서 임대주택 의무 비율을 확대해 주거 취약계층의 주거권을 보장하고, 개발 이익을 환수하여 사회적 재투자를 실현하려는 초과이익 환수제 도입, 공공주택 비중을 높이기 위한 공공재 개발 확대 적용 등 공공성을 강화하기 위한 법제가 개선되어야 한다는 목소리가 커지고 있으며, 정비사업 전 과정에서의 공공성 확보와 사회적 책임도 강조되고 있다.

한편 분양을 중심으로 한 주택 공급 체계도 투기 수요와 실수요자 간의 괴리를 심화시키는 원인이 되고 있다. 「주택법」과 「건축물의 분양에 관한 법률」 등은 분양계약의 체결, 수분양자 보호, 분양가 상한제 등 다양한 제도를 포함하고 있으나, 여전히 갭투자와 전세사기 등 위험거래를 사전에 차단하지 못하고 있다. 특히 전세금을 활용한 무자본 갭투자가 확산되면서 분양시장에서도 실거주 목적보다는 단기 투자 목적으로 주택을 분양받는 사례가 나타나고 있다. 이러한 문제를 해결하기 위해서는 수분양자의 자격 기준 강화, 분양권 전매 제한, 분양 전 신용조회 의무화 등 보다 엄격한 시장 규율이 필요하며, 주택청약 제도의 공정성 확보와 전매 차익에 대한 실효성 있는 과세 방안 마련이 병행되어야 한다.

임대사업을 규율하는 「민간임대주택에 관한 특별법」과 「공공주택 특별법」 역시 마찬가지다. 민간 임대사업자의 제도권 진입을 유도하기 위해 등록 제도를 운영하고 세제 혜택을 주었으나, 실질적으로는 장기적인 안정적 임대를 통해 임차인의 거주 안정성을 보장하려는 제도 취지와 달리, 단기 임대 후 시세차익을 노린 매매 방식이 일반화되어 있었다. 특히 과거 등록 임대사업자에 대한 과도한 세제 감면은 투기 수단으로 악용된 바 있으며, 제도의 실효성 논란이 지속되었다. 최근에는 임대 의무 위반 시 환수 규정 강화, 임대차 정보 공개 확대 등의 조치가 논의되고 있으나, 여전히 시장 의존도가 높은 구조에서는 실질적 주거 안정으로 이어지지 못하고 있다.

결국 우리나라의 부동산 관련 법제는 공급 확대와 시장 활성화라는 목표에 치우친 나머지, 주거 안정이라는 공공의 가치를 충분히 구현하지 못한 채, 정책 간 충돌과 법령 간 미비를 반복해 왔다. 앞으로는 주택을 투자자산이 아닌 거주의 공간으로 바라보는 관점을 중심에 두고, 장기 임대 촉진, 투기 수요 억제, 실수요자 보호를 위한 제도적 전환이 이루어져야 할 것이다.

(2) 조세법제: 보유세, 양도세, 사업소득세 간 조정의 필요성

우리나라의 부동산 관련 조세 제도는 보유세(재산세 및 종합부동산세), 양도소득세, 그리고 임대소득에 대한 사업소득세로 구성되어 있다. 또한 과거에는 자가 보유를 장려하는 정책 기조에 따라 보유세 부담은 상대적으로 낮게 설정되고, 양도 차익에 대한 과세가 중심이 되는 구조가 유지되어 왔다. 그러나 최근처럼 투기적 거래를 억제하고 장기 임대주택 공급을 확대하려는 정책 목표가 강조되는 시기에는, 단순한 세율조정만으로는 한계가 있으며, 세제 체계 전반의 균형성과 정책 일관성을 확보할 필요가 있다.

특히 다주택자에 대해서는 실효세율 기준의 보유세 중과가 필요하며, 실거주 목적이 아닌 자산 증식 수단으로 활용되는 주택에 대해서는 양도 차익에 대한 과세를 보다 엄격히 적용해야 한다. 반면, 일정 요건을 갖춘 장기 임대주택에는 보유세 완화나 임대소득에 대한 공제 혜택을 부여함으로써, 안정적인 민간 임대 공급을 유도할 수 있다. 하지만 분양 전환형 임대사업자의 경우, 실질적으로 분양사업과 유사한 구조로 간주될 수 있어, 해당 수익에 대해 사업소득세를 과세하는 방식으로 조세 형평을 제고할 필요가 있다. 또한 세입자에게 보유세 부담이 전가되지 않도록 제도적 장치를 병행하고, 실수요자의 주거 안정과 무주택자의 자산 형성을 돕기 위한 세제 공제 장치도 함께 마련되어야 한다.[18]

(3) 주택임대차보호법: 존속 보장과 전세사기 대응의 이중 과제

「주택임대차보호법」은 임차인의 거주 안정성을 확보하기 위해 대항력, 우선변제권, 계약갱신청구권 등의 권리를 법적으로 보장하고 있다. 그러나 최근 반복적으로 발생하고 있는 전세사기 사례는 이 법의 실효성과 제

18 한국의 주거비 부담률은 OECD 평균 대비 7.8% 높아 세제 개편을 통한 임대차 시장 활성화가 권고된다(OECD, 2024).

도적 한계를 여실히 드러내고 있다.

문제의 핵심은 임차인의 주거권이 임대인의 재산권보다 우선적으로 보장받아야 함에도 불구하고, 현행 법체계가 여전히 임대인의 재산권을 중심으로 설계되어 있다는 데 있다. 특히 단기계약 구조와 임대인의 자의적 계약 해지 가능성은 장기 거주를 원하는 임차인에게 구조적으로 불리한 환경을 조성한다. 따라서 '존속 보장'을 법제의 중심 축으로 강화하고, 임차인이 계약 기간 동안 안정적으로 거주할 수 있도록 하는 제도적 전환이 필요하다. 특히 전세 제도는 무주택자의 주거 안정성을 도모하는 수단으로 활용되었으나, 점차 레버리지를 활용한 투기 수단으로 변모하면서 그 본래 취지를 상실해 가고 있다. 이에 따라 전세금을 기반으로 한 무자본 갭투자로 인한 깡통전세 등의 문제가 지속적으로 발생해 왔고, 이는 결국 임차인의 주거 불안정을 심화시키는 구조적 원인이 되었다.

이러한 문제에 대응하기 위해서는 다음과 같은 법제 개편이 시급하다. 첫째, 일정 보증금 이상 계약에 대한 보증보험 가입의 의무화를 통해 임차인의 피해 회복 가능성을 제도적으로 담보해야 한다. 둘째, 임대인의 신용정보 및 주택 담보 정보를 계약 체결 전에 의무적으로 공개하도록 하여 정보 비대칭을 해소하고, 임차인의 합리적인 계약 판단을 지원해야 한다. 셋째, 전세 제도의 단계적 축소와 공공 임대 확대를 통해 '시장 자율'에 맡겨졌던 주거 안정의 공적 책임을 강화해야 하며, 월세 전환으로 인한 주거비 부담 상승에 대해서는 일정 상한 규제와 지원 제도를 병행할 필요가 있다.

궁극적으로는 「주택임대차보호법」의 목표가 단순한 계약 관계의 형평성 보장을 넘어서, 사회적 약자인 임차인의 주거권 보장과 장기적 거주 안정의 제도화로 재정립되어야 한다. 이를 위해 법제 간 충돌 해소, 실효성 있는 구제 절차 확립, 공공의 개입 확대 등 구조적인 개혁이 병행되어야 하며, 주거 안정과 금융시장 안정성을 동시에 달성할 수 있는 현실적인 법제 체계로의 전환이 필요하다.

3. 법제 및 정책의 문제점과 개선 방향

1) 문제점

(1) 주택 가격의 장기적 하락 대비 필요

우리 사회는 초고령화에 따른 인구 구조의 변화, 청년층의 주거 불안 등 중대한 전환기에 직면하고 있다. 이러한 상황에서 기존의 분양 중심, 자가 소유 중심 주택 정책의 문제점이 드러나고 있는 것이다.[19] 특히 전세 제도는 부동산 자산 가치가 유지되거나 상승할 것을 전제로 한 자본 이득 실현 방식과 결합되어 있어, 하락기에는 깡통전세, 역전세 등 구조적 위기를 촉발할 가능성이 높고, 이는 부동산 금융 전반의 부실로 확산될 우려가 크다. 따라서 정부는 임대차 제도와 자가 소유 지원 정책이 균형을 이루도록 법제와 금융 시스템을 정비해야 하며, 부동산금융 제도와 관행을 선진적으로 개편할 필요가 있다.

(2) 전세 제도의 구조적 한계와 기원

우리나라의 전세 제도는 단순한 주거계약을 넘어, 고액의 보증금이 수수되는 금융거래적 성격을 지니고 있다. 이 구조는 임대인이 보증금을 자산 투자에 활용하고, 임차인은 차임 부담을 면하면서 일정 기간 주거 안정성을 확보하는 방식으로 작동해 왔다. 하지만 이러한 이중 전제는 고도성

19 박미선(2017), pp. 110~140.

장기와 부동산 가격 상승기에서만 유효했으며, 현재의 저성장·고금리 시대에는 더 이상 지속 가능한 모델이 아니다.

그럼에도 불구하고 전세 제도가 우리 사회에서 오랫동안 '주거사다리'로서 긍정적인 평가를 받아온 배경은, 그 제도가 형성된 역사적·사회경제적 맥락에서 살펴볼 수 있다. 우리 「민법」은 전세권과 임대차 모두를 단기계약으로 규정하고 있는데, 이러한 구조의 임대차는 일제강점기와 산업화 시기 당시의 불안정한 사회경제 환경에서 비롯된 제도적 유산이라고 평가된다.[20] 특히 한국전쟁 이후 산업화·도시화로 인해 무주택 도시민들은 단기에 주거를 옮겨야 하는 경우가 대부분이었고, 세를 얻은 주거는 그야말로 '임시의 주거'라는 인식이 강했을 것이다. 이와 같은 특이 상황에서, '임차인에게 특별한 문제가 없으면 계속 거주'하는 것을 원칙으로 하는 주요 선진국의 법제를 우리 입법자들은 이해하지 못했거나, 알고 있었더라도 당시 우리의 상황에는 맞지 않는 것으로 생각했을 것으로 추측된다. 한편 한국전쟁 직후 고도성장기에도 우리나라의 도시 생활은 여전히 불안정했다. 산업화에 따른 직장 이동과 소득 증가로 인한 이사 수요, 내 집 마련 가능성 확대 등은 장기 임대차보다는 임시 주거 성격의 전세 제도가 지속되게 하는 요인이 되었다. 또한 장기간의 부동산 호황과 상대적으로 낙후된 부동산 금융의 영향도 있다. 주요 선진국이 무주택자에게 장기 모기지 대출을 제공한 반면, 우리나라는 단기 담보대출 외엔 금융 지원이 부족했고, 대출도 산업 분야에 집중되었다. 이에 주택을 소유하고자 하는 국민으로서는 부족한 담보대출을 보충하기 위하여 매입 주택을 전세 주고, 주택 소유자가 추가 대출이 필요할 때에도 금융기관의 대출보다는 살고 있던 집

20 소득이 불안정한 세입자에게는 보증금을 맡기고 차임을 면하는 방식이 최소한의 주거를 마련하는 현실적 선택이었을 것이다.

의 전부 또는 일부를 전세 주는 방식을 택하게 된 것이다.[21] 이러한 구조가 현재까지 유지되면서, 임차인의 주거권 보장이나 장기 임대 안정에 대한 법적 기반은 여전히 미흡한 상태이다.

특히 현행 전세 제도는 실수요자인 임차인을 금융 리스크에 노출시키는 구조로 작동하고 있어[22] 자산 편중을 심화시키는 동시에, 부동산 가격이 하락할 경우 임차인이 보증금 반환에 어려움을 겪게 되므로 실질적인 주거 불안으로 이어진다. 따라서 앞으로는 전세 제도의 금융거래적 성격을 고려하여 임차인의 주거 안정성 보장을 중심으로 제도를 개편할 필요가 있다.

(3) 깡통주택과 전세사기 문제

전세사기와 깡통주택 문제는 전세 제도의 구조적 한계를 여실히 보여준다. 특히 청년, 신혼부부 등 무주택 실수요자들이 주요 피해자가 되고 있으며, 이들의 피해는 단순한 재산 손실을 넘어 주거 불안, 사회적 신뢰 붕괴, 경제적 낙오로 이어지고 있다. 전세사기는 단순한 범죄 문제가 아니라 금융 시스템의 허점과 공공 제도의 미비, 그리고 부동산 중심 자산 구조의 한계가 복합적으로 작용한 결과라고 볼 수 있다.

전세사기의 주요 원인은 임대인의 무자력, 허위 감정가, 대항력의 한계, 담보가치 초과 거래 등의 제도적 맹점에서 비롯된다. 따라서 실질적인 피해 예방을 위해서는 임대인의 재무건전성에 대한 정보 공유, 보증 시스템의 정비, 그리고 담보가치를 기준으로 한 대출 및 보증 한도의 엄격한 제한이 필요하다. 특히 보증보험의 의무가입제, 전세보증금 반환 보장 제도 등의 제도적 안전장치가 함께 마련되어야 한다.

---

21 김세직·고제헌(2018).
22 이상영·서정렬(2023).

(4) 사회경제적 불평등과 불안정성의 증가

부동산 문제는 단순히 자산의 문제를 넘어서, 우리 사회의 전방위적 불평등 구조를 심화시키는 핵심 요인으로 작용하고 있다. 주거 불안은 청년층의 결혼과 출산을 포기하게 만들고, 세대 간 자산 격차를 확대시키며, 사회의 지속 가능성을 위협한다. 특히 무주택자의 주거 불안정은 장기적인 자산 축적의 기회를 원천적으로 박탈하며, 교육, 고용, 사회 참여 등 다양한 삶의 영역에 부정적 영향을 미친다.

정부는 주거 정책을 단순히 주택 공급을 확대하는 수단으로만 접근할 것이 아니라, 저출산·고령화 등 인구 구조 변화에 대응하는 국가 전략의 핵심으로 다루어야 하며, 주택을 자산이 아닌 거주의 수단으로 재정의하는 관점 전환이 필요하다. 이를 위해서는 금융 기반 자산 형성 시스템의 재편과 함께, 공공임대주택 확대, 장기 모기지 제공 등 구조적 해법이 병행되어야 한다.

2) 개선 방향

(1) 균형 있는 주거복지 정책의 정립

우리 사회는 초고령화, 청년층의 자산 축적 어려움, 고물가 및 고금리 등의 영향으로 인해 '내 집 마련'이 점점 더 어려워지고 있는 현실에 직면하고 있다. 실제로 통계청에 따르면, 무주택 가구의 비율은 전체 가구의 절반에 가까운 수준을 유지하고 있으며, 특히 청년층과 저소득층의 주거비 부담은 지속적으로 증가하고 있다. 이러한 상황은 자가소유 중심 정책의 한계를 드러내며, 주택을 반드시 소유해야만 안정을 누릴 수 있다는 기존 정책의 전제에 근본적인 의문을 던진다.

문제는 '내 집 마련' 중심의 정책 기조가 임대차 시장에 대한 정책적 관심을 후순위로 미루게 만들었다는 점이다. 자가소유를 주택 정책의 궁극적 목표로 설정하면 할수록, 안정적 임대차 제도를 확립하려는 노력은 상대적으로 미약해진다. 이로 인해 임대차 시장의 구조적 불균형이 심화되고, 임차인의 권리가 정책적 사각지대에 놓이며, 자산이 부족한 임차인은 불안정한 주거를 반복하는 상황에 처하고 있다. 이러한 현상은 비단 국내에만 국한되지 않는다. 글로벌 금융위기 이후 OECD 국가들에서도 주택의 금융상품화가 심화되면서, 자산보유 여부에 따른 세대 간 격차와 주거 형태에 따른 사회적 분절이 확대되고 있다.[23] IMF 또한 "주택 조달의 부담은 곧바로 주거 불평등과 연결되며, 경제사회적 불평등을 고착화시키는 주된 요인"이라 경고한 바 있다.[24] 유엔 해비타트 역시 저소득층을 위한 포용적 주거 정책의 강화를 국제적 과제로 명확히 제시하고 있다.[25]

이와 같은 국내외적 흐름에 비추어 볼 때, 한국의 주택 정책은 자가소유 촉진과 임대차 안정을 균형 있게 고려하는 방향으로 전환되어야 한다. 단순히 주택을 소유한 사람에게만 정책적 혜택이 집중되는 구조에서 벗어나, 임차 가구에 대해서도 실질적인 지원책을 마련해야 한다. 구체적으로 주거 점유 형태에 중립적인 정책 구조를 정립하고, '주거의 안정성'을 정책의 핵심 가치로 재설정할 필요가 있다. 결국 오늘날의 주거복지 정책은 "소유냐 임대냐"의 이분법을 넘어서, 누구나 안정적으로 거주할 수 있는

23 국회미래연구원(2024).

24 '주택 조달에 대한 부담은 그 사회 내 주거의 불평등 문제와 직결되며(housing affordability has a direct link to housing inequality), 주거 불평등은 그 사회의 경제사회적 불평등을 영속화하는 현저한 요소(dominant factor perpetuating socioeconomic inequality)'라는 사실이 지적된 바 있다(INTERNATIONAL MONETARY FUND, 2022, p. 23).

25 유엔 해비타트 회의의 '해비타트 Ⅲ 새로운 도시 의제'에서 제기된 주요 개선 요소 중에서 우리나라의 경우 저소득층과 취약계층에 대한 저렴한 주택의 공급 확대 등 '포용성이 강화된 정책적 노력 강화'가 향후 우리의 주택 정책이 해결해야 할 과제로 남아 있다는 점도 지적된 바 있다(박미선, 2016).

조건을 확보하는 데 초점을 맞춰야 한다.

(2) 장기적이고 지속 가능한 임대 정책 기반 구축

우리 사회가 직면한 주거 불안정의 문제를 해결하기 위해서는 단기 처방식 정책에서 벗어나, 장기적이고 구조적인 주거 정책으로의 전환이 필요하다. 이를 위해 가장 먼저 강조되어야 할 점은 주택의 '소유 안정'과 '거주 안정'이라는 두 축을 동시에 고려하는 정책 설계다.

첫째, 주택 소유 측면에서는 단기 시세차익을 노리는 투기성 거래를 억제하고, 장기 보유를 유도하는 방향으로 정책을 설계할 필요가 있다. 이를 위해 보유세 조정, 양도세 인센티브 재설계, 실거주 요건 강화 등의 방안이 검토되어야 한다. 특히 단기 보유의 매력을 낮추고 장기 보유에 따른 안정성을 강화함으로써, 주택 시장의 과열을 방지하고 실수요 중심의 구조로 전환할 수 있다.

둘째, 주택임대차 시장의 안정화를 위한 제도적 기반 마련도 시급하다. 이를 위해 정부는 임대료 변동에 대한 실시간 통계를 구축하고, 지역별 임대료 지표를 개발하여 정보 접근성을 높여야 한다. 아울러 분쟁 발생 시 신속한 해결을 위한 행정형 분쟁조정기구를 지방정부 단위로 운영할 필요가 있다. 미국과 독일 등에서는 임대차 분쟁조정을 위한 독립 기구가 정착되어 있는데, 법률 상담 및 중재 기능까지 포함하는 통합형 서비스를 제공하고 있다. 특히 미국 뉴욕시의 Rent Stabilization Law와 같은 제도는 임대료 상승률을 제한하고, 임대인의 갱신 거절 요건을 엄격히 규제하여 임차인의 거주 안정을 법적으로 보장하고 있다. 뉴욕의 경우에도 Rent Guidelines Board가 매년 인상률을 정하며, 임대차 계약이 자동으로 갱신되는 구조로 되어 있어 임차인의 장기 거주 가능성이 높다. 이와 같은 제도는 시장 안정화와 임차인 보호라는 두 가지 정책 목표를 동시에 달성한 모범 사례로 평가된다.

셋째, 민간 임대사업의 공공성 강화를 위한 정책도 필요하다. 등록임대사업자 제도의 운영 목적을 명확히 하고, 신축 임대주택 공급이나 노후 주택 개량에 대한 세제 혜택, 금융 지원, 건축 규제 완화 등의 유인책을 부여해야 한다.[26] 미국의 LIHTC(Low-Income Housing Tax Credit)와 같은 제도는 장기 임대와 세제 혜택을 연계함으로써 임대시장 안정에 기여한 대표적 사례로,[27] 우리나라에서도 이를 참고하여 정책 설계가 이루어져야 한다. 아울러 민간 임대사업자에 대한 모니터링 체계를 강화하여, 지원 조건 이행 여부를 확인하고 위반 시 적절한 제재를 가하는 체계를 구축할 필요가 있다.[28]

넷째, 지속 가능한 공공임대주택 공급 체계 마련도 빼놓을 수 없다. 현재의 공공 임대 공급은 재정의 한계로 수요를 감당하지 못하고 있는 실정이며, 특히 취약계층을 위한 임대주택은 절대적으로 부족하다.[29] 이를 해

26 민간 임대사업자에게 이러한 지원을 부여함으로써 임대 전용 건물 신축을 촉진하고, 임대주택 공급을 늘릴 수 있다. 주택 공급이 적절히 증가되면 임차인의 선택권이 확대될 뿐 아니라 임대료 안정도 기대할 수 있다. 특히 막대한 재정 부담, 지역·규모적 문제로 해결하기 어려운 사회·경제적 취약계층의 공공 임대주택 부족 문제를 완화하는 데 도움이 된다.

27 민간 임대주택 활성화를 위한 주요 선진국의 금융 및 세제상의 지원 정책에 관하여는, 김제완 외 7인(2022) 참조.

28 미국의 임대차 관련 행정 지원 정책을 참고하면, 이러한 시스템을 효과적으로 설계할 수 있다. 미국에서는 저소득층 임대주택 공급을 위해 세제 혜택을 주는 LIHTC 프로그램, 정부와 임대사업자가 협의하여 공급량과 소득 기준을 조정할 수 있도록 설계된 Affordable Housing 프로그램, 공적 자금을 투입한 장기 모기지 지원을 통해 민간 사업자가 저렴한 임대주택을 건설할 수 있도록 하는 정책, 세제 혜택을 임대료 규제 및 장기 임대와 연계하는 정책 등을 운영하고 있다. 한편 우리 등록임대사업자 제도는 저렴한 신축 임대주택 공급이나 노후한 임대주택 개량 등의 정책 목표를 찾아보기 어렵고, 이와 연계한 지원을 해 주는 제도 설계도 미흡하다. 민간 임대 활성화를 위한 주요 선진국의 행정 및 재정적 지원에 관하여는, 김제완 외 7인(2022) 참조.

29 지속적인 신규 임대주택 공급이 병행되어야 한다. 이를 위해서는 정부에 의하여 지원되는 선진국 수준의 양질의 공공임대주택 공급이 필수적이다. 이는 법제의 문제라기보다

결하기 위해서는 양질의 공공임대주택을 지속적으로 공급할 수 있는 예산 확보와 함께, 지자체의 공급 역량을 제도적으로 강화하는 방안이 병행되어야 한다. 민간 임대시장의 보완적 역할 역시 중요하므로[30] 기업형 민간 임대주택의 활성화를 위한 제도적 뒷받침이 재정비될 필요가 있다. 특히 갭투기와 같은 단기 시세차익을 추구하는 임대사업의 비율을 줄이고, 신축형 장기 임대 중심의 정책으로 전환하여야 한다. 이를 위해 민간 임대사업자에게는 신축 건축 비용에 대한 금융 지원과 장기 임대소득에 대한 세제상 혜택을 부여하는 방안을 고려할 수 있고, 공공 임대사업자에게는 보유세 면제와 같은 실질적인 재정 지원을 병행할 수 있을 것이다.[31]

다섯째, 분양 전환 방식의 억제도 검토해야 한다. 공공임대주택이 일정 기간 후 분양되는 구조는 임대주택의 총량을 줄이고 신규 임차인의 부담을 증가시키는 부작용을 낳는다.[32] 우리나라와 달리 미국에서는 conversion

---

는 예산 확보의 문제이다. 우리나라 공공임대주택에 관련 법제에 관하여는 강남호·김경표(2011)를 참조할 수 있으며, 주거 문제 해결을 위해 공공임대주택을 꾸준히 공급해 주어야 하며, 지자체의 공공임대주택 공급 기능을 확대하여야 한다는 주장으로는 최현일(2015)을 참조할 수 있다.

30 우리나라에서는 2015년부터 중산층 주거 안정화를 위한 기업형 민간 임대주택 활성화 정책을 펼쳤으나, 2017년부터 공공지원형 민간 임대주택으로 그 제도가 바뀌면서 실질적으로 기업형 민간 임대주택의 공급은 거의 중단된 상태이다. 여기에 매입형 민간 임대주택 보유세를 6%로 인상하여 운영이 불가능해졌고, 그나마 공급된 민간 임대주택은 LH에 매각되거나 개별 세대로 분양해야 하는 상황에 이르렀다(김경수·지규현·최성호 외 1명, 2022, p. 142).

31 공공임대주택 사업자에 대한 보유세 과세를 폐지하자는 주장에 대해서는 김완용·유호림·윤성만(2024) 참조.

32 즉, 기존 임차인은 분양을 통해 혜택을 받게 되지만 신규 임차인은 임대주택이 줄어들면서 더 비싼 임대료를 부담해야 하는 구조가 되는 것이다. 임대주택은 일정 소득 이하의 계층에게 안정적인 거주 환경을 제공하는 것이 목표인데, 분양을 통해 민간 소유로 전환되면서 이 취지가 퇴색되는 것이다. 우리나라에서도 분양 전환 시 임차인 보호가 논의되고 있다(이준형, 2020). 사견으로는, 우리나라에서도 분양 전환을 전제로 하여 임차인의 수분양권 등을 중심으로 보호하는 데에서 벗어나, 분양 전환 자체를 억제하는 방향의 정책 전환이 필요해 보인다. 공공 임대사업자는 분양 전환을 금지하여 소득분위 1~3분위 계층인 저소득층의 주거복지에 영구적으로 활용할 수 있도록 하고, 민간 임대사업자

rule을 통해 임대주택을 일반 분양주택으로 전환하는 것을 규제하고 있는데, 이러한 규제는 임대사업자가 단기 양도소득이 아닌 장기 임대소득을 추구하도록 유도하는 정책 수단으로 기능하고 있다.[33] 우리나라에서도 분양 전환을 전제로 한 보호 조치에서 나아가, 분양 전환 자체를 억제하는 방향으로 제도 개편이 필요하다.

마지막으로, 도시재생과 임대주택 공급의 연계 전략이 필요하다. 철거 중심의 개발 방식은 물리적 환경의 개선에는 기여하지만, 저소득 임차인의 주거 안정에는 부정적인 영향을 미칠 수 있다.[34] 따라서 재개발·재건축 위주의 획일적 정비 방식에서 벗어나 지역 특성과 주민 수요를 반영한 도시재생 전략을 수립하고, 이를 통해 공공임대주택을 포함한 다양한 형태의 주택 공급이 이루어져야 한다.[35] 이러한 전략은 수도권과 지방의 도시 쇠퇴 양상이 다르게 나타나는 현실에서, 각 지역에 특화된 맞춤형 도시 정책으로 연계될 수 있다.[36]

결국 장기적이고 지속 가능한 임대 정책 기반은 주거 안정성 확보, 점유 형태 중립성 실현, 임대차 시장의 건전한 발전을 가능하게 하며, 이러한 정책적 전환은 국민의 삶의 질을 높이고, 주거복지 체계를 보다 지속 가능하게 만드는 데 기여할 수 있다.

는 분양 전환을 허용하여 소득분위 4~6분위 계층의 주거 안정을 도모하도록 하자는 주장에 대해서는 조흥연·이춘원(2022) 참조.

33 예컨대, 미국에서 conversion의 규제 동향에 관하여는 Leighton J. Hyde(2013); Douglas E. Chabot(2008); Bernard V. Keenan(1987); Janet Boeth Jones(Originally published in 1983) 등 참조.

34 영국의 경험으로는 *The Economist*(2012) 참조.

35 맹다미·백세나(2019).

36 각 도시의 재생 방안에 관한 제안으로는 정삼석·신동훈·정상철(2016); 차호철·박철민(2010); 김성우·정건섭(2011); 김선미·엄수원(2015) 등 참조.

3) 구체적 정책 개선 방안

(1) 주택 임대차 관련 행정 및 세제 지원 확대

주택 임대차 시장의 안정성과 임차인의 권리 보호를 위해서는 국가와 지방자치단체 차원의 행정 기능 강화와 세제 지원 확대가 필수적이다. 최근 주요 선진국들의 사례에서도 확인되듯, 정부가 임대차 시장의 공적 관리 체계를 강화할 경우 시장의 투명성과 예측 가능성이 높아지며, 실질적인 주거권 보호로 이어질 수 있다.

먼저, 중앙정부와 지방정부 간 협력 체계를 강화하고, 일관된 전달 체계를 구축해야 한다. 현재 다양한 주거복지 정책이 산발적으로 운영되면서 중복 지원 또는 사각지대 발생 문제가 지속되고 있다. 이를 해결하기 위해서는 지방정부 내 주거복지 전담 조직을 설치하거나 기존 부서의 기능을 강화하고, 행정·상담 인력에 대한 전문 교육을 통해 현장의 대응 역량을 높여야 한다. 특히 주거위기 가구를 조기에 포착하고 개입할 수 있는 '주거복지 사각지대 발굴 체계' 마련이 시급하다.

둘째, 임대차 계약 등록제 도입, 지역별 임대료 기준 설정, 실시간 임대료 통계 공개 등 공공 정보 제공 기능을 강화해야 한다. 예컨대, 일본의 '민간 임대 등록 제도'는 등록된 임대차 정보와 지역별 임대료 통계를 바탕으로 시장질서를 형성하고 있으며, 이를 통해 임차인의 정보 접근성을 높이고 계약 안정성을 확보하고 있다. 우리나라도 이러한 시스템을 통해 임차인이 계약 전 공정하고 충분한 정보에 기반해 판단할 수 있도록 할 수 있다면 분쟁을 사전에 예방하는 효과도 기대할 수 있을 것이다.

셋째, 세제 지원은 장기 보유 유도와 단기 투기 억제를 동시에 실현할 수 있는 방향으로 개편되어야 한다. 예를 들어, 장기 보유 주택에 대해 종합부동산세와 양도소득세를 감면하고, 단기 보유자에 대해서는 세제 혜택을 축소하거나 제외함으로써 투기성 보유를 자연스럽게 억제할 수 있다. 이러한 조치는 단기 가격 급등을 완화하고, 자산 불평등의 구조적 확산을 방지하는 데에도 유의미한 역할을 한다.

넷째, 임차인의 주거비 부담을 경감하기 위한 주택임차료 소득공제 제도의 전면 도입이 필요하다. 현재 우리나라에서는 주택임차료에 대한 세액공제가 일부 근로소득자[37]에 한해 제한적으로 적용되고 있어 실효성이 낮고, 실제로 청년층과 저소득층에게 큰 도움이 되지 못하고 있다. 미국의 'HUD Rental Assistance Program'처럼 소득 수준과 주거비 부담을 연계한 지원 제도를 강화하고, 일정 수준 이하의 임차 가구에 대해 전면적인 소득공제를 허용할 경우, 청년 및 저소득층의 주거 안정성을 크게 제고할 수 있다. 또한 우리나라에서도 저출산 및 고령사회에 대응하기 위한 빈집 정비와 소형주택 활용 방안을 통해 임대 정책의 행정적 뒷받침 필요성이 제기되고 있다.[38] 이러한 방안은 생애 초기 자산 형성에도 긍정적인 영향을 미치며, 소비 위축 완화 및 내수 경제 활성화에도 기여할 수 있다.

이와 같이 임대차 시장의 지속 가능한 발전을 위해서는 행정 인프라 구축과 세제 개선이 병행되어야 하며, 이러한 정책적 시도는 단순한 주거 정책 차원을 넘어 경제·사회 전반의 구조적 안정성 확보에도 중요한 기초가 될 것이다.

(2) 지속 가능한 임대주택 공급 체계 구축

지속 가능한 임대주택 공급을 위해서는 공공 임대와 민간 임대 간의 균형 있는 역할 분담이 핵심 과제이다. 특히 높은 갭투자형 개인 임대사

37 우리나라의 월세액 세액공제 제도는 월세로 거주하는 총급여 7,000만 원 이하의 무주택 근로소득자 중 저소득층 일부만을 대상으로 하는 제한적인 제도이다.

38 박용숙(2017).

업자의 비중은 임대주택을 단기 시세차익의 수단으로 전락시키며, 시장의 불안정성을 높이는 주요 원인 중 하나로 지적된다. 이와 같은 투자형 임대사업 구조는 주거 안정성과 무관한 가격 변동 중심의 거래를 양산하며, 실수요자 중심의 임대차 질서를 훼손하는 결과를 초래할 위험성이 크다. 따라서 개인의 단기 보유 목적 임대사업은 정책적으로 축소되어야 하며, 장기 임대 운영을 통해 안정적 사업소득을 창출하는 전문 임대사업자 중심의 구조 전환이 필요하다.

또한 자산이 아닌 서비스 기반의 부동산 산업으로 전환하기 위해서는 양도차익이 아닌 임대소득 중심의 수익 모델이 정착되어야 한다. 양도차익 추구형 모델은 금리와 시장 분위기에 민감하게 반응하며 공급의 지속성을 보장하지 못한다는 단점이 있는 반면, 장기 임대소득 중심 모델은 수익의 안정성과 시장 예측 가능성을 높이는 장점이 있다는 점이 고려되어야 한다. 특히 임차인 입장에서 장기계약이 가능해지면 주거 안정성이 크게 향상되며, 전반적인 주택시장에 대한 신뢰도도 회복될 수 있다. 이를 위해 민간 임대사업자에게는 감가상각 특례, 장기 융자 프로그램, 재산세 및 소득세 감면과 같은 재정적·세제적 인센티브 제공이 필수적이다. 미국의 LIHTC 제도는 장기 임대를 조건으로 세액 공제를 부여함으로써, 민간 자본을 활용한 임대주택 공급을 유도하고 있어 참고할 수 있을 것이다.

마지막으로 임대주택 공급의 총량 유지와 확대 역시 중장기 주거 안정성 확보를 위한 핵심 요소다. 현재의 임대주택 정책은 일정 기간 이후 분양 전환을 허용하는 구조를 포함하고 있어, 시간이 흐를수록 임대주택의 재고가 줄어드는 구조적 한계를 안고 있다. 이는 신규 입주자에게는 더 높은 임대료 부담을 전가하는 결과로 이어질 수 있으며, 궁극적으로는 저소득층의 주거 접근성 자체를 위협하게 된다. 따라서 공공 임대는 분양 전환을 제한하여 지속 가능한 사회안전망으로 기능하도록 하고, 민간 임대 역시 일정 기간 이상 의무 임대 후 분양이 가능하도록 제한하는 제도적 장치를 마련할 필요가 있다.

결론적으로, 공공과 민간의 역할을 명확히 구분하되, 민간 임대시장에 대한 적극적인 지원과 규율을 병행함으로써 임대주택의 장기적 공급 안정성과 시장 건전성을 동시에 확보할 수 있을 것이다. 이는 단지 주거 수요 충족을 넘어, 주거복지 체계 전반의 지속 가능성을 담보하는 핵심 기반이 된다.

(3) 도시재생과 임대주택 공급의 연계 강화

우리나라의 주택 공급 정책은 그동안 재개발과 재건축 중심으로 추진되어 왔으나, 이러한 철거 중심의 정비 방식은 물리적 환경 개선에는 일정한 효과가 있더라도, 저소득 임차인의 주거 안정성 확보에는 오히려 부정적인 영향을 초래하는 한계가 뚜렷하다. 주택의 물리적 노후화보다 더 심각한 문제는, 기존 주민의 생활 기반이 무너지고, 공공임대주택 없이 민간 분양으로 대체되며 임대료 상승과 원주민 이탈을 야기하는 구조적 악순환이다. 따라서 도시재생은 단순한 주거 환경의 외형 개선이 아니라, 사회적 약자의 주거 안정성과 공동체 유지라는 목적을 함께 달성해야 할 통합 정책으로 추진되어야 한다.

이에 따라, 도시재생 정책은 임대주택 공급과 유기적으로 연계되어야 하며, '철거-신축'이라는 일방적 공급 모델을 넘어, 지역 내에서 실질적인 생활 기반을 유지하면서 주거의 질을 높이는 방향으로 나아가야 한다. 예를 들어, 노후 주택 정비와 빈집 활용, 기반 시설 정비를 통해 기존 주거지 내에서 공공임대주택을 유연하게 공급하고, 기존 주민이 거주지에서 이탈하지 않도록 하는 거주 지속성 중심의 재생 전략이 필요하다. 이러한 전략은 도시의 물리적 재구성뿐만 아니라, 지역 공동체의 사회적 지속 가능성을 유지하는 데도 효과적일 것이다.

또한 도시재생 정책의 실효성을 확보하기 위해서는, 신규 주택 공급 확대와 노후 불용주택의 재생이 균형을 이루어야 한다. 신규 공급 중심 정책은 자칫 수요가 부족한 지역에서도 과잉 공급을 유도하거나, 기존 주거지의 기능을 단절시킬 수 있는 위험이 있다. 반면, 노후 불용주택은 장기간 방치되거나 사용이 중단된 주택으로, 지역의 주거 환경 악화와 공동체 해체를 유발하는 주요 요인이다. 이러한 주택들을 정비하여 공공 임대 또는 지역 맞춤형 주택으로 전환하는 방식은 기존 기반을 활용한 저비용 고효율 정책 수단이 될 수 있으며, 신축에 따른 환경 파괴나 사회적 저항도 상대적으로 적다. 도시 쇠퇴가 뚜렷한 지방 중소도시나 구도심의 경우, 노후 불용주택 재생을 통해 공급 효율성과 지역 활성화를 동시에 도모할 수 있으며, 수도권과 지방 간의 주거 불균형을 해소하는 데에도 효과적으로 작용할 수 있다.

(4) 세대 특성을 고려한 주거 정책 차별화

우리 사회의 주거 문제는 단일한 정책으로 해결하기 어려운 복합적인 구조를 띠고 있으며, 세대별로 주거 수요와 정책 수용도가 확연히 다르기 때문에 세대 특성을 고려한 맞춤형 정책 설계가 필요하다. 특히 청년층과 신혼부부, 고령층은 삶의 단계, 소득 구조, 주거 선호도에서 큰 차이를 보이므로, 이들의 특성을 고려한 세분화된 접근이 필요하다.

먼저 청년 및 신혼부부를 위한 주거 안정 정책의 대전환이 요구된다. 최근 청년층은 주택 가격 상승과 대출 규제, 불안정한 소득 구조로 인해 내 집 마련이 사실상 불가능한 세대로 전락하고 있으며, 이로 인해 결혼과 출산을 미루거나 포기하는 현상이 심화되고 있다. 이러한 흐름은 장기적으로 출산율 하락과 인구 구조 왜곡, 생산가능인구 감소로 이어질 수 있어 국가적으로도 심각한 위험 요인이 된다.[39] 이에 대한 핵심적 해법으로는, 청년층을 위한 30년 장기 모기지론의 단계적 확대가 있다. 특히 국민연금 기금 등의 공적자금이 참여하여 낮은 이자율과 장기 상환 구조를 설계하면, 초기 자산 형성이 어려운 청년층도 안정적으로 자가를 소유할 수 있는 기반이 마련된다. 이는 단기 부담을 줄이고, 중장기적으로 자산 형성과 경제 활동의 활성화를 유도하는 효과를 가져올 수 있다. 기금의 운용 수익성을 유지하면서도 사회적 목적을 달성할 수 있다는 점에서 정책적 타당성도 크다. 또한 결혼 및 출산과 연계된 장기 임대주택 공급 확대도 필요하다. 청년층이 가정을 이루고 장기적으로 한 지역에 정착할 수 있도록, 혼인·출산 여부에 따라 임대 기간이 자동 연장되는 가변형 공공임대주택 모델을 설계하여 실효성을 높일 필요가 있다. 이와 관련해 공무원연금공단이 공급해 온 장기 임대주택 사례를 참고할 수 있을 것이다. 공무원연금공단은 근무 기간 중 임대주택을 제공하고, 일정 기간 후 분양 또는 지속 임대를 선택할 수 있도록 하여 장기 거주 안정성과 선택권을 보장해 왔는데, 이 같은 구조는 청년층에게도 적용 가능하며, 주거 안정성과 생애 설계 유인을 동시에 제공하는 효과를 기대할 수 있을 것이다.

한편 고령층을 위한 고령친화형 주거 공급 정책도 병행되어야 한다. 고령자는 자산은 있으나 현금흐름이 부족한 경우가 많고, 기존 주택의 구조나 위치가 노후 생활에 적합하지 않은 경우도 많다. 따라서 단층 구조, 무장애 설계, 지역 복지시설과의 접근성 등을 고려한 맞춤형 고령자 임대주택이 공급되어야 하며,[40] 필요시 주택연금, 역모기지 등과 연계된 복합적

39 2023년 기준 우리나라의 합계 출산율은 0.7명으로 OECD 최저 수준이며, 이는 대부분 국가의 평균치인 1.5명보다 현저히 낮다. OECD는 주택비용의 상승이 출산 결정에 부정적인 영향을 미치는 주요 요인이라고 분석하고 있다(OECD, 2024b).

40 독일 사례를 통해 주거약자가 임대주택이라 하더라도 주택 개조를 청구할 수 있는 권리를 제도적으로 보장해야 한다는 주장도 있다(김성미·윤태영, 2023).

지원 체계도 마련할 필요가 있다.[41] 이러한 지원 체계를 통해 노후 소득 보장과 주거복지를 동시에 실현하며, 국가의 사회복지 재정 부담을 완화하는 효과도 기대할 수 있을 것이다. 구체적인 사례로는 서울시의 '어르신 안심주택' 정책이 있다. 서울시는 2027년까지 지하철역 인근에 의료센터 및 커뮤니티 공간을 갖춘 고령자 맞춤형 주택 약 3,000가구를 공급할 계획을 수립하고 있는데, 주택 공급 방식은 공공 임대(시세의 30%)와 민간 임대(시세의 85%)로 이원화하여 욕실 안전손잡이, 비상호출기 등 고령자 친화적 설계를 갖추고 있는 것이 특징이다. 이러한 유형의 주택은 단순한 거처 제공을 넘어 의료·돌봄과 연계된 복합주거 서비스 모델로 기능할 수 있다.[42] 그러나 이러한 주택 정책이 실효성을 가지려면 관련 법제도 정비가 병행되어야 한다. 현재 「노인복지법」은 고령자 주거시설을 '민영노인주택'과

41 고령자의 주거 수요는 건강 상태, 소득 수준, 가족 구성, 돌봄필요도 등에 따라 매우 이질적인 특성을 보인다. 따라서 획일적인 고령자 주택 정책보다는 세분화된 수요 맞춤형 접근이 필요하다(김성욱, 2023).

42 일본 후쿠오카시의 고령자 민간 임대주택 입주 지원 정책은 콤팩트 시티(compact city) 모델의 일환으로 주목받고 있다. 콤팩트 시티는 도시의 무분별한 확장을 억제하고, 주거·복지·생활편의 시설을 도심에 집중시켜 고밀도·다핵화된 구조를 지향하는 전략으로, 인구 감소와 고령화에 대응하는 지속 가능한 도시계획 방식이다. 후쿠오카시는 고령자 단독 가구 증가에 대응해, 공공이 임대보증을 제공하고 민간 임대주택 소유주와 협약을 체결함으로써 고령자의 안정적 주거를 지원하고 있다. 이는 공공주택만으로 수요를 감당하기 어려운 현실에서 민간 자원을 활용한 주거복지 모델로 평가된다(東京大學都市計画研究所, 2022). 일본은 고령자 주거 수요에 대응하기 위해 민간 참여를 적극적으로 유도하고, 서비스 포함 고령자 주택 제도 및 헬스케어 리츠 도입(의료·돌봄 시설에 투자하는 부동산투자신탁)을 통해 주거시설 공급을 안정적으로 확대해 왔다. 특히 자립~경증 요양 고령자를 위한 민간 임대형 주거 모델인 Service-Linked Housing(생활 지원 서비스가 포함된 고령자 전용 임대주택)은 우리나라 중산층 고령자 대상 공급 정책 수립에 참고할 수 있는 사례이다(송윤아·최창희, 2024, pp. 10~12). 스웨덴도 고령자에게 주거를 제공하는 것을 건강과 돌봄이 함께 보장되는 복지 서비스의 일환으로 보고 있으며, 이를 위한 법제 역시 주거권과 돌봄권을 통합적으로 설계하고 있다(김정기·이형석, 2020). 독일도 유사한 관점에서 고령자의 주거 문제를 사회복지 체계 내에서 법적으로 체계화하고 있으며 주거 약자를 보호하기 위한 입법적 장치를 적극적으로 운영하고 있다(강현호, 2007; 김명엽, 2024).

‘노인복지주택’으로 구분하고 있으나, 관리 기준과 서비스 범위, 보호 조치 등에서 일관성이 부족하다는 지적이 제기되고 있다.[43] 따라서 고령자 주거 안정성을 실질적으로 보장할 수 있도록 관련 법령의 정비와 운영 기준 강화가 필요하다.[44]

결론적으로, 주택 정책은 획일적인 기준이 아니라 생애주기별 필요성과 사회경제적 상황을 반영한 전략으로 접근해야 하며, 청년층·신혼부부·고령층 각각을 위한 실질적 대응 방안이 통합적으로 마련될 때 비로소 우리 사회 전체의 주거 안정성과 정책 신뢰성이 함께 제고될 수 있을 것이다.

4) 주택임대차법제의 개선 과제

우리나라의 주택임대차법제는 그동안 사회경제적 약자를 보호하고 주거 안정성을 확보하기 위해 여러 차례 입법적 보완이 이루어져 왔다. 특히 임차인의 권리를 보장하기 위한 계약갱신청구권, 임대료 인상률 제한, 대항력 및 우선변제권 규정 등이 시행되어 왔으나, 최근 심화되고 있는 전세사기 및 깡통전세 문제, 임대차 분쟁의 급증, 고령자 주거 수요의 변화 등 새로운 주거 현실에 비추어 볼 때 보다 정교하고 실효성 있는 법제 개선이 요구된다.

43 민간 고령자 주거시설의 제도화가 미흡한 상황에서 특히 분양형 실버타운은 노인복지시설과 공동주택 사이의 법적 지위 혼재로 인해 관리의 책임 주체, 입주자 권리 보장, 분쟁 해결 등에 혼선을 발생시키고 있다(김성미, 2024).

44 초고령사회에 대응하기 위해 「노인복지법」과 「주택법」의 정합성 강화가 필요하다(국회입법조사처, 2023). 고령사회에 대응하기 위한 주거복지 체계 정비의 일환으로 주거복지 법제를 독립적 법률로 체계화할 필요성을 강조하는 견해로 이홍렬(2018); 박나원(2021) 참조.

(1) 존속 보장과 차임안정화 제도의 개선

현행 「주택임대차보호법」은 임차인의 계약갱신요구권을 1회로 제한하고 있어 최대 보장 기간이 4년에 불과하다. 그러나 실제 생활에서는 초·중·고 자녀의 재학 기간, 직장 근속, 노인·장애인 등 이동이 어려운 취약 계층의 특성을 고려할 때, 최소 6년 이상의 존속 보장이 필요하다. 안정적인 주거 환경은 자녀의 교육권, 가족 구성원의 일상 유지, 사회적 유대 강화 등 다양한 측면에서 긍정적인 효과를 가져올 수 있으며, 주거 이동으로 인한 경제적·정서적 비용을 줄이는 데에도 기여할 수 있을 것이다. 특히 자가 소유가 모든 국민에게 보장될 수는 없는 현실을 고려하면, 평생 또는 장기적으로 임차인으로 살아갈 수밖에 없는 계층을 위한 제도적 보호가 반드시 필요하다. 이러한 맥락에서 독일, 프랑스 등 주요 유럽 국가는 물론, 미국과 같은 대규모 부유 국가에서도 임대차의 존속 보장을 주거권 실현의 주요 수단으로 인식하고 있다.[45]

한편 차임 안정화 또한 주요 과제이다. 현재 우리나라 주택임대차보호법은 갱신 시 차임 상승률을 제한하고 있으나, 신규 계약이나 임의 갱신의 경우에는 제한이 없어 실효성이 떨어진다. 이에 따라, 임차인의 부담을 완화하고 시장의 예측 가능성을 높이기 위해 객관적 통계에 기반한 임대료 상한제 도입과 '공정 임대료' 개념에 대한 본격적인 논의가 필요하다는 주장도 있다.[46] 그러나 과도한 차임 규제는 임대시장 위축이라는 부작용도 초래할 수 있으므로, 존속 보장을 전제로 한 차임 조절이 보다 현실적인 대안이 될 수 있다. 특히 임대차 계약 갱신 시 임대료 증감과 관련한 분쟁이 빈번하게 발생하고 있음에도, 현재는 민사소송이나 조정 절차에 의존하고 있어 분쟁 해결에 시간과 비용이 과도하게 소요된다. 이를 해소하기 위해

45 김제완 외 3인(2018).
46 하지만 공정 임대료 제도의 도입 자체에 대한 부정적인 견해도 있다. 박인(2015) 참조.

임대료 증감 청구권에 관한 분쟁을 신속하고 공정하게 해결할 수 있는 행정형 분쟁조정기구의 도입이 필요하다. 독일의 경우 Mietspiegel(표준임대료지수) 제도를 도입해 지역별, 면적별, 건축연도별 평균 임대료를 지수화하여 법적 기준으로 활용하고 있으며, 이를 통해 임대료 관련 분쟁을 사전에 예방하고 있다. 우리나라도 국토교통부 또는 지방자치단체가 주체가 되어 지역별 표준임대료 데이터를 구축하고 이를 기준으로 분쟁조정을 유도하는 제도를 도입할 필요가 있다.

이와 같이 주택임대차법제는 임차인의 실질적인 거주 안정성과 경제적 부담 완화를 목표로 존속 보장 기간 확대와 차임 안정화 장치를 보다 체계적으로 강화할 필요가 있다. 이러한 법제 개선은 단순히 개인의 권리 보장 차원을 넘어, 주거권의 실질적 실현과 임대차 시장의 지속 가능성을 확보하는 데 기여하게 될 것이다.

(2) 임대인의 법적 권리 행사 보장

현행 주택 임대차 관련 법제는 임차인 보호에 초점을 맞추고 있어, 일부에서는 임대인의 정당한 권리 행사가 과도하게 제한되고 있다는 지적도 제기된다. 특히 임차인의 차임 연체나 계약 기간 만료 시에도 즉각적인 퇴거 조치가 어려워 명도소송이 장기화되는 경우가 많고, 강제집행 절차 역시 실효성이 부족해 임대인의 재산권이 침해되는 사례가 빈번히 나타나고 있다. 이는 임대차 시장 전반의 신뢰를 저해하고, 신규 임대 공급을 위축시키는 요인으로도 작용할 수 있다.

따라서 임대인의 정당한 권리 행사가 원활히 이루어질 수 있도록 제도 개선이 필요하다. 우선, 갱신거절권 행사 절차를 명확히 규정하고, 차임 연체가 발생하거나, 계약 기간이 만료된 경우에는 신속히 명도 절차가 진행될 수 있도록 이를 보장하는 법적 장치를 마련해야 한다. 이를 위해 주택임대차보호법상 분쟁조정 절차에서 일정 요건 충족 시 조기 강제집행력이 부여되는 제도를 도입하는 것을 고려해 볼 수 있다. 예를 들어, 임차인의 2회 이상 차임 연체, 또는 정당한 갱신 거절 사유가 존재함에도 임차인이 명도에 응하지 않을 경우, 조정 성립 시점에서 바로 강제집행이 가능하도록 제도를 설계하여 임대차 분쟁의 장기화를 예방하고, 임대인의 손실을 최소화하는 데 기여할 수 있을 것이다. 이와 관련해 캐나다 온타리오주의 임대차위원회(Landlord and Tenant Board: LTB)는 참고할 만한 제도를 운영하고 있다. 임대인은 퇴거 사유가 발생했을 때, N12 통지서를 통해 "자가 거주 예정" 또는 "가족 사용 예정" 등 정당한 갱신 거절 사유를 공식적으로 고지할 수 있으며, 이후 임차인이 이의를 제기하지 않거나 정해진 기한 내 이사하지 않을 경우 L2 신청서를 통해 퇴거명령을 신청할 수 있다. 이 제도는 정당한 이유가 입증될 경우 임대인의 퇴거 권리를 신속하게 확보할 수 있도록 보장하는 한편, 임차인의 권익도 절차적으로 보호하는 구조로 설계되어 있다.

우리나라도 이와 유사하게, 갱신 거절의 정당한 사유와 요건을 명문화하고, 일정한 사안에 대해서는 행정형 조정 절차를 거친 이후 집행권원을 부여하는 제도적 장치를 도입함으로써, 임대인의 권리 실현을 실효성 있게 보장할 필요가 있다. 이를 통해 임대인의 권리 회복이라는 실질적 목적은 물론, 임대차 시장 전반의 신뢰와 안정성 회복도 기대할 수 있을 것이다.

(3) 임차보증금의 반환 보장

최근 빈발하고 있는 깡통주택과 전세사기 사례는 임차보증금 반환이 단순한 법적 권리 보장만으로는 충분하지 않다는 현실을 보여 주고 있다. 특히 전세사기의 경우, 피해자가 승소 판결을 받더라도 임대인이 무자력인 경우 실제 보증금 반환을 기대할 수 없는 경우가 많다. 예컨대, 임대인이 주택을 담보로 과도한 대출을 받은 상태에서 임차보증금을 수령하고, 보증금 반환 능력이 없는 상황에서 잠적하거나 파산을 신청하는 방식의 전세사기는 실질적인 회복이 사실상 불가능하다. 이에 대비할 수 있는 현재의 보증보험 제도는 임차인이 선택적으로 가입하도록 되어 있으며 공적 기금(예: 주택도시보증공사)이 보증을 후견하는 구조이다. 하지만 이 방식은 보험료 납부 부담이 임차인에게 전가된다는 점, 임대인의 신용이나 물건 가치에 대한 심사 없이 일괄적 보장이 이루어진다는 점에서 제도적 한계를 안고 있다. 실제로 보증기관은 임차인의 신청에 의해 보증을 발급하면서도, 임대인의 재무건전성이나 담보가치를 정밀하게 평가하지 못하고 있어 고위험 전세거래를 구조적으로 방치하는 결과를 초래하고 있다.

이에 따라 보증 제도의 구조 전환이 시급하다. 우선, 임차인이 아닌 임대인이 보증보험에 의무적으로 가입하도록 법적 의무를 부과해야 한다. 임대인이 보증을 발급받고 그 증서를 임차인에게 교부하는 것을 계약 체결의 전제 요건으로 규정함으로써, 임대인의 책임성을 명확히 하고 임차인의 위험 노출을 최소화할 수 있다. 이 경우, 보증기관은 임대인을 대상으로 신용평가와 담보 심사를 수행하게 되어, 위험거래에 대한 사전적 차단 기능도 확보할 수 있다. 이를 통해 임차인의 금융 부담을 줄이는 동시에, 깡통전세의 구조적 위험 요인을 금융기법으로 차단할 수 있는 토대가 마련된다.[47] 또한 보증 발급 기관은 민간 금융기관으로 확대할 필요가 있다. 이를 통해 시장의 리스크 평가 시스템을 활용함으로써 임대인의 신용도를 반영한 위험 기반 심사와 차등 보험료 부과가 가능하게 되며, 보증 제도의 지속 가능성도 확보할 수 있다. 예를 들어, 일정 수준 이상의 부채 비율을 가진 임대인이나, 담보가치가 보증금보다 낮은 경우에는 보증 발급이 제한

47 박세훈(2024); 조재진(2024) 등.

되거나 보험료가 대폭 상승하도록 설계할 수 있을 것이다.

아울러, 전세 제도가 본질적으로 고액 보증금이 오가는 금융거래적 성격을 지닌 계약이라는 점을 고려할 때, 이를 단순한 용익계약으로 다루기보다는 리스크 관리가 수반된 금융거래로 보아 제도화하는 것이 필요하다. 이를 통해 깡통전세나 무자력 임대인으로 인한 전세사기 등의 구조적 문제를 근본적으로 예방할 수 있다. 예컨대, 보증보험 가입 시 임대 물건의 담보가치 평가, 임대인의 기존 채무 상황, 보증금 대비 선순위 채권 규모 등을 종합적으로 분석하는 CoLTV 평가 기준을 도입하면 고위험 거래를 미리 식별하고 억제할 수 있을 것이다. 이러한 제도 개선은 단지 보험의 범위를 확대하는 차원이 아니라, 임차인의 자산을 실질적으로 보호하고 전세 거래의 신뢰를 회복하는 구조적 개편의 일환이 될 것이다. 특히 고령자·청년·신혼부부 등 전세시장에 상대적으로 취약한 계층의 주거 불안을 줄이는 효과도 기대할 수 있다.

4. 정책 및 법제의 변화와 부동산 금융의 대응

1) 주택의 장기 보유를 촉진하는 부동산 금융

(1) 장기 분할 상환형 주택담보대출의 활성화

우리나라의 주택금융 제도는 오랜 기간 동안 단기 중심의 대출 구조를 유지해 왔는데, 특히 주택담보대출은 채무자의 상환 능력보다는 부동산이라는 물적 담보를 전제로 하여, 일정 기간 이후 원금을 일시 상환하는 구조로 설계되어 왔다. 이에 따라 주택을 삶을 영위하는 거주의 공간이 아니라 자산 증식을 위한 수단으로 인식하게 되었으며, 단기 시세차익을 추구하는 투자 행태를 부추기는 결과로 이어졌다.

이러한 문제의식은 고령사회에서 주거복지를 실현하기 위해 국민연금 기금 등을 활용한 새로운 형태의 대출 방식을 도입해야 한다는 주장으로 이어지고 있다.[48] 이는 현재의 대출 관행이 자산 불평등을 심화시키고 있다는 비판에서 비롯된 것으로, 특히 청년·신혼부부·고령층 등 생애주기별 계층의 주거 안정성을 보장하기 위해서는 부동산 금융의 구조적 전환이 필요하다는 것이다. 선진국 대부분은 이미 장기 원리금 분할 상환 방식의 주택담보대출을 기본으로 하고 있다. 예를 들어, 미국의 경우 30년 고정금리 모기지 제도가 일반화되어 있고, 유럽 국가들 또한 상환 기간이 20년 이상인 고정금리 대출이 대세를 이루고 있다. 이와 같은 장기 대출 구조는 주거 안정성과 금융시장의 안정성을 동시에 도모할 수 있다는 점에서 긍정적으로 평가할 수 있다. 특히 청년층의 경우 상환 기간이 길수록 월별 부담이 줄어들기 때문에 초기 자산 축적이 어려운 상황에서도 자가 소유의 가능성을 열어 주는 제도적 기반이 된다는 점에서 장점이 크다.

우리나라에서는 청년층이 장기 분할 상환 대출에 접근하기가 상대적으로 어렵고, 고령자에게는 일정 부분 유리하더라도 대출 기간이 제한적이어서 실질적인 생활 안정을 뒷받침하기에는 한계가 있다. 이러한 상황은 국내 금융시장이 보수적인 대출 관행을 유지하고 있기 때문인데, 특히 청년층의 경우 불안정한 소득 구조와 신용도가 낮다는 이유로 장기 대출의 대상에서 배제되는 경우가 많다. 고령자의 경우에도 금융기관은 상환 능력보다 대출 회수 가능성을 우선시하여 대출 만기를 단축하거나 보증 조건을 까다롭게 설정하는 경향이 있어, 실질적인 생활자금 확보에 제약이 있다.

이러한 관점에서, 장기 분할 상환형 주택담보대출을 활성화하기 위

48 김영국(2018).

한 제도적 기반을 마련할 필요가 있다. 첫째, 청년과 신혼부부를 대상으로 한 장기 고정금리 대출상품의 확대가 필요하며, 둘째 금융기관이 상환능력을 중심으로 대출 심사를 수행할 수 있도록 관련 법제도 정비가 요구된다. 셋째, 국민연금기금이나 주택도시기금 등 공적 재원을 활용한 장기 대출 보증 시스템이 병행되어야 한다. 특히 생애주기별 소득 변화와 리스크를 고려한 맞춤형 상환 계획 수립이 가능하도록 지원 체계가 정비되어야 할 것이다.

(2) 주택금융 규제 및 공적 보증의 역할 강화

주택금융 제도는 단순한 금융거래의 범주를 넘어 국민의 주거 안정성과 사회 전체의 자산 형성 구조에 직결되는 공공재적 성격을 지닌다. 특히 주택담보대출의 구조와 금융 규제의 방식은 부동산 시장의 변동성과 가계의 금융 건전성에 큰 영향을 미치므로, 금융 정책과 주택 정책의 연계성을 확보하는 것이 무엇보다 중요하다. 이러한 점에서 최근 우리 사회에서 주목되는 문제는 바로 주택금융의 과잉 공급이 야기한 가계부채 증가와 부동산 시장의 과열이다. 이에 대한 대응으로서 금융 규제의 강화와 더불어 공적 보증 제도의 역할 확대가 요구된다.

첫째, 주택담보대출에 대한 규제 체계의 정비가 필요하다. 현재 우리나라에서는 LTV(주택담보인정비율), DTI(총부채상환비율), DSR(총부채원리금상환비율) 등의 지표를 중심으로 금융 규제가 운영되고 있지만, 일반적으로 일정한 기준선을 일괄적으로 적용하는 방식이어서 차주의 연령, 생애주기, 주거 형태 등 다양한 요소를 충분히 반영하지 못한다는 한계가 있다. 예컨대, 청년층이나 신혼부부에게 동일한 DSR 기준을 적용할 경우, 현재의 낮은 소득 수준으로 인해 자가 마련 자체가 불가능해지는 결과를 초래할 수 있다. 이에 따라 생애주기별 맞춤형 규제 기준의 마련과 유연한 적용 체계가 필요하다.

둘째, 공적 보증 제도의 확충은 실수요자에 대한 접근성을 높이고 금융시장 내 리스크를 분산하는 역할을 할 수 있다. 현재 우리나라는 주택도시보증공사(HUG)를 중심으로 일부 보증상품을 운용하고 있으나, 주택시장 안정화 및 주거복지 실현이라는 측면에서 보면 그 보증의 폭과 적용 대상은 여전히 제한적이다. 미국의 경우 연방주택청(Federal Housing Administration: FHA)이 신용등급이 낮은 차주에게까지 보증을 제공함으로써 주택 구입의 문턱을 낮추고 있으며, 캐나다의 CMHC(Canada Mortgage and Housing Corporation) 또한 공공기관이 주도하는 주택금융 보증으로 주거 안정성을 실현하고 있다.

셋째, 공적 보증 제도의 확대는 민간 금융기관의 리스크 회피 경향을 보완하는 동시에, 정부의 정책금융 기능을 강화하는 수단이 될 수 있다. 특히 청년층, 고령층, 비정규직 근로자 등 금융 취약계층을 위한 보증 확대는 금융 배제(financial exclusion)를 방지하고, 실질적인 자산 형성 기회를 제공하는 중요한 기제가 될 수 있다. 공적 보증이 단순한 금융상품이 아니라, 사회안전망의 일환으로 기능하도록 하기 위해서는 법적 근거와 안정적 재정 운용 체계도 함께 마련되어야 한다.

마지막으로, 주택금융에 대한 공적 개입은 시장 자율성의 침해가 아니라, 시장 실패를 보완하는 정책적 개입으로 이해되어야 한다. 단기 수익 중심의 금융상품 중심 구조에서 벗어나, 장기적인 주거복지 실현을 위한 도구로서의 주택금융 시스템을 재정립할 필요가 있다.

결론적으로, 주택금융 규제의 정비와 공적 보증 제도의 확대는 단기적인 금융시장 안정화 차원을 넘어서, 지속 가능한 주거복지 실현과 부동산시장의 구조적 개혁을 위한 핵심적 정책 수단으로 기능할 수 있도록 재구조화되어야 할 것이다.

2) 주택에 대한 역모기지론의 활성화

우리 사회가 직면하고 있는 고령화와 노후소득 불안정 문제는 단순히 복지 정책의 영역을 넘어, 주택금융 및 부동산 정책 전반의 구조적 재설계를 요구하고 있다. 특히 자산은 보유하고 있으나 안정적인 소득이 부족한 고령자에게 있어, 주택 역모기지론(reverse mortgage loan)의 제도적 활성화는 개인의 삶의 질을 향상시키는 동시에 국가의 사회보장 재정 부담을 줄일 수 있는 전략적 수단으로 주목받고 있다.[49] 역모기지론이란 고령자가 자신이 소유한 주택을 담보로 금융기관으로부터 매월 일정 금액의 연금을 수령하고, 사망 후 해당 주택을 처분하여 대출금을 상환하는 금융 제도이다. 한국에서는 '주택연금'이라는 이름으로 이미 일정 부분 시행되고 있으며, 고령자의 노후생활 안정 및 장수 리스크에 대응하는 수단으로 평가받고 있다.[50] 이는 고령자가 자택에 계속 거주하면서 주택자산을 현금화하여 생계를 유지할 수 있도록 지원하는 제도로, 소득이 부족한 고령층의 주거복지를 보완할 수 있는 중요한 제도적 장치로 기능할 수 있다는 점에서 그 의의를 찾을 수 있다.[51] 이런 점에서 역모기지론은 고령자의 기존 주택을 유지하며 소득을 창출할 수 있는 방식으로, 노후 주거 안정과 주거복지의 새로운 모델로 제시되고 있다.[52]

그러나 현재 한국의 주택연금 제도는 가입 연령(만 55세 이상), 주택 가격 상한(시가 9억 원 이하) 등 자격 요건이 지나치게 엄격하여, 실질적으로 제

49 이러한 제도적 접근은 주거복지와 도시 정책의 지속 가능성을 함께 고려한 법제 정비의 필요성과도 연결된다(김성배, 2016).

50 주택연금 제도가 고령자의 안정적 소득원으로 기능함으로써 공적 연금의 한계를 보완하고, 노인 빈곤 문제를 완화하는 데 기여할 수 있다는 견해로 김훈(2019), pp. 863~883.

51 김종호(2012); 장인선·김선주(2022).

52 김용희(2016).

도의 수혜를 받기 어려운 고령자들이 많아 제도의 실효성에 한계가 있다는 비판을 받고 있다.[53] 따라서 가입 요건의 완화와 제도 설계의 유연화가 필요하며, 보다 다양한 주거 유형과 고령자 계층을 포괄할 수 있는 방향으로 개선이 필요하다. 예를 들어, 미국의 FHA 보증형 주택연금이나 프랑스의 '부양을 위한 임대차' 제도는 다양한 재산 및 소득 수준의 고령자를 포괄하고 있으며, 특히 프랑스 민법은 고령자의 주거 안정과 부양 의무를 통합적으로 고려한 계약 모델을 운영 중이다.[54] 단, 위 해외 사례의 상세 조건 및 제도 운영 방식은 국내 연구자들의 간접 인용에 기반하고 있어, 구체적인 제도 설계와 적용 범위는 보다 면밀한 자료 검토가 필요하다.

또한 역모기지론은 국민연금이나 기초연금 등 기존 사회보장 제도와 연계해 복합적인 노후 소득 보장 체계를 구축하는 방향으로 발전시킬 수 있다. 예를 들어, 국민연금이나 기초연금과의 연계를 통해 연금의 안정성과 포괄성을 높이는 방식이 검토될 수 있을 것이다.[55] 이를 통해 보다 실질적인 노후 생활 안정을 지원할 수 있으며, 사회보장 제도의 지속 가능성을 확보하는 데에도 기여할 수 있다. 또한 주택담보대출 이외에도 임대차보증금의 일정 비율을 연금화하는 방식도 대안으로 검토될 수 있다.[56] 다만, 이 방식 역시 제도 설계와 운영에 세밀한 논의가 필요하다. 마지막으로 역모기지 제도는 도시재생 정책과의 연계를 통해 보다 복합적인 활용이 가능하다. 예를 들어, 노후 주택 밀집 지역에서 가로주택정비사업과 연계해 해

53 고령자의 주택자산을 효율적으로 활용하기 위해 주택연금 관련 법 체계의 정비 필요성을 제기한 견해로 김선주(2020), pp. 1~22; 윤부찬(2010), pp. 215~254.

54 박준혁(2023); 김민성(2022). 노인에게 빌려준 역모기지 대출을 묶어서 하나의 금융상품(증권)으로 만든 다음 투자자에게 팔 수 있게 하는 방식의 '역모기지 증권화' 도입 제안에 대해서는 Harvard Joint Center(2023).

55 김선량(2020); 김영미(2012).

56 이러한 구조는 고령자의 현금흐름을 개선하는 데 유효하다는 견해로 허지행(2022) 참조.

당 주택을 담보로 역모기지를 활용하면서 주거 환경 개선도 동시에 추진하는 방식이 있을 것이다.[57] 이는 고령자의 소득과 주거 환경을 동시에 개선하는 정책 모델로 주목할 수 있다.

결론적으로 역모기지 제도의 활성화는 고령화 시대를 맞은 우리 사회에서 주거복지와 노후 소득 보장을 동시에 실현할 수 있는 핵심 정책 수단이다. 다만, 제도 활성화를 위해서는 ① 가입 요건 완화, ② 사회보장 제도와의 연계, ③ 다양한 주거 유형 포괄, ④ 도시재생과의 정책 연계 등 다층적 접근이 필요하다. 특히 단순한 금융상품을 넘어 공공성과 지속 가능성을 갖춘 정책 수단으로 재설계하는 것이 필수적이다.

3) 임차보증금 반환 보증 금융상품의 개발

전세 제도는 본질적으로 용익계약이지만, 고액의 보증금이 수수되면서 임대인과 임차인 간에는 상호 대주와 차주로서의 금융거래 관계가 형성된다.[58] 이는 영미법에서의 "seller financing"과 유사한 구조를 가지는 일종의 tenant financing이라고 할 수 있다.[59] 이 구조에서는 임차인이 단순한 사용자라기보다 보증금 반환청구권을 가진 채권자의 지위에 놓이게 되며, 부동산 가치 하락이나 임대인의 파산 등의 상황에서는 돌려받을 길이 없

57 김필선·박태진(2018).

58 민법 제정 당시에도 전세는 등기 없는 채권·소비대차의 결합으로 인식되었으나, 현재는 금융거래적 성격이 더욱 뚜렷해지고 있다(법제사법위원회 민법안심의소위원회 1956. 1. 27. 회의; 명순구, 2010, p. 313).

59 이는 금융기관 대출이 어려운 매수인에게 매도인이 자금을 대여하는 방식으로, 매력적이지만 법적 보호가 약하고 불공정 거래 위험이 크다. 미국 부동산 거래에서 seller financing의 위험과 그로 인한 법적 분쟁, 소비자 보호 문제 등에 관하여는, Genevieve Hébert Fajardo(2013) 참조.

는 위험에 처하게 된다.[60] 기존 법제만으로는 이러한 금융 리스크에 효과적으로 대응하기 어렵기 때문에, 금융상품을 통한 대응 체계의 제도화가 필요하다.

이를 위해 물적 담보, 인적 담보, 지급보증(보증보험), 신용평가 등의 금융기법을 활용할 수 있으며, 그중 가장 유력한 방안은 임대인의 지급보증 의무화 또는 보증보험 가입 의무화이다. 주택도시보증공사(HUG)와 한국주택금융공사(HF) 등을 통해 임차보증금 반환을 보장하는 보증보험 제도가 시행되고 있으나, 가입 주체가 '임차인'으로 되어 있어 구조적 한계를 지니고 있다.[61] 본질적으로 이 상품은 '임대인'의 임차보증금 반환 불이행에 대비한 신용보험상품이므로,[62] 금융거래 원칙상, 채무자인 임대인이 변제 능력을 입증하고 보증을 제공해야 한다는 점을 고려하면 그 가입 주체가 '임대인'이 되어야 타당하다.[63] 구체적으로는 ① 지급보증 또는 보증보험의 가입 주체를 임대인으로 변경하고, ② 임대인의 지급보증 또는 보증보험 가입을 법적 의무화하며, ③ 보증보험 가입증서를 임차보증금 지급과 동시이행 관계로 설정하는 방식을 고려할 수 있다. 이와 같은 내용은 「주택임대차보호법」에 명확히 규정하되, 법인(法人) 임대인의 경우에도 적용이 가능하도록 제도를 정비해야 한다. 이러한 방향은 「민간임대주택에 관한 특별법」

60 이상영·서정렬(2023).

61 전세보증금보험의 개선이 필요하다는 주장에 대해서는 김선주(2019); 보증금 반환 보장을 위한 제도인 '목돈 안드는 전세 대출 Ⅱ', '전세금보장신용보험'에 대한 분석은 최성경(2013a); 최성경(2013b) 참조.

62 한편 임대인의 기망행위나 보증보험 가입 거절로 인해 임차인이 보호받지 못하는 사각지대를 해소하기 위한 노력도 필요하다. 보증보험 가입이 가능하다고 믿고 계약했으나 실제로는 가입이 거절되거나 취소되는 사례가 발생하며, 이로 인해 전세계약이 무효화되거나 보증금 반환이 어려워지는 문제도 보고되고 있기 때문이다. 이에 대해서는 한국도시연구소·주거권네트워크·민주사회를 위한 변호사모임(2023), p. 158 참조.

63 서진형(2017). 또는 보증금 예치 제도 도입을 생각해 볼 수도 있다. 황선훈(2024) 등 참조.

제49조를 통해 등록임대사업자에 대해 이미 부분적으로 도입되어 있으며, 주택임대차보호법에서도 일반 임대차 계약으로 확대 적용하는 방안을 고려할 수 있다. 예컨대, “제3조의8(보증보험 가입 의무) 임대인은 대통령령으로 정하는 금액 이상의 임차보증금을 수수하는 경우, 반환보증보험에 가입하고 그 증서를 임차인에게 교부하여야 한다”와 같은 조항을 신설할 수 있다. 이 조항은 보증금 반환과 증서 교부를 동시이행 관계로 설정하고, 임대인의 신용정보 제공 의무를 법률에 명시함으로써 계약 전 단계에서부터 임차인의 정보 접근권을 보장할 수 있게 할 것이다. 이러한 제도적 장치는 보증금 반환 책임에 대한 실질적 이행 가능성을 높이기 위한 금융 시스템과도 유기적으로 연계되어야 할 것이다.

보증기관이 임차인에게 보증금을 대위 변제한 경우, 임대인에 대한 구상권을 행사하게 되므로, 그 위험을 담보할 수단도 사전적으로 마련되어야 한다. 이를 위해 금융기관은 근저당권 추가 설정, 인적 보증, 또는 신용등급에 따른 보증수수료 차등 등 금융기법을 도입한 리스크 관리 체계를 갖추어야 한다. 특히 임대인의 보증보험 가입을 의무화하면, 임대인이 보증보험증서를 발급받는 과정에서 금융기간이 ‘임대인’의 변제자력을 사전에 심사하게 되므로, 보증금 반환 능력이 부족한 임대인의 무분별한 전세 공급을 억제하는 효과도 기대할 수 있다.[64]

64 현행 법제는 다주택 임대인에게 보증금 반환 능력 입증 의무를 부과하지 않지만, 자본금이 적은 개인·법인이 수십 채의 전세보증금을 반환하는 것은 현실적으로 어렵다. 전세사기 예방을 위해 임대인의 자력 검증과 악성 임대인 정보 공개, 임차인의 사전 확인 권한 확보가 필요하다(한국도시연구소·주거권네트워크·민주사회를 위한 변호사모임, 2023, pp. 193~196).

4) 임차인과 임대인 신용정보의 공공 활용

최근 부동산 시장의 장기 안정화 또는 하락 가능성이 높아지면서 전세 거래의 축소와 월세화 전환이 가속화되고 있다. 이러한 상황은 우리나라 주택 임대차 시장에 구조적인 변화를 야기하고 있으며, 임대차 계약의 신용 기반 강화 필요성이 제기되는 배경이 된다. 특히 전세 중심의 보증금 담보 방식이 축소되면, 임차인의 월세 연체 가능성을 사전에 평가하고 관리하는 체계 마련이 시급해질 수밖에 없다.

이러한 상황에서 임차인의 신용평가제 도입 및 정착은 중요한 정책 과제로 부상하고 있다. 해외의 경우 대부분 소액의 보증금만으로도 안정적인 임대차가 가능한 이유는, 임차인의 금융·고용 정보 기반의 사전 신용평가 시스템이 체계화되어 있기 때문이다. 예컨대, 캐나다에서는 Equifax나 SingleKey 등의 플랫폼을 통해 임차인의 재직 여부, 소득 수준, 신용점수, 과거 임대차 이력 등을 확인한 후 계약이 체결되며, 종전 임대인의 연락처를 제출받아 '임차인 평판조회'(reference check)를 진행하는 것도 일반적인 절차이다. 이와 같은 tenant screening system은 단순한 계약 안정성을 넘어 임대시장 전체의 신뢰 수준을 제고하며, 보증금이 적어도 임대인의 리스크를 효과적으로 통제할 수 있도록 돕는다. 특히 tenant screening report는 보증금을 담보로 하지 않아도 임대인의 피해 예방이 가능하게 함으로써, 고액 보증금에 의존해 온 한국의 임대차 관행에 구조적 변화를 유도할 수 있는 기반이 된다.

그러나 한국의 현실은 다르다. 고액 보증금 위주의 전세 중심 거래 관행은 신용평가보다는 담보에 의존한 계약 체결이 일반화되어 있기 때문이다. 이는 금융기관이 채무자의 신용보다 담보 자산을 기반으로 대출을 운용하는 것과 유사한 방식이다. 하지만 월세화 전환이 본격화되면서 소액

보증금 계약이 일반화되면, 임차인의 신용이 계약의 핵심 요건이 될 수밖에 없다. 이러한 배경에서 국내 신용정보회사(Credit Bureau: CB)의 활용이 주목된다. 현재 우리나라에는 NICE평가정보, KCB 등 주요 CB가 금융권 중심으로 개인신용평가 서비스를 운영하고 있으며, 이들 기관이 보유한 공공 정보 및 금융이력 정보의 연계 활용은 임차인 신용평가 제도의 기반이 될 수 있다.[65] 이는 단순히 임대인 편의를 위한 수단이 아닌, 정상적 임차인을 보호하고 투명한 임대차 질서를 확립하는 정책 기반으로 기능할 수 있을 것이다. 다만, tenant screening의 법적 도입에는 개인정보 보호 및 차별 문제 등 법적 쟁점도 수반된다. 미국의 경우에도 신용 조회에 따른 주거차별 문제, 사회적 소수자 보호와 주거권 보장 간의 균형이 중요한 논점으로 제기되고 있다. 국내에서도 이와 같은 제도 도입의 부작용을 예방하기 위한 법제 정비 및 가이드라인 마련이 병행되어야 한다.[66]

한편 임차인의 신용점수가 낮거나 금융정보가 부족한 경우에는 지급보증서, 신용보험, 보증보험 등 대체 수단을 통한 계약 안정성 확보 방안도 함께 모색될 수 있을 것이다. 예를 들어, 민사소송에서 현금 공탁 대신 '공탁보증보험증권'으로 갈음할 수 있는 제도가 보편화된 것처럼, 임대차 계약에서도 보증보험을 통한 신용 대체 수단의 정착은 현실적이고 합리적인 방안으로 평가된다.[67] 이러한 제도는 임차인 보호의 효과도 크다. 임차인

---

65 우리나라의 CB로는 NICE평가정보(주)와 주요 금융회사들의 공동 출자로 설립된 KCB 등이 서비스를 제공하고 있다. CB와 개인신용정보 활용 관련 우리 법제에 관하여는, 고동원·권영준(2011); 오길영(2014) 등 참조.

66 Andrew M. Smith and Lucy C. Bartholomew(2024); Yvette N. A. Pappoe(2023); Eric Dunn(2010); Marina Grabchuk(2010); Rudy Kleysteuber(2007) 등 참조.

67 유사한 제도로 법원에서 활용되는 '공탁보증보험증권' 제도를 들 수 있다. 우리나라의 민사재판에서 가압류, 강제집행정지 등의 경우 당사자가 법원에 담보를 제공하여야 할 경우에, 과거에는 현금으로 공탁하는 것이 원칙이었다. 하지만 지금은 대부분 '지급보증위탁계약체결문서(공탁보증보험증권)의 제출에 따른 담보 제공'으로 갈음하고 있다. 그 결과 실제로 거액의 현금을 수수하지 않고도 소액의 보증료 부담만으로 안정적으로 담

이 자신에 대한 과도한 재산 조회나 담보 요구 없이도 공신력 있는 신용보증 수단을 제시함으로써 계약의 정당성을 확보할 수 있으며, 동시에 임대인은 월세 연체에 따른 손해에 대비할 수 있는 기반을 확보할 수 있다. 더 나아가 임차인의 신용정보와 주택실거래정보의 결합을 통한 위험분석지표(CoLTV) 등 데이터 기반 리스크 관리 체계를 구축하는 방안도 고려할 수 있을 것이다.

결국, 임대차 계약의 신용 기반 전환은 더 이상 선택이 아니라 필수이다. 특히 월세화가 본격화될수록 임차인의 신용도는 임대차 계약의 핵심 변수가 될 것이며, 우리나라의 주거시장을 보다 투명하고 안정적으로 이끄는 동력이 될 것이다. 따라서 향후에는「주택임대차보호법」이나「개인정보보호법」,「신용정보법」등 관련 법제의 통합적 개정 논의가 병행되어야 하며, 그 과정에서 공공과 민간이 협력하여 합리적이고 실효성 있는 신용평가 제도 도입이 이루어져야 할 것이다.

5. 결론

한국 사회는 2025년 초고령사회로의 진입하여, 동시에 인구 감소와 수도권 인구 집중이라는 구조적 어려움에 직면해 있다.[68] 이러한 인구 구조의 변화는 주택시장 전반에 수요 기반의 약화와 지역 간 불균형이라는 이

보 기능이 이루어진다. 이 제도는 당사자나 법원 모두에게 편리하며 비용을 절감해 주는 합리적인 제도로 평가된다. 지급보증이나 보증보험은 이미 다양한 분야에서 활용되고 있으며, 임대차 거래에서도 신용 문제를 해결하기 위해 적절히 활용될 수 있을 것이다. 대법원,「지급보증위탁계약체결문서의 제출에 의한 담보제공과 관련한 사무처리요령」, 재판예규 제1144호 참조.

68 메디엔로(2025. 3. 21).

중적인 위기를 초래하고 있다. 현재 서울 외곽 지역 및 지방시·도를 중심으로 주택 가격 하락과 주택 공실률 상승이 가시화되고 있으며,[69] 단순한 부동산 문제가 아닌 사회경제 전반에 영향을 미치는 중대한 과제로 부상하고 있다.

이러한 현실 속에서 기존의 '내 집 마련' 중심 정책은 한계에 직면하고 있어 주택 공급과 주거복지 정책의 전면적인 재구조화가 요구되고 있다. 첫째, 초고령사회 진입 시점에 부합하는 수요 대응형 주택 공급 체계를 마련하고, 공급량을 유연하게 조절할 수 있는 법적·제도적 기반을 구축해야 한다.[70] 이를 위해 민간 투자 유인을 제고하고, 규제 개선을 통해 참여 기반을 확대할 필요가 있다. 또한 고령자 커뮤니티형 주택, 지역 생활권 기반 맞춤형 주택 등 질적 전환 중심의 공급 정책이 마련되어야 한다.[71]

둘째, 생애주기별 주거 안정성을 강화하기 위한 제도 개선이 필요하다. 특히 노후 소득의 불안정성과 금융 취약성에 대응하기 위해 주거 목적 자산을 활용한 소득 보완 장치를 확대해야 할 것이다. 나아가 장기 분할상환형 주택담보 대출 활성화, 청년층을 위한 장기 모기지론 도입, 결혼 및 출산과 연계된 장기 공공임대주택 공급 등 인구 구조 변화에 따른 주택 정책 대응책이 필요하다. 아울러 주택 임차료에 대한 소득공제를 전면적으로 시행하고, 조세 제도 개편을 통해 실수요자의 주거비 부담을 완화해야 한다.

셋째, 임대차 시장의 구조적 안정화를 위한 법제 정비가 필요하다. 주택 보유의 장기화와 임대차 안정화를 위해 임대인의 재산권을 존중하면서도 임차인의 안정적인 거주를 보장하는 제도 설계가 필요하다. 이를 위해

69 산경일보(2025. 3. 16).
70 윤태영(2023), pp. 118~131.
71 홍이경·주서령·이성욱(2022), pp. 169~179.

갱신요구권 제도의 확대, 임차보증금 반환 보장 보험 발급 신청 주체의 임대인 전환, 분양 전환 억제를 위한 법적 장치 마련 등이 포함되어야 한다. 공공 임대와 민간 임대의 균형 있는 확대도 함께 추진되어야 한다.

넷째, 수도권 집중화 대응과 지역 간 주거 격차 해소를 위한 지역특화 전략이 필요하다. 일본 도쿄 사례에서 나타난 부동산 가치의 장기적 하락 가능성을 참고하여, 지역별 수요와 여건에 맞춘 차별화된 주택 정책을 수립해야 한다. 광역 교통망과 연계된 주거지 조성, 지역 맞춤형 인프라 투자, 공공기관 이전 및 지방 거점도시 육성을 통한 균형발전 전략이 병행되어야 한다.

인구 구조 변화는 더 이상 예외적인 현상이 아니며, 모든 주택 정책과 법제 설계의 핵심 변수로 작용하고 있다. 인구 감소 및 고령화에 따른 부동산 경기의 장기 침체에 선제적으로 대응하기 위해서는 공급과 가격 안정 메커니즘 마련, 민간 참여 확대, 사회안전망 강화, 임대차 시장의 구조 개혁이 통합적으로 추진되어야 한다. 지금은 단기적 경기부양이나 공급 확대의 논리를 넘어서, 중장기적 관점에서 지속 가능한 주거 정책 체계를 수립해야 할 결정적인 시점이다.

참고문헌

강남호·김경표, 「우리나라의 임대주택시장과 법적 규제에 관한 연구-임대주택시장 관련 법률을 중심으로」, 『원광법학』 제27권 제4호, 원광대학교 법학연구소, 2011.

강은택·마강래, 「수도권 대학으로의 이동 요인과 졸업 후 경제적 효과에 관한 연구」, 『국토계획』 제49권 제6호, 대한국토·도시계획학회, 2014.

강혁신, 「고령자의 주거안정 확보를 위한 종신형 건물임대차 제도의 개발에 관한 입법론적 연구」, 『법과정책』 제18권 제1호, 법과정책연구원, 2012.

강현호, 「고령자 주거문제와 관련한 독일법제 고찰」, 『인권과 정의』 제375호, 대한변호사협회, 2007.

고동원·권영준, 「공공정보 이용의 활성화를 위한 법적 개선 방안」, 『성균관법학』 제23권 제2호, 성균관대학교 법학연구원, 2011.

국토교통부, 『임대주택 공급현황』, 2023.

국토연구원, 「미래 인구·가구 특성을 고려한 새로운 주거정책 패러다임」, 『국토정책 Brief』 제831권, 국토연구원, 2021.

국회미래연구원, 「OECD 국가의 주택자산 불평등과 정책 시사점」, 『국가미래전략 Insight』 제96호, 2024.

국회입법조사처, 『초고령사회 대비 주택정책 로드맵』, 2023.

기윤환·김주희, 『인구구조 변화에 따른 계층별 주거정책방향』, 인천시 도시계획 연구용역, 2020.

김경수·지규현·최성호 외 1명, 「기업형 민간임대주택의 운영 안정성에 미치는 요인 분석」, 『주택연구』 제30권 제2호, 한국주택학회, 2022.

김명엽, 「고령친화도시를 위한 고령자주택에 관한 비교법적 연구」, 『일감부동산법학』 제29호, 법학연구소, 2024.

김민성, 「노인주거복지를 위한 역모기지 방식의 미국 주택연금 제도-Estate of Jones v. Live Well Financial, Inc. 미연방 법원 판례에서의 계약자유의 원칙 쟁점을 중심으로」, 『토지법학』 제38권 제2호, 한국토지법학회, 2022.

김선량, 「주택연금제도의 사회보장적 성격과 그 활성화 방안」, 『부동산법학』 제24권, 한국부동산법학회, 2020.

김선미·엄수원, 「주거환경개선사업의 정비기반시설 개선 방안에 관한 연구: 군산시 현지개량방식 주거환경개선지구를 대상으로」, 『한국지역경제연구』 제13권 제3호, 한국지역경제학회, 2015.

김선주, 「전세보증금보험 개선방안 연구」, 『부동산법학』 제23권 제3호, 한국부동산법학회, 2019.

______, 「고령자 주택자산을 활용한 주택연금 활성화를 위한 법제도 개선방안」, 『부동산법학』 제24권 제1호, 한국부동산법학회, 2020.

김성미, 「분양형 실버타운 관리에 관한 노인복지법과 공동주택관리법의 쟁점」, 『집합건물법학』 제51권, 한국집합건물법학회, 2024.

김성미·윤태영, 「독일의 노인 등 주거약자를 위한 주택개조 청구에 관한 국내 시사점」, 『집합건물법학』 제45권, 한국집합건물법학회, 2023.

김성배, 「지속가능발전과 토지공법의 과제-사회통합과 미래를 위한 준비」, 『토지공법연구』 제75호, 한국토지공법학회, 2016.

김성우·정건섭, 「저출산, 고령화, 다문화 사회를 대비한 부산광역시의 도시정책 대안에 관한 연구」, 『한국공공관리학보』 제25권 제3호, 한국공공관리학회, 2011.

김성욱, 「다양한 유형의 고령자를 위한 주거정책의 방향」, 『집합건물법학』 제46권, 한국집합건물법학회, 2023.

김세윤·ANNAYING·이석호, 「한국 인구구조 변화의 주택가격 영향 분석」, 『한국과 국제사회』 제8권 제4호, 한국정치사회연구소, 2024.

김세직·고제헌, 「한국의 전세금융과 가계부채 규모」, 『경제논집』 제57권 제1호, 서울대학교 경제연구소, 2018.

김영국, 「고령사회 주거복지정책의 법적 쟁점과 개선 방안-국민연금기금의 활용 방안을 중심으로」, 『법학논총』 제40권, 법학연구소, 2018.

김영미, 「노후소득보장제도로서의 주택연금의 현황과 과제」, 『사회법연구』 제19권, 한국사회법학회, 2012.

김완용·유호림·윤성만, 「공공임대주택에 대한 보유세 과세체계의 문제점과 개선 방안」, 『지방세논집』 제11권 제3호, 한국지방세학회, 2024.

김용희, 「노후세대를 위한 주택연금의 활성화 방안」, 『부동산경영』 제13권, 한국부동산경영학회, 2016.

김정기·이형석, 「스웨덴에서 노인 건강과 돌봄을 위한 주거 관련 법제 연구-주거의 권리관계를 중심으로」, 『의생명과학과 법』 제23권, 법학연구소, 2020.

김제완 외 3인, 『주택임대차 계약갱신제도에 관한 입법사례 분석 및 제도 도입 필요성에 관한 연구』, 법무부 연구용역보고서, 2018.

김제완 외 7인, 『민간 임대 활성화에 관한 해외 주요국의 법제 연구』, 2022년도 국회 자문연구 보고서, 2022.

김종호, 「장수는 진정 축복인가? 사회보장제도의 보완수단으로서의 역모기지론의 활성화 방안에 관한 법적 연구-미국의 경험을 중심으로」, 『고려법학』 제64권, 고려대학교 법학연구원, 2012.

김필선·박태진, 「노후주거지 재생을 위한 가로 주택정비사업에 관한 연구」, 『부동산경영』 제18권, 한국부동산경영학회, 2018.

김 훈, 「고령자의 주택연금제도가 노후소득보장에 미치는 효과」, 『토지공법연구』 제87호, 한국토지공법학회, 2019.

대법원, 「지급보증위탁계약체결문서의 제출에 의한 담보제공과 관련한 사무처리요령」, 재판예규 제1144호.

맹다미·백세나, 「도시계획사업이 추진된 저층주거지 특성에 관한 연구-서울시 주거환경개선구역을 중심으로」, 『서울도시연구』 제20권 제2호, 서울연구원, 2019.

명순구, 『실록 대한민국 민법 2』, 법문사, 2010.

박나원, 「노인주거복지법제의 개선에 관한 고찰」, 『법학논총』 제45권 제3호, 법학연구소, 2021.

박미선, 「유엔 해비타트 III 새로운 도시의제의 기조에 비추어 본 한국 주택정책의 성과와 과제」, 『공간과 사회』 제26권 제4호, 한국공간환경학회, 2016.

______, 「한국 주거불안계급의 특징과 양상: 1인 청년가구를 중심으로」, 『공간과 사회』 제27권 제2호, 한국공간환경학회, 2017.

박세훈, 「전세사기 피해지원 법제 및 정책에 대한 토지공법적 검토-전세사기피해자 지원 및 주거안정에 관한 특별법, 전세사기 피해자 지원제도-」, 『토지공법연구』 제107호, 한국토지공법학회, 2024.

박용숙, 「저출산 및 초고령화 사회에 대한 대응방안으로서 빈집 및 소규모주택 정비에 관한 소고」, 『강원법학』 제52권, 비교법학연구소, 2017.

박 인, 「선진국의 임대료규제와 도입방안의 연구-공정임대료법안을 중심으로」, 『대한부동산학회지』 제33권 제2호, 대한부동산학회, 2015.

박준혁, 「프랑스 민법의 '부양을 위한 임대차'에 관한 연구-고령화를 대비한 역모기지의 확장」, 『법학논총』 제43권 제3호, 법학연구소, 2023.

박혁서, 「초고령사회의 고령임차인 주거문제와 일본의 주택세이프티넷제도에 관한 연구」, 『주거환경』 제18권 제1호, 한국주거환경학회, 2020.

배건이·정극원, 「1인 가구 주거지원을 위한 주택법제 개선방안」, 『토지공법연구』 제64권, 한국토지공법학회, 2014.

서진형, 「전세보증금반환 보증상품에 대한 법·정책적 제언」, 『부동산경영』 제15권, 한국부동산경영학회, 2017.

성연동, 「한국의 인구구조변화와 주택정책에 관한 연구」, 『부동산학보』 제53권, 한국부동산학회, 2013.

송윤아·최창희, 「일본의 고령자 주거시설 공급과 시사점」, 『CEO Report』 제2024-6호, 보험연구원, 2024.

심민석, 「주거양극화에 대한 공법적 개선방안 연구: 싱가포르의 공공임대주택정책과 비교」, 『부동산법학』 제23권 제3호, 한국부동산법학회, 2019.

오길영, 「신용정보의 집중과 법적 문제」, 『일감부동산법학』 제28권, 법학연구소, 2014.

윤부찬, 「주택담보노후연금제도와 그 문제점」, 『법학연구』 제21권 제1호, 법학연구소, 2010.

윤태영, 「고령자 돌봄 주거복합단지(CCRC, Continuing Care Retirement Community) 조성을 위한 법적 과제」, 『집합건물법학』 통권 47호, 한국집합건물법학회, 2023, pp. 118~131.

이나겸·정준호, 「서울시의 구별 고령인구 비중이 주택가격에 미치는 영향」, 『국토지리학회지』 제58권 제4호, 국토지리학회, 2024.

이상영, 「최근 주택정책의 흐름과 연구과제」, 『국토연구』 통권 100호, 국토연구원, 2019.

이상영·서정렬, 「전세 사기의 원인 분석과 대안 탐색」, 『동향과 전망』 제118권, 한국사회과학연구회, 2023.

이준형, 「임대주택의 분양전환과 기존 임차인의 권리보호」, 『법학논총』 제37권 제2호, 한양대학교 법학연구소, 2020.

이홍렬, 「고령사회 대응을 위한 주거복지법제 개선방안」, 『집합건물법학』 제25권, 한국집합건물법학회, 2018.

장인선·김선주, 「해외 역모기지 사례분석을 통한 주택연금 활성화 방안」, 『부동산법학』 제26권 제3호, 한국부동산법학회, 2022.

정삼석·신동훈·정상철, 「도시 구시가지 쇠퇴현상에 따른 도시재생방안에 관한 연구-구 마산 도심지를 중심으로」, 『부동산학보』 제64권, 한국부동산학회, 2016.

조재진, 「전세보증금 미반환 피해자 구분에 관한 연구-특별법상 피해자와 사실상의 피해자를 중심으로-」, 『법이론실무연구』 제12권 제4호, 한국법이론실무학회, 2024.

조흥연·이춘원, 「공공임대주택의 분양전환과 공공성 확보방안 연구」, 『부동산법학』 제26권 제4호, 한국부동산법학회, 2022.

주택도시기금, 『소규모가구 주거안전망 구축방안』, 2024.

진미윤, 「2000년 이후 공공임대주택정책의 특징과 지속성 강화방안」, 『국토연구』 제53권, 국토연구원, 2007.

______, 「한국의 자가 소유 부문의 미래 자가 소유의 성장 가능성과 발전 방향」, 『공간과 사회』 제24권 제2호, 한국공간환경학회, 2014.

차호철·박철민, 「구도심 쇠퇴상권의 활성화 방안에 관한 연구-제주시 일도1동 '신흥로와 칠성로 인근 블록'을 중심으로」, 『도시설계』 제11권 제1호, 한국도시설계학회, 2010.

최성경, 「개정 주택임대차보호법과 전세 안정화 정책」, 『법학논총』 제37권 제4호, 단국대학교 법학연구소, 2013a.

______, 「전세자금대출제도와 전세금보장보험제도에 대한 법정책적 제언」, 『법과 정책연구』 제13권 제4호, 한국법정책학회, 2013b.

최현일, 「공공임대주택 공급현황과 발전방안에 관한 연구」, 『집합건물법학』 제15권, 한국집합건물법학회, 2015.

한국건설산업연구원, 『현 정부의 주택공급확대정책 평가와 제언』, 2024.

한국도시연구소·주거권네트워크·민주사회를 위한 변호사모임, 『전세사기·깡통전세 피해 가구 실태조사 및 피해 회복과 예방을 위한 제도 개선 방안』, 2023.

허지행, 「임대차보증금을 활용한 노후연금 방안」, 『부동산법학』 제26권 제4호, 한국부동산법학회, 2022.

홍이경·주서령·이성욱, 「고령자를 위한 서비스 지원형 공공임대주택의 주거복지서비스 현황분석」, 『한국주거학회논문집』 제33권, 한국주거학회, 2022.

황선훈, 「전세사기 방지를 위한 공법적 대응」, 『부동산법학』 제28권 제4호, 한국부동산법학회, 2024.

東京大學都市計画研究所, 『東アジアの少子高齢化と住宅市場』, 2022.

Dunn, Eric and Marina Grabchuk, "Background Checks and Social Effects:

Contemporary Residential Tenant-Screening Problems in Washington State," 9 *Seattle J. for Soc. Just.* 319, 2010.

Fajardo, Genevieve Hébert, "'Owner Finance! No Banks Needed!' Consumer Protection Analysis of Seller-Financed Home Sales: A Texas Case Study," 20 *Geo. J. on Poverty L. & Pol'y* 42, 2013.

Harvard Joint Center, *Aging Society and Housing Finance Innovation*, 2023.

INTERNATIONAL MONETARY FUND, *Housing Market Stability and Affordability in Asia-Pacific*, 2022.

Kleysteuber, Rudy, "Tenant Screening Thirty Years Later: A Statutory Proposal to Protect Public Records," 116 *Yale L.J.* 1344, 2007.

OECD, *An Agenda for Housing Policy Reform*, 2024a.

______, *Society at a Glance 2024: OECD Social Indicators*, OECD Publishing, 2024b〈https://doi.org/10.1787/918d8db3-en〉.

Pappoe, Yvette N. A., "The Scarlet Letter 'E': How Tenancy Screening Policies Exacerbate Housing Inequity for Evicted Black Women," 103 *B.U. L. Rev.* 269, 2023.

Smith, Andrew M. and Lucy C. Bartholomew, "Fair Credit Reporting Act Update-2023," 79 *Bus. Law.* 527, 2024.

The Economist, "Scourge of slums-A dynamic mayor's plans for his borough may be good for Newham, less so for London," Jul. 14th 2012.

디지털데일리, 「부동산거래 분석 소요시간 2주→10분」, 2024. 9. 11.

메디엔로, 「대한민국 초고령화 시대, 주택시장과 도시계획 대전환 불가피」, 2025. 3. 21〈https://www.medinlaw.net/news/articleView.html?idxno=217〉.

산경일보, 「지방 집값 하락…서울은 양극화 심화」, 2025. 3. 16〈http://www.sankyungilbo.com/news/articleView.html?idxno=378306〉.

서울경제, 「AI로 전세사기 등 부동산 불법행위 잡는다」, 2023. 5. 23.

연합뉴스, 「'한국형리츠' 제도화 시동」, 2025. 4. 6.

퍼블릭뉴스, 「국토교통부, AI 도입해 부동산 이상거래 잡아낸다」, 2023. 5. 23.

행정안전부, 「국내 65세 인구 20% 돌파…'초고령 사회' 진입」, 2024. 12. 26 〈https://www.mois.go.kr/video/bbs/type019/commonSelectBoardArticle.do?bbsId=BBSMSTR_000000000255&nttId=114652〉.

6

포용적인 조세 제도를 향하여

박훈

1. 머리말

최근 수십 년 동안 전 세계적으로 소득 불평등이 점점 심해지면서, 경제 발전의 혜택이 모든 사람에게 골고루 돌아가지 않는 문제가 커지고 있다. 경제협력개발기구(OECD)의 분석에 따르면, 대부분의 회원국에서 부유한 사람들과 가난한 사람들 사이의 소득 차이가 최근 30년 사이에 가장 커졌다. OECD 국가들에서 가장 부유한 10%의 사람들은 가장 가난한 10% 사람들보다 평균적으로 9배나 많은 소득을 올리고 있으며, 한국, 일본, 이탈리아 등 일부 국가에서는 이 격차가 10배에 달한다.[1] 이러한 불평등은 경제성장이 모든 사람을 포용하지 못하게 만들고, 사회 통합을 방해하며, 중산층을 약화시키고, 사회경제적 양극화를 심화시킬 수 있다는 우려를 낳고 있다. 실제로 앙헬 구리아(Angel Gurría) OECD 사무총장은 "많은 국가에서 사회적 계약이 무너지고 있으며, 포용적 성장을 위한 종합 전략이 없다면 불평등은 계속 심화될 것이다"라고 경고했다.[2] 이러한 상황 속에서 '포용적 성장'(inclusive growth)이라는 개념이 중요해졌으며, 경제 정책 전반에서 포용성을 높여야 한다는 목소리가 커지고 있다.[3]

조세 제도는 본래 재원 조달을 주된 목적으로 하지만, 어떤 방식으로든 분배에 영향을 줄 수밖에 없다. 세금은 누구에게 얼마나 부과하고 그 재원을 어디에 사용하는가에 따라 소득과 부의 재분배를 초래하며, 이는 조세 제도가 암묵적으로라도 소득재분배 기능을 지닌다는 것을 의미한다. 특히 OECD는 "조세는 정부 활동을 위한 수입을 조달함과 동시에 행위에 영향을 미치며, 복지 지출과 상호작용하여 가계와 개인 간 소득 분포에 영향을

1 OECD(2011).
2 OECD(2011).
3 OECD(2016).

준다"고 지적한다.[4] 이러한 점에서 조세 제도를 논할 때 형평성과 재분배 효과를 간과할 수 없다. 더욱이 한국의 경우 세제와 복지 제도가 빈곤율을 낮추는 효과가 다른 선진국에 비해 매우 미미하여, 세후(稅後) 재분배 효과를 강화할 여지가 큰 것으로 지적된다.[5]

포용적 조세 제도란 단순히 "부자들에게 세금을 더 걷어 빈자에게 나누어 준다"는 식의 단편적 재분배를 뜻하는 것은 아니다. 이는 지속 가능한 중산층의 형성과 극단적인 양극화 방지를 목표로, 조세를 통해 보다 튼튼한 사회경제적 기반을 구축하려는 종합적 접근이라 할 수 있다. 조세 정책을 통해 한쪽 극단에 부가 지나치게 집중되는 것을 막고, 중산층의 경제적 안녕과 기회를 지원함으로써 모든 계층이 성장의 과실을 공유하도록 유도하는 것이다. 이러한 포용적 조세 정책은 사회적 연대를 강화하고 소비를 뒷받침하여 경제성장의 지속성을 높이는 긍정적 효과도 기대할 수 있다. 실제로 버락 오바마 전 미국 대통령은 "초부유층과 모든 다른 사람들 사이에 엄청난 격차가 존재할 때, 이는 우리 전체 경제를 침체시킨다"고 언급하며 극심한 불평등이 경제에 장기적으로 해롭다는 점을 환기시켰다.[6] 결국 조세의 재분배 기능 강화는 사회정의 실현뿐만 아니라 성장의 질 제고를 위해서도 피할 수 없는 과제가 되고 있다.

이 글에서는 이러한 인식을 바탕으로 조세 제도의 포용적 전환이 필요한 이유와 방향을 살펴보고자 한다. 우선 조세 제도가 현실적으로 수행하는 재분배적 역할의 필요성을 짚어 보고, 단순한 부자 증세가 아닌 중산층 육성과 양극화 방지라는 목표를 강조한다. 다음으로 OECD의 주요 보고서들을 참고하여 포용적 성장을 지원하는 포용적 조세 체계의 개념을 소개하

4 OECD(2016).
5 Randall S. Jones(2009).
6 John P. Martin(2013).

고, 민간 부문의 공익법인 기부 활성화를 위한 세제 지원의 중요성을 논의한다. 아울러 현재 한국에서 쟁점이 되고 있는 주요 조세 정책 이슈들-법인세율 인하, 종합부동산세 완화(또는 폐지), 부가가치세율 인상 등-을 살펴보고 각각의 주장 근거와 정책적 함의를 검토한다. 이를 통해 포용적 조세 제도의 방향에 대한 종합적인 시사점을 도출해 보고자 한다.

2. 조세 제도의 재분배 기능과 중산층의 중요성

1) 조세의 재분배 기능과 그 필요성

현대 국가에서 조세 제도는 소득재분배와 떼려야 뗄 수 없는 관계에 있다. 조세의 1차적 기능은 정부에 필요한 재원을 확보하는 것이지만, 누구에게 얼마나 걷고 어디에 쓴다는 결정 자체가 곧 분배의 문제이기 때문이다. 예컨대, 누진세율 구조를 가진 소득세나 재산세는 고소득자에게 더 큰 부담을 지우는 반면, 법인세 감세나 간접세 비중 확대 정책은 고소득층에 유리하고 저소득층에 불리한 분배 효과를 낳는다. 따라서 정책입안자가 의도하지 않았더라도 조세 정책은 사회 계층 간 소득 이동을 발생시키게 된다. OECD 연구에 의하면, 2000년대 중반 한국의 조세 및 사회복지 시스템은 시장소득 기준 17.5%에 달했던 빈곤율을 가처분소득 기준 14.6%로 불과 2.9%p 낮추는 데 그쳐, 재분배를 통한 빈곤 감소 효과가 OECD 평균(16%p 감소)에 크게 못 미쳤다.[7] 이는 그동안 한국의 조세·복지 제도가 분배보다는 성장과 효율을 우선시해 왔음을 보여 주며, 앞으로 조세의 재분배

7 Randall S. Jones(2009).

적 역할을 강화할 여력이 상대적으로 크다는 뜻이기도 하다.[8]

물론 조세 제도의 재분배 기능 강화에 대해서는 경제적 효율성과의 균형을 고민해야 한다는 지적도 존재한다. 세율 인상 등 과도한 재분배 정책은 근로의욕 저하나 자본 유출 등 성장 잠재력 약화를 가져올 수 있기 때문이다. 실제 OECD는 소득 불평등 완화를 위해 조세의 재분배 역할을 강화해야 한다고 권고하면서도, 동시에 이러한 조치가 노동 및 투자 인센티브에 미칠 부정적 영향을 최소화하도록 세심한 설계가 필요하다고 강조한다.[9] 따라서 조세 정책을 수립함에 있어 형평성과 효율성 간의 상충 관계를 인식하고, 재분배 효과와 경제성장에 미치는 영향을 종합적으로 고려하는 것이 필수적이다. 궁극적으로는 소득 불평등을 완화하면서도 경제적 역동성을 저해하지 않는 포용적 성장의 선순환을 실현할 수 있는 조세 제도 개혁 방안을 모색해야 한다.

2) 중산층 강화를 위한 조세 정책의 방향

조세의 재분배에 대해 흔히 갖는 오해 중 하나는 "부자들에게 세금을 거둬 빈자에게 나눠 주면 된다"는 지나치게 단순화된 그림이다. 그러나 포용적 조세 제도가 지향하는 바는 그보다 훨씬 거시적이고 구조적인 목표라 할 수 있다. 핵심은 사회의 중산층을 두텁게 형성하고 경제적 기반을 확충함으로써 극단적인 양극화를 예방하는 것이다. 다시 말해, 조세·재정 정책을 통해 사회 전체의 생활 수준을 저변에서부터 향상시키고 경제 기회를 균등하게 제공하여, 궁극적으로 취약계층의 자립을 돕고 중산층을 지지하

8 한국의 조세재정 정책의 소득재분배 효과는 OECD 회원국에 비해 상대적으로 낮으며, 저소득층의 소득 개선 효과도 적은 편이라는 글로는 정민·민지원(2018)이 있다.

9 Randall S. Jones(2009).

는 지속 가능한 구조를 만드는 것이 목적이다. 이는 단순한 소득 이전 이상의 의미를 지닌다. 교육, 보건, 일자리 지원 등에 재정을 투자하여 인적자본 축적과 사회적 이동성을 높이고, 건강한 중산층 소비층을 육성함으로써 장기적인 성장 동력을 확보하는 전략인 것이다.

이러한 관점에서 부유층 증세는 포용적 조세 정책의 수단 중 하나일 뿐이며, 그 자체가 목표가 되어서는 안된다. 중요한 것은 과세의 형평성 제고와 함께 확보된 재원을 어디에 어떻게 활용하여 포용적 성장에 기여할 것인가이다. 예를 들어, 고소득자나 자산가에게 더 부담을 지우는 조치는 조세 정의를 구현하는 측면도 있지만, 동시에 그렇게 마련된 재원을 취약계층의 역량 강화나 사회보험 확충, 공공서비스 개선 등에 투입함으로써 사회 전체의 후생 증진에 쓸 때 그 의미가 더욱 커진다. 이는 결과적으로 부자와 빈자의 격차를 줄이고 사회적 안정망을 강화하여 중산층이 붕괴하지 않고 지속적으로 유지되도록 돕는다.

또한 극단적 부의 편중을 완화하는 것은 사회 통합과 민주주의의 유지를 위해서도 중요하다. 부의 쏠림이 심해지면 사회적 갈등과 불신이 증폭되고, 법치와 제도에 대한 정당성이 약화될 우려가 있다. OECD 보고서 『분열된 우리』(*Divided We Stand*)는 경제성장이 자동으로 모든 계층에 혜택을 주는 것이 아니며, 오히려 불평등 심화가 사회 이동성을 떨어뜨려 전체 경제를 약화시킬 수 있음을 지적했다.[10] 이는 중산층이 두터운 사회가 더 안정적이고 번영하기 쉽다는 의미로 해석할 수 있다. 결국 조세 제도의 목표는 부를 재분배하여 모두를 똑같이 만들자는 것이 아니라, 과도한 격차를 완화하고 기회의 사다리를 복원함으로써 사회 구성원 대다수가 중산층으로서 안정된 삶을 영위하도록 돕는 데 있다. 이러한 포용적 조세 전략

10 OECD(2011).

이야말로 사회적 연대를 강화하고 경제성장의 토대를 튼튼히 하는 길이라고 할 수 있다.[11]

3. 포용적 조세 제도를 위한 국제적 논의

1) 포용적 성장과 조세 정책

포용적 성장이란 "사회 모든 계층에 더 많은 기회를 제공하고 번영의 과실을 고르게 공유시키는 경제성장"을 의미한다.[12] 최근 들어 성장률 제고뿐 아니라 성장의 포용성에 대한 관심이 높아지면서, 소득뿐만 아니라 고용, 보건, 교육 수준 등 국민 삶의 다양한 차원에서 고른 개선을 이루는 성장이 중요하다는 논의가 국제사회에서 활발하다.[13] 이는 2000년대 이후 거의 모든 OECD 국가에서 소득 불평등이 확대되고 중산층의 지위가 흔들린 데 따른 대응 담론으로 볼 수 있다. 한국을 비롯한 여러 나라에서 상위 10%대 하위 10% 소득배율이 크게 상승하고 전통적으로 평등하던 북유럽 국가들까지 격차가 벌어지는 등 양극화의 심화가 보편적인 현상이 되었다.[14] 이러한 배경에서 경제적 성과를 보다 공정하게 분배하여 사회적 지속가능성을 확보하려는 정책 패러다임이 바로 포용적 성장이다.

포용적 성장을 구현하기 위해서는 거버넌스의 혁신이 필요하다는 지적이 제기된다. OECD의 『포용적 성장의 거버넌스』(*The Governance of Inclusive*

11 John P. Martin(2013).
12 OECD(2016).
13 OECD(2016).
14 OECD(2011).

Growth) 보고서는 정부 정책 수단 간의 정합성 제고와 이해관계자의 참여를 강조한다.[15] 즉, 포용적 성장이라는 목표를 달성하려면 정부의 다양한 정책들이 서로 연계되고 보완을 이룰 수 있도록 거시적 조정 메커니즘을 구축해야 한다는 것이다. 교육, 복지, 노동, 보건, 조세 등 여러 분야의 정책이 일관된 포용성 제고 방향 아래 추진되어야 하며, 중앙정부와 지방정부 간 협력도 중요하다. 아울러 정책 결정 과정에 시민사회와 다양한 이해당사자를 포용함으로써 정책의 개방성, 책임성, 수용성을 높이는 것이 필요하다.

이러한 '전 정부적 접근'(whole-of-government approach)을 통해서만 포용적 성장에 필요한 복합적인 정책 패키지들이 효과적으로 설계·집행될 수 있다는 것이 OECD의 제언이다. 이때 조세 정책과 재정 정책은 포용적 성장의 핵심 수단 중 하나로 지목된다. 정부가 동원할 수 있는 정책 수단들-재정 지출, 과세, 규제 등-가운데 조세는 소득분배에 직접적인 영향을 미치는 수단이기 때문이다.[16]

조세 제도의 설계에 따라 한 사회의 분배 구조는 크게 달라질 수 있다. OECD 분석에 따르면, 많은 국가에서 1980년대 이후 세율 구조와 복지 지출의 변화가 분배 악화 또는 개선에 결정적 역할을 한 것으로 나타났다.[17] 특히 세후 소득 분배의 평등도가 높은 국가들은 대체로 누진적인 소득세와 부유층 대상 자산과세, 적극적 재분배 지출을 조합하여 시장소득의 불평등을 크게 완화하고 있다. 반면 한국처럼 시장소득 불평등 자체는 중간 수준이지만 조세-복지 개입으로 인한 보정 효과가 낮은 경우, 최종 불평등도가 오히려 상위권에 속하게 된다.[18] 이는 포용적 성장을 위해 조세 정

15 OECD(2016).
16 OECD(2016).
17 Randall S. Jones(2009).

책을 어떻게 활용할 것인가가 국가별로 매우 중요한 과제임을 시사한다.

OECD는 포용적 성장 정책에서 조세의 역할로 두 가지 측면을 강조한다.[19] 첫째, 조세를 통한 소득재분배 강화이다. 시장소득의 격차를 보정하는 데 조세 및 사회보장 시스템이 큰 역할을 할 수 있으며, 이를 통해 빈곤 감소와 중산층 보호를 도모해야 한다고 본다. 다만 이러한 재분배는 근로장려세제(EITC)나 차등 공제와 같이 정교한 세제를 통해 일하는 계층을 지원하고 유인 체계를 해치지 않는 방식으로 이루어져야 함을 언급한다. 둘째, 조세 정책을 포용적 성장에 부합하게 설계하는 것이다. 이는 세원(稅源)의 확대와 구조 개선을 통해 충분한 재정을 확보하면서도 경제 왜곡을 최소화하는 조세 체계를 마련하는 것을 뜻한다. 예를 들어, OECD는 많은 국가에 소비세 면세·영세율 남용을 억제하고 과세 기반을 넓혀 효율성을 높일 것을 권고하고 있다. 이러한 OECD의 권고들은 포용성과 효율성의 균형을 추구하는 조세 정책의 방향성을 제시한다는 점에서 의미가 있다.

종합하면 포용적 조세 제도란 형평성과 효율성을 조화시켜 포용적 성장을 뒷받침하려는 조세 체계라 정의할 수 있다. 그것은 조세를 통한 부담 분담의 정의로움을 확보함과 동시에, 확보된 재원이 사회적 투자로 이어져 포용적인 경제발전에 기여하도록 하는 시스템이다. 『포용적 성장의 거버넌스』 보고서가 강조하듯, 이는 단순히 세목별 세율조정보다 정책 거버넌스 전반의 조율을 필요로 하며, 나아가 시민과 기업 등 모든 경제주체의 참여를 요한다. 궁극적으로 포용적 조세 제도는 지속 가능한 성장과 사회 통합이라는 두 마리 토끼를 잡기 위한 필수 수단이며, 국제사회에서도 이를 구현하기 위한 다양한 시도가 이루어지고 있다.

---

18 Randall S. Jones(2009).

19 Randall S. Jones(2009).

(1) OECD 『포용적 성장의 거버넌스』 보고서(2016)

이 보고서는 포용적 성장 달성을 위한 정책 추진 체계(governance)에 초점을 맞추고 있다. 특히 정부 부처 간, 중앙-지방 간 협업 메커니즘 구축과 정책 도구의 정렬을 강조하여, 포용적 목표 아래 조세·예산·규제 정책을 통합적으로 운용할 것을 권고한다. 또한 의사결정 과정에 국민 참여를 확대하고 성과를 측정·평가함으로써 정책의 지속성을 높여야 한다고 주장한다. 조세 제도와 관련해서는 조세의 재분배 효과를 극대화하는 한편, 경제주체의 행태를 바람직하게 유도하는 세제를 마련해야 한다고 제언한다. 이를 통해 정책 수용성을 높이고 포용적 성과를 거둘 수 있다고 본다.

(2) OECD 『분열된 우리: 왜 불평등은 계속 증가하는가』 보고서(2011)

이 보고서는 지난 수십 년간 선진국에서 불평등이 증가한 원인을 분석하고 정책 대응을 모색한 것이다. 보고서에 따르면, 시장소득 불평등의 증가는 기술 변화, 세계화, 가족 구조 변화 등 복합적 요인의 결과이지만, 정부의 재분배 개입 약화도 격차 확대에 일조했다. 특히 고소득층에 대한 세율 인하, 자본소득 과세의 미비, 복지 축소 등이 불평등 심화를 가져온 만큼, 정부가 보다 적극적으로 개입할 필요가 있다고 지적한다. 구리아 OECD 총장은 이 보고서 발표 자리에서 "경제성장의 낙수 효과에 기대거나 불평등이 커지면 사회 이동성이 늘어난다는 가정은 더 이상 유효하지 않다"며, 정부의 결단 있는 대응을 촉구했다. 나아가 이 보고서는 포용적 성장을 위한 포괄적 전략의 중요성을 역설하며, 조세 정책 면에서 상위층 증세와 사회적 투자 확대를 통한 불평등 시정을 권고하고 있다.

이처럼 두 OECD 보고서는 포용적 성장 담론을 뒷받침하면서, 그 구현 수단으로서 조세 제도 개혁의 방향을 시사하고 있다. 정리하면 포용적 조세 체계는 불평등 완화를 위한 재분배 기능, 성장 잠재력을 지원하는 효율성, 정책 추진을 가능하게 하는 사회적 합의를 모두 고려해야 한다. 이는 조세 정책을 수립·운영하는 데 있어 한층 복합적이고 전략적인 접근을 요구한다. 포용적 조세 제도의 구축은 조세 정책의 패러다임 전환이라 할 수 있으며, 한국 역시 이러한 국제적 흐름과 시사점을 반영하여 세제 개편 방향을 모색할 필요가 있다.

2) 공익법인과 기부 활성화를 위한 세제

포용적 성장에는 정부의 재정 정책뿐 아니라 민간 부문의 참여도 중요한 축을 이룬다. 특히 부의 자발적 사회 환원을 촉진하는 공익법인과 기부문화는 포용적 성장을 지원하는 데 큰 역할을 할 수 있다. 선진국에서는 부호들이 자신의 재산을 장학재단, 연구재단, 자선단체 등에 기부하여 교육·의료·빈곤 구제 등에 쓰이게 함으로써 사회적 가치 창출에 기여하는 전통이 비교적 강하다. 이러한 박애주의적 기부는 정부 재정만으로는 충당하기 어려운 부분을 보완하고, 시민사회의 활력을 높이는 긍정적 효과가 있다. 따라서 정부가 세제 혜택을 통해 기부를 장려하는 것은 포용적 조세 정책의 한 축이라 할 수 있다. 조세 지출 측면에서 기부금 세액공제나 상속세 면제 한도 등 제도를 설계하여 공익 부문의 재정 기반을 지원하면, 민간의 포용 성장 기여를 유도할 수 있기 때문이다.

한국의 경우 공익법인에 대한 기부와 기부금 세제가 아직 선진국 대비 미흡하다는 지적이 있다. 실제로 세계기부지수(World Giving Index)에서 한국의 기부 참여도 순위는 142개국 중 79위로 주요 선진국에 비해 크게 낮은 수준인데, 이는 기부에 대한 인센티브 부족과 문화적 요인 등이 복합적으로 작용한 결과로 보인다.[20] 특히 세제 측면에서는, 상속세 및 증여세법상 공익법인에 주식으로 출연할 때의 면세 한도가 지나치게 낮아 거액 기부를 제한하는 요인으로 지목된다.

현재 우리나라는 일반 공익법인에 출연한 주식의 경우 최대 10%(20%는 일부 공익법인에 허용)까지만 상속·증여세가 면제되고(일부 기업집단 소속 공익법인은 5% 한도), 이 초과분에 대해서는 세금이 부과된다. 반면 미국은 20~35%, 일본은 50%까지 면제되고 독일·스웨덴 등은 아예 한도가 없는 등 주요국은 공익재단 기부에 대한 과세를 매우 완화하여 기부를 독려하고 있다. 이러한 차이로 인해 한국에서는 부의 사회 환원이 활발하지 못하고, 부자들이 기부보다는 가업 승계나 사적 소비를 택하는 경향이 크다는 지적이 나온다.

이러한 문제의식을 바탕으로 기부 활성화를 위한 조세 지원 확대 주장이 힘을 얻고 있다. 전문가들은 상속세제 개편 시 공익법인 출연자금에 대한 면세 한도를 미국이나 일본처럼 대폭 높여야 한다고 제안한다. 예컨대, 기업 오너나 부유층이 자기 회사 주식이나 재산을 공익재단에 출연할 경우 현행 10%(20%) 한도를 완화하여 상당 부분 세금 없이 사회 환원할 수 있도록 유도하자는 것이다.[21] 이렇게 하면 경영권 승계를 위해서가 아니라 공익적 목적으로 재산을 출연하는 문화가 자리잡을 수 있다는 기대가 있다. 실제로 스웨덴의 발렌베리(Wallenberg) 가문 사례처럼, 기업 지배주주가 공익재단을 통해 회사 지분을 보유하면서 막대한 기부 프로그램을 운영하도록 유도하는 모델도 거론된다. 이러한 공익재단 활용은 부와 권한이 한 가문에 독점되는 폐해를 줄이는 동시에, 사회적으로 유용한 영역에 자원이

20 매일경제(2024).

21 공익법인의 주식 보유 한도를 최소 15% 이상으로 상향해야 한다는 견해로는 유철형(2023) 참조; 한국의 공익법인 주식 기부 면세 한도가 5~20%로 제한되는 반면, 미국은 최대 35%, 일본은 50%, 유럽 일부 국가는 제한이 없음을 지적하면서 국제 기준에 부합하도록 한도 상향이 필요하다는 견해로는 윤근효·김덕산(2022) 참조.

공급되도록 하는 효과가 있다.

물론 기부 활성화를 위해서는 세제 외에도 투명한 운영과 신뢰 형성이 전제되어야 한다. 공익법인이 진정으로 공공선에 기여하고 있다는 믿음이 있어야 국민의 호응을 얻을 수 있기 때문이다. 세제 지원이 확대되면 그만큼 공익법인의 책무성을 강화하고 사익 추구에 이용되지 않도록 감시도 필요하다. 그럼에도 불구하고 기부금 세액공제율 인상, 상속·증여세 공익법인 출연 한도 확대 등은 비교적 쉽게 시행할 수 있는 조치로서, 포용적 조세 제도의 한 부분을 구성할 수 있다.[22] 궁극적으로 민간의 자발적 부의 재분배를 장려하는 세정 환경을 조성함으로써, 정부와 민간이 함께 포용적 성장에 기여하는 협력적 거버넌스를 구축할 수 있을 것이다. 이는 앞서 OECD가 강조한 공동의 노력 측면에서도 부합하는 방향이다.[23] 한국 사회의 나눔문화를 증진시켜 사회 통합을 강화하는 데 이바지할 것으로 기대된다.

3) 한국을 위한 포용적 조세 제도의 모색

국제적 논의와 정책 방향을 토대로 할 때, 한국의 조세 제도 역시 포용적 성장을 지원하는 쪽으로 전환과 보완이 필요한 부분이 많다. 우선 현재의 조세 체계가 가지는 재분배 효과를 면밀히 점검하고, 형평성 제고를 위해 조세 부담 구조를 개선해야 한다. 예컨대, 직접세와 간접세의 비중, 소득세 최고세율 및 과표구간, 자본소득 과세 등에서 공정한 부담 원칙이

22 공익법인의 투명성을 제고하는 조건 아래 기부에 대한 과감한 세제 지원을 제안하는 견해로는 박훈(2009) 참조; 주식 기부 활성화를 위해 공익법인법의 개정도 하나의 방안으로 제시한 견해로는 정준혁·천경훈(2022) 참조.

23 OECD(2016).

실현되고 있는지 평가할 필요가 있다. 또한 추가 재원이 필요할 경우 부가가치세 과세 기반 확대나 탈세·탈루 방지 등을 통해 세입을 확충하면서, 저소득층에 역진적 영향이 가지 않도록 보완대책을 병행해야 할 것이다.

동시에 확보된 재원을 어디에 사용할지에 관한 정책 우선순위도 중요하다. 포용적 조세 제도하에서는 추가로 확보된 재원이 교육 기회 확대, 고용 지원, 복지서비스 향상 등 사회적 투자에 투입되어 중산층과 취약계층의 역량 강화에 쓰이도록 해야 한다. 이를 통해 조세의 재분배 선순환 구조가 완성될 수 있다. 아울러 조세 정책 결정 과정에서 국민적 합의를 도출하는 노력도 필수적이다. 세제 개편은 이해관계에 따라 찬반이 엇갈리므로, 투명한 정보 공개와 공론화 과정을 거쳐 정책의 정당성과 수용성을 높여야 한다. 이는 포용적 성장 거버넌스의 핵심인 개방성과 참여 원칙에도 부합한다.

다음 절에서는 이러한 큰 방향 속에서 현재 한국에서 논쟁이 되고 있는 주요 조세 정책 이슈들을 구체적으로 살펴본다. 법인세율 인하, 종합부동산세 폐지 여부, 부가가치세 인상 등은 포용적 조세 제도 구축 과정에서 직면한 현실적 선택지들이다. 쟁점별로 제기되는 찬반 논거를 검토하면서, 향후 어떠한 방향이 포용적 조세 체계 확립에 기여할 수 있을지 시사점을 찾아보고자 한다.

4. 주요 조세 정책 쟁점들

1) 법인세율 인하: 경쟁력 제고 vs. 형평성 훼손

한국의 법인세율은 최근 중요한 쟁점으로 떠올랐다. 2018년 이후 최고

세율이 한때 25%로 인상되었다가, 2023년부터는 다시 24%(과표 3,000억 원 초과 구간 기준)로 인하되는 등 정부 정책에 따라 변동을 겪었다. 여전히 지방세인 지방소득세를 포함하면 법인소득에 대한 실효세율은 약 26~27% 수준으로, 이는 OECD 국가들의 평균적인 법인세 수준과 비슷하거나 다소 높은 편으로 평가된다.

법인세 인하론자들은 한국의 법인세율이 그동안 상대적으로 높았기 때문에 이를 낮추어야 한다고 주장한다. 국제적 조세 경쟁이 심화되어 각국이 앞다투어 법인세를 내리는 추세에서, 한국만 높은 세율을 유지하면 기업경쟁력과 해외 투자 유치에 불리하다는 것이다. 실제로 OECD는 법인세를 경제성장에 가장 해로운 세목으로 지적하면서, 세율 인하와 투자세액공제 확대 등으로 기업의 투자 유인을 제고할 필요가 있다고 언급한다.[24] 법인세율을 낮추면 기업의 이윤 활용 여력이 커져 설비 투자나 고용을 늘리는 데 기여하고, 장기적으로 경제성장률 제고로 이어질 수 있다는 것이 인하론자들의 주장이다. 아울러 법인세 부담이 줄어들면 기업이 국내에 남겨 두는 소득이 늘어나 과세 기반이 오히려 확대되고, 배당이나 임금 상승 등을 통해 가계소득 증대 효과도 기대할 수 있다고 본다.[25]

반면 법인세 인하에 대한 우려 역시 만만치 않다.[26] 첫째, 법인세를 인

24 https://taxfoundation.org/location/korea/page/4/#:~:text=The%20corporate%20income%20tax%20is,rates%20and%20generous%20capital%20allowances.

25 법인세율 인하가 GDP 증가, 투자 확대, 고용 증대에 긍정적 영향을 미친다고 분석한 문헌으로는 김명규·김성태(2010)가 있다. KISVALUE의 1,896개 상장기업의 2005년부터 2019년까지의 자료를 이용하여 법인세의 인하가 자본의 사용비용을 감소시켜 결과적으로 기업의 투자를 증가시키고, 이러한 현상은 중소기업에서 더욱 두드러지게 나타난다는 의미로 해석할 수 있는 연구 결과를 제시한 문헌으로는 송헌재·전병힐·소준영(2023)이 있다.

26 1980년대 초부터 윤석열 정부에 이르기까지 투자 증진을 목적으로 한 9차례에 걸쳐 법인세율을 인하하면서 투자 촉진을 위해 반복적으로 시행된 세율 인하의 영향이 누적되어 조세 정책의 투자 유인 기능이 위축되는 '세율 인하의 역설' 상황이 초래되고 있다는 지적을 한 견해로는 홍장표·김채린(2024) 참조.

하할 경우 재정수입 감소에 따른 재정적자 악화 문제가 지적된다. 2022년 법인세율 일부 인하와 경기 둔화의 영향으로 2023년 국세 수입에서 법인세수가 큰 폭으로 감소하여, 한국은 약 30조 원 이상의 세수 부족에 직면한 바 있다.[27] 경기가 좋지 않을 때 법인세 수입이 줄어드는 것은 어느 정도 불가피하지만, 세율 인하까지 겹치면 세입 기반이 구조적으로 약화될 수 있다. 현재 고령화 등으로 재정 지출 수요가 늘어나는 상황에서 법인세를 낮추면, 부족분을 보충하기 위해 결국 다른 세목 인상이나 지출 삭감이 필요하게 된다. 특히 법인세는 소득세 등에 비해 고소득층이 실질적으로 더 부담하는 세목인데, 이를 줄이면 조세 체계의 진보성(progressivity)이 약화되어 소득재분배 효과가 감소할 수 있다. 실제 OECD 보고서에서는 지난 수십 년간 각국의 법인세 인하 경쟁이 고소득층의 실효세율 하락과 맞물려 불평등 심화에 기여했다고 분석한 바 있다.[28] 즉, 법인세 인하는 부유층과 대기업에 유리하고 그 부담을 사회 전체로 전가시킬 소지가 있다는 비판이 존재한다.

둘째, 법인세를 내려도 투자나 고용으로 이어지리라는 보장이 없다는 지적이 있다.[29] 기업의 투자 결정은 세금보다 시장 수요, 경제 전망 등에 더 크게 좌우되는데, 내수 부진과 세계 경기 둔화로 투자할 만한 사업 기회가 부족하면 세율을 낮추어도 투자 증가로 연결되지 않을 수 있다. 오히려 세율 인하로 늘어난 기업 순이익이 배당 확대나 사내유보로 흘러들어가 부의 집중만 심화시킬 수 있다는 우려도 있다. 한국의 경우 대기업들이

27 *Korea JoongAng Daily*(2024. 9. 26).
28 OECD(2011).
29 법인세율이 1%p 인하되면 상장법인의 유무형 자산 투자율이 IMF 외환위기 이전 Ⅰ기(1983~1997년)에는 0.368~0.379%p IMF 외환위기 이후 Ⅱ기(1998~2010년)에는 0.200%p 증가했으며, 글로벌 금융위기 이후 Ⅲ기(2011~2022년)에는 0.005%p로 세율 인하가 투자에 미치는 효과가 미미한 것으로 추정된다는 지적도 있다. 홍장표(2024) 참조.

이미 상당한 현금유보금을 보유하고 있고, 투자 대비 배당 성향이 높아졌다는 분석도 있다. 따라서 '법인세 인하→투자 확대→고용 창출'의 선순환이 실현되지 않으면 재분배 악화만 초래할 위험이 있다. 게다가 최근 국제사회에서 글로벌 최저한세 도입이 논의되는 등 다국적 기업의 세부담 최저선을 설정하려는 움직임이 있어, 각국의 법인세율 인하 경쟁이 제한될 가능성도 있다. 이러한 점까지 감안하면 법인세 인하의 경제적 실익이 크지 않다는 반론이 제기된다.

법인세율 조정은 효율성과 형평성의 균형 문제로 귀결된다. 세율을 낮추어 경제 활동을 장려하는 효과와, 세율을 유지 또는 인상하여 분배 정의를 실현하는 효과 중 어디에 무게를 둘 것인지의 선택인 것이다. 포용적 조세 제도의 관점에서 보면, 법인세를 너무 낮춰 고소득자·대기업에 대한 과세가 줄어드는 것은 바람직하지 않을 것이다. 그렇다고 국제적 수준을 무시하고 과도하게 높게 유지하는 것도 조세 회피와 투자 위축을 불러와 세수 확보에 실패할 수 있다. 결국 중간 수준의 합리적 세율을 모색하면서, 과세 기반 확충과 실효세율 관리로 기업 부문의 적정 부담을 확보하는 전략이 요구된다. 예컨대, 조세감면 특례를 정비해 명목세율 인하에 따른 세수 감소를 보완하고, 대기업의 과도한 법인세 감면 혜택을 줄이는 식의 세원 관리가 병행될 필요가 있다. 또한 법인세 감세로 인한 혜택이 고용 확대나 임금 상승 등으로 실질적 포용성 제고에 연결되도록 유도 정책(예: 투자·고용 조건부 인센티브)을 함께 시행하는 방안도 고려해 볼 수 있다. 요컨대, 법인세율 인하 논쟁은 성장과 분배의 가치 선택을 요구하는 사안이며, 포용적 조세 체계라는 큰 틀에서 그 최적점을 찾는 지혜가 필요하다.[30]

30 포용적 성장 체제의 조세 정책 방향으로 기업 부문의 경제적 지대에 해당하는 초과이윤에 대한 과세인 이윤세를 주장하는 견해도 있다. 김우철(2020) 참조.

2) 종합부동산세: 부동산 부자의 징벌적 과세 vs. 부의 편중 완화

종합부동산세(종부세)는 고가의 주택 또는 일정 기준을 초과하는 토지를 보유한 자에게 일반 재산세와 별도로 부과되는 세금으로, 한국 조세 체계에서 자산 양극화 완화와 부동산 시장 안정을 목적으로 도입된 제도이다.[31] 2023년 기준으로 1세대 1주택자는 공시가격 합계 12억 원 초과, 그 외는 6억 원 초과 주택에 대해 종부세가 부과되며, 전체 주택 보유자 중 약 2% 내외의 자산가에게 적용되는 누진세 구조를 가진다. 이러한 종부세를 둘러싸고 폐지 혹은 완화해야 한다는 주장과 강화 혹은 유지해야 한다는 주장이 팽팽히 맞서고 있다.[32]

폐지·완화론의 입장은 종부세가 과도한 이중과세이자 징벌적 과세이며, 실효성도 낮다는 것이다. 종부세 대상자는 이미 재산세를 부담하고 있는데 추가로 종부세까지 내는 것은 이중 부담이며, 세금 액수가 매우 커 일부 은퇴 노년층 등 소득이 부족한 자산가에게는 지나친 짐이 될 수 있다고 지적한다. 특히 부동산 가격 안정을 위한 효과는 불분명한 반면, 세금 부담이 결국 임차인에게 전가되어 서민 주거비 상승을 초래할 소지가 있다는 주장도 있다.[33] 실제 정부 관계자도 "종부세의 주택 가격 안정 효과는 미미한 반면 임차인에게 부담 전가 요소가 상당하다"고 언급하며 폐지 내지 전면 개편의 필요성을 시사한 바 있다.[34] 또한 종부세를 부과하는 나라

---

31 2005년 1월 5일 종합부동산세법 제정과 2005년 12월 31일 개정된 내용에 대해서는 박훈(2006) 참조.

32 스트레이트뉴스(2024. 6. 12).

33 종부세 증가분은 전세 가격 상승을 통해 약 6% 정도의 세부담이 전가되는 것으로 추정되었다는 실증연구로는 우석진·전병힐(2009) 참조.

34 연합뉴스(2024. 6. 16).

는 드물고, 한국의 경우 헌법재판소에서 재산권 침해 논란까지 제기된 바 있다.[35] 폐지론자들은 재산세에 통합[36]하거나 일부 1주택자에 한해 면제하는 등 완화 조치를 통해 조세저항을 해소해야 부동산 거래 활성화 등 경제 효과를 기대할 수 있다고 본다.

반면 유지·강화론은 종부세가 부동산 부자의 불로소득 환수와 부의 편중 억제에 반드시 필요하다고 본다. 한국은 부동산 자산이 부의 큰 비중을 차지하고 있고, 지역·계층 간 부동산 격차가 심각한데, 종부세는 상위계층이 얻은 막대한 부동산 자산 이득의 일부를 사회에 환원하여 형평성을 높이는 장치라는 것이다.[37] 종부세 도입 취지가 부동산 투기 억제와 가격 안정이었던 만큼, 이를 없앨 경우 다주택자의 투기적 보유 욕구를 자극해 부동산 가격이 다시 급등할 수 있다고 우려한다. 실제 2005년 종부세 도입 이후 한동안 부동산 가격 오름세가 둔화된 측면이 있었고, 2018~2020년 종부세 강화 정책이 발표되자 다주택자들이 주택을 일부 매각하는 효과도 나타났다. 이는 자산 불평등 완화와 주택시장 수요 억제에 일정 기여를 한 것으로 해석할 수 있다.[38] 또한 종부세는 지방재정 교부금 등으로 활용되

35 문재인 정부에서 납부 대상이 확대된 종합부동산세는 헌법에 어긋나지 않는다고 헌법재판소 2024. 5. 30. 선고 2022헌바189 전원재판부 결정 등이 있었다. 그렇지만 다주택자 및 법인 보유 주택에 대한 종합부동산세 중과세의 위헌성이 있다는 견해로는 차진아(2024)가 있다; 한편 헌법재판소에서 종합부동산세 세대별 합산과세를 위헌 결정한 바도 있다(헌법재판소 2008. 11. 13. 선고 2006헌바112 등). 이 위헌 결정에 대한 비판적인 문헌으로는 문병효(2009)가 있다.

36 재산세와 통합하여 지방공공서비스와의 연계성을 높인 편익과세로 운용하는 방안을 제시한 견해로는 전병목·송경호(2022)가 있다.

37 2007~2015년에 발생한 부동산소득이 경상 GDP의 30%를 넘는 것으로 추산하면서 기존 종합부동산세의 단점을 보완한 국토보유세를 도입하고 추가 세수로 모든 국민에게 똑같이 토지배당을 지급하는 방안을 제시하는 견해도 있다. 남기업·전강수(2017) 참조.

38 부동산보유세 인상으로 인한 가계가처분소득 감소와 부동산 가격 하락 등의 부정적 영향이 이후 정부 지출 확대와 부동산보유세의 누진적 성격으로 인한 부(wealth)의 재분배 효과 등의 간접 효과로 민간 지출과 GDP가 장기적으로 증가하는 긍정적 영향으로 상쇄되는 것으로 해석될 수 있다는 견해로는 박준·이태리(2016)가 있다.

어 국토 균형발전 재원으로 쓰이는 측면도 있다. 포용적 성장 측면에서 보면, 종부세는 부의 재분배 도구로서 의미가 크므로 함부로 폐지해서는 안 되고 오히려 사각지대 보완 등 개선을 통해 유지해야 한다는 것이 이 입장이다.[39] 예컨대, 1세대 1주택자에 대한 종부세는 일정 요건하에 감면하되 다주택자나 초고가 주택 보유자에 대해서는 더욱 강한 누진과세를 지속함으로써 투기 수요를 억제하고 재정형평성을 제고할 수 있다. 이렇게 해야 주택자산에 대한 과세형평이 확보되고, 부동산으로 인한 부의 대물림과 세대 간 불평등을 완화할 수 있다는 주장이다.

최근 정부는 종부세 관련하여 부분적인 완화 기조를 보인 바 있다. 1주택자의 종부세 과세 기준을 높이고 세율을 인하하는 등의 조치를 통해 납세자 부담을 줄이는 방향으로 개편이 이루어졌다. 그러나 완전히 폐지하는 것에 대해서는 정치권 및 여론의 이견이 크다. 한 여론조사에서는 국민 여론이 폐지 찬반으로 팽팽하게 갈린 것으로 나타났는데,[40] 이는 종부세 문제가 한국 사회에서 얼마나 민감한지 보여 준다.[41]

포용적 조세 제도의 시각에서 바라볼 때, 종부세와 같은 부동산 보유과세는 부의 편재를 완화하고 세원을 확보하여 포용적 재정 지출에 활용할 수 있다는 점에서 순기능이 분명하다. 다만 조세저항이나 부동산 시장에 미치는 영향 등 부작용을 최소화하도록 설계를 정교화할 필요가 있다. 예를 들어, 공시가격 현실화에 따른 과세 급증 문제를 완화하고, 일시적 2주택 등 비투기적 보유에 대한 예외를 두는 등 탄력적 운영이 요구된다.

39 시사저널(2024. 6. 11).

40 스트레이트뉴스(2024. 6. 12).

41 부동산보유세의 과세 범위 및 세율의 변화가 집권당의 정치적 지지율에 미치는 영향을 주기로 한다. 부동산 보유세율의 인상, 특히 2주택 이하 소유자를 대상으로 한 과세표준의 인상과 대상의 확대가 정치적 지지율 하락을 초래했다는 실증연구로는 김영록·장유미(2024)가 있다.

궁극적으로 부동산 부자에게 적정한 추가 부담을 지우면서도 실수요자나 장기보유자에게 과도한 피해가 없도록 균형을 찾는 것이 중요하다.[42] 이것이 바로 포용적 조세 체계에서 부동산 과세 부문의 과제라 할 수 있다. 한편 이와 관련한 잦은 세법 개정과 이에 따른 과세상 혼잡도 개선될 필요가 있다.[43]

3) 부가가치세 인상: 재정 확보 vs. 역진성 문제

한국의 부가가치세(VAT)는 현재 10%의 단일 세율로 부과되고 있으며,[44] 1977년 도입 이후 한 번도 세율 변경이 없었다. 10%라는 세율은 OECD 국가들 중에서도 매우 낮은 편으로, OECD 평균 부가가치세 표준세율이 약 19% 수준인 것과 비교된다.[45]

이에 따라 재정 전문가들과 국제기구 일각에서는 한국이 향후 재정 지출 증가에 대비하고 조세부담률을 선진국 수준으로 높이기 위해 부가세율 인상을 검토할 필요가 있다고 지적해 왔다. 실제로 OECD는 한국의 조세 구조에 대해 "향후 증가하는 재정 수요를 충당하기 위해서는 상대적으로 세율이 낮은 부가가치세를 인상하는 방안이 고려될 수 있다"고 언급한

---

42 종합부동산세를 재산세로 통합하고 단일비례세율을 적용하는 것도 생각해 볼 수 있다. 서영진·박훈(2024) 참조.

43 "재산세와 종합부동산세는 온갖 정책 나아가 정치적 색깔을 담다 보니 법령의 글귀와 짜임새가 매우 혼란스럽고 여러 가지 무리가 있다"는 지적에 대해서는 이창희(2024) 참조.

44 당시 제대로 된 부가가치세가 도입되면 법인세가 필요 없다는 생각도 정부당국자가 했다고 한다. 김승희·김용호(2025), p. 10 참조; 한편 부가가치세 도입 시 국제통화기금(IMF)을 통하여 앨런 A. 테이트(영국)와 제임스 C. 뒤그넌(아일랜드)의 자문을 얻은 바 있고, 그 내용에 대해서는 윤지현(2023) 참조.

45 *The Korea times*(2016).

바 있다.[46] 더불어 한국의 부가가치세는 과세 대상 범위가 이미 비교적 넓게 설정되어 있어, 세율만 올리면 추가 세수 확보가 용이하다는 평가도 있다.[47]

부가가치세 인상론의 근거는 우선 재정 건전성 확보이다.[48] 한국은 빠른 고령화와 복지 수요의 증가로 향후 재정 지출이 크게 늘 전망인데, 부가세 1~2%p만 올려도 수조 원의 추가 세입을 확보할 수 있어 재정 여력 확충에 효과적이라는 것이다. 직접세 증세는 조세저항이 크지만, 간접세는 세율을 조금만 손봐도 납세자 개개인이 체감하는 부담은 상대적으로 적으면서 폭넓은 세원에서 고르게 세수를 거둘 수 있다는 장점이 있다. 또한 부가세는 소비에 대한 과세로서 저축이나 투자 결정에 왜곡을 덜 일으키므로 경제 효율성이 높은 세목으로 평가된다. 소비세 비중을 높이고 소득세·법인세 비중을 낮추는 것은 세수의 안정성과 중립성 측면에서 바람직한 조세 구조로 여겨지기도 한다. 무엇보다 현재와 같은 저부담 구조로는 복지 확대나 양극화 대응에 한계가 있으므로, 국민 모두가 폭넓게 분담하는 부가세 인상을 통해 사회보험료 및 복지 재원을 확보해야 한다는 주장이 힘을 얻는다.[49]

한편 부가세 인상에 대한 반대론도 만만치 않다. 가장 큰 우려는 역진성 문제이다. 부가가치세는 소득 수준에 관계없이 소비에 일률 부과되므로 저소득층일수록 가처분소득 대비 세부담률이 높아지는 구조적 한계를

---

46 Randall S. Jones(2009).

47 Randall S. Jones(2009).

48 국가재정이 30~40년 후에는 국가부도의 위험 수준에 도달할 수 있음을 확인하고서 국가재정의 지속 가능성을 위해 지출 구조조정의 범위에 의무 지출을 포함시키고, 세입 확충을 위해 부가가치세율 인상하자는 견해로는 박명호(2024) 참조.

49 고령화에 따른 가구 특성의 변화가 부가가치세 세수에 미치는 영향을 분석하면서 부가가치세의 GDP 대비 비중 감소를 염두에 둔 부가가치세의 역할 강화를 주장하는 견해로는 전승훈(2024) 참조.

지닌다. 즉, 부가세율 인상은 상대적으로 빈곤계층에 더 큰 부담을 지우게 되어 분배에 악영향을 줄 수 있다. 한국처럼 소득 불평등과 소비 양극화가 이미 있는 상황에서 부가세율을 올리면, 저소득층의 실질 구매력이 감소하여 내수 경기에도 타격을 줄 수 있다는 지적이 나온다.[50] 실제로 일본이 2010년대 두 차례에 걸쳐 소비세(한국의 부가가치세에 해당)를 5%에서 10%로 인상했을 때, 그 여파로 소비가 위축되고 경제성장이 둔화된 경험이 있다.[51] 또한 한국은 부가세가 단일세율이어서 생필품과 사치재를 구분 없이 과세하는데, 세율을 올리면 생필품 가격 상승으로 물가 부담이 커져 서민 생활에 충격을 줄 수 있다. 국민 정서상 간접세 인상에 대한 반감도 상당히 커서, 정치적으로 실행이 쉽지 않다는 현실적 문제도 있다. 과거 정부들도 부가세 인상의 필요성을 논의한 적은 있지만 대중의 반발 우려로 실제 추진하지 못한 전례가 있다.

포용적 조세 제도의 시각에서 보면, 부가세 인상은 양날의 검이라 할 수 있다. 한편으로 이는 복지 재원 확보 등 포용 정책의 재정적 토대를 마련하는 수단이 될 수 있지만, 다른 한편으로는 그 자체로 저소득층에 부담을 주어 포용성에 역행하는 측면이 있다. 따라서 만약 부가세 인상을 추진한다면 역진성 보완 대책을 반드시 병행해야 한다는 것이 전문가들의 공통된 지적이다. 예를 들어, 저소득층에 대한 현금 지원(예: 부가세 인상분에 상응하는 소득공제나 세액공제 지급)이나, 기본 생필품에 대한 부가세 영세율 적용 등이 고려될 수 있다. 또한 조세 체계 전체로 보아 부가세 비중이 높아진 만큼 직접세의 누진성 강화나 사회복지 지출의 확대를 통해 분배 효

50 1980~2020년 기간 동안 OECD 국가에서 이루어진 139회의 부가가치세 세율 변화가 소비자물가 상승률과 1인당 GDP 증가율에 미치는 영향을 분석한 결과 부가가치세율의 인상이 1인당 GDP 증가율에는 부정적인 영향을 미치지만, 소비자물가 상승률에 미치는 영향은 다소 불분명한 것으로 나타난다는 연구 결과도 있다. 전승훈·황성원(2022) 참조.

51 일본의 소비세 도입과 세율 변화에 대해서는 박훈(2025) 참조.

과를 높이는 노력이 필요하다. 실제 OECD도 한국에 부가세 인상을 권고하면서, 동시에 사회적 지원 강화를 통해 저소득층에 미치는 영향을 완화할 것을 제언한 바 있다.[52] 결론적으로 부가세 인상 논의는 재정 지속 가능성과 조세의 형평성 사이에서 적절한 접점을 찾는 문제이며, 포용적 조세 제도하에서는 정교한 설계와 보완책을 전제로 신중하게 접근해야 할 과제이다.

4) 상속세 개편: 기업 승계 활성화 vs. 부의 대물림 방지

한국의 상속세 최고세율은 50%로, 여기에 최대 20%의 대주주 할증까지 적용되면 사실상 60%에 달한다. 이는 세계적으로 매우 높은 수준으로, OECD 국가들의 평균 상속세율(약 26%)의 두 배를 넘는다. 이러한 이유로 한국의 상속세 제도를 둘러싸고도 개편 논쟁이 뜨겁다. 특히 기업인의 입장에서는 가업 또는 기업 승계 시 막대한 상속세 부담이 기업 지속가능성을 위협한다고 주장한다. 반면 과도한 부의 대물림을 억제하여 세대 간 공정을 기하기 위해 현행 상속세 체제를 유지하거나 보완해야 한다는 반론도 강력하다.

상속세 인하·폐지론의 논거는 다음과 같다. 첫째, 국제적 조세경쟁력 차원에서 한국의 상속세 부담이 너무 높아, 부의 해외 유출이나 기업 본사의 해외 이전을 초래할 수 있다는 우려다. 실제로 일부 부유층이 높은 세금을 피하기 위해 국적을 바꾸거나 재산을 해외로 이전하는 사례가 화제가 되기도 했다. 둘째, 가족기업의 원활한 승계가 어렵다는 점이다.[53] 중견·중소기업의 경우 창업주가 사망하면 자녀들이 회사를 이어받는 과정

52 Randall S. Jones(2009).
53 이에 대해서는 임동원(2023) 참조.

에서 주식의 절반 이상을 세금으로 내야 해, 기업을 매각하거나 대출을 얻어 세금을 내느라 기업 경영에 차질이 생긴다는 것이다. 이는 결과적으로 일자리 유지나 경제 활동 측면에서도 손실이 될 수 있다. 셋째, 상속세를 폐지하거나 대폭 인하하는 국제 추세를 들 수 있다. OECD 국가 중 상당수가 이미 상속세를 폐지했거나 세율을 낮추었고, 미국·일본 등도 한국보다 낮은 실효세율을 적용하고 있다. 이러한 추세에 맞추어 한국도 상속세를 유산취득세 과세 방식으로 전환하여 실질 세부담을 낮추거나, 최고세율을 OECD 평균 수준인 30% 내외로 낮추어야 한다는 주장이 힘을 얻고 있다. 실제 2024년 정부 고위 관계자는 "우리나라 상속세 최고세율이 주요국 대비 매우 높으므로, 일단 30% 수준까지 인하할 필요가 있다"는 견해를 밝히기도 했다.[54]

이에 대해 현행 유지·강화론은 상속세 인하는 부의 대물림을 용인하여 사회적 불평등을 심화시킬 것이라고 반박한다.[55] 한국의 부가 특정 소수 가문에 세습되는 경향이 강한 상황에서 상속세마저 낮추면 부와 권력의 세대 간 집중이 더 심해질 우려가 있다는 것이다. 상속세는 시장경제하에서 그나마 태어난 배경에 따른 격차를 완화하는 장치인데, 이를 완화하면 기회의 평등이 훼손된다. 또한 실질적으로 한국 상속세는 각종 공제 제도가 있어 명목세율만큼 부담이 크지 않다는 지적도 있다. 배우자공제, 가업상속공제, 영농상속공제 등으로 상당 부분 세액이 줄어들기 때문에, 실제 냉정히 따지면 기업 승계에 그리 치명적 장벽은 아니라는 주장이다. 오히려 한국 재벌들의 경우 상속세를 낼 재원을 마련하고도 남을 만큼 충분한 사전 준비를 하고 있으며, 상속세 때문에 기업이 무너진 사례는 찾기 어렵다는 반론도 제기된다. 마지막으로, 상속세를 폐지한 나라들은 대신 양

54 연합뉴스(2024. 6. 16).
55 참여연대(2025) 참조.

도소득세 강화나 증여세 강화 등으로 대체 장치를 마련했지만, 한국은 아직 그런 인프라가 부족하다는 현실론도 있다. 갑작스런 상속세 폐지나 인하는 조세 형평성에 큰 혼란을 줄 수 있고, 대체 세수 확보 방안도 마땅치 않다는 것이다.

포용적 조세 제도에서는 상속세를 비롯한 재산과세의 역할이 매우 중요하다. 왜냐하면 노력보다는 운과 특권에 의해 누려지는 부에 과세하여 공정한 경쟁 여건을 조성하는 것이 포용적 성장의 한 요소이기 때문이다. 상속세는 이 같은 부의 사회 환원 기능을 수행하는 대표적 세목이다. 따라서 상속세를 완전히 폐지하는 것은 포용적 관점에서 바람직하지 않아 보인다. 다만 한국 상속세 제도의 문제로 지적되는 부분-예컨대, 세율 구조의 비합리성, 기업 승계 지원 미흡, 과도한 할증 과세 등-은 개선이 필요할 수 있다.

현실적인 절충안으로는 최고세율 인하 및 과표구간 조정을 통해 국제적 정합성을 높이되, 대신 담세력에 따른 제대로 된 세금 부담을 할 수 있도록 법제도적이나 과세행정을 보완할 필요가 있다. 상속세를 유산취득세 방식으로 전환하여 상속인 기준 과세로 바꾸면 부담을 분산시키면서도 많이 받은 사람이 많이 내는 원칙을 살릴 수 있다.[56] 또한 부유층의 탈세 수단으로 악용되는 부분을 차단하기 위해 사전증여 모니터링을 강화하고, 일감 몰아주기 등 변칙 증여에 대한 과세를 엄격히 적용하는 것도 방법이다. 궁극적으로 중요한 것은 상속세 개편이 부의 세습으로 인한 불평등 심화를 막으면서도 경제 활동을 저해하지 않는 균형점을 찾는 것이다. 이를 통해 상속세 제도 역시 포용적 조세 체계의 한 요소로서 공정하고 효과적으로 기능하도록 만들어야 할 것이다.

56 유산취득세 방식으로의 전환에 대해서는 기획재정부(2025) 참조.

5. 맺음말

지금까지 이야기한 포용적 조세 제도는 단순히 세금을 더 걷거나 덜 걷는 문제가 아니라, 우리 사회 전체의 조세 제도를 완전히 새롭게 생각하는 것이다. 이는 조세 정책을 통해 불평등을 줄이고, 모든 사람에게 더 많은 기회를 열어 주어 함께 잘 살아가는 사회를 만들려는 노력인 것이다. 다만 현실에서는 조세 문제를 놓고 여러 의견이 충돌하고, 형평성과 효율성 사이에서 균형을 잡는 것이 쉽지 않을 것이다. 법인세, 종합부동산세, 부가가치세, 상속세 등 각각의 조세 정책마다 찬성과 반대 의견이 팽팽하게 맞서고 있으며, 어떤 선택을 하든 장점과 단점이 따른다. 따라서 어느 한 가지 조세 정책만으로는 이상적인 포용적 조세 제도를 만들 수 없다. 여러 조세 정책들을 신중하게 조합하고, 국민들의 의견을 모아 점진적으로 이 목표를 향해 나아가야 한다.

가장 중요한 것은 조세 정책의 방향이다. 단순히 세금을 적게 내는 경쟁이나 세금 자체를 늘리는 것보다, 우리 모두가 함께 잘 사는 경제를 만드는 것을 목표로 조세 정책의 기본철학을 세워야 하는 것이다. 그리고 이러한 철학을 바탕으로 객관적인 분석과 충분한 논의를 거쳐 정책을 결정해 나간다면, 조세 제도가 비로소 포용적인 성장을 위한 든든한 발판이 될 수 있을 것이다.

한국 사회는 고령화, 기술 변화, 남북 관계 변화, 최근에는 트럼프 정부의 관세 정책 등으로 여러 가지 새로운 도전에 직면하고 있다. 이러한 변화 속에서 중산층이 약해지고 빈부 격차가 심해진다면, 지속적인 발전은 어려울 것이다. 그러므로 조세 제도를 포함한 우리 사회의 여러 정책들에 포용성의 원칙을 심는 일은 더 이상 미룰 수 없는 중요한 과제가 되었다. 다행히 국제적으로 많은 연구가 이루어졌고, 다른 나라들의 경험이 우리에게 좋은 참고 자료가 될 수 있을 것이다. 이러한 자료들을 잘 활용하여 한국에 맞는 포용적 조세 제도의 미래 모습을 그려나가야 할 것이다. 포용적인 조세 체계를 만드는 것은 단번에 이루어질 수 없겠지만, 꾸준히 개선하고 국민들의 합의를 만들어 나간다면, 더욱 공정하고 활력이 넘치는 사회로 나아가는 길을 앞당길 수 있을 것이다.

마지막으로, 조세 제도는 국민과 정부 간의 약속과 같다는 점을 기억해야 한다. 국민은 세금을 내고, 정부는 그 돈으로 공동체의 안전과 번영을 위해 노력한다는 약속인 것이다. 이 약속이 제대로 지켜지려면 조세의 부담과 혜택이 모든 사람에게 합리적이고 공정하게 느껴져야 한다. 포용적 조세 제도는 바로 이러한 사회적 약속을 한 단계 더 발전시킨 형태라고 할 수 있다. 모든 사람이 자신의 몫을 공정하게 부담하고, 누구도 사회에서 소외되지 않는 세상, 이것이 바로 포용적 조세 제도가 꿈꾸는 최종 목표인 것이다. 한국의 조세 제도가 이 방향으로 꾸준히 나아가기를 바란다.

참고문헌

기획재정부, 「유산취득세 도입 관련 세법개정안 상세본」, 2025. 3. 19.

김명규·김성태, 「동태 CGE모형을 이용한 한국 법인세 인하의 경제적 파급효과 분석」, 『경제학연구』 제58권 제3호, 한국경제학회, 2010. 9.

김승희·김용호, 「경제수석 김재익의 생애와 기업가정신」, 『경영사연구』 제40권 제1호, 한국경영사학회, 2025. 2.

김영록·장유미, 「부동산보유세 과세 범위 변동이 정치적 지지율에 미친 영향」, 『예산정책연구』 제13권 제4호, 국회 예산정책처, 2024. 12.

김우철, 「근본적인 법인세제 개편을 위한 이윤세 도입의 의의와 효과」, 『질서경제저널』 제23권 제3호, 한국질서경제학회, 2020. 9.

남기업·전강수, 「부동산과 불평등 그리고 국토보유세」, 『사회경제평론』 제30권 제3호, 한국사회경제학회, 2017. 10.

매일경제, 「턱없이 낮은 기부면세 한도 日 50%·美 35%·韓 10%」, 2024. 6. 2.

문병효, 「헌법재판소의 종합부동산세 세대별 합산과세의 위헌결정에 대한 비판」, 『민주법학』 제39권, 민주주의법학연구회, 2009. 3.

박명호, 「지속가능한 국가재정을 위한 지출 구조조정 방향과 정책과제」, 『사회과학연구』 제31권 제2호, 동국대학교 사회과학연구원, 2024. 6.

박준·이태리, 「부동산보유세 변화의 거시경제 파급효과 분석」, 『도시행정학보』 제29권 제4호, 한국도시행정학회, 2016. 12.

박　훈, 「현행 종합부동산세의 내용과 그 문제점」, 『조세법연구』 제12권 제1호, 한국세법학회, 2006. 7.

———, 「일본의 상속세 과세방식과 소비세 제도 쉽게 이해하기」, 택스와치, 2025. 4. 10.

박훈·이상신, 「기부 활성화를 위한 세법제도 개선에 관한 연구」, 기획연구 2008,

아름다운재단 기부문화연구소, 2009. 2.

서영진·박훈, 「서울형 주택세제에 관한 소고-도쿄 및 뉴욕과의 비교를 중심으로-」, 『조세와법』 제17권 제2호, 서울시립대학교 법학연구소, 2024. 12.

송헌재·전병힐·소준영, 「기업의 규모에 따라 법인세가 기업투자와 근로자 임금에 미치는 영향 분석」, 『Journal of The Korean Data Analysis Society』 제25권 제6호, 한국자료분석학회, 2023. 12.

스트레이트뉴스, 「종부세 개편, 찬반 '팽팽'」, 2024. 6. 12.

시사저널, 「"폐지가 답" vs "오히려 강화해야"… 종부세 개선 방향 전문가도 '갑론을박'」, 2024. 6. 11.

연합뉴스, 「정책실장 "종부세 사실상 폐지하고 상속세율 30%로 인하 필요"」, 2024. 6. 16.

우석진·전병힐, 「종합부동산세가 전세가격에 미치는 효과: 준자연적 실험으로부터의 증거」, 『재정학연구』 제2권 제2호, 한국재정학회, 2009. 5.

유철형, 「공익법인의 주식 보유 관련 세제 개선방안」, 『인권과정의』 통권 517호, 대한변호사협회, 2023. 11.

윤근효·김덕산, 「공익법인 주식기부 관련 세법상 과제의 국제비교-한미일 3국을 중심으로-」, 『일본근대학연구』 제78호, 한국일본근대학회, 2022. 11.

윤지현, 「한국 부가가치세제의 연원(淵源)-최초의 도입 과정에서 앨런 A. 테이트와 제임스 C. 듀그넌의 보고서가 미친 영향을 중심으로」, 『조세학술논집』 제39권 제2호, 한국국제조세협회, 2023. 6.

이창희, 「부동산 보유세의 회고와 전망」, 『조세법연구』 제30권 제3호, 한국세법학회, 2024. 11.

임동원, 『현행 기업승계 상속세제의 문제점 및 개선방향』, KERI Brief 23-4, 한국경제연구원, 2023. 6.

전병목·송경호, 『부동산 보유세의 개선방향: 종합부동산세를 중심으로』, 한국조세재정연구원, 2022. 6. 27.

전승훈, 「고령화에 따른 가구 특성 변화를 고려한 부가가치세 장기 전망」, 『재정학연구』 제17권 제2호, 한국재정학회, 2024. 5.
전승훈·황성원, 「OECD국가 자료를 이용한 부가가치세율 변화의 경제적 효과 분석」, 『재정정책논집』 제24권 제3호, 한국재정정책학회, 2022. 9.
정민·민지원, 「조세재정정책의 소득재분배효과 국제비교와 시사점-소득 불균형 해소를 위한 전제 조건: 사회적 합의」, 한국경제연구원, 2018. 11.
정준혁·천경훈, 「공익법인 출연 주식의 권리조정에 관한 입법론적 연구」, 『저스티스』 통권 제190호, 한국법학원, 2022. 6.
차진아, 「다주택자 및 법인 보유 주택에 대한 종합부동산세 중과세의 위헌성에 대한 검토」, 『강원법학』 제74권, 강원대학교 비교법학연구소, 2024. 2.
참여연대, 『상속세 감세 주장이 숨기고 있는 쟁점들 바로보기』, 2025. 3. 4.
홍장표, 「법인세 인하가 기업 투자를 촉진하는가: 조세조정 토빈q 모형을 사용한 실증분석」, 『경제발전연구』 제30권 제1호, 한국경제발전학회, 2024. 3.
홍장표·김채린, 「조세정책과 기업투자: 세율 인하의 역설」, 『사회경제평론』 제37권 제2호, 한국사회경제학회, 2024. 6.

Jones, Randall S., "Reforming the Tax System in Korea to Promote Economic Growth and Cope with Rapid Population Ageing," OECD Economics Department Working Papers, No. 671, 2009.
Martin, John P., "Divided We Stand: Why Inequality Keeps Rising," 11th Corden Lecture, University of Melbourne, October 9, 2013.
OECD, *Divided We Stand: Why Inequality Keeps Rising*, Paris: OECD Publishing, 2011.
______, *The Governance of Inclusive Growth*, Paris: OECD Publishing, 2016.
The Korea times, "Debate on tax hikes," May 10, 2016.
Korea JoongAng Daily, "Korea's tax revenue projected to fall short by $22.2 billion on plunging corporate taxes," September 26, 2024.

https://taxfoundation.org

7

인공지능 플랫폼은 은행 혁신 전략의 핵심

강형구

1. 머리말: 디지털 전환과 AI

전통적인 금융산업은 최근 인공지능(AI) 기술의 발전과 디지털 플랫폼 전략의 대두로 급격한 변화를 겪고 있다. 빅데이터 처리와 머신러닝 알고리즘의 발전으로 은행들은 방대한 거래 데이터와 고객 데이터를 분석하여 맞춤형 서비스와 효율적인 운영을 실현하고 있다.[1] 특히 플랫폼 전략은 은행업을 기존의 파이프라인식 모델에서 탈피시켜, 금융 서비스를 하나의 디지털 생태계로 통합하는 패러다임 전환을 의미한다. 은행이 더 이상 개별 금융상품만을 제공하는 것이 아니라, 개방형 API와 파트너십을 통해 다양한 외부 서비스와 고객을 연결함으로써 네트워크 효과를 창출하는 것이다. 이러한 플랫폼화된 금융 환경에서 AI는 핵심 엔진 역할을 하며, 실시간 데이터 분석과 자동화, 개인화 서비스를 가능하게 한다.[2] 이하 AI 기술이 금융산업과 은행권에 가져온 변화를 플랫폼 전략 관점에서 살펴보고, 해외 주요 은행들의 성공 사례를 분석한다. 또한 각 사례로부터 도출되는 시사점을 국내 은행(예: 신한은행, KB국민은행 등)에 적용하는 방안을 모색하고, 미래 금융 서비스의 AI 기반 진화 방향을 제시한다.

2. 금융 분야 플랫폼 전략과 AI의 역할

플랫폼 전략이란 은행을 하나의 종합 플랫폼으로 전환하는 비즈니스 모델로, 개별 금융상품 판매를 넘어 여러 참여자(금융소비자, 핀테크 기업, 상업 파트너 등)가 상호작용하는 생태계를 구축하는 것을 목표로 한다. 이

1 CTO Magazine(2024. 3. 28).
2 Intelligent Platforms(n.d.).

를 통해 은행은 제3자 서비스까지 포괄하는 멀티사이드 플랫폼(multi-sided platform)으로 진화하여 새로운 수익원을 확보하고 고객 접점을 확장할 수 있다. 이러한 플랫폼 모델의 성공에는 네트워크 효과가 필수적인데, 사용자가 늘어날수록 플랫폼의 가치가 증가하여 더 많은 사용자와 파트너를 끌어들이는 선순환이 발생한다.

AI 기술은 이러한 플랫폼 전략을 뒷받침하는 핵심 동력이다. 플랫폼을 통해 수집되는 방대한 데이터는 AI의 연료이며, 머신러닝과 딥러닝 기법을 활용해 개인화 추천, 실시간 위험관리, 이상 탐지 등이 가능해진다. 예를 들어, AI 알고리즘은 거래 데이터와 비재무 데이터를 종합 분석하여 신용평가와 대출 심사를 자동화하고 수초 내로 결정할 수 있으며, 이는 기존 대비 압도적으로 빠르고 정확한 금융 서비스를 구현한다.[3] 또한 AI는 챗봇과 가상 비서를 통해 24시간 고객 응대와 상담을 가능하게 하여 고객 경험을 향상시키고 운영비용을 절감한다. 요약하면, AI는 플랫폼을 지능화(intelligent platform)하여 사용자에게 더욱 개인화되고 편리한 금융 서비스를 제공하고, 운영 측면에서는 자동화와 효율성을 극대화하는 역할을 한다.

한편 대형 금융기관의 기술 전략에서도 "플랫폼화된 AI 인프라"의 중요성이 강조되고 있다. JP모건 체이스의 기술 혁신 담당 Larry Feinsmith는 "우리 규모에서 AI를 제대로 활용하려면 결국 플랫폼을 통한 확장이 유일한 방법"이라고 강조하며, 방대한 데이터를 효율적으로 관리하고 AI를 배포하기 위해 내부 데이터/AI 플랫폼을 구축했다고 밝혔다.[4] 실제로 JP모건은 JADE(JPMorgan Chase Advanced Data Ecosystem)라는 내부 데이터 플랫폼과 Infinite AI라는 AI 플랫폼을 운영하여 데이터 이동을 최소화하고 거버넌스와 보안하에 AI 모델의 개발·배포를 지원하고 있다. 이처럼 AI와 플랫폼의

3 China Investment Watch(2024. 10. 11).

4 Constellation Research(2023. 10. 19).

결합은 현대 은행의 경쟁력을 좌우하는 핵심 요소로 부상했다.

3. 해외 은행권 사례 연구: 플랫폼 전략과 AI 활용

이 부분에서는 글로벌 선도 금융회사들의 플랫폼 전략과 AI 활용 사례를 살펴본다. JPMorgan Chase, Goldman Sachs, Ant Group, DBS Bank의 사례는 각기 다른 출발점에서도 디지털 플랫폼화와 AI 통합을 통해 혁신을 달성한 대표적인 예시이다.

1) JPMorgan Chase: AI로 강화된 금융 플랫폼

미국 최대 은행인 JPMorgan Chase(이하 JP모건)는 막대한 기술 투자와 AI 도입으로 금융 플랫폼 리더십을 구축하고 있다. JP모건은 연간 약 150억 달러에 달하는 거대한 기술 예산을 투입하여(2023년 기준 153억 달러) 57,000여 명의 기술 인력을 운영하고 있으며, 2023년에는 AI와 머신러닝을 통해 15억 달러 이상의 비즈니스 가치를 창출할 것으로 전망되었다. 이러한 투자로 구축된 JP모건의 플랫폼 전략은 두 가지 측면에서 주목된다. 즉, 대고객 서비스 플랫폼의 강화와 내부 AI 플랫폼의 구축이다.

한편 JP모건은 고객 대상의 디지털 플랫폼을 고도화하여 방대한 고객 기반을 유지하고 있다. 2021년 기준으로 체이스(Chase) 디지털 뱅킹의 활성 고객 수는 5,800만 명, 모바일 이용자는 4,400만 명에 달하며,[5] 플랫폼을 통한 옴니채널 서비스 전략을 추구하고 있다. JP모건의 결제 사업부는

5 JPMorgan Chase & Co.(2022. 11. 8).

핀테크 기업들과의 개방형 API 통합을 추진하여 기업 고객에게 엔드투엔드 결제·거래 서비스를 제공하고 있으며, 이를 통해 일일 10조 달러에 달하는 결제를 처리하면서 은행 전체 수익에 47억 달러를 기여하는 성장 엔진이 되고 있다.[6] 이러한 성공은 JP모건이 전통은행+핀테크("핀테크 플러스") 모델로서 대규모 은행의 규제 준수 역량과 핀테크의 기술 혁신을 결합했기 때문으로 평가된다. 다시 말해, JP모건은 자체 플랫폼을 개방적으로 발전시켜 임베디드 금융(embedded finance) 솔루션을 제공함으로써, 자사의 금융 서비스가 타 기업의 비즈니스 흐름에 자연스럽게 녹아들도록 전략을 펼치고 있다.

또 다른 측면에서 JP모건의 내부 AI 플랫폼 전략은 업계의 모범 사례로 꼽힌다. JP모건은 OmniAI라는 사내 통합 AI 플랫폼을 개발하여, 전사적 차원에서 AI 솔루션을 신속히 개발·배포할 수 있는 기반을 마련했다. OmniAI는 클라우드 기반으로 구축되어 유연성을 가지며, 데이터 과학자들과 개발자들이 필요한 데이터를 찾고 모델을 테스트할 수 있는 환경을 표준화해 준다. 이를 통해 중복 개발을 방지하고, 민감한 데이터도 엄격한 통제하에 다룰 수 있어 안전하면서도 빠른 AI 혁신이 가능해졌다. OmniAI 도입 이후 JP모건은 방대한 내부 데이터를 활용한 통찰 도출 시간을 크게 단축하고, 동일한 데이터로 다양한 부서가 협업하여 심층 분석을 수행할 수 있게 되었다. 이러한 노력 덕분에 OmniAI 플랫폼은 2020년 CIO 100 어워드 및 미국 금융기술상 등에서 혁신적 IT 이니셔티브로 수상한 바 있다.[7]

JP모건의 구체적인 AI 활용 사례도 플랫폼의 가치를 높이고 있다. 예

---

6 S. El-Amine(2023. 12. 13).

7 "Developed in the firm's Chief Technology Office, the platform has received industry recognition. In 2020, the platform won the CIO 100 Technology Award and was named Most Cutting-Edge IT Initiative at Waters Technology's American Financial Technology Awards (AFTAs)"(CTO Magazine, 2024. 3. 28).

를 들어, COiN(Contract Intelligence)은 상업 대출계약서 등의 법률문서를 AI로 해석·처리하는 플랫폼으로, 연간 36만 시간이 소요되던 문서 검토 업무를 자동화하여 거의 오류 없이 처리한다. 이를 통해 법무 컴플라이언스 부문의 운영 효율이 극적으로 향상되었다. 또한 LOXM이라는 AI 프로그램은 수십억 건의 과거 거래를 학습하여 주식 거래 실행을 최적화함으로써 거래비용을 최소화하고 있으며, 도입 후 거래 실행 효율이 약 15% 개선된 것으로 보고되었다. 이처럼 JP모건은 AI를 단편적으로 도입하는 데 그치지 않고, 조직 전체에 AI를 스며들게 하는 플랫폼 전략을 구사함으로써 금융산업 전반의 디지털 전환을 주도하고 있다. JP모건 사례가 주는 시사점은 한마디로 "대규모 은행일수록 플랫폼화된 AI 접근이 필수"라는 것이다.

2) Goldman Sachs: 플랫폼 비즈니스와 AI의 융합

글로벌 투자은행인 Goldman Sachs(골드만삭스)는 전통적으로 기관금융에 강점을 지녀왔으나, 2010년대 후반부터 플랫폼 사업과 AI에 주목하여 비즈니스 모델 다각화를 시도했다. 골드만삭스의 플랫폼 전략은 두 갈래로 전개되었다. 하나는 리테일·소비자 금융 플랫폼 구축이고, 다른 하나는 기관투자자 대상 디지털 플랫폼 강화이다.

첫째로, 골드만삭스는 Marcus라는 온라인 소비자은행을 2016년에 출범시키며 예금과 개인대출 시장에 진출했고, 이후 애플과 제휴하여 2019년 혁신적인 신용카드인 Apple Card를 공동 출시했다.[8] Apple Card는 아이폰 기반의 뛰어난 사용자 경험과 보안성으로 큰 반향을 일으켰는데, 골드만삭스는 해당 카드의 발행은행으로서 여신 심사, 규제 준수, 고객 서비스

8 Goldman Sachs(2019).

를 담당하고 애플의 플랫폼을 통해 대규모 소비자에게 접근할 수 있었다. 이 파트너십은 골드만삭스의 오랜 과제였던 소비자 금융 진출에 획기적인 전환점이 되었으며, 디지털 소비자 플랫폼 구축이라는 전략적 비전에 부합하는 것이었다. 실제로 골드만삭스 경영진은 Marcus와 같은 자사 플랫폼 및 애플과의 협력을 통해 선도적인 디지털 소비자 금융 플랫폼을 구축하고자 했으며, 파트너십을 핵심 축으로 삼겠다고 밝힌 바 있다. 그 결과 2023년 초 기준으로 Marcus 플랫폼에는 약 1,000억 달러에 이르는 예금이 모였고, 애플 및 GM과의 제휴를 통한 신용카드 사업도 운영되는 등 어느 정도 규모의 성과를 거두었다.[9] 그러나 동시에 이 소비자 사업은 높은 충당금 등으로 손실이 누적되어 골드만삭스의 수익성에 부담을 주었고, 플랫폼 전략의 실행 난이도를 여실히 보여 주었다. 실제 2020~2022년 사이 소비자 부문에서 수십억 달러의 손실이 발생하여 전략 재고가 필요해졌고, 2023년에는 일부 소비자 자산의 매각을 검토하는 단계에 이르렀다. 골드만삭스 사례는 플랫폼 확장 자체는 빠르게 가능하지만, 전통 강점이 아닌 분야에서 수익성을 확보하기란 어려울 수 있음을 보여 준다. 이는 플랫폼 전략에도 신중한 시장 진입과 리스크 관리가 필요함을 시사한다.

둘째로, 골드만삭스는 기관고객용 전자거래 플랫폼인 Marquee를 개발하여 자사의 투자은행 서비스를 플랫폼화했다. Marquee는 기관 투자자들이 골드만삭스의 시장 시황 정보, 분석 툴, 거래 실행 및 데이터 서비스에 직접 접속할 수 있는 디지털 플랫폼이다.[10] 이를 통해 고객들은 API나 웹 인터페이스로 고급 금융 모델과 데이터를 활용할 수 있으며, 일종의 "서비스형 투자은행" 경험을 누리게 되었다. 예컨대, Marquee의 리스크 분석 도구나 파생상품 프라이싱 툴을 고객에게 개방함으로써, 골드만삭스는 자사

9 L. Nguyen and S. Azhar(2023. 3. 1).
10 Goldman Sachs(n.d.).

내부 역량을 플랫폼화하여 부가가치를 창출하고 고객 락인(lock-in)을 강화했다.[11] 이처럼 B2B 플랫폼 전략을 통해 골드만삭스는 경쟁사가 모방하기 어려운 기술 기반 서비스를 제공함으로써 차별화를 이루었다.

골드만삭스의 AI 활용은 주로 트레이딩 및 리스크 관리 분야에서 두드러진다. 전통적으로 퀀트 트레이딩에 강했던 골드만삭스는 AI 도입으로 한층 고도화된 전자거래 알고리즘과 실시간 리스크 통제 시스템을 구축했다. 실제 사례로, 골드만삭스는 머신러닝 기반의 실시간 리스크 관리 시스템을 도입하여 매 순간 대량의 거래 데이터를 분석함으로써 이상 패턴이나 시장조작 징후를 포착하고, 다양한 시장 위험 요인을 조기에 감지하고 있다.[12] 이 AI 시스템은 거래가 발생할 때마다 학습을 거듭하여 스스로 진화하며, 새로운 시장 상황에도 적응해 나감으로써 시간이 지날수록 정교한 위험 예측이 가능해진다. 또한 이 시스템은 전자 트레이딩 플랫폼과 연동되어 이상거래를 실시간으로 자동 차단 또는 경고함으로써, 인간 트레이더들이 미처 발견하지 못할 위험을 선제적으로 관리한다. 이러한 AI 리스크 관리 도입으로 골드만삭스는 거래 부문의 통제력을 크게 향상시켰으며, AI의 변혁적 잠재력을 입증했다.[13] 더 나아가 2025년 초에는 사내 전체 직원 1만 명에게 생성형 AI 비서(GS AI Assistant)를 배포하여, 트레이더·뱅커들이 일상 업무에서 AI의 지원을 받을 수 있도록 하는 등 내부 업무 효율화에도 AI를 활용하고 있다. 골드만삭스 CIO 마르코 아르젠티(Marco Argenti)는 이 AI 비서가 숙련된 직원과 대화하는 것처럼 작동하여 다양한 업무 수행을 도울 것이라 밝혔으며, 이는 향후 인공지능을 활용한 업무 생산성 제고의 방향을 보여 준다.[14]

---

11 Goldman Sachs(2014).
12 Electronic Trading Hub(n.d.).
13 Electronic Trading Hub(n.d.).

요약하자면, 골드만삭스는 플랫폼 전략을 통해 소비자와 기관 양면에서 새 시장을 개척하고자 했고, AI 기술을 통해 핵심 경쟁력인 트레이딩과 데이터 서비스를 강화했다. 비록 소비자 금융 플랫폼 구축에는 어려움이 있었지만, 파트너십 기반 플랫폼 확장이라는 실험을 감행함으로써 은행업의 지평을 넓혔다는 평가를 받는다. 골드만삭스 사례의 교훈은, 전통 강자의 플랫폼 전환은 강력한 기술력(AI 등)을 동반할 때 큰 잠재력을 발휘하지만 수익 모델 검증과 리스크 관리가 병행되어야 한다는 점이다.

3) Ant Group: 빅테크형 금융 플랫폼의 정점

중국의 Ant Group(앤트그룹, 구 Ant Financial, 알리바바 그룹 계열)은 빅테크 플랫폼 전략과 AI 활용으로 금융 혁신을 이끈 대표적인 사례다. 앤트그룹은 출범 초기부터 기술 기업을 자처하며, 방대한 알리바바 전자상거래 이용자를 기반으로 알리페이(Alipay) 결제 플랫폼을 성장시켰다. 현재 알리페이는 중국 및 글로벌 포함 13억 명 이상의 사용자를 보유한 세계 최대 모바일 결제 플랫폼으로, 앤트그룹은 이를 중심으로 지불결제, 소액대출, 투자, 보험 등 다양한 금융 서비스를 하나의 슈퍼앱으로 통합했다. 알리페이 앱 내에는 서드파티 금융상품까지 입점시켜 종합 금융마켓플레이스를 구현했는데, 예를 들어 여유자금 투자 서비스(Yu'e Bao), 중소상인 대출(MyBank), 보험상품 플랫폼 등이 모두 알리페이 플랫폼에 결합되어 있다. 이러한 플랫폼 비즈니스 모델 덕분에 앤트그룹은 금융업과 플랫폼 경제의 경계를 허물며 폭발적인 네트워크 효과를 얻었다. 판매자-소비자-금융기관이 한 곳에 모인 생태계에서, 사용자 간 거래가 늘어날수록 결제 플랫폼

14 Business Insider(2024. 4. 17).

의 가치가 상승하고 이는 다시 다양한 금융상품의 이용 증가로 이어지는 선순환을 구축한 것이다. 실제로 친구들이 모두 알리페이를 쓰면 신규 사용자가 자연스럽게 유입되고, 가맹점이 늘어나면 소비자가 더욱 플랫폼을 활용하는 식의 동반 성장 효과가 발생했다.

앤트그룹 성공의 또 다른 비결은 AI를 통한 초개인화와 운영 효율화이다. 앤트그룹은 일찍부터 머신러닝, 컴퓨터 비전, 자연어 처리 등의 AI 기술을 광범위하게 도입하여 지능형 금융 플랫폼(Intelligent Platform) 전략을 추진했다. 우선 보안과 부정거래 방지 측면에서, 알리페이는 AlphaRisk라는 AI 기반 리스크 엔진을 도입하여 실시간 거래 모니터링을 수행한다. 이 엔진은 수백만 건의 거래를 밀리초 단위로 스캔하여 이상 징후를 탐지하고 규칙을 자동으로 조정하며, 그 결과 알리페이의 사기 거래 손실률을 거래 1,000만 달러당 0.64달러 이하로 억제할 정도의 탁월한 성과를 보였다. 또한 생체인증(예: 얼굴 인식 결제 'Smile-to-Pay')을 접목하여 사용자의 편의성과 보안을 동시에 강화함으로써, 대규모 플랫폼에서도 안전하고 신뢰성 높은 거래 환경을 구축했다.

더 나아가 앤트그룹은 AI를 활용해 금융포용성(financial inclusion)을 크게 확대했다. 그 핵심 사례가 "310" 대출 모델인데, 이는 3분 신청, 1초 승인, 0명의 인력 개입으로 유명한 AI 기반 초고속 신용대출 서비스이다. 앤트그룹 산하 인터넷은행인 MyBank가 도입한 이 모델은, 담보 없이도 수백 가지 변수의 전자상거래·결제 데이터를 AI로 분석하여 몇 초 만에 대출 한도를 산출해 낸다. 그 결과 농촌 지역 주민이나 영세상인 등 기존 금융권에서 소외된 계층도 스마트폰만 있으면 즉석에서 소액대출을 받을 수 있게 되었고, 이를 통해 5,000만 명이 넘는 영세 소상공인에게 자금을 공급하는 성과를 거두었다고 보고되었다. 이러한 AI 신용평가는 인간 심사역의 개입 없이도 방대한 비정형 데이터를 통합 고려하여 객관적이고 신속한 대출의

사 결정을 가능하게 했고, 금융 접근성이 낮았던 계층에 금융 서비스를 제공함으로써 포용금융을 실현했다는 점에서 높이 평가된다.

또한 앤트그룹은 인공지능 인재와 기술역량 측면에서도 놀라운 수준을 갖추고 있다. 전체 직원 중 60% 이상이 엔지니어·데이터과학자 등 기술 인력으로 구성되어 있을 만큼 기술 중심 문화가 강하며, AI 연구개발을 통해 축적한 기술을 외부 금융사에 제공하는 기술 플랫폼 사업도 추진하고 있다. 예를 들어, 자체 개발한 금융 클라우드 서비스와 AI 툴킷을 전통 금융기관에 공급하여 앤트그룹의 노하우를 전파하고 새로운 수익을 창출하기도 한다. 이러한 행보는 앤트그룹이 단순 금융사가 아닌 종합 디지털 플랫폼 기업으로 거듭나고 있음을 의미한다.

앤트그룹 사례의 함의는 분명하다. 플랫폼 전략과 AI 혁신을 결합하면 금융의 지평을 얼마나 넓힐 수 있는지를 잘 보여 준다. 알리페이라는 거대한 플랫폼에 AI 기반의 학습 루프(learning loop)를 도입함으로써, 앤트그룹은 사용할수록 똑똑해지는 지능형 플랫폼을 구현했다. 이는 고객에게는 편리함과 혜택을, 기업에게는 방대한 데이터와 새로운 시장을 제공하여 전례 없는 규모의 성공으로 이어졌다. 다만 이러한 성장에는 데이터 보호와 규제 이슈도 수반되었는데, 2020년 추진했던 3,000억 위안 규모 IPO가 중단되고 중국 당국의 금융규제가 강화되는 등 플랫폼의 사회적 책임 또한 부각되었다. 결국 앤트그룹 사례는 기술과 플랫폼의 위력, 그리고 그에 따르는 규제 균형의 중요성을 동시에 시사한다.

4) DBS Bank: 전통은행의 디지털 플랫폼 변신

싱가포르의 DBS Bank는 비교적 규모가 작지만 디지털 혁신과 AI 활용 면에서 글로벌 모범으로 손꼽히는 은행이다. DBS는 지난 10여 년간

"디지털로 태어난 은행"으로 탈바꿈하기 위해 대대적인 노력을 기울였고, 그 결과 여러 국제 기관으로부터 "세계 최고 디지털은행"으로 선정되곤 했다. DBS의 전략은 기술 기업에 비유되는 "GANDALF" 비전으로 요약되는데, 이는 구글(G), 아마존(A), 넷플릭스(N), 애플(A), 링크드인(L), 페이스북(F)의 앞 글자에 DBS의 D를 합친 용어로, 자신들을 빅테크 수준으로 거듭나게 하겠다는 다짐이었다. 이 비전을 실현하기 위해 DBS는 조직 운영 모델을 플랫폼 중심으로 재편했다. 은행 업무를 33개의 소규모 플랫폼팀으로 나누고 각 플랫폼마다 사업부 리더와 IT 리더가 공동 책임지는 "Two-in-a-box" 구조를 도입함으로써, 비즈니스와 기술의 긴밀한 협업을 이루어 냈다. 이러한 민첩한 플랫폼 조직은 고객 여정 중심으로 제품과 서비스를 설계하여, 기존 은행에서 불편했던 계좌 개설, 대기시간 등의 문제를 각 플랫폼에서 개선해 나갔다.[15] 동시에 클라우드 전환, 마이크로 서비스 아키텍처, 레거시 시스템 정리 등을 통해 기술적 토대를 모던하게 재구축했다.

DBS의 플랫폼 전략은 금융 서비스를 은행 앱 내부에만 가두지 않고 외부 생활 생태계와의 연결로 확장한 것도 특징이다. 예를 들어, DBS는 싱가포르 최대 중고차 거래 사이트와 제휴해 자동차 거래 플랫폼을 자체 구축하고, 부동산 중개 포털과 협력해 주택매매 연계 부동산 플랫폼을 운영하는 등 은행이 직접 비금융 플랫폼을 마련하여 소비자의 삶 속에 더 일찍 스며들었다. 이를 통해 고객이 차를 살 때 자연스럽게 DBS의 자동차대출을 이용하고, 집을 구할 때 DBS의 주택담보대출을 고려하도록 만드는 임베디드 금융 효과를 얻었다. 이러한 전략은 은행이 플랫폼 오너로서 금융과 비금융을 아우르는 종합 서비스를 제공할 수 있음을 보여 주며, 단순

15 McKinsey & Company(n.d.).

히 다른 거대 플랫폼에 종속되지 않고 주도적으로 생태계를 구축한 사례로 평가된다.

DBS는 AI 활용 면에서도 업계를 선도하고 있다. DBS 경영진은 AI를 "유행어가 아닌, 실질적 가치를 창출하는 도구"로 여기며 조직 전반에 확산시켰다. 그 결과 2024년까지 은행 내에 370여 개의 AI 활용 사례(use case)를 개발하고 1,500개의 AI/ML 모델을 운영에 투입했으며, 누적 7억8,000만 싱가포르달러(한화 약 7,000억 원)의 경제적 가치를 창출했다고 보고되었다. 이처럼 전사적 AI 산업화를 구현한 은행은 세계적으로도 드문데, DBS는 리테일뱅킹부터 기업금융, 트레저리, 지원부서(HR, 감사 등)에 이르기까지 다양한 분야에 AI를 내재화했다. 예를 들어, 지능형 자산관리 측면에서 AI가 고객별 맞춤형 투자 "넛지"(nudge)를 제공하여 더 나은 재무 결정을 돕고, RM(Relationship Manager)들에게는 고객 통합정보와 인사이트를 제공하여 마케팅 효율을 높였다. 또한 운영 효율화를 위해 AI챗봇과 자연어 처리 기술을 활용한 가상 비서를 콜센터에 도입해 상담원의 통화 내용을 자동으로 전사하고 요약·처리함으로써, 고객 요청 처리 시간을 평균 20% 단축시키는 성과를 거두었다. 내부 직원들을 위한 DBS GPT라는 생성형 AI 서비스도 구축하여, 직원들이 보안된 환경에서 문서 작성이나 정보 검색을 AI의 도움을 받아 수행하게 함으로써 일상 업무의 생산성을 높이고 있다. 이렇듯 DBS는 AI를 전방위로 활용하면서도, AI 거버넌스(PURE 프레임워크)를 마련하여 모든 AI 사용 사례가 목적에 부합하고, 예측 가능하며, 존중 가능하고 설명 가능하도록 관리하고 있다.[16] AI 도입으로 인한 윤리적 위험과 규제 요구에 선제 대응함으로써, 고객과 사회의 신뢰를 유지하려는 노력이다.

16 CIO(2024. 5. 2).

DBS 사례는 전통적인 은행도 과감한 문화 혁신과 기술 투자를 통해 플랫폼 기반의 AI 선도은행으로 변모할 수 있음을 보여 준다. DBS의 CEO 피유시 굽타(Piyush Gupta)는 혁신문화는 저절로 생기지 않으며, 실패를 용인하는 구조와 인재양성에 대한 투자, 경영진의 의지가 필요하다고 강조한 바 있는데, DBS의 성공은 이러한 조직문화 구축, 인재 확보, 거버넌스 정립이 종합적으로 맞물린 결과라 할 수 있다. 특히 비즈니스와 IT의 경계 없는 협업 구조, 데이터 중심 의사결정, 실패를 두려워하지 않는 실험정신이 주효했다는 평가이다. 결국 DBS는 규모 면에서는 거대은행들에 비해 작지만 디지털 역량만큼은 일류 빅테크에 필적하게 되었고, 이를 통해 수익 창출과 고객 만족도 제고라는 두 마리 토끼를 잡고 있다.

4. 사례 비교 및 시사점

이상에서 살펴본 JP모건, 골드만삭스, 앤트그룹, DBS Bank의 사례는 각기 다른 환경에서 추진되었으나 몇 가지 공통된 시사점을 제공한다.

과감한 기술 투자와 인재 육성: 네 사례 모두 AI와 디지털 플랫폼 구축을 위한 상당한 기술 투자와 인재 확보에 힘을 쏟았다. JP모건은 연 150억 달러 규모의 IT예산과 5만 명이 넘는 기술 인력을 동원했고, 골드만삭스와 앤트그룹도 전체 인력의 상당수를 엔지니어로 채웠다. DBS 역시 사내 핵심 인재를 데이터·AI 전문 인력으로 재교육하고 9,000명 이상의 직원이 관련 스킬업을 하는 등 인적 투자를 병행했다. 이는 디지털 전환은 결국 사람이 한다는 점을 일깨워 주며, 인재의 AI 역량 강화가 필수임을 시사한다.

데이터 기반 혁신과 플랫폼 인프라: 모든 사례에서 데이터의 집약과 플랫폼화가 핵심 전략으로 등장한다. JP모건의 JADE, OmniAI, 골드만의

Marquee, 앤트그룹의 알리페이, DBS의 플랫폼 조직 등은 데이터와 기능을 모으고 개방하여 확장성 있는 인프라를 구축한 예이다. 특히 JP모건은 "확장을 위해서는 플랫폼이 필수"라고 강조하며 클라우드와 데이터레이크 기반으로 AI를 전개했고, DBS도 레거시 시스템을 폐기하고 SaaS를 도입하는 등 유연한 플랫폼을 마련했다. 데이터 거버넌스와 통합관리도 공통 주제로, Feinsmith가 언급한 데이터 레이크·웨어하우스 통합 및 데이터 거버넌스의 중요성, 앤트그룹과 DBS의 AI 윤리 정책 등에서 확인된다. 이는 은행이 데이터 기업처럼 행동해야 하고, AI를 담는 그릇인 플랫폼을 정비해야 함을 뜻한다.

고객 중심 혁신과 개인화: 사례 기업들은 모두 고객 경험 개선을 최우선 목표로 삼았다. 앤트그룹의 310대출, 알리페이의 QR결제는 고객의 편의성과 신속성 혁신이고, JP모건의 IndexGPT나 골드만의 AI트레이딩 어드바이저 등은 고객에게 새로운 부가가치를 주는 서비스다. DBS의 하이퍼 개인화된 투자 넛지/조언과 고객 관계 지원도 마찬가지로 고객 맞춤형 서비스를 AI로 구현한 것이다. 이러한 혁신을 가능하게 한 것이 AI 기반 데이터 분석으로, 수억 건의 거래·행동 패턴에서 고객별로 최적화된 제안을 생성한 것이다. 결과적으로 개인화의 정도가 플랫폼 경쟁력으로 직결되었으며, AI는 이를 가능하게 한 핵심 수단이었다.

핀테크·빅테크와의 협업 및 경쟁: 플랫폼 전략에서는 외부 파트너와의 협력이 중요하다. 골드만삭스는 애플·아마존 등 빅테크와 제휴했고, 앤트그룹은 수많은 입점 파트너를 거느리며 성장했다. JP모건과 DBS도 필요한 기술이나 생태계 참여를 위해 스타트업 및 빅테크와 협력(예: JP모건의 AWS 및 MIT와의 협업)했다. 그러나 동시에 이들은 플랫폼 주도권을 놓지 않으려 노력했다는 점이 중요하다. 즉, 개방성과 통제력의 균형을 통해 자기 플랫폼의 가치를 극대화했다. 이는 향후 은행들이 플랫폼 경쟁에서 살아남으려면 개방형 혁신(open innovation)을 추구하되, 핵심 역량에 대한 통합적 전략을 가져야 함을 시사한다.

거버넌스와 리스크 관리: 마지막으로, 거대한 플랫폼과 강력한 AI의 결합에는 책임 있는 거버넌스가 필수다. 앤트그룹은 규제 샌드박스 없이 폭발적으로 성장하다 감독 강화로 제동이 걸렸고, 골드만삭스는 소비자 데이터 관리와 AI 알고리즘 윤리에 대한 사회적 비판(예: Apple Card 한도 결정 시 성별차별 논란)이 제기되기도 했다. DBS나 JP모건은 윤리적 AI와 모델 리스크 관리 체계를 선제적으로 구축하여 이런 문제를 예방하고자 했다. 금융은 신뢰 산업이므로 AI 오류나 데이터 오남용이 치명적일 수 있다. 따라서 투명하고 책임 있는 AI 활용(eXplainable AI 등)과 내부통제 강화가 플랫폼 전략의 지속 가능성을 담보하는 중요한 요소임을 사례들은 보여 준다.

요약하면, 글로벌 선도 은행들의 경험은 “디지털 플랫폼 위에 AI를 탑재한 은행”이라는 미래상을 제시한다. 이는 단순히 기술 도입이 아니라 비즈니스 모델, 조직, 문화 전반의 변혁을 요구한다. 한국의 금융권도 이러한 변화 흐름에서 많은 시사점을 얻을 수 있다.

5. 한국 은행권에의 적용 방안

국내 은행들도 AI와 플랫폼 전략의 중요성을 인식하고 투자를 확대하고 있다. 신한은행, KB국민은행 등 주요 은행들은 이미 챗봇, 로보어드바이저, 이상거래탐지(AI-FDS), 신용평가 모형 등에 AI를 도입해 왔고, 2023~2024년에 들어 생성형 AI 도입과 디지털 플랫폼 강화를 경영 핵심 과제로 삼고 있다. 다만 해외 사례들과 비교할 때, 국내 은행의 플랫폼 전략은 초기 단계에 머물러 있으며 주로 내부 효율화나 개별 서비스 개선 위주로 진행되고 있다는 평가가 많다. 글로벌 빅테크나 핀테크 기업(카카오뱅크, 토스 등)이 금융 플랫폼을 선도하는 상황에서, 전통 은행들이 어떻게 변화에 대응할지 고민이 필요한 시점이다. 다음에서는 해외 사례에서 도출한 시사점을 바탕으로 한국 은행권에 적용할 수 있는 전략들을 제안한다.

1) 플랫폼 지향 조직 개편과 기술 내재화

국내 은행들도 DBS처럼 플랫폼 중심 조직으로 전환하고 IT 부서와 사업 부서의 경계를 허물 필요가 있다. 예를 들어, 서비스별 소규모 애자일 팀을 구성하여 각 팀이 하나의 플랫폼(product)을 책임지는 체계를 도입할 수 있다. 신한은행은 이미 2021년 다양한 디지털 혁신조직을 신설하며 이러한 움직임을 보였고, 2023년에는 전행적으로 AI 업무 비서 플랫폼 'AI ONE'을 도입하여 직원들이 40여 가지 업무 기능을 AI로 지원받게 했다. 이러한 노력을 더욱 확장하여, 전사 직원이 AI 친화적 도구를 일상적으로 활용하도록 하고, 데이터 사이언티스트를 영업 현장에 투입하는 등 융합형 인재 운용을 강화해야 한다. 아울러 KB국민은행이 사내 AI 거버넌스 조직을 신설하고 자체 언어 모델(KB-STA: State of the art Text Analytics)을 개발하는 등 핵심 AI 기술의 내재화를 추진하는 사례도 주목할 만하다. 이는 은행 스스로가 기술 역량을 확보하여 외부에 종속되지 않고 지속적인 혁신을 주도하려는 노력으로, 타 은행들도 참고할 필요가 있다.

2) 개방형 API와 생태계 확장

플랫폼 전략의 핵심은 외부와의 연계이다. 국내 은행들은 정부 주도의 오픈뱅킹 시스템을 통해 대부분 API를 공개하고 있으나, 이를 주도적 비즈니스 모델로 발전시키는 데는 미온적이었다. 이제는 은행들도 자사 앱을 슈퍼앱화하거나, 반대로 Banking-as-a-Service(BaaS) 형태로 자사 금융 기능을 타사의 앱에 심는 전략을 적극 모색해야 한다. 예를 들어, 은행권 공동으로 API 마켓플레이스를 만들어 핀테크들이 쉽게 은행 기능을 활용하도록 지원하거나, 빅테크 플랫폼과 제휴하여 "임베디드 금융" 사례를 늘려갈 필요가 있다. 특히 아예 앱스토어를 만드는 것을 제안한다. 신한은행은 네이버페이 등과 협약을 맺어 AI 및 플랫폼 분야에서 협력했고, KB국민은행은 통신사·커머스 융합 및 데이터 협력을 추진하는 등 시도가 있다. 앞으로 금융-비금융 데이터를 융합한 서비스(예: 마이데이터 사업)를 확대하고, 은행 앱 내에 생활밀착형 서비스(여행, 부동산, 자동차 등)를 제공하는 전략을 강화하면 고객 락인 효과를 높일 수 있을 것이다. 이는 앤트그룹과 DBS의 사례처럼 고객 생활 전반에 파고드는 은행으로 진화하는 길이다.

3) AI를 통한 초개인화 서비스 구현

국내 은행들은 AI를 고객 개인화에 더욱 활용해야 한다. 현재 일부 은행이 AI 자산관리(PB)나 맞춤형 상품 추천을 시범 도입하고 있는데, 이를 전상품으로 확대하고 정교화할 필요가 있다. 예를 들어, 거래내역, 소비 패턴, SNS 정보 등 고객 데이터를 통합 분석해 한발 앞선 제안을 해주는 서비스는 아직 빅테크에 비해 부족하다. 앤트그룹의 예에서 보듯, AI는 고객의 상황에 맞게 금리 우대, 한도 제안, 투자 기회 알림 등을 실시간으로 제공하여 고객의 참여도를 높일 수 있다. 또한 음성비서나 AI 챗봇을 통해 고객이 일상언어로 금융 조언을 받을 수 있는 환경을 마련하면 차별화에 도움이 될 것이다. 오픈소스 초거대 언어 모델이 유력하게 등장하고 있는 만큼, 은행들도 자체 금융 특화 AI모델을 개발하거나 네이버·카카오와 같은

AI 기업과 협력하여 고객 접점의 AI 혁신을 이루어야 한다. 이를 통해 은행 앱을 똑똑한 금융비서로 탈바꿈시킴으로써, 고객 충성도를 높이고 수익 기회를 증대시킬 수 있을 것이다.

4) 리스크 관리 및 내부통제에 AI 활용

금융은 신뢰가 핵심인 만큼, AI를 활용한 리스크 관리를 선제적으로 강화해야 한다. 예를 들어, 이상거래 탐지 시스템(FDS), 자금세탁 방지(AML),

그림 7-1 금융권 AI 플랫폼 개요

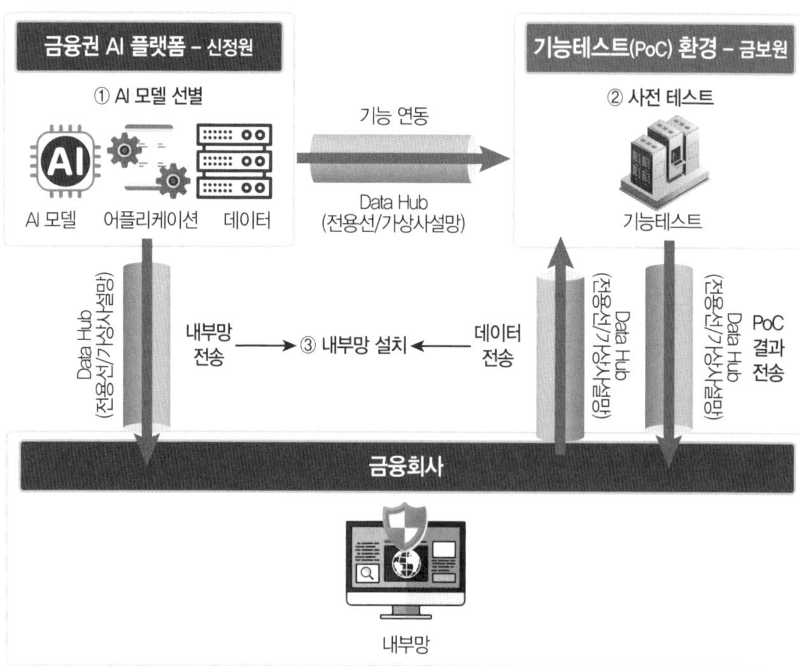

자료: 금융위원회, 금융권 생성형 AI 활용 지원 방안.

신용 리스크 모니터링 등에 머신러닝 알고리즘을 적용하면 인력으로는 탐지하기 어려운 패턴까지 포착하여 사고를 예방할 수 있다. 실제로 국내 카카오뱅크는 AI FDS로 보이스피싱을 탐지해 내고 있고, 신한은행은 외환 이상거래를 AI로 색출하는 시스템을 도입했다. 이를 더욱 고도화하여 실시간 종합 리스크 대시보드를 구축하고, 경영진이 AI의 인사이트를 토대로 신속히 대응하도록 하는 체계를 마련해야 한다. 또한 AI 거버넌스를 수립하여 AI 모델의 편향이나 오류로 인한 위험을 관리하고, 규제 당국과 협력해 AI 감사 체계를 정립할 필요가 있다. 금융위원회가 주도하는 "금융권 AI 플랫폼" 계획처럼, 업계 공통으로 신뢰성 있는 AI 활용 환경을 구축하는 노력에도 국내 은행들이 적극 참여해야 한다. 결국 안전장치를 갖춘 혁신만이 지속 가능하며, 이는 향후 AI 경쟁에서 신뢰를 확보하는 관건이 될 것이다.

5) 장기적 비전과 문화 변화

마지막으로, 기술 도입을 넘어서 조직문화와 비전의 측면에서 변화가 요구된다. 해외 사례의 공통점은 최고경영진이 디지털·AI 전환을 일관되게 추진하고 구성원의 마인드셋을 변화시켰다는 점이다. 국내 은행도 AI와 데이터 활용을 전 직원 KPI에 연계하고, 사내 교육 및 해커톤 등을 통해 분위기를 조성해야 한다. 신한은행의 "AI 드라이브 파이낸스"처럼,[17] 경영진이 분명한 방향성을 제시하고 실천하는 것이 중요하다. 또한 실패를 두려워하지 않는 실험문화를 독려하여 작은 POC(개념 검증)라도 빠르게 시도해 보는 조직 학습이 필요하다. 이러한 문화적 토양 위에서야 비로소 앞서

17 Bloter.net(2024. 5. 17).

제시한 기술·전략들도 효과를 발휘할 수 있을 것이다.

요약하면, 한국 은행권은 기술 역량 확보와 플랫폼/개방형 혁신을 통해 플랫폼 경쟁력을 키우고, AI를 전사적으로 활용하여 고객에게 새로운 가치를 제공하는 방향으로 나아가야 한다. 이는 단기 성과에 일희일비하기보다 중장기적 관점에서 금융의 미래 모습을 그리고 꾸준히 투자해야 가능한 일이다.

6. 미래 전망: AI 기반 금융 서비스의 진화

향후 금융산업은 AI를 내재한 플랫폼을 중심으로 한층 더 진화할 것으로 전망된다. AI 기술의 가속 발전과 소비자 기대의 변화, 그리고 빅테크의 금융 진출 등으로 은행의 역할과 형태도 재정의되고 있다. 다음은 미래의 AI 기반 금융 서비스 방향에 대한 주요 예측이다.

첫째, 금융 서비스의 극한의 개인화(ultra-personalization)가 실현될 것이다. AI는 점차 개인의 금융행동뿐 아니라 라이프스타일까지 학습하여 예측적 금융을 가능하게 할 전망이다. 이를테면 AI 비서는 고객이 말하지 않아도 필요할 것을 미리 예상해 제공하는 프록시 금융 매니저 역할을 할 수 있다. 가령 월급일에 자동으로 최적의 저축·투자 배분을 하고, 소비 패턴을 분석해 과도한 지출이 예상되면 미리 경고하거나 대안을 제시하는 등 자율주행 금융(self-driving finance)에 가까운 서비스가 등장할 것이다. 실제로 JP모건 등은 GPT-4 기반 투자자문(AI 어드바이저)을 개발 중이며, 이러한 기술이 발전하면 중산층도 PB 수준의 맞춤관리를 받는 시대가 올 수 있다. 다만 이러한 개인화 서비스는 데이터 프라이버시와 맞물려 있어, 고객 동의하에 투명하게 이루어지도록 하는 윤리가 병행되어야 한다.

둘째, 금융의 Invisible화(투명화) 및 임베디드화가 가속될 것이다. 앞으로 금융 서비스는 개별 앱이나 은행 창구에서 제공되기보다, 배경 속에 녹아 들어 소비자의 일상행위와 자연스럽게 통합될 것으로 보인다. 예를 들어, IoT 기기와 AI가 연동되어 음성 명령 한마디로 가장 유리한 조건의 대출이 즉시 실행되거나, 전자상거래 결제 시 AI가 자동으로 최적의 할인·할부 옵션을 적용해 주는 식이다. 이러한 임베디드 금융에서는 은행 브랜드보다 사용 편의성이 중요해지며, 은행들은 자신들의 기능을 다양한 제3자 플랫폼에 API 형태로 제공하는 Banking-as-a-Service 모델을 확대할 것이다.[18] 이미 해외에서는 은행의 라이선스와 인프라를 빌려 스타트업이 금융상품을 제공하는 사례가 늘고 있으며, 국내도 마이데이터와 종합지급결제업 등 제도가 도입되면서 분위기가 형성되고 있다. 미래에는 "모든 회사가 금융회사가 되는" 시대가 올 수 있으며, 은행은 그 백엔드 플랫폼으로서 B2B2C 형태로 활동 영역을 넓힐 수 있다. 이 과정에서 AI는 규모의 경제를 가능하게 하고, 운영비용 최소화함으로써 이러한 임베디드 금융을 실현하는 열쇠다.

셋째, 생성형 AI와 금융의 결합이 새로운 서비스 혁신을 일으킬 것이다. ChatGPT의 등장은 금융권에도 큰 파장을 일으켜, 이미 해외 대형은행들은 생성형 AI를 내부 직원 지원에 적용하고 고객 응대에도 시험하고 있다. 향후 수년 내에 고객은 ChatGPT와 같은 대화형 인터페이스로 거의 모든 금융 업무를 처리할 수 있고, AI는 방대한 금융지식을 바탕으로 실시간 컨설턴트 역할을 수행할 것이다. 예컨대 "내년 결혼자금을 마련하려면 어떻게 해야 해?"라고 물으면 AI가 종합자산관리 시나리오를 만들어 주고 실행까지 도와줄 수 있다. 또한 프로그래밍 없는 금융 서비스 개발도 가능해

18 FIS(n.d.).

져, 실무자가 자연어로 "이런 조건의 신용대출 상품을 만들어 줘"라고 하면 AI가 약관과 정책을 조합해 프로덕트를 설계하는 수준까지 갈 수 있다. 이는 금융상품 출시주기를 단축하고 고객 맞춤형 상품을 on-demand로 제공하는 것을 의미한다. 다만 이런 생성형 AI 활용에는 모델의 오류나 환각 현상에 따른 잘못된 답변 위험이 있으므로, 인간 전문가와 AI의 협업 체계(Human-AI co-pilot 모델)를 구축하여 최종 책임은 인간이 지되 AI의 생산성을 극대화하는 방식이 채택될 것이다.

넷째, RegTech(AI 기반 규제 준수)와 AI 거버넌스가 더욱 중요해질 것이다. 금융 분야에서 AI 활용이 증대함에 따라, 각국 규제 당국은 AI 모델 검증, 데이터 사용, 알고리즘 투명성 등에 대한 요구를 강화할 가능성이 높다.[19] 예컨대, 유럽연합은 AI법안(AI Act)을 통해 고위험 AI 시스템에 엄격한 조건을 부과하려 하고, 국내에서도 금융 당국이 가이드라인을 제시하고 있다. 따라서 미래의 은행은 단순히 AI를 잘 쓰는 것을 넘어서 책임 있게 써야 한다. 이를 위해 은행들은 AI 모델의 설명 가능성(XAI) 확보, 편향 데이터 제거, 모델 모니터링 체계 등을 표준화하고, 내부에 AI 윤리위원회나 전담 검사팀을 둘 전망이다. 또한 사이버보안 측면에서 AI를 악용한 공격(예: 딥페이크 사기)에 대처하기 위해, AI로 AI를 막는 보안기술(예: AI 이상 탐지)을 채택할 것이다. 요컨대, 신뢰할 수 있는 AI(Fair, Accountable, Transparent AI)만이 금융에 지속 활용될 수 있기에, 이를 뒷받침하는 제도와 기술 발전이 병행될 것이다.

다섯째, 금융업의 경쟁지형 재편이 이루어질 것이다. AI와 플랫폼화로 금융산업의 경계는 더 모호해지고, 빅테크 vs. 은행 vs. 핀테크 간 경쟁이 심화될 것이다. 이미 앤트그룹이나 애플, 아마존 등이 금융에 진출한 것처

19 Samsung SDS(n.d.).

럼, 플랫폼 역량과 AI기술을 가진 기업은 누구나 금융 서비스를 제시할 수 있게 된다. 반대로 은행도 데이터와 신뢰를 무기로 비금융 데이터 비즈니스에 진출할 수 있다. 미래에는 소수의 거대 플랫폼(금융 및 비금융 결합)이 생태계를 지배하고 다수의 전통 금융사는 백엔드화되거나 특정 전문영역에 집중하는 양극화가 일어날 수도 있다. 이러한 변화 속에서 살아남으려면, 지금의 은행들은 플랫폼 간 상호 운용성을 추구하면서도 자사 플랫폼의 차별적 강점을 키워야 한다. 또한 공동의 플랫폼 구축(컨소시엄)이나 표준화 연합 등을 통해 빅테크 독점에 대응할 필요도 있다. 경쟁과 협력이 공존하는 이 환경에서, 금융소비자의 편익은 궁극적으로 증대되겠지만 은행 입장에서는 생존을 위한 지속 혁신이 요구될 것이다.

7. 금융 혁신을 위한 AI·플랫폼 시대의 정책적 시사점 및 개혁 과제

본 장에서 분석한 바와 같이, AI와 플랫폼 전략은 이미 글로벌 금융 시장의 경쟁 패러다임을 근본적으로 변화시키고 있으며, 이는 대한민국 금융 산업의 미래 생존과 성장에 직결되는 핵심 이슈이다. 해외 선도 사례들은 단순한 기술 도입을 넘어선 비즈니스 모델, 조직, 문화, 그리고 리더십의 총체적 혁신을 통해 금융의 새로운 지평을 열고 있음을 보여 준다.

이에, 차기 정부가 추진해야 할 금융 부문 개혁 과제는 AI·플랫폼 시대의 도전과 기회를 적극적으로 활용하여 대한민국 금융산업의 글로벌 경쟁력을 강화하고, 국민에게 더 나은 금융 서비스를 제공하며, 신뢰받는 디지털 금융 생태계를 구축하는 데 집중되어야 한다.

1) 국가 차원의 AI·데이터 인프라 고도화 및 활용 촉진

해외 성공 사례에서 볼 수 있듯, AI 혁신의 근간은 방대한 데이터의 전략적 활용과 이를 뒷받침하는 강력한 플랫폼 인프라에 있으며, 데이터는 미래 금융의 핵심 자산이다. 따라서 이러한 인프라를 고도화하고 데이터 활용을 촉진하기 위한 주요 개혁 과제로는, 첫째 안전하고 효율적인 금융 데이터 공유 및 활용을 위한 (가칭)'금융 AI 데이터 하이웨이' 구축을 지원하고 관련 데이터 거버넌스 표준을 정립하는 것을 들 수 있다. 이는 현재의 마이데이터 사업을 한 단계 발전시키는 개념이 될 것이다. 둘째, 은행 및 금융기관의 주도적인 Open API 확대와 고도화를 유도하고 혁신적인 금융 서비스 개발을 위한 API 마켓플레이스 조성을 지원함으로써 개방형 금융 API 생태계를 활성화해야 한다. 이를 통해 Banking-as-a-Service 모델의 확산 또한 촉진할 필요가 있다. 아울러, 중소 핀테크 기업 및 금융기관이 AI 모델 개발 및 학습에 필요한 고성능 컴퓨팅 자원에 보다 쉽게 접근할 수 있도록 지원 방안을 마련하는 것도 중요한 과제이다.

2) 금융 AI 기술 경쟁력 강화 및 핵심 인재 양성

글로벌 선도 기업들은 기술 예산의 상당 부분을 AI에 투입하고 핵심 기술을 내재화하며, AI 전문 인력 확보 및 양성에 사활을 걸고 있다. 국내 금융기관의 자체 기술력 강화와 인재 확보가 시급한 상황이다. 이를 위한 개혁 과제로서, 우선 금융 분야에 특화된 핵심 AI 기술(예: 금융 특화 언어모델, AI 기반 리스크 관리, RegTech 등)을 (가칭)'금융 AI 국가전략 기술'로 지정하고, 산학연 공동 R&D 투자를 대폭 확대해야 한다. 또한 금융과 AI를 모두 이해하는 융합형 인재 양성을 목표로 하는 (가칭)'금융 AI 전문 인력 10만 양성' 프로젝트를 추진하여, 대학 관련 학과 신설·확대, 재직자 대상 전문 교육 프로그램 운영, 해외 우수 인재 유치 등을 포괄하는 국가 차원의 인력 양성 로드맵을 수립하고 적극적으로 실행해야 할 것이다. 이와 함께 은행 및 금융기관이 자체적인 AI 연구 조직을 강화하고 핵심 기술을 개발·도입할 경우, 세제 혜택이나 정책 자금 지원 등 인센티브를 제공하여 금융권의 AI 기술 내재화를 적극적으로 장려해야 한다.

3) 미래지향적 금융 규제 혁신 및 디지털 금융 안전망 구축

해외 사례는 혁신을 촉진하면서도 금융 안정과 소비자 신뢰를 확보하는 규제 균형의 중요성을 강조하며, 기술발전에 부응하는 유연하고 선제적인 규제 체계가 필수적임을 보여 준다. 이에 따라, 신기술·신서비스가 시장에서 빠르게 검증될 수 있도록 AI 금융 분야에 특화된 'AI 금융 혁신 테스트베드' 및 규제 샌드박스를 확대 운영하고, 네거티브 규제 방식 도입을 신중히 검토해야 한다. 또한 초개인화 서비스 확산에 따른 개인정보 보호 및 데이터 활용 관련 법제를 정비하여 소비자의 데이터 통제권을 강화하는 한편, AI 알고리즘의 투명성 및 공정성 확보를 위한 가이드라인을 마련하고 차별 방지책을 강구하는 것이 중요하다. 더불어, AI를 활용한 금융 리스크(사이버보안, 자금세탁, 불공정 거래 등) 탐지 및 예방 시스템 구축을 지원하고 금융감독 당국의 AI 기반 감독 역량(SupTech/RegTech)을 고도화해야 하며, (가칭)'디지털 금융안정위원회' 신설 검토도 필요하다. 마지막으로, 빅테크 기업의 금융업 진출 및 거대 금융 플랫폼의 시장 지배력 확대에 따른 독과점 문제를 예방하고, 은행-핀테크-빅테크 간 공정 경쟁 및 상호 운용성 확보를 위한 정책을 마련하여 건강한 디지털 금융 생태계를 조성해야 한다.

4) 금융기관의 디지털 전환 및 혁신 문화 확산 지원

해외 성공 사례에서 기술뿐 아니라 플랫폼 중심 조직 개편, 민첩한 문화, 리더십의 역할이 결정적이었음을 알 수 있듯이, 국내 은행의 보수적인 조직 문화와 의사결정 구조는 디지털 전환의 걸림돌이 될 수 있다. 이를 극복하기 위한 개혁 과제로, 첫째 은행들이 디지털 전환과 AI 도입을 위한 유연하고 개방적인 조직 문화(애자일 방식, 실패 용인 문화 등)를 구축할 수 있도록 정부 차원의 컨설팅 지원 및 우수 사례 포상 등 인센티브를 제공하는 방안을 고려해야 한다. 둘째, 금융기관 리더들의 디지털 전환 및 AI 전략 이해도를 높이고 혁신 의지를 고취하기 위한 맞춤형 교육 및 네트워킹 프로그램을 운영하여 최고경영진(CEO)의 디지털 리더십 강화를 지원해야 한다. 셋째, 은행, 핀테크, 기술 기업이 공동으로 참여하여 새로운 아이디어를 실험하고 개념 검증(PoC)을 진행할 수 있는 (가칭)'디지털 금융 혁신 허브' 설립을 지원함으로써 금융권 공동의 혁신 이니셔티브와 실험 공간을 마련하는 것이 필요하다.

결론적으로, AI와 플랫폼 시대에 대한민국 금융산업이 한 단계 도약하기 위해서는 정부의 선제적이고 전략적인 정책 지원과 과감한 규제 개혁이 필수적이다. 위에 제시된 개혁 과제들은 금융소비자에게는 더 나은 서비스를, 금융 산업에는 새로운 성장 동력을, 국가 경제에는 미래 경쟁력을 제공하는 초석이 될 것이다. 이는 단기적 성과에 연연하기보다는 금융의 미래를 디자인한다는 장기적 안목과 강력한 추진 의지를 필요로 한다.

8. 맺음말

AI 기술과 디지털 플랫폼의 융합은 전 세계 금융산업에 근본적이고 거스를 수 없는 혁신의 파고를 일으키고 있다. 이는 단순히 기술적 변화를 넘어 금융 서비스의 본질, 경쟁의 방식, 그리고 금융소비자의 경험까지 모든 것을 재정의하고 있다. 여기에서 분석한 해외 선도 금융기관들의 사례는 이러한 변화의 최전선에서 AI와 플랫폼 전략을 통해 어떻게 새로운 가치를 창출하고 금융의 경계를 확장해 나가는지를 명확히 보여 준다.

대한민국의 금융산업이 이 거대한 전환기에서 글로벌 경쟁력을 확보하고 지속 가능한 성장을 이루기 위해서는, 개별 금융기관의 노력과 더불어 정부의 선제적이고 전략적인 역할이 그 어느 때보다 중요하다. 금융의 디지털 진화는 이제 선택이 아닌 국가적 생존과 미래 경쟁력의 문제이며, AI와 플랫폼이라는 강력한 엔진을 국가 차원에서 어떻게 활용하고 발전시켜 나갈지에 대한 명확한 비전과 실행 계획이 요구된다.

여기에서 심도 있게 논의된 바와 같이, 대한민국 금융이 AI·플랫폼 시대를 선도하기 위한 정책적 노력은 다음의 핵심 축을 중심으로 전개될 필요가 있다.

첫째, AI 혁신의 근간이 되는 국가 차원의 AI·데이터 인프라를 고도화하고, 안전하면서도 효율적인 데이터 공유 및 활용 생태계를 조성하여 금융 데이터가 미래 핵심 자산으로 기능하도록 지원해야 한다. 이는 개방형 금융(Open Finance)의 확산과 Banking-as-a-Service와 같은 새로운 금융 모델의 토대가 될 것이다.

둘째, 글로벌 기술 패권 경쟁에 대응하기 위해 금융 AI 기술 주권을 확보하고 핵심 인재를 양성하는 데 국가적 역량을 집중해야 한다. 금융 특화 AI 기술 R&D에 대한 과감한 투자와 금융과 AI를 아우르는 융합형 인재 육성 시스템 구축은 국내 금융산업의 자체적인 혁신 동력을 강화할 것이다.

셋째, 기술발전 속도에 부응하는 미래지향적 금융 규제 혁신과 디지털 금융안전망의 균형적 구축이 필수적이다. AI 금융 혁신 테스트베드 운영과 규제 샌드박스 확대를 통해 신기술과 서비스의 시장 검증을 촉진하는 동시에, AI 알고리즘의 투명성·공정성 확보 및 금융소비자 보호를 위한 선제적인 규제 체계를 마련하여 혁신과 신뢰가 함께 성장하는 환경을 조성해야 한다.

넷째, 국내 금융기관들이 글로벌 선도 사례와 같이 디지털 전환과 혁신문화를 성공적으로 내재화할 수 있도록 정책적 지원을 아끼지 않아야 한다. 플랫폼 중심의 민첩한 조직 운영, 실패를 용인하는 실험적 문화, 그리고 최고경영진의 확고한 디지털 리더십이 발현될 수 있도록 정부 차원의 컨설팅, 우수 사례 공유, 혁신 허브 조성 등을 통해 적극적으로 지원해야 한다.

궁극적으로, AI와 플랫폼 전략은 잘 활용하면 금융소비자에게는 전례 없는 편의와 혜택을, 금융산업에는 새로운 성장 기회를, 그리고 국가 경제에는 미래 경쟁력을 제공하는 강력한 도구가 될 것이다. 그러나 이러한 잠재력을 현실화하기 위해서는 단기적 성과에 일희일비하기보다는, 금융의 미래를 디자인한다는 장기적 안목과 금융 고유의 신뢰 및 안정성을 지키면서 혁신을 추구하는 지혜로운 균형 감각, 그리고 이를 뒷받침하는 정부의 강력한 정책 의지와 과감한 실천이 필요하다.

참고문헌

Bloter.net, 「토스뱅크, 자체 개발 AI 상담 챗봇 '챗T' 도입…"상담 효율·고객 만족도 높인다"」, 2024. 5. 17〈https://www.bloter.net/news/articleView.html?idxno=628439〉.

Samsung SDS(n.d.), 「2025년 은행 산업, AI를 만나다」〈https://www.samsungsds.com/kr/insights/ai-in-banking-in-2025.html〉.

Business Insider, "Goldman Sachs is rolling out an AI assistant for employees, CNBC reports," April 17, 2024〈https://markets.businessinsider.com/news/stocks/goldman-sachs-rolling-out-ai-assistant-for-employees-cnbc-reports-1034251011〉.

China Investment Watch, "Alibaba & Alipay's Fintech Revolution: A Blueprint for Global Expansion," October 11, 2024〈https://www.ciw.news/p/alibaba-alipays-fintech-revolution〉.

CIO, "Asian banking giant maps its Gen AI-powered future," May 2, 2024〈https://www.cio.inc/asian-banking-giant-maps-its-gen-ai-powered-future-a-27276〉.

Constellation Research, "JPMorgan Chase Digital Transformation, AI, and Data Strategy Sets Stage for Generative AI," October 19, 2023〈https://www.constellationr.com/blog-news/insights/jpmorgan-chase-digital-transformation-ai-and-data-strategy-sets-generative-ai〉.

CTO Magazine, "J.P. Morgan Chase accelerates AI adoption," March 28, 2024〈https://ctomagazine.com/jp-morgan-chase-accelerates-ai-adoption/〉.

El-Amine, S., "It's a fintech plus: How J.P. Morgan Payments became the bank's $4.7B growth engine," Tearsheet, December 13, 2023〈https://tearsheet.co/payments/its-a-fintech-plus-how-j-p-morgan-payments-became-the-banks-4

-7b-growth-engine〉.

Electronic Trading Hub(n.d.), “Leveraging AI in electronic trading: A game changer for investment banks”〈https://electronictradinghub.com/leveraging-ai-in-electronic-trading-a-game-changer-for-investment-banks/〉.

FIS(n.d.), “Why now is the right time for Banking-as-a-Platform”〈https://www.fisglobal.com/insights/why-now-is-the-right-time-for-banking-as-a-platform〉.

Goldman Sachs(n.d.), “Marquee”〈https://marquee.gs.com/〉.

Goldman Sachs, “2014: Marquee,” 2014〈https://www.goldmansachs.com/our-firm/history/moments/2014-marque〉.

Goldman Sachs, “2019: Launching Apple Card,” 2019〈https://www.goldmansachs.com/our-firm/history/moments/2019-apple-card〉.

Intelligent Platforms(n.d.), “5 steps how Ant Financial built a 200 billion platform business”〈https://intelligentplatforms.ai/5-steps-how-ant-financial-built-a-200-billion-platform-business/〉.

JPMorgan Chase & Co., “Chase reveals 2022 digital banking trends,” November 8, 2022〈https://www.jpmorgan.com/technology/news/chase-2022-digital-banking-trends〉.

McKinsey & Company(n.d.), “DBS: Transforming a banking leader into a technology leader”〈https://www.mckinsey.com/capabilities/mckinsey-digital/how-we-help-clients/rewired-in-action/dbs-transforming-a-banking-leader-into-a-technology-leader〉.

Nguyen, L. and S. Azhar, “(1). Goldman Sachs faces hard sell for its consumer assets,” Reuters, March 1, 2023〈https://www.reuters.com/business/retail-consumer/goldman-sachs-faces-hard-sell-its-consumer-assets-2023-03-01/〉.

8

기업의 혁신 촉진과 합리적 투자자 보호

정준혁

1. 기업의 혁신과 투자자 보호
2. 우리나라 주식 소유 구조의 특징과 기업법제의 목표
3. 혁신 촉진과 기업가치 증대를 위한 과제
4. 합리적 투자자 보호를 위한 과제
5. 지배주주 없는 세상에 대한 대비

*

이 글은 정준혁, 「주주 보호를 위한 자본시장 법제도 개선과 쟁점–자기주식, 배당절차 개선, 물적분할 후 상장, 의무공개매수, 내부자거래 사전공시 제도를 중심으로–」, 『기업법연구』 제38권 제2호, 2024; 정준혁, 「투자자 보호 관련 최근 자본시장 법제도 개선 동향」, 『BFL』 제126호, 2024; 정준혁, 「투자자 보호 관련 최근 법제도 개선과 전망」, 『IR Focus』, 한국IR협의회, 2024. 11; 정준혁, 「코리아 디스카운트 해소를 위한 우리나라 자본시장 개혁 과제」, 하나금융연구소 금융연구센터(2024)의 내용을 종합, 발췌, 정리하고 보강한 것임을 밝힌다.

1. 기업의 혁신과 투자자 보호

1) 주식회사 제도와 기업의 혁신

주식회사는 기업의 혁신을 가져오는 유용한 제도로 지난 수백 년간 활용되고 있다. 주식회사가 혁신의 수단으로 널리 사용되게 된 것은 주주유한책임과 주식의 양도성, 그리고 소유와 경영의 분리에 기인한 면이 크다. ① 주주유한책임에 따라 주주는 주식 투자금을 한도로 회사의 채무에 대해 책임을 부담하므로(상법 제331조) 회사의 사업이 실패하더라도 추가적인 손실을 입지 않는다. 이렇게 주주의 최대 손해액이 확정되면 투자를 진행하기가 수월해진다. 여기에 더하여 유한책임 제도는 투자자로 하여금 다른 주주들의 변제 능력을 확인하지 않고도 투자를 할 수 있게 한다. 만일 주주들이 회사의 채무에 대해 책임을 져야 하고 주주 중에 자력이 부족한 주주가 있을 경우, 다른 주주들이 해당 주주의 몫까지 책임을 지게 된다. 이러한 상황에서는 다른 주주의 재산에 대한 확인 없이 섣불리 투자에 나서기 어렵게 된다. 유한책임 제도로 회사의 채무에 대해 주주가 투자금 이외에 추가적인 책임을 지지 않기 때문에, 주주들은 다른 주주들의 자력이 어떠한지와 관계없이 주식을 투자할 수 있게 된다.

② 주식회사의 주주는 주식을 자유롭게 양도할 수 있다(상법 제335조). 주주는 현금이 필요할 때 주식을 매각하여 현금화할 수 있으므로, 투자금 회수에 대한 부담 없이 주식에 투자할 수 있다. 주식의 양도성은 거래소의 출범도 가능하게 하여, 보다 많은 투자자들이 주식을 거래할 수 있게 한다. 기존 투자자들에게는 수익 실현의 기회를, 새로운 투자자들에게는 투자의 기회를 제공함으로써 주식회사의 부를 많은 사람들이 누릴 수 있게 한다. 주주 유한책임 제도와 주식의 양도성을 바탕으로 주식회사는 혁신에 필요

한 대규모 자금을 손쉽게 모집할 수 있다.

③ 많은 투자자들이 주주로 참여하면 자연스럽게 소유와 경영의 분리가 이루어진다. 주주들이 모두 경영에 관여하는 것은 현실적이지 아니하므로, 사업에 전문성을 갖는 임직원들이 회사의 경영을 담당한다. 회사를 소유하는 주주와 경영하는 경영진 간의 분리가 이루어지는 것이다. 소유와 경영의 분리를 통해 주주들은 경영에 전문성을 갖는 사람에게 회사의 운영을 맡길 수 있다. 경영인은 대규모로 확보된 투자금을 바탕으로 혁신을 추진하고, 주주들은 실제 회사의 경영에 관여하지도 않고도 혁신으로 인한 과실을 누리게 된다. 주식회사 제도가 혁신의 촉진뿐만 아니라 국민 부의 증가 수단으로 활용되는 것도 바로 이러한 이유 때문이다.

2) 주식회사 제도와 투자자 보호

그렇지만 소유와 경영의 분리는 경영자의 기회주의적 행동에 의한 주주 부의 감소라는 또 다른 문제를 야기한다. 경영자는 주주를 위해 성실하게 업무를 수행하는 것보다, 자신의 사익을 추구할 유인을 가질 수 있기 때문이다. 이를 경영자와 주주 간의 대리인 문제(agency problem)라 한다. 경영자가 과도한 보수를 받는다든지, 전체 주주가치에 이익이 되지 않음에도 불구하고 자신의 보수 증식을 위해 새로운 사업을 추진하는 것들이다. 전통적으로 회사법은 경영자와 주주 간의 대리인 문제를 해결하는 것을 중요한 목적으로 삼아 왔다. 크게는 ① 경영자가 회사에 대해 선관주의의무와 충실의무를 부담하고 이를 소홀히 하여 회사에 손해를 입힌 경우 손해배상책임을 부담하게 하여 기회주의적 행동을 억제하는 방법과 ② 스톡옵션 부여를 통해 경영자와 주주의 이해관계를 일치시키는 방법이 함께 활용되어 왔다.

그런데 주지하는 바와 같이 우리나라 대부분의 회사에는 지배주주가 존재한다. 지배주주는 회사 임직원에 대한 임면권을 바탕으로 이들을 감시(monitor)하기 때문에, 경영자와 주주 간의 대리인 문제는 지배주주가 존재하는 상황에서는 크게 문제가 되지 않는다. 그 대신 경영을 지배하는 지배주주의 기회주의적 행동으로부터 일반주주를 보호하는 것, 즉 지배주주와 일반주주 간의 대리인 문제를 해결하는 것이 훨씬 중요한 문제가 된다. 지배주주는 다른 일반주주들이 누리지 못하는 지배권의 사적 이익(private benefit of control)을 누리기 때문에, 경우에 따라서는 전체 기업가치를 증가시키는 것보다 자신의 사적 이익을 증가시키는 의사결정을 할 수 있다.

사실 1997년 말 외환위기 이후 우리나라 회사법과 금융법의 역사는 지배주주의 사적 이익을 통제하는 것과 궤를 같이 한다고 해도 과언이 아니다. 금융위기의 원인으로 기업 지배구조 문제가 지목되면서 사외이사, 감사위원회, 집중투표제, 스톡옵션 등 다양한 제도들이 우리나라에 도입되었다. 합병비율 산정 방식을 법률에 정하거나 신주 발행 가격을 법률로 제한하는 우리나라 특유의 제도들도 도입되었다. 공정거래법상 대기업집단 관련 규제나 세법의 관련 제도들 또한 이 과정에서 큰 역할을 했다. 그럼에도 불구하고 코리아 디스카운트가 아직도 우리나라 자본시장의 가장 큰 문제로 지적되는 것을 보면, 지배주주와 일반주주 간 대리인 문제의 해결은 여전히 우리 기업법 제도의 가장 중요한 과제라 하겠다.

3) 기업의 혁신과 투자자 보호

이 글은 이러한 문제 의식을 바탕으로, 기업의 혁신과 합리적 투자자 보호를 위한 회사법과 금융법의 개선 과제를 정리한다. 회사법과 금융법 제도가 소유와 경영의 분리라는 주식회사 제도의 장점을 극대화하여 혁신을 촉진하면서도 지배주주의 기회주의적 행동으로부터 일반주주를 어떻게 합리적으로 보호할 수 있을지를 검토한다.

이하의 내용은 다음과 같이 구성되었다. 먼저 제2절에서는 우리나라 주식 소유 구조에 대해 분석하고, 회사의 경영을 지배하는 지배주주가 어떠한 인센티브를 갖는지를 분석한다. 이러한 이해를 바탕으로, 전체 기업가치 증대와 합리적 이해관계자 보호라는 회사법 제도의 두 가지 목표를 제시한다. 제3절에서는 기업의 혁신을 통해 전체 기업가치를 증가시키기 위해 필요한 법제도 개선 방안을, 제4절에서는 일반주주를 비롯한 이해관계자들을 합리적으로 보호하기 위한 제도 개선 방안을 제안한다. 마지막으로 제5절에서는 지배주주가 점점 없어지는 현실에 비추어 몇 가지 과제를 제시하며 글을 마무리한다.

2. 우리나라 주식 소유 구조의 특징과 기업법제의 목표

1) 주식 소유 구조의 특징 및 지배주주의 인센티브

(1) 우리나라 상장회사 주식 소유 구조의 특징[1]

우리나라 대부분의 상장회사에는 지배주주가 존재한다. 우리나라에 지배주주가 존재하지 않는 회사는 ① 포스코, KT, KT&G와 같이 과거 공기업이 민영화된 경우나 ② 관련 법령에 따라 주주가 일정 비율 이상의 의결권을 갖는 것이 제한되는 은행지주회사 및 은행, 그리고 ③ 외국계 기업

1 이하 부분은 정준혁(2024d)의 내용을 정리한 것이다.

▮ 그림 8-1 상장회사 경영권 이전 전후 지분율 비교[2]

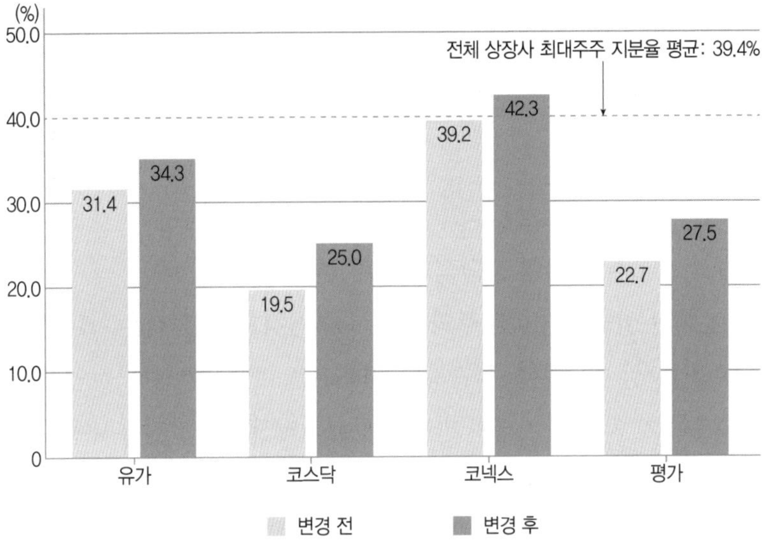

을 모회사로 두는 기업 정도다. 이를 제외하고 거의 모든 상장회사에는 가족을 중심으로 하는 지배주주가 존재한다.

그리고 이러한 지배주주가 30% 정도의 비교적 낮은 지분만으로도 지배권을 행사하는 경우가 흔히 발견된다.[3] 실제로 상장회사들의 경영권 변동 거래 내역을 살피면 〈그림 8-1〉에서 보는 바와 같이 과반수에 훨씬 못 미치는 25% 내외의 주식 취득만으로도 경영권 이전이 이루어짐을 알 수 있다.

지배주주들은 지주회사, 순환출자 등의 방법을 통해 보다 낮은 지분율만으로도 여러 회사를 지배하는 경우가 흔하다. 공정거래법상 지주회사는 자회사 지분을 30% 이상(비상장법인의 경우 50%), 자회사는 손자회사 지분

2 금융감독원(2022. 7. 4).
3 우리나라 주식 소유 구조 현황에 대해서는 정준혁(2019a), pp. 93~96.

을 마찬가지로 30% 이상(비상장법인의 경우 50%) 보유하면 되므로, 지배주주 입장에서는 이러한 방법을 통해 적은 지분으로도 많은 계열회사를 효과적으로 지배할 수 있다. 공정거래위원회 자료에 의하면, 공시 대상 기업집단 중 총수가 있는 기업집단에서의 총수 일가 지분율은 2024. 5. 기준 3.5% 수준에 불과하다.[4]

(2) 지배주주 존재의 장단점과 주주 부의 구성

그렇지만 이러한 지배주주의 존재를 부정적으로 볼 것은 아니다. 긍정적인 측면에서, 지배주주가 안정된 지배권을 바탕으로 단기적인 시장 변화에 흔들리지 않고 장기적인 관점에서 혁신적인 의사결정을 내릴 수 있다는 장점이 있다. 지배주주는 단기적인 이익을 추구하는 일부 주주들의 압박으로부터 자유롭게 회사의 장기적인 비전을 설정하고 이를 실현하기 위한 전략을 추진할 수 있다. 우리나라 대기업 창업자들의 성공 사례는 이러한 장기적인 비전과 혁신적인 사업 아이디어가 기업성장의 원동력이 될 수 있음을 보여 주는 대표적인 사례라 하겠다.

그러나 지배주주의 존재는 일반주주 보호 측면에서는 부정적인 영향을 줄 수도 있다. 지배주주는 일반주주들이 누리지 못하는 지배권의 사적 이익을 누린다. 예를 들어, 지배주주는 자신의 영향력을 이용하여 과도한 보수를 받거나, 개인회사와의 불공정한 내부 거래(tunneling)를 통해 회사 자금을 유출하는 등 다양한 방식으로 사익을 추구할 수 있다.[5] 만일 지배권의 사적 이익이 과도할 경우 이는 기업가치나 일반주주 부의 감소로 이어질 수 있다.

이러한 이해를 바탕으로 주주의 부를 정리하면 다음과 같다. 전체 주

4 공정거래위원회(2024. 9. 1).

5 지배권의 사적 이익과 관련한 다양한 사례와 분석은 정준혁(2019b).

그림 8-2 지배주주와 일반주주 부의 구성

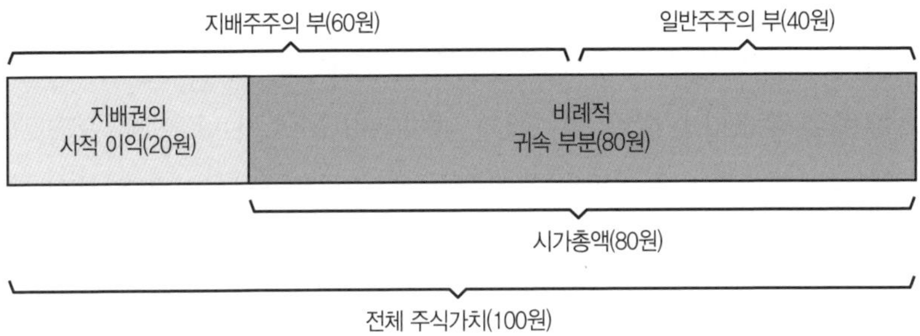

식가치가 100원, 지배주주만이 누리는 지배권의 사적 이익이 20원인 회사가 있다고 하자. 지배주주의 지분율이 50%라고 하면, 지배주주의 주식가치는 60원(20원+80원×50%)이 된다. 지배권의 사적 이익(20원)은 지배주주가 독점하고, 모든 주주들에게 귀속되는 나머지 부분(80원)은 지분 비율에 따라 부가 귀속되기 때문이다. 이때 나머지 일반주주 주식가치는 40원(80원×50%)이 된다. 주식시장에서의 주가는 지배권이 수반되지 않은 주식거래에서의 가격을 의미하므로, 시가총액에는 지배권의 사적 이익이 반영되지 않는다. 본 사례에서 시가총액은 80원에 해당한다. 이를 그림으로 정리하면 〈그림 8-2〉와 같다.

앞서 살펴본 지배권에 대한 두 가지 시각 역시 〈그림 8-2〉를 통해 이해할 수 있다. 안정된 지배주주의 존재가 혁신적 사업을 추구하는 데 도움이 된다는 것은, 지배주주가 전체 주식가치(100원 부분)를 증가하는 데 초점을 두고 있다. 반면 지배주주가 사적 이익을 추구할 인센티브를 갖는다는 점은, 지배주주가 전체 주식가치보다는 사적 이익(20원 부분)을 증가시킨다는 데 초점을 둔다. 결국 기업 관련 법령의 목적은 지배주주가 전체 주식가치를 증가시킬 수 있도록 인센티브를 제공하고, 사적 이익을 지나치게 늘리지 않도록 통제하는 데 있다.

(3) 소수지배주주 체계와 지배주주 인센티브의 왜곡 가능성[6]

문제는 우리나라 많은 회사들과 같이, 지배주주가 낮은 지분율만으로도 회사를 지배하는 경우에는 전체 주식가치를 증가시키거나 회사의 부를 배당 등을 통해 분배할 인센티브보다는 자신의 사적 이익을 추구할 가능성이 높다는 데 있다.[7] 예를 들어, 지배주주가 지주회사의 지분을 30% 보유하고, 그 지주회사가 자회사의 지분을 30%, 그 자회사가 다시 손자회사의

그림 8-3 소수지배주주 체제(CMS)하에서의 현금흐름

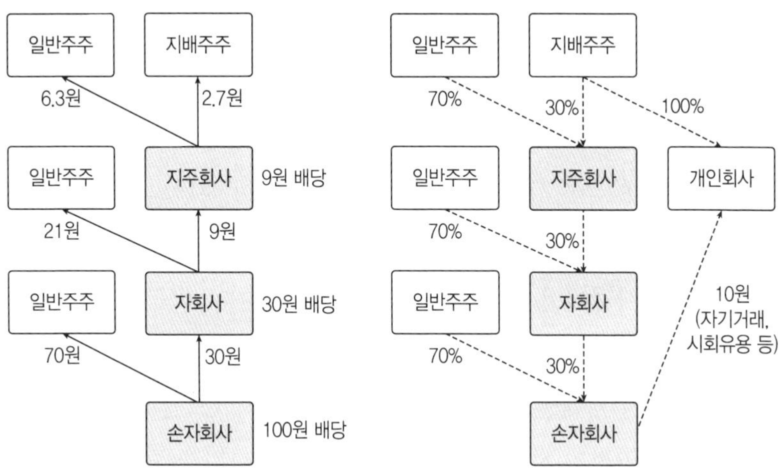

6 이하 부분은 정준혁(2024a)의 내용을 일부 정리한 것이다.

7 따라서 이러한 경우 과반수 이상의 지분으로 회사를 지배하는 경우에 비해 대리인 비용(agency costs)이 훨씬 높아진다. Lucian A. Bebchuk, Reinier Kraakman, and George Triantis(2000).

지분을 30% 보유하면 손자회사에서 100원 배당을 실시하더라도 그중 2.7원만 지배주주에게 귀속되고, 나머지 97.3원은 다른 주주들에게 분배된다.

이러한 상황에서 지배주주로서는 이익배당이나 자기 주식 취득과 같이 모든 주주들에게 비례적으로 회사의 부가 분배되는 결정보다는, 회사의 임원으로 취임해서 보수를 받거나 개인회사와의 거래 등을 통해 회사 재산을 가져가는 것을 선호하게 된다. 이처럼 지배주주의 계열회사에 대한 현금흐름 비율이 작으면 작을수록 지배주주와 일반주주의 이해관계는 불일치하게 된다.[8] 우리나라 상장회사의 배당 성향이 낮은 것도 이러한 주식 소유 구조에 기인한 것으로 이해할 수 있다.

이러한 문제는 회사의 이익을 어떻게 분배할 때뿐만 아니라 회사가 새로운 사업을 추진할 때도 발생할 수 있다.[9] 지배주주로서는 회사 전체 가치를 증가시키는 사업보다는 자신의 사적 이익을 증가시키는 사업을 선택할 인센티브를 갖는다. M&A 과정에서의 대리인 문제를 설명할 때 등장하는 제국 건설(empire building) 관련 설명이 대표적이다. 기업집단 전체의 규모가 커지면 아무래도 지배주주 및 경영진의 보수 수준이 높아지더라도 이를 정당화하기가 쉽다. 따라서 지배주주로서는 회사의 여유자금을 배당하기보다는 기업가치 증대에 도움이 되지 않는 회사를 인수하는 데 사용할 유인을 갖는다. 지배주주는 자신이나 그 가족이 여러 회사의 임원으로 재임하면서 보수를 수령하거나, 더 많은 계열회사로 하여금 지배주주나 그 가족이 지분을 소유하는 개인회사와 거래를 하게 하는 등의 방법으로 사적 이익을 늘릴 수 있다.

정리하면 지배주주가 적은 지분율로도 회사의 지배권을 행사하는 경우에는 ① 전체 기업가치를 증가시킬 수 있는 리스크가 있지만 혁신적인 사업

8 정준혁(2023).
9 이하 내용은 정준혁(2019a), pp. 123~124.

을 추진하기보다는 자신의 사적 이익을 증가시키는 사업을 추진할 유인을 갖고, ② 회사에 발생한 이익을 전체 주주에게 분배하기보다는 자신의 사적 이익을 위해 사용할 유인을 갖는다. 우리나라에 널리 퍼져 있는 소수지배주주 체계(controlling minority structure)는 지배주주의 인센티브 측면에서 이와 같이 사회적으로 바람직하지 않은 결과를 가져올 수 있다.

2) 회사법, 금융법의 두 가지 목표[10]

이와 같은 우리나라 주식 소유 구조하에서 지배주주의 인센티브를 고려할 때, 기업법 제도의 목표는 ① 지배주주에게 전체 기업가치를 증가시킬 인센티브를 제공하고, ② 지배권의 사적 이익을 적절한 수준으로 통제하는 것에 있다고 하겠다. 각각 자세히 살펴본다.

(1) 제1목적: 전체 기업가치 증대

법제도의 목적은 사회 전체의 후생(social welfare)을 높이는 데 있다. 이를 기업 운영의 맥락에서 구체화하면, 회사의 행위로 인하여 영향을 받는 당사자들 전체의 부를 증대시키는 데 있다고 해석할 수 있다. 앞서 검토한 것처럼 지배주주가 존재하고 지배주주가 회사의 경영을 담당하는 상황에서는 지배주주가 전체 기업가치를 증가시키는 역할을 수행한다. 따라서 지배주주가 전체 기업가치를 증대시키는 의사결정을 할 수 있도록 유인책을 마련하고, 이와 함께 지배주주의 사익 추구로 인해 기업가치가 훼손되는 것을 방지하기 위한 제도적 장치를 마련하는 것이 중요하다.

이를 위해 혁신적인 기술 개발이나 새로운 시장 개척 등 기업가치를 증

10 M&A 법제도의 두 가지 목적과 관련하여서는 정준혁(2019a) 참조.

대시키는 의사결정을 주도한 창의적인 지배주주나 경영자에게는 그에 상응하는 이익이 귀속되도록 해야 한다. 반면 지배주주나 경영자 등 의사결정 주체가 자신의 사익을 위해 기업가치를 감소시키는 의사결정을 하는 경우에는 엄격한 책임을 부담하도록 하여 이를 억제해야 한다. 또한 사업에는 항상 리스크가 수반되므로, 지배주주나 경영자가 충분한 정보를 바탕으로 전체 기업가치를 증가시킬 수 있는 혁신적인 사업을 추진했지만 결과적으로 손해가 발생했다고 하여 이들에게 과도한 책임을 묻는 것은 지양하여야 한다.

(2) 제2목적: 일반주주를 포함한 이해관계자의 적절한 보호

기업 관련 법령의 두 번째 목적은 일반주주를 포함한 회사 관련 이해관계자들을 적절하게 보호하는 데 있다. 일반주주 보호 수단이 적절하게 정립되지 않으면 투자자들은 회사에 투자하는 것을 꺼려하게 되고 이는 결국 회사의 자본조달비용 상승으로 이어진다. 채권자에 대한 보호 역시 적절하게 이루어지지 않을 경우 회사의 자금조달비용의 증가로 이어진다. 이러한 점에서 지배주주와 일반주주 간 대리인 문제, 전체 주주와 채권자 간 대리인 문제의 적절한 해결은 일반주주, 채권자 등 이해관계자뿐만 아니라 지배주주에게도 이익이 된다.

그렇지만 일반주주나 채권자 등의 이익을 필요 이상으로 보호하게 되면 이로 인하여 지배주주가 전체 기업가치를 증가시킬 유인을 잃을 수 있다. 이를 방지하려면 일반주주나 채권자 등의 부가 지배주주의 어떠한 결정으로 인하여 감소하지 않는 범위 내에서만 법률이 개입하는 것이 바람직하다. 회사법이 이 기준을 넘어서 지배주주가 의사결정을 통해 얻는 이익을 이해관계자에게 추가적으로 공유하는 정도까지 개입하는 것은 바람직하지 않다.

3. 혁신 촉진과 기업가치 증대를 위한 과제

그렇다면 기업 관련 법제도는 어떻게 혁신을 촉진할 수 있는가? 회사법과 금융법 자체가 기업의 혁신을 이루어 낼 수는 없지만 혁신을 추진하는 지배주주와 경영진에게 적절한 인센티브를 제공할 수는 있다. ① 먼저 지배주주와 경영자의 목표는 장기적 기업가치, 주주가치 증대에 있다는 것을 명확히 하여야 한다. 상장회사의 경우 신주 발행, 합병 등 조직 재편, 배당, 자기 주식 취득 등 중요한 의사결정 시 기업가치 증대가 판단 기준이었음을 공시 등을 통해 밝혀야 한다. ② 기업가치를 최대한 증가시킬 수 있는 사람이 회사를 경영하여야 하는 것도 중요하다. 먼저 경영권 및 CEO 승계와 관련한 계획을 수립하고, 지배주주의 자녀가 경영을 담당하게 되는 경우 해당 자녀가 경영을 담당하는 것이 장기적 기업가치에 어떠한 기여를 할 수 있는지가 고려되어야 한다. ③ 경영권 이전 거래에서도 기업가치를 극대화할 수 있는 자가 회사의 경영권을 취득할 수 있도록 제도를 설계하는 것이 필요하다. 우호적 M&A의 경우 의무공개매수 제도 등을 통해 약탈자(looter)가 회사를 인수하는 것이 제한되어야 하고, 적대적 M&A의 경우 경영권 방어의 적법성 역시 기존의 지배주주와 새로운 인수인 중 누가 경영을 담당하는 것이 회사의 장기적 기업가치에 기여하는지가 기준이 되어야 한다. ④ 업무상 배임죄의 적용 범위를 명확히 하고 이를 제한하여 기업사건의 과도한 형사화를 방지하는 것과 ⑤ 여러 가이드라인과 경영 판단의 원칙 적용 범위의 명확화를 통해 이사의 혁신적 사업 활동과 정당한 경영 판단을 지원하는 것도 필요하다.

1) 장기적 기업가치 증대와 공시

상법에 따라 이사는 회사에 대해 선량한 관리자로서 업무를 수행할 의무를 부담한다. 따라서 이사의 의사결정이 적절한지를 판단할 때도 회사의 기업가치 내지 전체 주식가치를 최대화하는지가 기준이 되어야 한다. 상장회사의 경우 신주 발행, 합병 등 조직 재편, 배당, 자기 주식 취득 등 중요한 의사결정 시 기업가치 증대가 판단 기준이었음을 공시 등을 통해 밝혀야 한다.

예를 들어, 이익배당과 관련한 결정을 하는 경우 잉여자금을 신규 투자나 사업 상황 변화에 대비하여 회사에 유보하는 것이 장기적 주식가치에 도움이 되는지, 아니면 이를 배당하여 주주에게 환원하는 것이 주식가치에 도움이 되는지를 검토하고, 이러한 의사결정 과정을 공시하여야 한다. 회사가 대규모 유상증자를 통해 자금을 조달하는 경우에도, 해당 자금을 회사의 장기적 기업가치 증대에 어떻게 사용할 것인지에 대한 이사회 내 치열한 토론과 검토가 있어야 한다. 이사회는 단기적 의사결정뿐만 아니라 회사의 혁신을 이끌 핵심 인력 관리, 공급망 관리, 기후 변화 등 회사의 지속 가능한 발전과 관련한 문제를 검토하고 결정하여야 한다.

2) 경영권 및 CEO 승계 계획의 수립

지배주주가 존재하는 상황에서 전체 기업가치는 회사를 지배하는 지배주주와 그가 선임하는 경영진의 역량에 따라 결정된다. 이러한 점에서 누가 경영을 담당할지를 정하는 것만큼 혁신의 추진과 기업가치 증대에 있어 중요한 것은 없다고 볼 수 있다.

그동안 우리나라에서는 지배주주 가족이 여러 세대를 걸쳐서 회사를 지배하고 경영을 담당해 왔다. 그렇지만 경영권 승계 과정에서의 투명성은 상당히 낮았던 것이 현실이다. 여러 자녀 중 누가 경영권을 담당할지가 기존 지배주주의 사망 전까지 확정되지 않은 경우가 많았고, 그 결과 가족 간의 경영권 분쟁도 빈번히 일어났다. 경영을 담당하는 자녀가 조기에 결정되더라도 여러 자녀 중 해당 자녀가 어떠한 경영 성과와 계획을 바탕으로 선정되었는지가 명확하지 않은 경우가 대부분이었다. 나아가 최근에는 지배주주가 경영권 승계를 더 이상 하지 않겠다고 밝히는 경우도 등장하는데, 그렇다면 그 이후에 누가 회사의 경영을 담당할지에 대해서도 계획을 수립하고 밝히는 것이 필요하다. 제도적으로는 거래소 규정 등을 통해 경영권 및 CEO 승계 계획을 수립하게 하고 이를 공시하게 하는 방안을 검토할 필요가 있다.

3) 합리적 M&A 제도의 수립: 무공개매수[11]와 적대적 M&A 판단 기준 정립

M&A를 통해 기업가치를 극대화할 수 있는 자가 회사의 경영권을 취득할 수 있도록 제도를 설계하는 것도 중요하다. 먼저 우호적 거래의 경우 경영권이 수반되는 지배지분을 매각하는 지배주주가 향후 전체 기업가치를 증가시킬 자에게 매각하도록 하는 것이 필요하다. 지배주주의 사적 이익이 과도한 경우 지배주주로서는 전체 기업가치를 증가시키는 인수인보다, 사적 이익을 크게 늘리고 이에 따라 자신에게 높은 거래가격을 제시할 인수인에게 지분을 매각할 가능성이 높다.[12] 경영권 이전의 결과 회사에 잔존하는 일반주주들이 손해를 입을 수 있음에도 불구하고 이를 방지할 방

11 의무공개매수 제도의 분석 및 도입 필요성에 관하여는 정준혁(2019c).
12 정준혁(2019c), p. 104.

법은 현재로서는 존재하지 않는다.

이와 관련하여 미국에서는 지배주주가 기업의 가치를 파괴할 수 있는 약탈자에게 지분을 매각하는 것을 금지할 의무를 판례가 인정한다.[13] 회사의 경영이나 지속적인 성장에는 관심이 없고, 회사의 특허권 등 핵심 자산을 취득하려는 자에게 지분을 매각하지 않을 의무가 있다. 유럽, 일본, 중국 등 많은 나라에서는 의무공개매수 제도(mandatory takeover bid rule)를 통하여 새로운 지배주주가 되는 인수인이 지배주주 지분뿐만 아니라 나머지 주주들에게도 보유 지분을 매각할 수 있는 기회를 제공할 것을 요구한다. 이렇게 되면 사적 이익 편취만을 노리고 경영권 지분을 인수하려는 자는 인수를 성공시키기 어렵다. 지분 취득에 보다 많은 인수자금이 필요하고, 사적 이익을 편취할 수 있는 일반주주가 더 이상 존재하지 않게 되기 때문이다. 반면 우리나라는 경영권 이전 시 지배주주의 충실의무가 인정되지 않고 의무공개매수 제도도 존재하지 않기 때문에, 기업가치를 감소시킬 수 있는 인수인이 기존 지배주주에게 높은 경영권 프리미엄을 지급하고 지분을 인수하는 것이 가능하다. 소규모 상장회사를 상대로 이루어지는 이른바 무자본 M&A도 이러한 제도의 결여로 이루어진다. 이를 방지하기 위해 의무공개매수 제도 등의 도입을 검토할 필요가 있다.

적대적 거래와 관련하여서도 장기적 기업가치를 증가시킬 자가 경영권을 인수할 수 있도록 제도가 설계되는 것이 필요하다. 포이즌 필이 없는 우리나라에서는 우호적 주주에 대한 신주 발행이나 자기 주식 처분 등이 경영권 방어 수단으로 주로 사용된다. 이때 우리나라 법원은 경영권 분쟁 상황에서의 신주 발행은 상법 제418조 제2항이 요구하는 경영상 목적이 없

13 Gerdes v. Reynolds, 28 N.Y.S. 2d 622 (Sup. Ct. 1941) (매도인인 지배주주는 인수인에 대해 조사할 의무를 부담); Harris v. Carter, 582 A.2d 222 (Del. Ch. 1990) (인수인이 정직하지 않거나 지나치게 서두르는 경우 지배주주는 그 배경을 조사해야 함).

다는 이유로 이를 무효로 보는 반면, 자기 주식 처분에는 위 규정이 적용되지 않는다는 이유로 효력을 인정한다. 기존 지배주주가 경영권을 유지하는 것이 장기적 기업가치를 증가시키는 데 도움이 되는지, 아니면 새로운 인수인이 경영권을 취득하는 것이 도움이 되는지 여부는 경영권 방어의 유효 여부를 판단함에 있어 고려되지 않고 있다.

이러한 판례의 태도는 변화하여야 한다. 경영권 방어의 적법성은 기존 지배주주나 경영진이 경영을 계속 담당하는 것이 회사의 장기적 기업가치에 기여를 하는지 여부에 따라 결정되어야 한다. 회사의 이사가 경영권 방어 수단을 활용할 때도 기존 지배주주와 인수인 중 누가 정기적 기업가치를 증가시킬 수 있는지를 기준으로 하여야 한다.

4) 기업사건의 형사화 탈피 및 민사화 촉진

이사가 선관주의의무나 충실의무를 다하지 않고 이로 인하여 회사에 손해를 입히면 이사는 상법에 따라 회사에 손해배상의무를 부담한다(상법 제399조). 그런데 이러한 행위는 업무상 배임죄에도 해당할 수 있다. 업무상 배임죄는 타인의 사무를 처리하는 자가 그 임무를 위배하여 재산상 이익을 취득하거나 제3자로 취득하게 하면 성립하므로, 회사의 사무를 처리하는 이사가 선관주의의무 등을 위반하여 이익을 취득하면 성립할 수 있다. 그런데 이러한 형사책임 리스크가 혁신적인 사업 활동에 장애가 되는지 검토할 필요가 있다.

업무상 배임죄는 주주대표소송 등을 통해 이사에게 금전적 배상을 청구하는 사건이 적은 우리나라의 현실을 고려할 때 이사의 각종 임무 위반 행위를 억제하는 매우 효과적인 수단으로 활용된 것이 사실이다. 그러나 업무상 배임죄는 다음과 같은 이유에서 제한적으로 적용하고 장기적으로 기업사건에 적용하지 않는 것이 타당하다. ① 이사가 업무상 배임죄로 형사처벌되더라도 손해를 입은 투자자들의 손해가 전보되지는 않는다. 업무상 배임죄는 사전적인 측면(ex ante)에서 보면 이사 임무 위배를 억제하는 긍정적 역할을 하지만, 사후적 측면(ex post)에서 보면 임무 위배로 인하여 발생한 회사의 손해를 전보하지 못한다. ② 검찰이 어떤 경우에 업무상 배임죄를 기소하는지 다소 명확하지 않다. 그동안의 사례들을 보면 경영권 분쟁과 관련하여 고발이 있는 경우나 사회적으로 주목도가 높은 대기업사건에 집중되어 있음을 알 수 있다. 자본 감소나 합병형 LBO와 같이 검찰이 기소했으나 법원에서 무죄로 확정된 사안들도 있다. ③ 선관주의의무나 충실의무는 그 성격상 적용 범위가 넓고, 구체적인 구성 요건이 뚜렷하지 않다. 죄형법정주의 원칙에 비추어 볼 때도 추상적인 의무에 기한 과도한 형사처벌은 바람직하지 않다. ④ 사업 활동에는 실패의 리스크가 상존하는데, 이를 형사처벌하는 것은 자칫 혁신적 사업 활동을 저해할 가능성이 있다. 임원책임배상보험(D&O 보험)도 형사사건의 경우에는 보험금 지급이 제한되어 경영자 개인에게 지나친 부담을 초래할 수 있다. ⑤ 다른 나라와 비교하더라도 이사의 의무 위반을 이유로 형사책임을 묻는 나라는 많지 않다. 회사의 이사가 형사처벌을 받는 경우 해외 금융기관 인수 관련 인허가 과정에서 불이익을 받을 수도 있다.

따라서 업무상 배임죄 기소 지침 등을 제정하여, 형사처벌의 대상을 명확화하고 예측 가능성을 높일 필요가 있다. 형사처벌을 대체하는 민사적 구제 수단이 활성화될 수 있도록 제도를 설계하는 것도 필요하다.

5) 이사의 정당한 경영 판단에 대한 지원: 가이드라인 및 경영 판단의 원칙

상법은 이사가 회사에 대해 선관주의의무와 충실의무를 부담한다고만 규정할 뿐, 합병, 분할 등 조직 재편, 신주 발행, 대규모 M&A 및 투자, 배당 여부 및 액수 결정 등 구체적인 상황에서 이사들이 어떠한 기준을 바탕으로 의사결정을 해야 하는지에 대해 구체적으로 규정하고 있지 않다. 사실 상법이 구체적 상황별 행동 양식에 대해 일일이 규정하는 것은 현실적이지도 않고 바람직하지도 않다. 구체적 상황에 따라 이사의 판단 기준이 다를 수 있고, 또 경제 상황의 변화에 따라 변화할 수 있기 때문이다.

따라서 이러한 공백은 정부의 가이드라인 등 이른바 연성 규범(soft law)을 통해 보완할 필요가 있다. 가이드라인은 회사의 기업가치에 중요한 영향이 발생할 수 있는 상황에 대한 구체적인 판단 기준을 제시하고, 이사들이 의사결정을 내리는 과정에서 고려해야 할 요소들을 제시한다. 이사들은 이러한 가이드라인을 바탕으로 자신의 의사결정이 상법이 규정하는 선관주의의무나 충실의무에 부합하는지를 확인할 수 있게 된다. 가이드라인은 연성 규범이기 때문에 이를 지키지 않았다고 해서 그 자체가 이사의 의무 위반을 구성하는 것은 아니고 또한 이를 준수했다고 하여 이사가 무조건 면책되는 것은 아니겠으나, 행동지침의 제공을 통해 우리나라 이사들의 의사결정 수준을 향상시키는 데 기여할 수 있을 것으로 보인다.[14]

경영 판단 원칙의 적용 범위를 명확히 하는 것도 필요하다. 경영 판단의 원칙이란 이사가 필요한 정보를 충분히 수집, 조사, 검토하고 이러한 정보를 바탕으로 회사의 최대 이익에 부합한다고 합리적으로 판단하여 그

14 기업 지배구조에서 연성 규범의 역할에 대해서는, Klaus J. Hopt(2011).

결정 내용이 현저히 불합리하지 않다면 사후적으로 회사에 손해가 발생하더라도 이를 이사의 경영 판단 범위 내에 있는 것으로 보아 손해배상책임을 인정하지 않는 해석 원칙을 말한다.[15] 경영 판단의 원칙의 핵심은 사업의 성패가 결정된 이후 사후적(in the hindsight)으로 이사의 경영 판단 정당성을 판단하지 않는다는 데 있다. 혁신적 사업에는 리스크가 수반되므로 경영 판단의 원칙이 적절하게 적용될 경우, 이사는 개인적인 책임에 대한 부담 없이 충분한 정보를 바탕으로 혁신적인 사업을 추진하게 된다. 이사의 경영 판단은 비단 상법상 이사의 책임뿐만 아니라 공정거래법 위반 여부나 공기업 감사 등에서도 문제되므로, 이러한 판단에도 적용될 필요가 있다.

4. 합리적 투자자 보호를 위한 과제

다음으로 회사법과 금융법 제도가 투자자를 포함한 이해관계자들을 어떻게 합리적으로 보호할 수 있는지를 검토한다. 앞서 검토한 바와 같이, 합리적인 이해관계자 보호는 회사의 자금조달비용을 낮춰서 전체 기업가치를 증가시키는 데 기여한다. 한편 기업의 혁신을 가져오는 것은 지배주주와 경영자이므로, 과도한 이해관계자 보호로 인하여 혁신의 유인이 감소되어서는 안된다. 이러한 기준에 따라 합리적 투자자 보호 과제를 제시하면 다음과 같다.

무엇보다도 지배주주와 일반주주의 이해관계를 일치(alignment of interests)시키기 위한 제도 개선이 필요하다. ① 먼저 상법상 주주보호의무를 명시할 필요가 있다. 이사는 회사에 대해 선관주의의무와 충실의무를 부담하

15 대법원 2007. 10. 11. 2006다33333 판결 외 다수.

고, 이를 바탕으로 이사는 주주 전체의 이익을 보호할 의무가 있다고 해석하는 것이 합리적이지만, 아쉽게도 우리 시장의 인식은 그러하지 아니하다. 따라서 이를 명문화할 필요가 있다. ② 지배주주의 지분율이 낮을수록 지배주주와 일반주주의 이해관계가 불일치하게 된다. 완전모자회사 등 지분율이 높아서 이해상충이 적은 회사에 대한 지원책이 필요하다. ③ 이사가 상법상 의무를 위반하여 회사에 손해를 입히더라도 이를 추궁하는 주주대표소송은 매우 적은 것이 현실이다. 우리나라의 투자자 보호 관련 제도는 사전적 규제에 치중한 점이 있는데, 주주대표소송과 같은 사후적 구제도 균형 있게 활성화될 필요가 있다.

1) 이사의 주주보호의무[16]

지배주주가 존재하는 상황에서는 지배주주 및 경영진이 자신만이 아니라 전체 주주의 가치를 추구할 일반적인 의무 및 보호 장치를 강구할 필요가 있다. 특히 회사의 재산 증감을 거치지 않고 주주의 손익이 발생하는 경우에는 이사에게 회사의 이익을 극대화할 의무를 부과하는 것만으로는 주주 보호가 충분하지 못할 가능성이 있다. 안타깝게도 우리나라에서는 계열회사 간 합병, 특수관계인에 대한 주식 및 주식연계증권의 발행, 일감 몰아주기 등 각종 방법을 통해 회사의 이사가 주주 전체의 이익보다 특정 주주의 이익을 추구한 것으로 이해되는 사례들이 있었다.

현행 상법은 이사가 회사에 대해 선관주의의무와 충실의무를 부담한다고 규정하고 있고, 여기서 회사란 주주 전체를 의미하는 것이므로, 상법 개정 없이 해석으로도 주주 보호를 실현할 수 있다는 견해도 있을 수 있다.

---

16 이 부분은 천경훈·정준혁(2024)에 기초를 두었다.

실제로 일본 등의 경우 별도의 주주 보호 관련 의무 없이도 판례가 이사의 주주보호의무를 인정하고 있다. 그러나 회사의 의사결정 과정에서 주주이익을 고려해야 한다는 것이 재판규범과 행위규범으로 자리 잡고 우리나라 자본시장에 대한 인식을 변화시키기 위해서는 상법 개정을 통해 이사의 주주보호의무를 인정할 필요가 있다.

다만 주주보호의무와 같은 일반 의무의 경우 법원의 판단 기준에 대한 고민이 필요하다. 이러한 내용은 선관주의의무, 충실의무와 같이 사후 구제 시 판단의 기준이 되는 기준(standard)으로서 그 구체적 내용은 법원의 해석에 따라 결정될 수밖에 없기 때문이다. 최근 논의되는 이사의 주주에 대한 충실의무 논의 관련 법안 역시 주주 보호가 문제된 여러 구체적 사안에서 어떻게 작동하고 법원에서 어떻게 판단할지에 대한 면밀한 검토가 필요하다. 아울러 주주의 이익을 강조할 경우 채권자, 근로자, 협력업체 등의 이익이나 환경, 사회로 대표되는 지속 가능성 문제는 고려하지 않아도 된다는 오해가 발생할 수 있으므로, 영국 회사법의 예에 따라 이사가 이들의 이익도 함께 고려할 수 있다는 규정을 두는 것도 함께 검토할 필요가 있다.[17]

---

17 이와 관련하여 천경훈·정준혁(2024)은 다음과 같은 상법 개정안을 제안한 바 있다.
제382조의3 (이사의 주의의무와 충실의무)
① 이사는 회사의 수임인으로서 선량한 관리자의 주의로 그 직무를 수행하여야 한다.
② 이사는 법령과 정관의 규정에 따라 회사를 위하여 그 직무를 충실하게 수행하여야 하고, 회사의 이익에 반하여 자신의 이익을 추구하여서는 아니 된다.
③ 이사는 그 직무를 수행함에 있어 주주 전체의 정당한 이익을 보호하여야 하고, 특정 주주의 이익이나 권리를 부당하게 침해하여서는 아니 된다.
④ 이사는 그 직무를 수행함에 있어 환경과 사회 요소 등 회사의 지속 가능성에 관한 사항을 고려할 수 있다.

2) 완전모자회사 등 지분율이 높은 회사에 대한 우대[18]

앞서 살펴본 바와 같이 비교적 낮은 지분으로 상장회사를 지배하는 경우 지배주주는 전체 주식가치를 증가시키는 행위보다 자신의 사적 이익을 증가시키는 행위를 추진할 인센티브를 갖는다. 예를 들어, 공정거래법, 세법 등 법제도가 지배주주가 10원을 초과하여 사적 이익을 취득하는 것을 방지한다고 하자. 회사에 20원의 잉여자금이 있는 경우 지배주주의 회사에 대한 지분율이 30%라면 지배주주로서는 잉여자금을 배당하는 경우의 이익(20원×30%=6원)보다 과도한 보수 등을 통해 사적 이익을 취득할 경우의 이익(10원)이 작기 때문에, 모든 주주들에게 이익이 되는 배당보다는 사적 이익을 편취할 유인을 갖는다. 반면 지배주주의 지분율이 70%라면 지배주주로서는 배당을 할 경우 얻는 이익(20원×70%=14원)이 사적 이익(10원)보다 크기 때문에 배당을 실행할 유인을 갖는다.

따라서 지배주주와 일반주주의 이해관계를 일치시키기 위한 출발점은 지배주주의 계열회사들에 대한 직간접적인 지분율을 높이는 데 있다. 모회사가 자회사의 지분율을 많이 취득하는 것을 권장하고, 적은 지분율만으로도 회사를 지배하는 것을 어렵게 해야 한다. 제도적인 측면에서는 공정거래법상 대기업집단 규제와 법인세법상 부당행위계산 부인 제도에 대한 검토가 필요하다.

공정거래법에 따르면, 지주회사는 상장 자회사에 대한 지분을 30% 이상, 자회사는 상장 손자회사에 대한 지분율 30% 이상 보유하여야 한다. 외환위기 직후 도입된 지주회사 제도는 우리나라 대기업들의 복잡한 순환 출자 구조를 해소하는 데 큰 공을 세운 것은 사실이다. 그렇지만 한편으로는

---

18 이 부분은 김우진·임지은·정준혁(2024)에 기초를 두었다.

피라미드 구조를 통해 비교적 낮은 지분만으로도 여러 회사를 지배하는 것을 가능하게 함으로써 지배주주의 지배력과 현금흐름권 간의 괴리를 넓히는 수단으로 활용되는 것도 사실이다. 기존 지주회사들의 자회사 및 손자회사 지분율을 높이게 하는 것은 과도한 비용이 소요될 수 있으므로 신중한 검토가 필요하겠지만, 신규 지주회사로 전환하는 경우에는 자회사 및 손자회사에 대한 지분율 요건을 높이는 것을 검토할 수 있겠다.

완전모자회사에 대한 부당지원행위와 부당행위계산 부인 제도 개선에 대해서도 검토가 필요하다. 공정거래법은 완전모자회사 간의 거래에 대해서도 그 거래 조건이 공정하지 않은 경우 부당지원행위 규정에 따라 이를 규제한다. 이러한 행위에 대해서는 법인세법상 부당행위계산 부인 규정도 적용되어, 지원 주체의 법인세 부담이 증가할 수 있다. 그런데 완전모자회사 간 거래의 경우 설사 거래 조건이 공정하지 않더라도 이로 인하여 지배주주가 이익을 얻지 않고 따라서 지배주주가 불공정한 거래를 추진할 유인을 갖지 않는다. 〈그림 8-4〉에서 보는 바와 같이 모회사의 총재

그림 8-4 완전모자회사 간의 지원거래와 효과

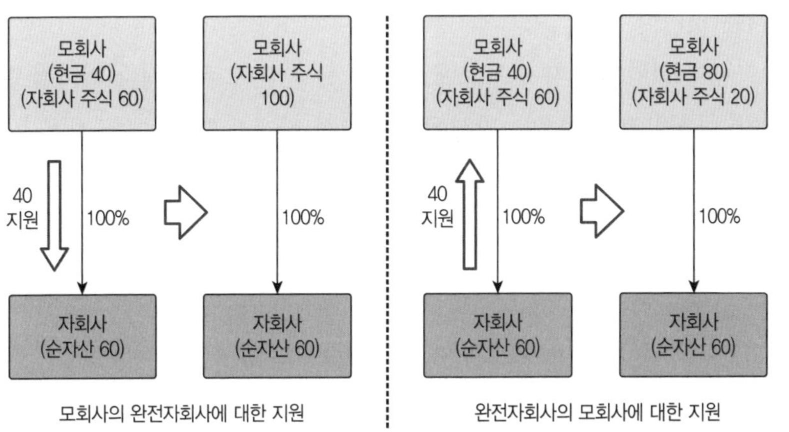

산은 동일하고 재산 형태만 현금에서 자회사 주식으로, 또는 그 반대로 변경될 뿐이다.

이처럼 완전모자회사의 경우 지배주주와 자회사 주주 간의 이해관계 충돌 문제가 해소된다는 점을 고려할 때 완전모자회사로의 전환을 권장할 필요가 있다. 부당지원행위나 부당행위계산 부인 규정은 완전모자회사 간 거래에는 적용하지 않는 것이 바람직하다. 이외에도 지주회사나 자회사가 자회사나 손자회사에 대한 지분율을 높이는 거래에 대한 과세이연 등 지원책에 대해서도 검토할 필요가 있다.

3) 사전 규제와 사후 구제의 조화[19]

우리나라의 투자자 보호 수단 중 상당 부분은 이른바 사전적 규제에 해당한다. 자본시장법은 이미 주주배정 증자 후 실권주 배정의 원칙적 금지, 제3자 배정 방식 신주 발행 시 발행 가격 제한 등의 여러 사전 규제를 두고 있다. 지배주주 등의 사익 편취나 기회주의적 행동을 방지하고 주주들에게 손해가 발생하지 않는다고 법령이 판단하는 방식에 따라 거래하도록 하는 것이다.[20]

그런데 법령이 투자자 보호에 문제가 될 만한 모든 거래나 의사결정을 사전에 규정하고 규제하는 방식에는 당연히 한계가 있다. 이를 사전에 모두 예측하여 정하는 것도 가능하지 않을뿐더러(과소규제 가능성), 자칫하면 전체 주식가치를 증가시킬 수 있는 바람직한 거래나 의사결정까지 제한할

19 이하의 내용은 정준혁(2024d)의 내용을 발췌, 정리했다.

20 전환주식, 전환사채, 신주인수권부사채 관련 전환가격 등 산정 관련 제도나 합병 관련 제도 개선도 모두 일정한 방식에 따라 거래를 하도록 규정한다는 점에서 사전 규제에 해당한다.

위험(과잉규제 가능성)이 있기 때문이다.

따라서 이러한 사전적 규제의 한계를 보완하기 위해, 주주들에게 손해를 입히는 행위를 하거나 공정한 시장질서에 반하는 행위를 한 경우 손해배상책임이나 행정, 형사상 책임을 부담하게 하는 법원에 의한 사후적 구제가 적절하게 작동해야만 한다.[21] 사후적 구제 수단은 이사의 의무 위반으로 인해 발생한 손해를 전보함으로써 투자자들의 피해를 구제함과 아울러 사전적으로도 이사의 의무 위반행위를 억제하는 효과를 갖는다. 새로운 유형의 주주이익 침해 사안에 대해서도 유연하게 대처할 수 있다는 장점이 있다.

다만 법원이 실제 판결을 통해 구제를 할 때까지 상당한 시간이 걸리고, 선관주의의무, 충실의무와 같은 추상적인 개념을 사용하다 보니 수범자 입장에서 예측 가능성이 상대적으로 낮다는 단점이 있다.

사전 규제와 사후 구제의 장단점을 비교하면 〈표 8-1〉과 같다.

그런데 우리나라의 투자자 보호 관련 사전 규제는 상당히 촘촘하게 설계된 반면, 사후 구제는 활성화되지 못했다. 예를 들어, 이사의 의무 위반 등으로 회사에 손해가 발생하더라도 실제 이사에게 책임을 추궁하는 주주대표소송의 제기가 그다지 활발하지 않았던 것이 현실이다. 증권집단소송이나 다중대표소송 도입 시에도 여러 찬반 논의가 있었으나 도입 후에 실제 소송이 제기된 건은 매우 적은 것이 현실이다.

따라서 사후적 구제 수단을 활용하도록 시장참여자들에게 적절한 인센티브를 제공하는 것이 중요하다.[22] 주주대표소송의 지분 요건을 완화하

---

21 위 두 가지는 당사자들이 지켜야 하는 행동 양식을 사전에 제공한다는 점에서 이를 사전규칙(ex ante rule)이라 하고, 당사자들의 행동을 법원이 사후에 판단한다는 점에서 사후기준(ex post standard)이라고도 한다. Reinier Kraakman, John Armour, Paul Davies, Luca Enriques, Henry Hansmann, Gerard Hertig, Klaus Hopt *et al.*(2017), pp. 32~33.

22 정준혁(2024d), p. 3.

표 8-1 규정 중심 사전 규제와 원칙 중심 사후 구제의 비교

	규정 중심 사전 규제	원칙 중심 사후 구제
예시	"합병 시 독립적이고 객관적 외부가치 평가를 받아야 한다." "신주 발행 시 발행가격은 주가 이상으로 하여야 한다."	"이사는 주주 전체의 정당한 이익을 보호하여야 한다."
사례	합병비율 산정 방식 법정화 신주 발행 가액 산정 방식 법정화	이사의 주주충실(보호)의무 논의
수범자의 예측 가능성과 규제 준수 비용	어떠한 규정을 준수해야 하는지 수범자가 쉽게 알 수 있음. 예측 가능성이 높음. 규제 준수 비용이 낮음.	예측 가능성이 상대적으로 낮음. 수범자 입장에서 규제 준수 비용이 높음.
새로운 사건에 대한 탄력성	탄력성이 부족 과잉규제, 과소규제의 위험성	탄력성이 높음. 새롭게 등장하는 사건에 대해서도 유연하게 대처 가능
작동의 전제 조건	금융위원회, 금융감독원 등 정책 및 감독 기관의 역할이 중요	구체적 사안에 있어서 법원이 어떻게 판단할지가 중요

거나, 검찰, 국세청, 공정거래위원회, 금융감독원 등 관련 기관이 수집한 증거를 활용할 수 있도록 지원하거나, 관련 소송비용에 대해 현실적인 보전을 해 주는 등의 방안을 검토해 볼 필요가 있다.

5. 지배주주 없는 세상에 대한 대비

이 글에서는 대부분의 회사에 지배주주가 존재하는 현실에서, 기업의 혁신과 투자자 보호를 위해 필요한 법제도 개선 과제를 제안했다. 지배주주가 존재하는 상황에서는 지배주주에게 혁신을 추구하여 전체 기업가치를 증가시킬 인센티브를 제공하고, 일반주주 등 이해관계자들의 이익을 부당하게 침해하지 않도록 제도를 설계하는 것이 중요하다.

나아가 지배주주가 없는 기업, 이른바 소유분산 기업에 대한 관심도

필요하다.[23] 우리나라 대기업들의 역사가 수십 년이 넘어가고 이 과정에서 여러 세대에 걸친 상속이 이루어지면서, 지배지분은 계속 쪼개지는 것이 현실이다. 일부 기업의 경우에는 창업자의 지분율이 상당히 낮은 경우도 등장했고, 지배주주가 다음 세대에게 경영권 승계를 하지 않을 것을 선언한 경우도 있다. 외환위기 이후 기업 지배구조 문제가 주로 지배주주와 일반주주 간의 대리인 문제를 어떻게 해결할 것인가에 초점을 맞춰 왔다면, 이처럼 지배주주가 점차 없어지는 세상에 대비하여 주식 소유분산 기업에서의 CEO는 어떻게 선임할 것인지, 혁신을 추진할 인센티브를 어떻게 제공할 것인지, 분산된 주주들이 경영진의 활동을 어떻게 효과적으로 감시(monitoring)할 것인지 준비할 필요가 있다.

23 정준혁(2024e).

참고문헌

공정거래위원회, 「2024년 공시대상기업집단 주식소유현황 분석·공개」, 보도자료, 2024. 9. 1.

금융감독원, 「최근 3년간 상장사의 최대주주 변경 실태분석 결과」, 보도자료, 2022. 7. 4.

김우진·임지은·정준혁, 「완전자회사와의 내부거래 규제 실효성 분석」, 『법경제학연구』 제21권 제1호, 2024.

정준혁, 『M&A와 주주 보호』, 경인문화사, 2019a.

_____, 「지배권의 사적이익과 경영권 프리미엄」, 『기업법연구』 제33권 제2호, 2019b.

_____, 「의무공개매수 제도의 기능과 도입 가능성에 대한 검토」, 『증권법연구』 제20권 제2호, 2019c.

_____, 「지주회사 체제에서의 소액주주보호」, 『지주회사와 법』(하) 제3판, 소화, 2023.

_____, 「주주 보호를 위한 자본시장 법제도 개선과 쟁점-자기주식, 배당절차 개선, 물적분할 후 상장, 의무공개매수, 내부자거래 사전공시 제도를 중심으로-」, 『기업법연구』 제38권 제2호, 2024a.

_____, 「투자자 보호 관련 최근 자본시장 법제도 개선 동향」, 『BFL』 제126호, 2024b.

_____, 「투자자 보호 관련 최근 법제도 개선과 전망」, 『IR Focus』, 한국IR협의회, 2024c. 11.

_____, 「코리아 디스카운트 해소를 위한 우리나라 자본시장 개혁 과제」, 하나금융연구소 금융연구센터, 2024d.

_____, 「지배주주 없는 세상에 대비하자」, 파이낸셜뉴스, 2024. 9. 2.

천경훈·정준혁, 「이사의 충실의무와 주주이익 보호」, 『상사법연구』 제21권 제1호, 한국상사법학회, 2024.

Bebchuk, Lucian A., Reinier Kraakman, and George Triantis, "Stock pyramids, cross-ownership, and dual class equity: the mechanisms and agency costs of separating control from cash-flow rights," *Concentrated corporate ownership*, University of Chicago Press, 2000.

Hopt, Klaus J., "Comparative Corporate Governance: The State of the Art and International Regulation," *Am. J. Comp. L.*, Vol. 59, January 2011, p. 1.

Kraakman, Reinier, John Armour, Paul Davies, Luca Enriques, Henry Hansmann, Gerard Hertig, Klaus Hopt *et al.*, *The anatomy of corporate law: A comparative and functional approach*, Oxford University Press, 2017.

9

지속 가능하고 공정한 초과이익공유제에 대한 소고

김영식

1. 머리말

한국경제는 지난 수십 년간 대기업 중심의 산업성장 전략을 바탕으로 눈부신 경제성장을 이루었지만, 그 이면에는 중소기업과의 수익성 격차와 구조적 양극화라는 고질적인 문제가 뿌리 깊게 자리 잡고 있다. 특히 제조업 분야에서는 대기업이 기술력과 자본력, 글로벌 네트워크를 기반으로 안정적인 고수익을 창출하는 반면, 중소기업은 납품 단가 결정 과정의 비대칭성과 낮은 협상력, 자본 및 기술 투자 제약 등으로 인해 지속적으로 낮은 영업이익률에 머무르고 있다. 이러한 격차는 단순한 수치상의 차이를 넘어, 중소기업의 기술혁신 저해, 고용 불안정, 산업 전반의 성장 잠재력 저하라는 구조적 위험 요소로 작용하고 있다.

이러한 문제 인식 속에서, 정부와 학계는 대기업과 중소기업 간 협력적 관계 전환과 공정한 이익분배 메커니즘의 필요성을 꾸준히 제기해 왔다. 특히 2010년대 이후 '동반성장'이라는 개념이 부각되며, 성과공유제와 초과이익공유제가 실천적 제도로 논의되기 시작했다. 성과공유제는 공동협력 프로젝트의 결과를 사전에 정한 기준에 따라 배분하는 방식으로, 중소기업의 단기적 수익성과 기술력을 일정 부분 개선하는 데 기여했지만, 성과 측정의 한계, 낮은 참여 유인, 제도 확장의 어려움 등으로 인해 그 실효성에 한계를 드러냈다.

이에 반해 초과이익공유제는 대기업이 협력 중소기업과의 협업을 통해 기대 이익을 초과 달성했을 경우, 이 초과분을 공정하게 배분하는 제도로, 성과 중심의 분배 정당성과 중소기업의 실질적 이익 증대라는 점에서 보다 전략적이고 지속 가능한 협력 구조로 주목받고 있다. 그러나 이 제도 역시 이익 산정의 모호성, 기여도 불일치, 대기업의 부담 가중 우려 등으로 인해 제도 설계 및 운영에 있어 여러 도전 과제에 직면해 있다.

이에 여기에서는 초과이익공유제의 지속 가능성과 실효성을 제고하기 위한 방안으로 공유가치창출(Creating Shared Value: CSV), Nash-Kalai-Smorodinsky 협상이론, 그리고 파이 나누기(Split the Pie) 모델을 도입하여 이론적 정당성과 실천적 실행력을 확보할 수 있는 제도 설계를 제안한다. 특히 이들 이론은 협상 당사자의 협상력과 기여도를 고려한 공정한 분배 기준을 제시함으로써, 불균형한 협상 구조를 수평적 파트너십으로 전환하는 데 기여할 수 있다.

궁극적으로 이 글은 대기업과 중소기업이 상호 협력을 통해 공정하고 지속 가능한 성과 공유 생태계를 조성하고, 이를 통해 한국 산업의 포용력과 혁신 역량을 강화할 수 있는 제도적 해법을 모색하는 데 목적이 있다.

2. 대기업-중소기업 간 이익률 격차

한국경제는 산업화 과정에서 대기업 중심의 성장 전략을 채택해 왔으며, 이로 인해 대기업과 중소기업 간 생산성, 수익성, 시장 지배력의 격차가 심화되어 왔다. 특히 제조업에서는 대기업이 기술력, 자본력, 글로벌 공급망에서의 우위를 바탕으로 높은 수익성을 유지하는 반면, 중소기업은 거래 조건의 불리함, 낮은 협상력, 생산성 제약 등으로 인해 상대적으로 낮은 수익성 구조에 머무르고 있는 양상을 보여 왔다.

〈그림 9-1〉은 동아시아 외환위기 직후인 1998년부터 2023년까지 한국 제조업 부문에서 대기업과 중소기업의 매출액 대비 영업이익률 추이를 나타낸 것으로, 기업 규모 간 수익성 격차와 구조적 양극화의 실태를 잘 보여 준다. 전반적으로 대기업은 연도별 변동성을 보이면서도 중소기업보다 높은 수익률을 지속적으로 기록해 왔으며, 특히 2004년(대기업 9.43%, 중소

그림 9-1 제조업 부문 대·중소기업 매출액 영업이익률(1998~2023)

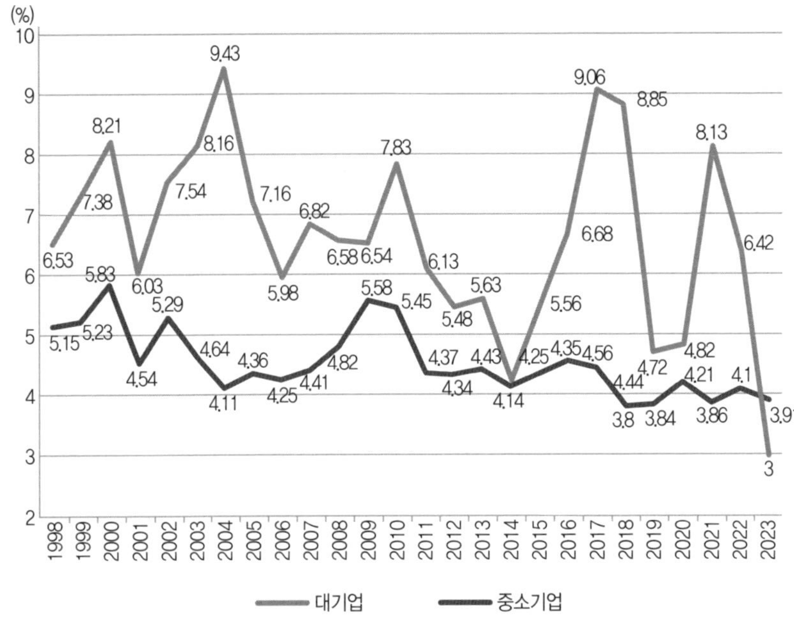

자료: 한국은행, 기업경영분석.

기업 4.64%)과 2018년(대기업 9.06%, 중소기업 4.56%)에는 양자 간 영업이익률 격차가 4~5%p 이상 벌어지는 등 격차가 심화되는 시기가 있었다. 반면 중소기업은 25년간 영업이익률이 대체로 4% 수준에 머물며 상대적으로 안정적이지만 낮은 수익성 구조에 고착되어 있다.[1] 이러한 수익성 격차는 생산성, 자금 조달 능력, 기술 투자 여력 등의 차이로 인해 누적된 구조

1 주목할 점은 2023년의 수치로, 대기업의 영업이익률이 3.0%로 급락하며 중소기업(3.91%)에 역전당한 유일한 사례로 나타난다. 이는 글로벌 수요 위축, 반도체 경기 둔화, 원자재 가격 급등 등의 외부 요인이 복합적으로 작용한 결과로 보이며, 대기업 수익 구조 역시 국제경제 충격에 민감하게 반응함을 보여 준다. 그러나 이 같은 단기적 반전이 대기업-중소기업 간 구조적 격차의 해소를 의미하지는 않으며, 오히려 중소기업의 지속적 수익성 저하는 자본축적과 기술혁신, 고용 창출 능력을 제약함으로써 경제 전반의 성장 잠재력을 저해할 수 있다.

▌**표 9-1** 하도급 관계 대·중소기업 영업이익률 사례(2006~2010) (단위: %, %p)

구분	2006	2007	2008	2009	2010년 1/4
삼성전자	13.42	9.41	5.67	8.23	14.56
부품업체	5.42	6.51	6.50	5.66	4.87
격차(%p)	8.00	2.90	−0.83	2.57	9.69
현대자동차	5.58	6.35	5.83	7.01	8.35
부품업체	3.11	3.34	2.19	2.48	4.62
격차(%p)	2.47	3.01	3.64	4.53	3.73
대기업	5.98	6.82	6.58	6.54	−
중소기업	4.25	4.41	4.82	5.58	−
격차(%p)	1.73	2.41	1.76	0.96	−

자료: 삼성전자와 현대자동차는 곽정수(2010), 「삼성전자·현대차 그들만의 경기회복」, 『한겨레21』 제818호. 대기업과 중소기업은 한국은행 경제통계시스템〈ecos.bok.or.kr〉→기업경영분석→손익의 관계비율; 박충렬(2010).

적 문제이며, 특히 대기업의 시장 지위를 이용한 불공정 거래는 중소기업의 낮은 이익률→낮은 투자율→낮은 노동생산성 → 낮은 임금의 악순환을 가져온 것으로 보인다. 이는 한국 제조업 부문에서 수익성의 이중구조가 여전히 뚜렷하며, 이를 해소하기 위한 중소기업의 거래 조건 개선과 공정한 이익분배 구조 등을 통해 산업 생태계의 포용성과 지속 가능성을 강화해야 함을 시사한다.

대기업-중소기업 간 수익성 격차와 구조적 양극화는 하도급 관계에 있는 대기업과 중소기업들 사이에서 더욱 심화되어 왔다. 〈표 9-1〉은 2006년부터 2010년까지 삼성전자와 현대자동차, 그리고 이들과 수직적 공급망 관계에 있는 부품업체 간의 영업이익률 격차를 보여 주는 사례로, 한국 제조업에서 하도급 구조에 기반한 대기업-중소기업 간 수익성 불균형의 실태를 명확히 드러낸다. 삼성전자의 경우, 2006년 13.42%의 높은 영업이익률을 기록한 반면, 부품업체는 5.42%에 그쳐 8.0%p의 수익률 격차가 발생했으며, 2010년 1분기에는 격차가 더욱 확대되어 9.69%p에 이르렀다. 이는 대기업의 수익성이 회복되거나 강화되는 시기에도 하도급 중소기업들은 동일한 수준의 수익성 개선을 경험하지 못하고, 오히려 수익성이 하락하거나 정체되는 경우가 많다는 점을 시사한다. 현대자동차 역시 같은 구조를 보이며, 2006년과 2009년 사이 부품업체와의 수익성 격차가 2.47%p에서 4.53%p까지 확대되었다.

한편 산업 전체 평균을 살펴보면 대기업과 중소기업의 영업이익률 격차는 대체로 1~2%p 수준에 머무르고 있어, 산업 평균만으로는 특정 기업 간의 구조적 불균형을 포착하기 어렵다는 한계가 드러난다. 실제로 삼성전자나 현대자동차처럼 산업의 중심에 있는 대기업들과 납품 중소부품업체 간에는 훨씬 더 뚜렷한 수익성의 양극화가 존재하며, 이는 불공정한 납품단가 결정, 협상력의 비대칭성, 기술 이전에 대한 대가 미지급 등 구조적 문제와 밀접히 연관되어 있다.

〈표 9-2〉는 2002~2007년에 걸쳐 건설, 기계, 자동차, 전기·전자, 조선, 화학, 철강 등 7개 업종에서 위탁 대기업 22개사와 수탁 중소기업 1,023개사를 분석한 결과, 매출액 경상이익률(경상이익 = 영업이익 − 영업외손

표 9-2 위탁 대기업과 수탁 중소기업의 이익률(2002~2007) (단위: %, %p)

연도		2002	2003	2004	2005	2006	2007
매출액 영업이익률	위탁대기업	8.57	7.58	6.85	7.61	7.40	8.52
	수탁중소기업	5.46	4.91	5.18	4.89	4.21	4.10
	격차(%p)	3.11	2.67	1.67	2.72	3.19	4.42
매출액 경상이익률	위탁대기업	7.23	6.12	7.54	8.14	7.96	10.06
	수탁중소기업	4.53	3.95	5.28	4.84	4.40	3.93
	격차(%p)	2.70	2.17	2.26	3.30	3.56	6.13

자료: 정남기·정재호(2008), 「2007년 대기업과 협력기업의 경영성과 분석」, 중소기업연구원; 박충렬(2010)에서 재인용.

익) 격차가 확대되었음을 보여 주고 있다.

이러한 수익성 격차의 지속은 단순한 경제적 불균형을 넘어, 중소기업의 기술 투자 여력 저하, 고용 불안정, 경쟁력 약화로 이어지며 산업 생태계의 지속 가능성을 위협하는 구조적 리스크로 작용한다. 대기업은 글로벌 경쟁력을 유지하기 위해 안정적인 공급망이 필요하며, 이를 위해서는 협력업체의 재무건전성과 혁신 능력이 확보되어야 한다. 그러나 현재의 수직적 하도급 구조는 중소기업에게 불리한 수익 배분 구조를 고착화시키고 있으며, 이는 장기적으로 대기업 스스로의 경쟁력 약화로 되돌아올 수 있다.

따라서 하도급 구조 내 성과 공유의 부재와 불공정 거래 조건을 개선하기 위한 정책 개입이 필요하다. 대기업과 중소기업 간 협력적 거래 관행 정착을 유도하기 위한 표준 하도급 계약 확대, 납품단가 연동제 도입, 이익공유제와 같은 제도적 유인 설계가 필요하며, 공정거래위원회 및 관련 기관의 사전적 감시와 사후적 구제 제도 또한 병행되어야 한다.

3. 동반성장 전략: 성과공유제 vs 초과이익공유제

정운찬은 『한국 경제, 동반성장, 자본주의 정신』(2021)에서 하도급 구조에 기반한 대기업-중소기업 간 구조적 불균형을 시장실패의 일환으로 진단하며, 이를 해소하기 위한 핵심 전략으로 '동반성장'(shared growth)을 제시했다. 동반성장은 대기업과 중소기업 간의 관계를 시혜적 지원이나 일방적 책임 이행이 아닌, 자발적이고 대등한 협력에 기초한 동반자 관계로 전환하는 것을 목표로 한다. 특히 하도급 거래 구조에서 발생하는 수익성의 불균형을 해소하기 위해, 대기업과 중소기업이 공동으로 추진하는 협력사업에서 창출된 초과수익을 사전 합의에 따라 공정하게 분배하는 것을 제도화할 필요가 있었다. 예컨대, 공동 연구개발, 생산공정 개선, 품질관리 혁신 등 협력 프로젝트를 통해 발생한 수익을 기여도와 위험 부담에 따라 분배함으로써, 중소기업은 정당한 수익을 확보하고 장기적으로 기술 투자와 생산성 제고를 실현할 수 있다.

이러한 동반성장의 수익 공유 모델은 단기적으로 중소기업의 영업이익률을 실질적으로 개선시킬 뿐만 아니라, 대기업 입장에서도 안정된 공급망과 협력사의 품질 역량 제고라는 선순환 효과를 기대할 수 있다. 결과적으로, 동반성장은 하도급 구조 속에서 반복되어 온 대기업 중심의 이익 집중과 중소기업의 수익성 침식을 극복할 수 있는 실천적 방안으로, 공정한 성과 분배를 통한 이익률 격차 해소를 제도화하는 동시에, 산업 생태계 전반의 지속 가능성과 포용성을 높이는 전략적 해법으로 평가된다.

2010년 12월, 민간 부문에서의 사회적 갈등을 발굴하고 이를 논의함으로써 합의를 이끌어 내며, 더불어 성장하는 문화를 조성·확산하기 위한 구심점 역할을 수행하고자 동반성장위원회가 설립되었다. 정운찬 초대 동반성장위원장은 2011년 2월, 협력 중소기업과의 초과이익을 공유하는 대기업에 대해 '동반성장지수' 평가 시 가점을 부여하는 방안을 핵심으로 하는 '초과이익공유제' 도입 계획을 발표했다. 그러나 초과이익 산정의 어려움과 이익분배가 사유재산권을 침해할 수 있다는 우려 등으로 대기업들의 반발이 이어졌다. 이후 약 1년이 지난 2012년 2월, 동반성장위원회는 제도의 명칭을 '협력이익배분제'로 바꾸고 정식 도입을 결정했다. 이는 기존의 성과공유제가 기대만큼 확산되지 못하고, 실질적인 이익 공유가 제대로 이루어지지 않는 현실 속에서, 원청 기업의 매출 성과를 하도급 관계의 협력업체와 공유할 필요성이 제기되었기 때문이다. 이후 2017년 5월, 문재인 정부가 출범하면서 동반성장이 국정 과제 중 하나로 채택되었고, 제도 도입을 위한 「대·중소기업 상생협력 촉진에 관한 법률」 개정안이 제19대 국회에 이어 20대 국회에도 제출되었다. 그러나 협력이익배분제에 대한 사회적 논란이 지속되자, 문재인 정부는 해당 제도의 도입보다는 기존 성과공유제를 확대하는 방향으로 정책 기조를 전환했다.

1) 성과공유제

성과공유제는 대기업과 중소기업이 기술 개발, 공정 개선, 생산성 향상 등 공동의 협력사업을 통해 창출한 성과를 사전 합의된 기준에 따라 공정하게 나누는 계약 기반의 제도이다. 이 제도는 2006년에 제정된 「대·중소기업 상생협력 촉진에 관한 법률」에 근거하여 시행되어 왔으며, 수탁기업이 원가 절감 등 사전에 설정된 공동 목표를 달성할 수 있도록 위탁기업이 지원하고, 그 성과를 양측이 공유하는 구조를 갖고 있다. 동반성장위원회는 제도의 확산을 촉진하기 위해 성과 공유 등록 기업에 인센티브를 제공하고, 정부 연구개발(R&D) 사업 선정 시 우대 점수를 부여하는 등의 유인책을 제공해 왔다. 현재 삼성전자, 현대자동차, LG 등 주요 대기업을 포함해 400개 이상의 기업이 성과공유제에 참여하고 있다.

조선업의 경우, 2014년부터 2021년까지 장기 불황이 지속되며 대기업과 협력업체 간 이중구조가 심화되었고, 이로 인해 2022년부터 회복세를 보이기 시작한 조선업 호황의 혜택을 중소기업이 제대로 누리지 못할 우려가 제기되었다. 이에 따라 2022년 11월, 조선 5대 기업과 하청기업, 정부, 전문가, 지자체 등이 참여한 '조선업 상생협력체'가 출범했고, 2023년 2월에는 '조선업 노동시장 이중구조 개선을 위한 상생협약'을 체결했다. 이 협약에서 대기업과 협력업체는 원가 절감 및 품질 향상을 위해 성과공유제를 적극 활용하고, 납품대금 연동제를 철저히 이행하겠다고 다짐했다. 또한 정부는 원하청 기업 간 임금 격차 해소, 숙련도 기반 임금 체계 도입, 하청 노동자 임금체불 방지 등을 통해 건강한 조선업 생태계 조성과 지속 가능한 상생을 추진하겠다는 의지를 밝혔다.

그러나 성과공유제를 도입한 225개 위탁기업과 그 협력사(수탁기업)를 대상으로 실시한 설문조사 결과, 제도의 확산은 기대에 미치지 못한 것으로 나타났다(이홍열·이은구, 2018). 주요 요인으로는 실질적인 인센티브 부족으로 인한 참여기업 증가 정체, 현금 중심의 성과분배 미비, 혁신적인 기술 및 제품 개발 유도의 한계, 그리고 1차 협력사를 넘어서 2차·3차 협력사까지 제도를 확장하기 어려운 구조적 제약 등이 지적되었다. 이는 중소기업 입장에서 볼 때 성과공유제가 실효성이 낮은 제도로 인식되고 있음을 의미한다. 이에 비해 초과이익공유제는 적절한 제도 설계를 바탕으로 한다면 중소기업에게 실질적인 도움이 될 수 있는 역할을 할 수 있을 것으로 기대된다.

2) 초과이익공유제

초과이익공유제는 대기업과 중소기업 간 협력사업의 최종 결과물인 대기업의 이익이 목표를 초과하여 달성한 경우, 그 일부를 협력중소기업과 공유하는 방식이다. 홍장표 등(2011)은 초과이익공유제의 실행 가능성을 높이기 위해 이를 판매수입공유제, 순이익공유제, 목표초과이익공유제 등 세 가지 세부 모형으로 유형화했다. 판매수입공유제는 일정 비율의 매출액을 협력 중소기업과 공유하는 방식이며, 순이익공유제는 비용을 감안한 순이익을 기준으로 분배한다. 목표초과이익공유제는 사전에 설정한 목표 이익을 초과한 부분에 대해서만 이익을 공유하는 구조로, 대기업의 부담을 완화하면서도 성과 기반 분배의 정당성을 확보하는 방식이다. 또한 대기업이 협력 중소기업과 초과이익을 공유할 때, 일부는 현금으로 직접 지급하고, 일부는 '이익공유적립금' 형태로 적립하여 사용하도록 제안했다. 이 적립금은 1차 협력업체에 장기적으로 분배하는 동시에, 2차 이하 중소기업의 기술 개발 및 인력 역량 강화 자금으로 활용하는 것을 목표로 한다. 이러한 접근은 공급망 전반의 역량을 강화하고 중소기업 간 기술 격차를 완화하려는 전략적 의도를 담고 있다.[2]

그러나 이러한 초과이익공유제에는 여러 한계가 존재한다는 지적이 있어 왔다. 구체적으로 김경묵(2012)은 다음과 같은 세 가지 문제점을 지적했다. 첫째, 대기업이 초과이익 분배를 회피하기 위해 목표 이익 자체를 과도하게 높게 설정할 가능성이 있다. 이는 분배 기준이 애초에 왜곡되어 실질적 공유 효과를 저해할 수 있다. 둘째, 중소기업의 무임승차 문제가 발생할 수 있다. 특히 2차 이하 공급사는 대기업의 이익 창출에 대한 실질적 기여가 미미할 수 있음에도, 이익공유적립금을 통해 기술 및 인력 개발 자금의 수혜자가 될 경우 기여도와 보상의 불일치가 발생할 수 있다. 셋째, 대기업의 투자 및 혁신 유인 저하 가능성이 제기된다. 대기업은 경상적인 성과를 불특정 다수의 협력 중소기업과 공유해야 하기 때문에 성과 창출에 대한 직접적인 보상 체계가 약화되고, 이는 결과적으로 대기업의 R&D 투자, 위험 감수, 혁신 활동 위축으로 이어질 수 있다.

이처럼 초과이익공유제는 대·중소기업 간 수익 불균형을 완화하기 위한 중요한 시도로 평가되지만, 성과 측정의 불확실성, 유인 왜곡, 분배의 형평성 문제 등 제도적 보완이 요구된다. 향후 이러한 문제를 극복하고 제도의 실효성을 높이기 위해서는 성과 산정 기준의 투명화, 기여도 기반의

2 2012년 2월 동반성장위원회는 초과이익공유제를 보다 유연하고 실천 가능한 형태로 전환하고자 '협력이익배분제'를 도입했다. 이 제도는 프로젝트 계약형과 일반적 협약형이라는 두 가지 방식으로 구분되며, 특히 후자인 일반적 협약형은 대기업이 복수의 협력업체와 협약을 체결한 뒤, 최종 이익을 사전에 정한 방식에 따라 나누는 구조를 취한다는 점에서 초과이익공유제와 유사한 방식을 유지하고 있다고 볼 수 있다.

차등 분배, 성과 공유에 대한 자발적 참여 유인 강화가 병행되어야 하며, 이를 기반으로 산업 전반의 공정하고 지속 가능한 협력 생태계 조성이 가능할 것이다.

4. 지속 가능하고 공정한 초과이익공유제 시행 방안

하도급 관계에 있는 대·중소기업의 지속 가능한 초과이익공유제 시행을 위해 초과이익 공유를 수익 창출과 연계시킨 하버드대학 경영대 포터(M. Porter) 교수의 '공유가치창출'(CSV) 개념을 고려할 필요가 있다. 또한 하도급 관계의 대·중소기업이 자발적으로 공정한 협상을 통해 공동 창출한 초과이익을 배분하는 방안으로서 Nash-Kalai-Smorodinsky 협상 해(Kalai & Smorodinsky, 1975)와 예일대학 경영대 네일버프(Barry Nalebuff) 교수의 '파이 나누기'(Split the Pie) 협상 해(Nalebuff, 2022)의 도입을 고려할 필요가 있다.

1) 공유가치창출

공유가치창출은 기업이 단순히 사회공헌이나 이익재분배를 넘어, 핵심 사업 활동을 통해 경제적 가치와 사회적 가치를 동시에 창출하는 전략적 접근이다. Porter and Kramer(2011)는 CSV를 기존의 CSR(Corporate Social Responsibility, 기업의 사회적 책임)이나 시혜적 기부와 구분하면서, 기업경쟁력의 제고와 사회 문제 해결이 상호 보완적으로 연결되는 지점에서 기업의 지속 가능한 성장이 가능하다고 보았다. 이러한 관점은 초과이익공유제가 '수익의 일부를 나눈다'는 방식에 머무르지 않고, 협력기업의 역량 강화와 공급망의 지속 가능성 확보에 기여할 수 있는 구조로 설계되어야 한다는 시사점을 제공한다.

실제로 CSV 개념은 다국적 기업들의 전략적 경영 방식으로 실천되어 왔다. 예를 들어, 미국의 General Electric(GE)은 에너지 효율성을 높이는 LED 조명을 개발함으로써 시장 수요에 부응하면서 동시에 에너지 절감이라는 사회적 가치를 창출했고, Walmart는 탄소 배출 저감과 에너지 효율적인 공급망을 구축함으로써 물류비용을 절감하면서도 환경의 지속 가능성에 기여했다. 또한 코카콜라는 '5by20' 프로젝트를 통해 전 세계 500만 명의 여성 기업가 및 소상공인을 지원하며, 유통 채널 다변화와 지역경제 활성화를 동시에 실현했다. 이처럼 기업이 핵심 사업을 통해 협력업체나 지역사회의 역량을 강화하고, 그 결과로 자사에도 전략적 이익이 환류되는 구조가 바로 CSV의 핵심이다.

구체적으로 초과이익공유제를 CSV와 연계하여 다음 세 단계로 시행할 수 있다. 첫 번째 단계는 공유가치창출 기반을 구축하는 것이다. 이 단계에서는 대기업과 협력 중소기업이 공동으로 생산성 향상, 품질 개선, 기술 개발 등의 협업 프로젝트를 수행하며, 이를 통해 거래 구조의 개선과 공동 가치창출이 가능해진다. 예컨대, 대기업은 중소기업에게 자동화 설비, 스마트공장 기술, 품질 컨설팅 등을 지원하고, 중소기업은 이를 활용하여 납품 품질과 납기 준수율을 높이게 된다. 이러한 협업은 단기적인 원가 절감 이상의 구조적 경쟁력을 형성하는 데 기여할 것이다.

두 번째 단계는 기준이익을 설정하는 것이다. 초과이익공유제를 실질적으로 작동시키기 위해서는 기준이 되는 수익 수준을 명확히 규정해야 하며, 예를 들어 과거 3년간 평균 영업이익률, 생산원가, 품질지표 등을 종합적으로 고려하여 설정할 수 있다. 이를 바탕으로 협업 프로젝트의 성과를 평가하고, 기준을 초과한 이익의 측정을 가능하게 한다.

세 번째 단계는 초과이익의 분배 방식을 사전 계약을 통해 명확히 하는 것이다. 대기업은 협업을 통해 기준을 초과한 수익이 발생할 경우, 그 일정 비율을 협력사에 금전적 혹은 비금전적 형태로 공유한다. 금전적 보상은 현금 인센티브 형태로 지급될 수 있으며, 비금전적 보상은 장기계약 보장, 추가 발주, 설비 투자 지원 등으로 실현될 수 있다. 이러한 배분 구조는 사전 계약을 통해 명문화되며, 블록체인 기반의 스마트계약 기술과 연계될 경우 자동화된 정산 시스템을 통해 높은 투명성과 신뢰성을 확보할 수 있을 것이다.

이와 같이 CSV와 초과이익공유제를 연계하면 거래 관계의 신뢰가 높아지고, 중소기업의 자금 유동성이 개선되며, 대기업은 공급망의 안정성과 품질을 확보할 수 있다. 특히 장기적 관점에서 협력사의 설비 투자와 기술 개발을 촉진하여, 산업 전반의 혁신 역량을 강화하는 효과를 기대할 수 있다. 그 결과 초과이익공유제는 단기적 이익의 분배를 넘어, 협력사의 자생적 성장 기반을 마련하고 산업 생태계 전반의 지속 가능한 발전을 유도하는 전략적 제도로 전환될 수 있다. 이는 동반성장이라는 국가적 과제와 기업의 장기적 경쟁력 확보라는 목표를 동시에 달성할 수 있는 구조적 해법이 될 수 있을 것이다.

2) Nash-Kalai-Smorodinsky 협상

초과이익공유제는 대기업과 협력 중소기업이 공동으로 창출한 초과이익을 공정하게 분배함으로써 산업 생태계의 지속 가능성과 포용성을 높이기 위한 협력 기반의 제도이다. 그러나 실제 운영 과정에서는 대기업의 협상력 우위로 인해 초과이익이 일방적으로 편중되거나, 중소기업의 기여가 과소평가되는 문제가 반복되어 왔다. 이에 따라 공정성과 합리성을 동시에 만족하는 협상 기준이 필요하며, 그 방안으로 Nash-Kalai-Smorodinsky

협상 해(NKS bargaining solution)를 초과이익공유제에 적용하는 방안을 고려해 볼 필요가 있다.

NKS 해는 협상 참여자 간의 협상력을 반영하면서 합리적이고 대칭적인 분배 결과를 도출하는 방식으로, 다음 네 가지 공정성 조건을 충족한다. 첫째, 개별 합리성(individual rationality)은 각 당사자가 협상에 참여함으로써 최소한 협상 이전에 확보 가능한 이익(즉, 협상 이탈 시 확보 가능한 예약효용)을 상회하는 결과를 보장해야 한다. 둘째, 비례성(proportionality)은 초과이익을 각 당사자의 최대 가능 이익을 기준으로 균형 있게 배분하는 것을 의미하며, 일방적 독점이나 과소 보상 가능성을 차단한다. 셋째, 대칭성(symmetry)은 동일한 협상력을 가진 당사자는 동일한 이익을 받아야 함을 뜻하며, 분배의 정당성을 강화한다. 넷째, 단조성(monotonicity)은 협상 자원이 증가하거나 당사자의 협상력이 개선될 경우, 그만큼 더 나은 결과가 보장되어야 한다는 원칙이다. 이 네 가지 조건은 초과이익공유제에 적용될 때, 특히 대기업이 초과이익을 일방적으로 가져가는 구조적 불균형을 방지하고 협력업체의 기여에 비례하는 정당한 이익분배를 가능하게 하는 제도적 장치가 될 수 있다.

(1) NKS 협상의 초과이익공유제 적용

NKS 협상의 초과이익공유제 적용 방안으로는, 먼저 각 당사자의 협력 전 최대 가능 이익 또는 기본이익을 설정해야 한다. 대기업의 경우 협력업체 없이 생산할 수 있는 대체 수단이나 내부 역량, 협력업체의 경우 타 거래처 확보 가능성 등을 반영하여 협력 전 수익 기반을 산출한다. 이후 협력을 통해 창출된 초과이익을 계산하고, 이를 NKS 해의 원칙에 따라 양측의 협상력에 비례하여 배분한다. 예컨대, 대기업은 기존 영업이익, 협력업체는 보장된 납품대금 수준을 기준점으로 설정한 후, 협력을 통해 창출된 이익은 해당 기준점을 초과하는 범위 내에서 정당하게 공유되는 방식이다. 이와 같이 설계된 초과이익공유제는 성과의 기여도와 협상 여건을 정량화하면서, 예측 가능하고 지속 가능한 협력 구조를 제도화하는 데 기여할 수 있다.

구체적으로 다음과 같은 가상의 시뮬레이션을 고려해 보자. NKS 협상해의 핵심 원리는 협상 당사자의 협상 전 확보 가능한 기본이익(또는 예약효용(reservation utility))과 협상 후 달성 가능한 최대 이익 간의 상대적 거리, 즉 비례적 이익 증가의 균형에 있다. 이를 초과이익공유제에 적용하면, 협력으로 인해 발생한 추가 이익을 협상 당사자들의 기여도 또는 협상력을 반영하여 비례적으로 배분하는 공정한 구조를 설계할 수 있다. 예를 들어, 대기업(A)은 협력 없이도 100의 영업이익을 확보할 수 있고, 협력업체(B)는 기본적으로 30의 납품 수익을 확보할 수 있다고 하자. 협력을 통해 달성할 수 있는 최대 이익은 대기업이 160, 협력업체가 60이며, 이로 인해 총 90의 초과이익이 창출된다. NKS 해에 따르면, 두 당사자는 이 초과이익을 협상 전 기준에서 자신의 최대 이익에 이르는 거리의 비율을 기준으로 균형 있게 나누어야 한다. 이 비례 조건은 다음의 등식으로 표현된다:

$$\frac{u^*_A - 100}{60} = \frac{u^*_B - 30}{30}.$$

즉, 대기업은 협력 없이 얻는 100을 기준으로 최대 160까지 추가 이익 60이 가능하며, 협력업체는 30을 기준으로 최대 60까지 30의 초과이익이 가능하다. 이 조건하에서 전체 협상 결과는 $u^*_A + u^*_B = 220$이라는 총이익을 동시에 충족해야 한다. 이 두 조건을 결합하면, 해는 $u^*_A = 160$, $u^*_B = 60$으로 도출된다. 이 경우 대기업과 협력업체 모두가 자신이 확보 가능한 최대 이익을 전부 수취하는 결과가 나오며, 이는 양측의 협상력이 대체로 균형을 이루고 있으며 협력의 시너지가 충분히 발생했을 때 가능한 최적 분배 구조를 의미한다.

이 예시는 협력 전·후 당사자의 기대이익이 수치화되고 이를 통해 당사자 간 협상력이 명확히 정의된다면, NKS 해를 적용하여 초과이익을 사전에 예측 가능하고 공정하게 배분할 수 있음을 보여 준다. 이는 기존의 모호한 협상 관행이나 대기업의 독점적 이익 배분을 개선할 수 있는 정량적 협상 기준을 제공함으로써 향후 초과이익공유제 시행 방안으로 활용할 수 것으로 보인다. 특히 산업별로 이익 창출 구조가 상이하더라도, 협력 전 이익과 최대 이익의 비교 가능성이 확보된다면, NKS 해 기반의 분배 기준은 실질적 상생의 기초가 되는 협력계약의 틀로 기능할 수 있을 것이다.

(2) NKS 협상의 산업별 초과이익공유제 적용 가능성

NKS 협상 해는 초과이익공유제의 실질적 적용에서 산업별 특성과 거래 구조에 따라 다양하게 설계될 수 있으며, 이를 통해 대·중소기업 간 협력 관계의 공정성과 지속 가능성을 제도적으로 확보할 수 있다. 예를 들어, 자동차산업에서는 완성차 기업과 1차 협력 부품업체가 친환경차 관련 부품을 공동 개발하는 경우가 있다. 이때 완성차 기업은 부품의 자체 생산 혹은 타 협력사로부터 조달하는 경우의 기본이익을, 부품업체는 타 고객사에 납품하거나 기존 제품을 유지하는 경우의 기본이익을 기준점으로 설정할 수 있다. 완성차 기업과 협력 부품업체가 공동 개발을 통해 창출한(예를 들어, 원가 절감이나 신차 수주 증가로 인한) 추가 수익은 NKS 해를 통해 협상력(협력 전 최대 이익)에 비례하여 공정하게 분배된다.

반도체산업에서는 팹리스(fabless) 기업과 파운드리(foundry) 간의 관계에 적용 가능하다. 양측이 고성능 칩의 생산공정 최적화를 위해 협력하는 경우, 각각이 다른 파트너를 선택했을 때 얻을 수 있는 기대 이익을 기본치로 설정하고, 협력으로 발생한 생산성 증가 및 시장 확대에 따른 초과수익을 NKS 해에 따라 비례 분배함으로써 거래 안정성을 높일 수 있다. 이는 양측에 고부가가치 칩 생산에 필요한 지속적인 공동 투자 유인을 제공한다.

유통산업에서는 대형마트와 지역농산물 생산자협동조합 간의 협력 관계에 적용 가능하다. 지역농산물의 공동 브랜드 구축과 안정적 납품 체계를 통해 발생한 초과판매이익은, 대형마트의 기존 상품 대체 가능성과 지역농산물 생산자 측의 직거래 채널 확보 가능성 등을 고려하여 설정된 기본이익을 기준으로 NKS 해를 적용하여 분배할 수 있다. 이는 농가의 안정적 소득 보장과 유통업체의 ESG 경영 실현에 기여한다.

이처럼 산업별로 적용되는 NKS 기반 초과이익공유제는 각각의 협력 구조 내에서 기본이익과 초과이익을 명확히 정의하고, 협상력에 기반한 합리적 분배를 실현함으로써 대·중소기업 간의 수직적 거래 관계를 수평적 협력 생태계로 전환하는 데 기여할 수 있다. 이는 NKS 기반 초과이익공유제가 단순한 협력 유도 차원을 넘어, 산업 내 공정한 계약문화 정착과 상생 생태계 구축을 위한 핵심 전략으로 기능할 수 있음을 시사한다.

3) 파이 나누기 협상과 초과이익공유제

'파이 나누기' 협상은 Nash-Kalai-Smorodinsky의 협상이론을 바탕으로, 협력을 통해 생성된 추가 이익(즉, 파이)을 공정하게 분배하는 방식을 말한다. 예일대학교 경영대학원의 배리 네일버프 교수는 이 모델을 통해, 협상 당사자들의 실제 역량과 기여도를 반영한 새로운 협상 방식을 제안했다. 이 방식의 주요 특징은 다음과 같다. 첫째, '파이 나누기'는 협상 결과로 생긴 부가가치(파이)를 균등하게 나누는 것을 기본원칙으로 삼는다. 여기서 말하는 '균등'은 단순히 동일한 금액을 나누는 것이 아니라, 협상으로 인해 추가로 창출된 가치를 공평하게 나눈다는 의미이다. 둘째, 이 방식은 협상이 이루어지는 구체적인 상황이나 맥락에 크게 좌우되지 않고, 일관된 기준을 바탕으로 합리적이고 명확한 결과를 도출함으로써 협상의 예측 가능성과 신뢰성을 높여 준다. 셋째, '파이 나누기'는 협상자들이 서로 경쟁하기보다 협력하여 최대의 가치를 창출하도록 유도한다. 공정한 분배 원칙이 적용되기 때문에 허위 주장이나 과장이 개입될 여지가 줄어들고, 양측 모두가 가능한 가장 큰 파이를 만드는 데 집중할 수 있는 동기를 얻게 된다.

게임이론에 따르면, 협상 당사자는 일반적으로 협상 외에 선택 가능한 대안(Best Alternative to a Negotiated Agreement: BATNA)을 가지고 있다. '파이'(Pie)라는 개념은 이러한 대안을 고려하여 협상의 대상을 정의하는 방식이다. 이를 대기업과 중소기업이 공동으로 창출하는 부가가치에 적용하면, 초과이익은 다음과 같이 계산된다:

초과이익=총가치-(대기업의 BATNA 가치+중소기업의 BATNA 가치).

여기서 '총가치'는 하도급 협력을 통해 양측이 공동으로 창출한 전체 이익을 의미하며, BATNA는 협상이 결렬될 경우 각 기업이 독자적으로 선택할 수 있는 최선의 대안을 뜻한다. 따라서 초과이익은 대기업과 중소기업이 각자 따로 행동했을 때 기대할 수 있는 최대 가치보다 협력을 통해 얼마나 더 큰 가치를 창출할 수 있는지를 나타내는 지표이다.

대기업-중소기업 간 협상의 목적은 각자의 BATNA보다 더 나은 결과를 도출하는 것이며, 초과이익은 이 BATNA를 초과하는 수준, 즉 '파이'에 따라 결정된다. 이러한 '파이'의 정의는 각 기업의 자산 규모, 업력, 개별적인 BATNA 수준에는 영향을 받지 않는다. 왜냐하면 초과이익은 BATNA의 총합에만 영향을 받고, 그 구성 비율에는 좌우되지 않기 때문이다. 아울러

‘파이’ 관점에서 보면 대기업과 중소기업은 본질적으로 완전히 대칭적인 관계로 간주된다. 여기서 ‘힘’이란 협력적 가치 창출에서 각 기업이 수행하는 필수적 기여를 의미한다. 일반적으로 어느 한 쪽이 빠지면 초과이익이 발생하지 않으므로, 대기업과 중소기업은 동등한 역할을 하며 필수불가결한 존재이고, 따라서 양측의 협상력은 동등하다고 볼 수 있다. 이런 동등한 기여는 초과이익의 균등 분배로 연결되며, 이는 곧 공정한 결과로 이어진다.

협상 당사자들이 대칭적 위치에 있을 때 동등하게 대우받아야 한다는 원칙은 당연하다. ‘파이’ 접근법의 장점은 대기업과 중소기업 간에 겉으로는 보이지 않는 ‘숨겨진 대칭성’을 드러낸다는 데 있다. 실제로 BATNA나 자금력 등에서는 불균형이 존재하지만, 협력하여 초과이익을 창출하는 과정에서는 완전한 대칭이 성립한다. 이런 인식을 공유한다면, 초과이익의 균등 분배 원칙에 양측이 자연스럽게 동의할 수 있을 것이다. 더 나아가, 파이 기반의 초과이익 공유는 대기업과 중소기업이 협력하여 만들어 낼 수 있는 가치를 극대화하는 데 집중하도록 유인하는 긍정적인 효과도 기대할 수 있다.

5. 맺음말

대기업과 중소기업 간의 수익성 격차는 한국 산업 생태계의 지속 가능성을 위협하는 구조적 문제로, 단순한 경제적 불균형을 넘어 중소기업의 혁신 역량, 고용 안정성, 장기 성장 가능성까지 제한하는 요인으로 작용해 왔다. 이러한 불균형을 해소하기 위해 기존에 도입된 성과공유제는 일정 부분 긍정적인 효과를 거두었으나, 성과 측정의 불명확성, 실질적 인센티브 부족, 협력사 계층의 확장 한계 등으로 인해 그 실효성에 한계를 드러냈다. 이에 따라 협력 성과를 보다 정교하고 공정하게 배분하기 위한 대안으로 초과이익공유제에 대한 논의가 부상하고 있으며, 이는 대기업과 중소기업이 협업을 통해 창출한 초과이익을 협상력과 기여도에 따라 합리적으로 분배하는 새로운 협력 모델로 주목받고 있다.

이 글은 초과이익공유제의 이론적 근거로서 CSV, Nash-Kalai-Smorodinsky 협상 해, 파이 나누기 모델을 도입하여 제도의 정당성과 실행 가능성을 제시했다. 이들 접근은 대·중소기업 간의 숨겨진 대칭성을 재조명하고, 협상력이 대등하게 작용하는 공정한 협력 생태계를 구축하는 데 실질적인 기준을 제공한다. 향후 초과이익공유제가 효과적으로 정착되기 위해서는 성과 산정 기준의 객관화, 기여 기반의 차등 배분 원칙, 자발적 참여를 유도할 수 있는 유인 설계가 병행되어야 하며, 이를 통해 산업 전반의 포용성과 혁신성을 제고할 수 있을 것이다. 결국 초과이익공유제는 단순한 이익재분배를 넘어, 지속 가능한 동반성장을 실현하는 제도로 자리매김할 수 있다.

참고문헌

김경묵, 「상생 협력의 문화 정합성에 관한 연구: 한·미·일 성과공유(Benefit Sharing) 관행 비교를 중심으로」, 『경영학연구』 제38권 제1호, 2009.

______, 「대·중소기업 간 협력 성과의 공유: 성과공유제도와 협력이익배분제도 비교」, 『KBR』, 제16권 제1호, 2012.

박충렬, 『대·중소기업 양극화 해소 정책의 현황과 개선 방안』, 현안보고서 제100호, 국회입법조사처, 2010.

이홍열·이은구, 「성과공유제 지원정책의 문제점 분석 및 기업성과에 미친 효과성 연구」, 『Journal of Convergence for Information Technology』, 제8권 제4호, 2018.

정운찬, 『한국 경제, 동반성장, 자본주의 정신』, 파람북, 2021.

홍장표·하봉찬·김종호, 「대·중소기업 간 동반성장 문화 확산을 위한 창조적 동반성장 모델 개발」, 동반성장위원회, 2011.

Kalai, E. and M. Smorodinsky, "Other Solutions to Nash's Bargaining Problem," *Econometrica*, 43(3), 1975.

Nalebuff, B., *Split the Pie: A Radical New Way to Negotiate*, Harper Business, 2022.

Porter, M. E. and M. R. Kramer, "Creating Shared Value," *Harvard Business Review*, 89(1/2), 2011.

10

트럼프 2기 행정부 관세 정책 평가와 대응 전략

김흥종

1. 머리말

트럼프 2기 미국 행정부의 관세 정책이 연일 국제뉴스의 상단을 차지하고 있다. 경제·통상 분야 외에도 국제 관계, 전통안보와 경제안보, 산업과 사회적 영향에 이르기까지 트럼프 관세 정책의 파급 효과가 다루어질 정도로 여러 층위와 분야에서 충격을 안겨주고 있다. 미국 시장 접근을 담보로 세계 각국에 미국의 단기적 이익을 투사하려는 트럼프 행정부의 공세적 관세 조치에 대하여 각국은 어떻게든 대응하느라 부산하다.

회색코뿔소(gray rhino)라고 했던가.[1] 트럼프 후보의 당선은 사실 작년 가을부터 유력시되었다. 트럼프 2기 행정부가 어떤 일을 할 것인지도 이미 알려져 있었다. 1기를 통해서, 그리고 바이든 정부 4년 동안 그의 주장뿐만 아니라 그의 주변에 포진해 있는 측근들의 수많은 연설과 글을 통해서, 공세적 고율 관세로 세계 경제에 충격을 주고 교역 대상국에게서 MAGA[2]에 필요한 요구 사항을 관철하겠다는 시나리오는 이미 전문가들 사이에서는 공유되었다.

게다가 지난 몇 년 동안 미국 공화당은 트럼프당으로 변신을 끝낸 상황이었고, 상하원이 모두 공화당이 다수당으로 되리라는 전망도 선거 전부터 매우 높은 가능성으로 회자되었다. 중간선거가 내년 말이라는 시한을 고려해 본다면, 트럼프 행정부가 사실상 자신의 대외 정책을 온전히 구사할 수 있는 시간은 올해 정도라고 볼 때 그에게는 시간이 많지 않다는 것도 예상되었다. 그렇다. 그의 전격전은 충분히 예견되었다.

그럼에도 불구하고 트럼프 관세 정책이 시작되면서 전 세계는 크게 출

1 이 문단과 다음 문단은 김흥종(2025b)의 두 번째 문단을 수정·보완한 것이다.
2 MAGA는 Make America Great Again의 약자이지만, 여기서는 미국이익우선주의의 대용으로 사용한다.

렁거리고 있다. 이제 실물 부문에서도 경제적 파급 효과가 나타나기 시작하는 시점이지만 단기적으로는 주식과 채권시장에서, 그리고 정치와 국제 관계에서는 큰 파장이 일고 있다. 자유무역과 규칙 기반 세계질서의 수호자였던 미국의 신뢰도는 심각하게, 어쩌면 영구적으로 손상되었고, 캐나다와 호주에서 볼 수 있듯이 트럼프와 맞서는 중도좌파, 또는 자유주의 정당이 인기를 극적으로 회복하여 재집권에 성공한 반면, 트럼프 스타일의 우파 지도자는 급속히 위축되고 있다. EU는 중국과 가까워지고 있으며, 글로벌 사우스는 단합을 과시한다. 세계 각국은 미국 없는 세계를 상상해 보면서 어떻게 하면 시장을 확대하여 지속적 번영을 유지할 수 있을지 고민하고 있다. 이런 가운데 중국은 다자주의와 자유무역의 수호자로 스스로를 홍보하면서 트럼프 행정부가 스스로 반납하고 나간 공백을 대체하려 하고 있다.

트럼프 관세 정책은 미국 경제에 직접적 타격을 주고 있다. 상호관세(reciprocal tariff) 부과 직전이었던 4월 8일 S&P 500지수는 5000선이 깨지면서 1년 전 수준으로 돌아갔으며, 6100이 넘었던 지난 2월 고점에서 크게 후퇴했다. 트럼프 취임 후 30년물 미 재무성 채권 이자율이 치솟아 5%가 넘어가는 등 채권시장은 불안정한 모습을 보였다. 경제성장률로 보자면, 미국은 지난 수년 동안의 나홀로 성장을 마감하고 2025년 1분기 성장률이 전기 대비 연율로 −0.3%의 역성장을 보였다. 2024년 3분기와 4분기 미국의 경제성장률이 각각 3.1%와 2.4%였던 것과 크게 대비된다. 게다가 러·우 전쟁이 발발한 2022년 1분기를 제외하고는 코로나19 발생으로 자유낙하(free fall)를 경험한 2020년 2분기 이후 처음 겪는 역성장이다.[3] 관세 인상

3 2022년 2월 24일 러시아의 우크라이나 침공으로 3월 세계 경제는 상당한 타격을 받았다. 공급망 단절 문제가 다시 나타났고 유가 급등, 수요 위축, 에너지 충격 등 부정적 요인이 한꺼번에 나타났다. 2022년 1분기는 이런 요인들이 반영되어 미국 경제가 전기 대비 연율

직전 급증한 수입물량에 기인한 바가 크다고 하지만, 이 시기 수입 급증도 관세 부과를 회피하고자 하는 행동 전략이기 때문에 결국 1분기의 역성장은 트럼프 관세 효과라고 볼 수 있다. 관세 부과 효과가 본격적으로 나타날 하반기에는 인플레이션과 함께 더 확실하게 미국 경제의 하강이 가시화될 것이다.

이렇게 취임 초기부터 밀어붙이는 트럼프 2기 행정부의 관세 정책이 자못 자해적인 조치로 인식되고 있는 상황에서 트럼프 행정부는 왜 수많은 국내외 저항에 맞닥뜨리면서 무리하게 이런 정책을 추진하고 있을까. 의문이 들지 않을 수 없다. 이 글에서는 우선, 세계와 미국 경제에 큰 풍파를 일으키고 있는 트럼프 관세 정책의 현 상황과 법적 문제점을 살펴보고, 이어서 이런 극단적 정책 실행이 가능했던 배경과 트럼프 대통령이 상정하는 새로운 세계질서에서 관세 정책이 차지하는 위치를 가늠해 보며 우리의 대응 전략을 논하고자 한다.

2. 트럼프 행정부 관세 정책: 현황과 문제점

1) 미국 대(對)세계 무역수지 현황

2024년 미국은 전 세계 111개국에 대해서 상품수지가 흑자였고 92개국에 대해서 적자를 경험했다.[4] 즉, 미국이 흑자를 보인 나라의 숫자가 적자국의 수보다 더 많았다. 하지만 대세계 상품수지를 종합하면 약 1조 2,020억 달러의 적자로 귀결되어 사상 최대의 상품수지 적자를 나타냈다(〈그림

로 -1.0%의 역성장을 보였다.

4 https://www.census.gov/foreign-trade/balance/index.html(검색일: 2025. 4. 15).

그림 10-1 미국의 국제수지 시계열 추이

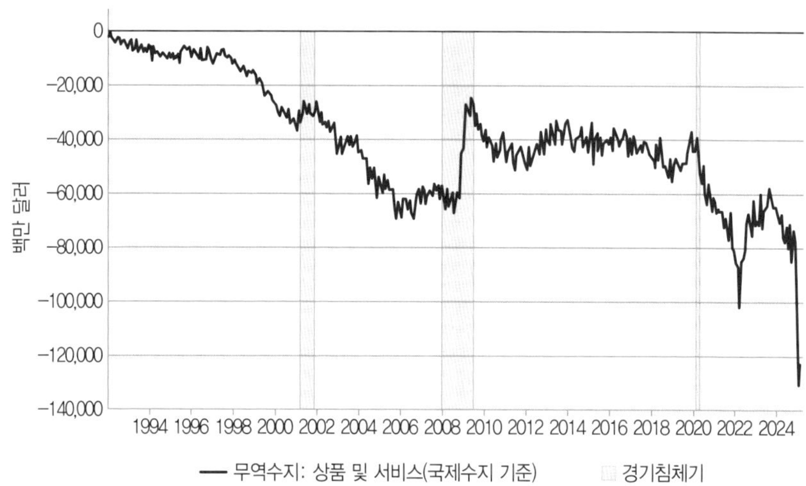

자료: https://fred.stlouisfed.org/series/BOPGSTB#.

10-1〉 참조). 국가별로 보자면, 중국(2,704억 달러), 멕시코(1,572억 달러), 베트남(1,131억 달러), 아일랜드(805억 달러), 독일(764억 달러), 대만(674억 달러), 일본(626억 달러), 한국(602억 달러), 캐나다(548억 달러), 태국(415억 달러), 인도(415억 달러)의 순이다.[5]

한국과의 교역 추이를 보면, 미국은 602억 달러의 적자로 상품수지 적자국 중 8번째이다. 한국의 대미 수출과 흑자 규모는 최근에 와서 급증했다. 대미 수출을 보면 2021년 959억 달러에서 2024년에는 1,278억 달러로 급증했으며, 우리나라 전체 수출에서 차지하는 비중도 2020년 14.5%에서 2024년 18.7%로 올랐다. 대미 흑자 규모는 한국무역협회 기준으로 2019년 115억 달러에서 2024년에는 556억 달러로 크게 증가한 것으로 나타난

5 https://www.census.gov/foreign-trade/balance/index.html(검색일: 2025. 4. 15).

다. 바이든 행정부 시절인 2020년대 초반 우리나라의 대미 수출 증가율은 연평균 10%에 달해 트럼프 1기 때의 연평균 2.6%를 크게 상회하였다. 우리나라의 대미 5대 수출품은 자동차, 반도체, 자동차 부품, 컴퓨터, 석유제품으로서 2021년 433억 달러에서 2024년 645억 달러로 늘어났다. 중국과 베트남 등 우리의 중간재가 수출되어 최종재가 미국으로 향하는 대미 우회수출의 비중도 우리나라 전체 수출의 10%를 상회할 정도로 많아서 다른 나라의 관세율도 우리의 관심사가 된다.

미국의 상품수지가 사상 최대로 이른 것은 미국 제조업의 쇠락, 강한 달러 등 여러 가지 이유가 있지만, 단기적인 이유는 미국 경제의 호황에 따른 상품 수입의 급증이다. 하지만 제조업 부활을 공약으로 내세워 집권한 트럼프 2기 행정부는 여러 경제학적 요인들을 따질 계제가 아닌 것 같다. 미국 무역대표부(USTR) 홈페이지에 걸려 있는 불공정 무역(unfair trade)과 불공정 디지털무역(unfair digital trade)의 사례를 보면, 현재 무역수지 문제를 보는 미국 행정부의 시각이 잘 드러난다.

불공정 무역 사례 1번으로, 지금 미국의 성조기가 중국에서 제작되어 미국으로 수입된다고 지적하면서 미국 성조기는 미국에서 만들어야 한다고 주장한다.[6] 미국 성조기를 미국에서 만들자고 하는 주장을 반박할 생각은 없으나 이것이 불공정한 무역이라는 판단은 심각하다. 한편 불공정한 디지털 무역의 사례로 가장 많이 든 사례는 프랑스, 캐나다, 오스트리아, 이탈리아, 스페인, 튀르키예, 영국 등이 부과하고 있는 디지털서비스세(DST) 문제다.[7] 미국이 디지털 서비스의 절대 강자라는 점을 고려해 볼

6 1/10: Over 100,000 Chinese-made American flags are sold every month on just one e-commerce platform alone, resulting in $2 million in lost sales for American manufacturers, which ultimately leads to lost job opportunities and business closures. American flags should be Made in America!〈https://x.com/USTradeRep/status/1909326869058781281〉.

7 한국의 불공정 디지털 무역의 사례도 지적되었는데, 그것은 사례 3번, 데이터 국경 간 이동

때 해당국 국내에서 디지털 서비스에 대해 과세하는 것은 불공정하다는 판단이다. 사실 USTR이 지적하고 있는 여러 불공정 사례들은, 물론 상대국은 정당한 국내 정책이라고 주장하지만, 미국 측이 과거부터 비관세 장벽이라고 주장해 온 항목이 다수다.[8] 트럼프 행정부는 이 문제를 푸는 방식으로 협상이나 대화보다는 고율 관세를 부과하여 미국 시장 접근을 제한함으로써 상대국을 굴복시키는 것이 효과적이라고 판단한다.

2) 트럼프 관세 정책

트럼프 대통령 취임 후 지난 몇 개월은, 사전에서 가장 아름다운 말[9]이라는 관세를 모든 대외 정책의 수단으로 휘두르고 있는 트럼프 대통령의 진면목이 그대로 드러난 기간이었다. 취임하자마자 단행한 고율의 공세적 관세 정책에서 우선 가장 눈에 띄는 특징은 관세를 대외통상 정책의 수단으로뿐만 아니라 대외 전략 일반의 핵심 수단으로 삼고 있다는 점이다. 하드파워의 수단으로 비용이 많이 드는 군사력보다는 오히려 상대국에서 돈을 뜯어 낼 수 있는 경제력을 사용하겠다는 전략이다. 첫 번째 관세 부과 대상이었던 콜롬비아의 경우도 불법이민자 송환 문제로 시작되었으며, 이후 캐나다와 멕시코, 그리고 중국에 대한 소위 '펜타닐 관세'도 펜타닐 등 마약류 유입과 불법이민자를 양산하는 느슨한 국경 통제에 대한 일종의 벌칙과 상대국의 행동 교정을 유도하려는 조치였다. 결국 통상 정책의 수단으로서의 관세는 2025년 3월 7일 캐나다와 멕시코에 대해 단행된 관세 조

금지 문제로 인하여 구글맵이나 애플맵이 한국에서 충분한 서비스를 할 수 없다는 것이다 〈https://x.com/USTradeRep/status/1915432393864872271〉.

8 물론 미국 성조기 문제는 여기에 해당하지 않는다.

9 https://www.youtube.com/watch?v=ExWLTayuuzs(검색일: 2025. 4. 25).

치가 첫 번째였다. 미국-멕시코-캐나다 협정(USMCA) 기준을 충족하지 못하는 경우 25% 또는 10%(에너지와 비료)의 관세를 부과한 조치를 말한다.[10]

사실, 트럼프 관세 정책에는 세 종류의 관세가 있다. 우선, 4월 5일에 모든 국가들에게 부과한 기본관세(blanket tariff) 10%가 있다. 두 번째로는 특정 품목에 대해서 부과되는 품목별 관세(section 232 tariff)가 있는데, 이는 무역확장법 제232조에 따라 국가안보 차원에서 부과하는 관세로서 트럼프 1기 행정부에서도 이미 사용한 사례가 있다. 캐나다와 멕시코를 제외한 다른 나라들의 경우에는 3월 12일에 부과되기 시작한 철강과 알루미늄에 대한 25%의 품목별 관세가 트럼프 관세 조치의 최초였다. 품목별 관세는 4월 3일에는 자동차에 대해서, 그리고 5월 3일에는 자동차 부품에 대해서 부과되었으며,[11] 향후 반도체와 의약품에도 예정되어 있다.

마지막으로 4월 2일에 발표했고 4월 9일부터 57개국, EU 회원국을 풀어서 보면 83개국에 부과하겠다고 했으나, 중국을 제외하고는 7월 8일까지 90일을 유예한 상호관세가 있다. 상호관세는 국가별로 차별적으로 부과되어 11~50% 사이에서 다양한 세율이 적용될 예정이다. 모두들 워싱턴 D.C.로 달려가서 트럼프 행정부와 협상을 하는 주된 목표는 상호관세율을 낮추는 것이다. 다른 경쟁국에 비해 불리한 상호관세를 피하려는 의도다. 관세 협상과 관련하여 일본, 한국, 인도, 호주, 그리고 영국이 우선협상 대상국으로 선정되었으나, 베센트 재무장관은 2025년 5월 6일 현재 17개국과 협상을 진행 중이라고 밝힌 바 있다.[12] 지금 워싱턴 D.C.에서는 세

---

10 USMCA 기준을 충족하는 경우 여전히 무관세 혜택을 누릴 수 있다.

11 자동차 부품에 대한 품목별 관세는 2년 기한으로 부분 면제되었다. 즉, 내년 4월까지 미국 내에서 조립한 차량 가격의 15%에 해당하는 부품은 1년간 관세를 면제하기로 했다. 내년 5월부터 2027년 4월까지는 이 비율이 10%로 줄어든다. 자동차 부품 공장을 미국으로 옮겨 오는 시간을 주겠다는 이유에서였다.

12 A. Shalal and D. Lawder(2025).

그림 10-2 미국의 평균 관세율 추이

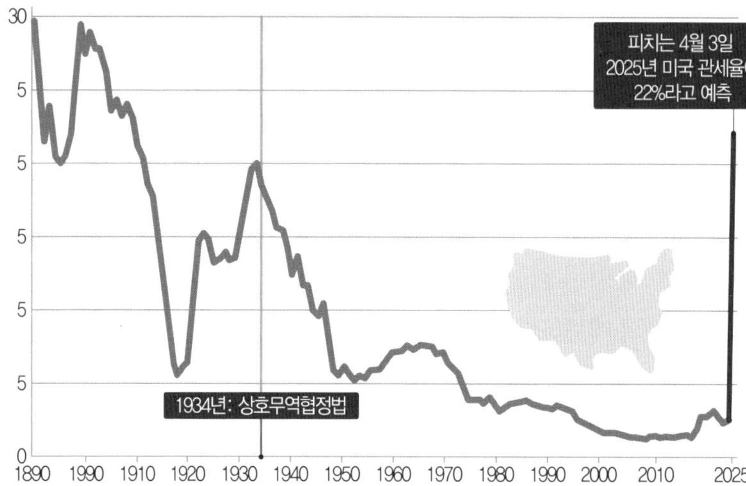

자료: 미국 국제무역위원회〈https://www.statista.com/chart/34236/average-effective-tariff-rate-on-us-imports/〉.

계 여러 나라들과 동시다발적인 관세 협의가 진행되는 중이다.

트럼프 2기 행정부의 공세적 관세 조치에 따라 미국의 관세 장벽은 크게 높아졌다. 〈그림 10-2〉에서 보듯이 트럼프 시대 미국의 평균 관세율은 1910년 이래 가장 높은 수준인 24%에 이르렀다. 1930년에 제정되어 대공황기 미국 경제를 더욱 수렁에 몰아넣은 악명 높은 스무트-홀리법(Smoot-Hawley Tariff Act), 또는 1930년 관세법(Tariff Act of 1930) 발효기보다도 더 높은 수준이다.

트럼프 행정부가 구사하는 세 종류의 관세에는 각각 그 고유한 성격과 목적이 있다. 우선, 기본관세 10%는 모든 국가, 모든 나라에 적용되는 것으로, 미국시장 접근권을 사는 기본비용으로 해석된다. 〈표 10-1〉에서 보는 바와 같이 중국은 총GDP에서는 미국의 66%에 이르지만 소비시장 규모로는 아직도 35% 수준에 머물러 있으며, EU와 비교해 볼 때도 당해 연도

표 10-1 국가별 GDP 비중 및 소비시장 비중(2023)

(단위: %)

	미국	EU	중국	일본	인도
GDP 비중	25.6	16.7	16.9	4.0	3.5
소비시장 비중	25.7	16.0	9.0	3.5	2.8

주: 소비시장 비중은 최종소비지출(final consumption expenditure) 기준임; 2023년 전 세계 총GDP는 105조 달러, 최종소비지출은 72조 달러로 추계됨; 한국의 경우는 각각 1.6%, 1.25%에 해당함.

자료: IMF World Economic Outlook Database; World Bank World Development Indicators; OECD National Accounts에서 계산.

명목 GDP 규모는 약간 더 크지만 소비시장 규모는 여전히 EU의 56% 수준에 머물러 있다. 트럼프 행정부는 미국 소비시장의 규모가 세계 최대일 뿐만 아니라 매우 개방되어 있어서 우방국을 포함한 다른 나라들이 자국 시장을 닫아 놓고 미국을 벗겨 먹고(rip off) 있다고 여러 차례 언급한 바 있다. 지금까지는 거의 무상으로[13] 미국 시장에 접근하는 자유를 누렸으나 앞으로는 입장권을 사라는 것이다. 여기에는 예외가 있을 수 없으니 기본관세는 세계 모든 나라들이 미국에 수출할 때 지불해야 하는 기본비용이 된다.

품목별 관세는 특정 전략 품목에 대한 관세로서 상대국이 누구인가 상관없이 무차별하게 적용되는 관세다. 품목별 관세의 대상은 트럼프 행정부가 전략산업으로 지정하여 반드시 리쇼어링(reshoring)하여 미국 내에서 생산할 것을 목표로 하는 산업이다. 철강과 알루미늄, 자동차, 반도체 및 의약품이 여기에 해당한다. 품목별 관세 25%를 피하려면 미국 내로 제조 기반 시설을 옮기고 협력업체도 모두 옮겨서 미국 내에서 생산해야 한다. 트럼프 1기 행정부에서도 철강과 알루미늄에 대해서 품목별 관세를 부과했는데, 상대국과의 협의를 거쳐 우리나라와는 기간 내 수입량의 상한을 정하는 하드쿼터, 그리고 다른 수출국에 대해서는 관세할당(TRQ)의 소프트

13 그동안 미국의 평균 관세율 수준은 2.5%였고, 무역가중치로 환산하면 2.0% 내외였다.

쿼터를 허용한 바 있다.

상호관세는 국가별로 차별화되어 부과되기 때문에 언론에서도 가장 관심을 갖고 보도되었으며, 상대국 입장에서도 대미 수출 경쟁국보다 불리한 대우를 받지 않기 위해 노력해야 하는 핵심 관세 조치로 떠올랐다. 그 전에는 부과되지 않았던 트럼프 2기 행정부를 대표하는 관세 조치라고 할 것이다. 상호관세에 대해서는 다음 절에서 좀 더 자세히 살펴보기로 한다.

3) 상호관세

(1) 상호관세 도출 방식

트럼프 행정부가 밝힌 상호관세 부과 대상국은 57개국이다. 이 중에서 EU가 공동대외관세(CET)를 택하고 있기 때문에 실제 대상 국가 수는 83개국에 달한다. 이 국가들에는 모두 11~50%의 관세율이 책정되었다. 그 밖의 국가들은 모두 기본관세 10%의 부과 대상국인데, 여기에는 영국, 튀르키예, 이집트, 사우디아라비아, 모로코, 싱가포르, 호주, 그리고 콜롬비아, 브라질, 칠레, 페루, 도미니카공화국, 아르헨티나, 과테말라, 온두라스, 엘살바도르 등 다수의 중남미 국가들이 포함된다. 10%의 관세가 부과되는 국가들은 미국이 무역수지 흑자를 보고 있거나 적자 폭이 그리 크지 않은 나라들이다.

USTR에 따르면, 상호관세율은 2024년도 상대국의 대미 수출액 대비 대미 무역수지 흑자액의 백분율을 1/2로 한 숫자를 기계적으로 적용했다. 수식은 다음과 같다.[14]

14 https://ustr.gov/issue-areas/presidential-tariff-actions(검색일: 2025. 4. 10).

$$\Delta\tau_i = \frac{x_i - m_i}{\varepsilon * \varphi * m_i}.$$

여기서, $\Delta\tau_i$: i국의 상호관세율×2

x_i: i국에 대한 수출

m_i: i국으로부터의 수입

ε: 수입 수요의 가격 탄력성

φ: 관세의 수입가격 전가율

즉, 상호관세율은 상대국에 대한 무역수지 적자를 그 국가로부터의 수입으로 나눈 값을 다시 반으로 나눈 숫자를 적용한 것이다.[15]

(2) 상호관세의 의미

이상의 도출 방식은 당초에 트럼프 대통령이 언급했던 각국의 비관세 장벽이나 국내 규제를 관세상당치(tariff equivalents)로 환산하여 상호관세율을 도출한 것이 아니다. 흥미로운 점은 국가 간 무역수지의 불균형 이유를 요소부존도의 차이, 또는 상품 및 산업경쟁력의 차이에서 비롯되는 비교우위가 아니라 모두 관세 및 비관세 장벽(국내 규제 포함)에서 기인하는 것으로 본다는 것이다. 즉, 미국이 상대국과 교역에서 적자를 보고 있다면, 그것은 모두 상대국의 각종 보호무역 조치, 즉 상대국의 잘못된 행위 때문이라는 입장이다.

이러한 관세 도출 방식이 경제학적 근거가 없는 것은 당연하다. 그래서 많은 무리가 따른다. 일단, 선진국보다 개도국의 경우 더 높은 관세율

15 이 과정에서 수입 수요의 가격 탄력성은 임의로 4로 설정했으며, 관세의 수입 가격 전가율은 1/4로 설정하여 두 값을 곱하면 1이 되어 상호관세를 도출하는 데 영향을 미치지 않는다.

이 부과되었다. 가장 높은 50%의 상호관세율이 책정된 남아프리카 레소토(Lesotho)의 경우 2024년에 다이아몬드와 의류를 포함 대미 수출이 2억 3,730만 달러에 불과했으나, 수입은 더 적어서 수출의 1/85 수준인 280만 달러에 그쳤다. 그 결과 상호관세 도출 공식에 따라 $\Delta\tau_i$가 거의 99%가 되어 그 1/2인 50%로 상호관세율이 책정되었다. 인구 230만 명에 1인당 GDP가 1,100달러 남짓 되는 내륙국인 레소토의 입장에서는 날벼락 같은 일이라고 보아야 할 것이다.

동남아시아의 경우에도 상대적 빈국인 캄보디아(49%), 라오스(48%), 베트남(46%), 미얀마(44%) 등에 높은 관세율이 적용된 반면, 싱가포르(10%), 필리핀(17%), 말레이시아(24%)는 상대적으로 낮은 세율로 귀결되었다. 인도차이나 국가들이 한국과 중국, 일본 등의 대미 수출기지로 활용되고 있기 때문에 이 국가들의 대미 수출이 수입보다 훨씬 많은 상황이기 때문이다.

트럼프 행정부의 상호관세율 도출 방식은 사실상 경제학에 대한 의도적인 무시에 가깝다. 그래서 이번 USTR의 상호관세율 도출 방식이 시사하는 바는 "어떠한 이유에서든지 미국과의 무역에서 불균형이 크다면 그것은 상대국의 잘못이니 상대국은 대미 무역수지 흑자를 줄이기 위해 노력하라"는 메시지라고 해석하는 것이 옳을 것이다.

상대국들이 이 난국을 어떻게 타개할지에 대해 고민하는 동안 백악관 경제자문위원회(Council of Economic Advisors) 의장인 스티븐 마이런(Stephen Miran)은 미국의 교역 대상국들이 대미 흑자를 줄일 수 있는 다섯 가지 방법을 친절하게 공개했다.[16] 첫째, 미국이 전 세계에 글로벌 공공재를 제공하기 때문에 그 보답으로 다른 나라들은 관세를 그냥 받아들인다. 둘째,

16 Stephen Miran(2025).

교역 상대국들은 불공정하고 해로운 무역 관행을 중단하고, 자국 시장을 개방하며 미국산 제품을 더 많이 구매한다. 셋째, 국방비 지출과 미국산 무기 조달을 확대함으로써 미국 제조업을 지원하고, 미군의 부담을 줄이며 미국 내 일자리를 창출한다. 넷째, 미국 내에 공장을 설립하고 투자한다. 마지막으로는 놀랍게도 미국 재무부에 글로벌 공공재 제공 대가로 그냥 돈으로 지불하라는 것이다. 이 과정에서 미국에 대해 보복을 고려하거나, 다른 국가들과 연합하여 대미 공동 전략을 취하는 것은 절대로 해서는 안될 일이다.

4) 법적 문제점

트럼프 2기 행정부의 정책은 관세 정책뿐만 아니라 강제추방, 정부 조직 개편 과정과 다양성·형평·포용 정책(Diversity, Equity, Inclusion: DEI) 철폐 관련 논란 등 여러 분야에서 많은 갈등을 야기하고 있을 뿐만 아니라 법적 문제점을 낳고 있다. 이하에서는 관세 정책에 국한하여 법적 문제점을 논하고자 한다.

(1) 통상법적 평가

트럼프의 관세 정책은 세계무역기구(WTO) 규범을 위반할 가능성이 매우 높다. WTO 체제에서는 회원국들이 자발적으로 약속한 양허관세율(Concessive duty rate, Bound duty rate) 이상으로 관세율을 올리는 것을 원칙적으로 금지하고 있다. 예외적인 경우라면 세이프가드와 같은 긴급수입제한의 필요성이 인정되는 경우,[17] 공익 목적의 경우,[18] 국가안보 예외의 경

17 GATT Article XIX, *Emergency Action on Imports of Particular Products*–수입 급증으로 국내 산업에 심각한 피해가 발생하거나 발생할 우려가 현저히 높다면 양허세율을 초과

우,[19] 그리고 기존에 제출한 양허세율에서 개정의 필요성이 있어 회원국들과 양허세율을 협상해야 하는 경우[20]에 한해서 예외로 인정될 수는 있다.

트럼프 대통령은 GATT 21조에 해당하는 국가안보상의 긴급 이유로 철강, 알루미늄, 그리고 자동차에 대한 관세 조치를 시행하고 있다. 하지만 모든 국가를 대상으로 모든 품목에 대해서 양허관세율 이상으로 올리는 행위가 WTO에서 국가안보상 예외 조치로 인정받기는 어렵다. 게다가 상호관세의 경우 국가별로 차등한 관세율을 적용하게 되는데 이는 WTO의 가장 중요한 원칙인 비차별 원칙, 즉 WTO 최혜국대우(MFN) 원칙을 위반할 수 있다.

트럼프 행정부의 관세 조치에 대해서 1기 때 EU와 중국 등 주요 교역대상국은 이미 WTO에 제소한 바 있고, WTO는 일부 트럼프 관세가 불법이라고 판결한 바 있다. 이번에도 중국은 WTO에 트럼프 관세행위를 제소했다. WTO의 상소기구가 트럼프 1기 행정부에 의해서 기능이 정지되어 있어서, 의미 있는 판결을 내기는 어려운 상황이나 교역 상대국으로부터 어떠한 형태로든지 보복 조치를 당할 가능성은 존재한다.

해 일시적으로 조치 가능하다〈https://www.wto.org/english/res_e/publications_e/ai17_e/gatt1994_art19_gatt47.pdf〉.

18 GATT Article XX, *General Exceptions*-국민 건강, 생명 보호, 윤리 보호 등 공익 목적으로 무역제한이 가능하다. 단, 무역 차별 또는 숨은 보호무역 수단이 아니어야 한다〈https://www.wto.org/english/res_e/booksp_e/gatt_ai_e/art20_e.pdf〉.

19 GATT Article XXI, *Security Exceptions*-국가안보가 위협받는 상황에서는 관세 및 수입제한 등 예외 조치를 허용한다. 그러나 이 조항은 해석의 자의성 때문에 많은 논란을 낳고 있다〈https://www.wto.org/english/res_e/booksp_e/gatt_ai_e/art21_e.pdf〉.

20 GATT Article XXVIII, *Modification of Schedules*-일정 기간 이후 회원국 간 협상을 통해 양허세율의 수정이 가능하다. 단, 이 경우 영향을 받는 국가에 다른 품목의 관세 인하 등 보상을 제공해야 한다〈https://www.wto.org/english/res_e/publications_e/ai17_e/gatt1994_art28_oth.pdf〉.

(2) 미국 국내법적 평가

트럼프 행정부는 그동안 기존의 통상관련법과 국제긴급경제권한법(International Emergency Economic Powers Act, 1977: IEEPA)을 활용하여 관세 정책을 추진해 왔다. 트럼프 1기 정부에서 통상관련법에 의존했다면, 2기에서는 주로 IEEPA를 통하여 정책을 집행하고 있는데, IEEPA는 미국 헌법 제1조 제8항에서 명시된 의회의 무역규제 권한을 행정부에 위임하는 방식으로 집행된다. 각각의 경우를 살펴본다.

대표적인 통상관련법은 무역확장법(Trade Expansion Act, 1962) 제232조와 통상법(Trade Act, 1974) 제301조이다. 무역확장법 제232조는 국가안보를 이유로 대통령이 관세를 부과할 수 있도록 허용하는데, 1기 당시 트럼프 대통령이 철강과 알루미늄 관세를 부과할 때 활용했다. 통상법 제301조는 불공정 무역 관행이 있을 경우 대통령이 해당 국가에 보복 관세를 부과할 수 있어서 트럼프 대통령이 중국산 제품에 대한 대규모 관세를 부과할 때 사용했다.

트럼프 2기 행정부에서는 국가안보를 이유로 IEEPA를 통해 교역 대상국에 대한 관세 조치를 시행하고 있다. 과거 대이란 제재를 위해 IEEPA를 사용한 바 있는데, 이를 전 세계를 상대로 관세전쟁의 법적 근거로 활용하고 있는 중이다. IEEPA를 통한 주요 관세 조치로는 2025년 2월 4일에 단행한 멕시코 및 캐나다로부터의 모든 수입품(캐나다 에너지 수출품에 대해서는 10%)에 대한 25% 관세 부과, 중국에 대한 관세 부과 조치, EU에 대해 예고한 추가 관세, 에너지 분야에서 유럽산 석유 및 액화천연가스(LNG)에 대한 관세 부과 검토, 상호관세 부과, 예고된 반도체, 의약품, 의료기기에 대한 관세 부과 등이다. 이 조치들은 국가안보를 이유로 한 대외경제 위협(economic coercion)에 대응하는 방식이라고 정당화한다.

IEEPA는 1977년에 제정되어 긴급하고 예측할 수 없는 외부의 위협이 있을 때 이에 대응하기 위하여 대통령이 국제경제거래를 제한할 수 있도록 하고 있는데, 트럼프 대통령은 이를 이번 관세 정책에 활용하고 있는 상황이다. 트럼프가 IEEPA를 활용하는 방식은 대통령의 권한을 과도하게 확장하고 있기 때문에 권력 분립 원칙에 대한 논란을 일으킨다. 이번 사안에서 국가안보상의 위협이라는 것이 무역수지 적자인데, 이것이 어제오늘의 일이 아니기 때문에 긴급한 것이 아니고, 또 예측할 수 없는 사안도 아니었기 때문에 발동 조건을 충족하지 못하고 있다는 주장이 있다. 또한 국제경제거래를 규정(regulate)한다는 IEEPA의 규정을 관세나 다른 종류의 세금을 부과하는 방식으로 해석할 수 없다는 의견이 많다.

미국 일부 기업과 시민단체는 IEEPA를 통한 관세 부과가 헌법적 권한의 남용이라고 주장하며 법적 대응을 진행 중이다. 예컨대, 2025년 4월 14일, Liberty Justice Center와 법학자 일리야 소민(Ilya Somin)은 위헌소송을 제기했다.[21] 이들은 IEEPA가 관세 부과를 위한 법적 근거로 사용될 수 없다고 주장한다.

트럼프 2기 행정부에서 사용하고 있는 IEEPA는 통상법 제301조나 무역확장법 제232조보다 더 논란이 되고 있다. 통상법 제301조가 특정 국가나 정책을 대상으로 불공정 무역에 대응하는 조치이고 무역확장법 제232조는 특정 산업을 대상으로 국가안보를 위한 조치임에 반해 IEEPA는 국가비상사태에 대응하기 위한 대통령의 권한을 광범위하고 포괄적으로 지정하여 권한 남용의 여지가 더 크기 때문이다.

또한 통상법 제301조의 경우 USTR이 먼저 조사를 하고 협의를 요청한 다음 대통령이 승인하는 절차를 밟기 때문에 법적 논란에서 상대적으로 자유롭고, 무역확장법 제232조의 경우에는 상무부가 조사하여 국가안보 위

21 https://www.npr.org/transcripts/nx-s1-5382230.

해를 판단한 다음에 대통령이 조치하는 절차를 밟고 있어서 국가안보의 범위에 관한 논란이 있기는 하나 법적 논란이 상대적으로 IEEPA에 비해 더 적다. IEEPA의 경우에는 대통령이 비상사태 선포 후 자의적으로 시행하기 때문에 헌법적 권한 남용의 가능성이 훨씬 더 크다.

3. 트럼프 관세 정책의 사상적 배경

트럼프 대통령이 취임하자마자 폭풍같이 몰아치는 공세적 관세 정책이 실제로 시행되자 도대체 왜 이런 극단적 조치를 계속하는지에 대한 궁금증이 커졌다. 현재 트럼프 행정부를 구성하고 있는 인사들이 과거에 썼던 글이나 발언들을 통해서 그 사상적 배경을 찾아보도록 한다. 이 절에서는 트럼프 관세 정책의 배경으로 신고립주의(neo-Monroism)와 매킨리주의(Mckinleyism)를 들고 있으며, 작년 11월에 발표된 스티븐 마이런의 보고서가 이러한 사상적 배경이 구체화된 전략으로 판단, 그 핵심 내용을 소개한다.

1) 신고립주의

제임스 먼로(James Monroe) 대통령은 1817~1825년의 두 번의 임기 동안 미국의 제5대 대통령으로 재직한 정치인이다. 먼로 대통령이 지금까지 사람들의 기억에 계속 소환되는 가장 큰 이유는, 1823년에 발표했던 먼로주의(Monroe Doctrine) 선언일 것이다. 먼로주의는 유럽 식민주의 세력이 서반구, 즉 아메리카 대륙에 영향을 미치는 것은 미국의 이해에 반하는 일이므로 반대한다는 선언으로서, 이는 19세기 미국 대외 정책의 근간이 되었다.[22] 유럽의 아메리카 개입을 반대한다고 하여 불간섭주의 또는 고립주의라고 알려져 있는 먼로주의는 종종 미국의 대외 불간섭주의, 나아가서 쇄국 정책으로 오해되기도 한다. 그러나 먼로주의의 진정한 뜻은 당시 세계를 휩쓸고 있던 유럽 제국들의 아메리카 침탈을 반대하고, 아메리카는 미국의 영향권임을 선언한 것이다. 이를 정확히 알려면 당시 상황에 대한 이해가 필요하다.

17~18세기를 거치면서 대부분의 아메리카 대륙은 영국, 네덜란드, 프랑스, 스페인 및 포르투갈의 식민지가 되었다. 그중에서 미국이 제일 먼저 1776년에 독립을 선언하고 영국과의 전쟁을 거쳐 몇 년 뒤 독립을 인정받았다. 18세기 말을 보면 다른 지역에서는 아직 독립의 기운이 충분히 무르익기 전이었는데, 나폴레옹의 유럽 지배는 아메리카 식민지에게 새로운 기회를 제공하게 된다. 1799년부터 1815년 사이 나폴레옹의 유럽 지배는 특히 스페인과 포르투갈의 식민지였던 중남미 지역에서 식민지 모국이 타국에 정복당하는 특이한 상황에 처하게 되었다. 이런 상황에서 중남미 각국에서 독립의 열기가 불타올랐는데, 그 결과 1804년 아이티를 시작으로 1811년 베네수엘라와 파라과이, 1816년 아르헨티나, 1818년 페루, 1819년 콜롬비아, 1821년 멕시코와 중미 국가들, 1822년 브라질과 에콰도르, 1825년 볼리비아, 1828년 우루과이의 독립으로 이어졌다.

나폴레옹의 지배와 이후 왕정복고 과정에서 어려운 시절을 보냈던 스페인과 포르투갈은 식민지의 독립 움직임에 대해서 효과적인 진압을 하기 어려웠던 것이 사실이다. 다만, 1815년 나폴레옹의 지배가 끝나고 왕정복고가 이루어지자 아메리카의 독립운동 세력들은 유럽 제국들이 전열을 재정비하여 다시 아메리카에 대한 지배력을 높이지 않을까 크게 우려했다. 1823년의 먼로주의 선언은 바로 이러한 시대적 배경에서 "아메리카의 일

22 https://www.britannica.com/event/Monroe-Doctrine.

에 유럽이 다시 간섭하면 미국이 가만히 있지 않을 것이다. 거기는 내 영향권이다"라는 미국의 종주국 선언에 다름 아니었다. 게다가 당시 미국은 당시 오리건으로 불렸던 미국 서부 태평양 연안 지역[23]을 놓고 영국과 신경전을 벌이고 있을 때였다.

트럼프 대통령이 취임하기 전부터 파나마 운하를 미국이 다시 장악하겠다고 하고, 멕시코만을 아메리카만이라고 개명하며, 그린란드에 대한 영토적 욕망을 추구하고, 캐나다를 미국에 편입하겠다고 주장하는 것은 현재 강대국으로 거듭난 중국, 러시아, 유럽, 그리고 세계인들에게 아메리카에서 미국의 이해관계를 확실하고 더 강하게 관철시키겠다는 의지의 표현이다. 이는 아메리카에 대한 배타적 영유권을 강조하는 것으로서 제임스 먼로 대통령의 1823년 먼로주의의 현대판을 보는 듯하다. 이런 의미에서 트럼프주의에는 신고립주의의 정신이 함께 하고 있다고 해석할 수 있다.

한편 신고립주의는 전통적인 공화당의 노선, 즉 세계의 주요 지역에서 경찰과 판관의 역할을 하겠다는 국제주의 노선과는 상반되는 개념으로 볼 수 있다. 이런 차원에서 보면, 미군이 주둔하고 있는 유럽과 동아시아에 대해 방위비를 더 부담하라고 압박하는 것은 신고립주의적 사고라고 해석할 수 있다.[24]

정리해 보면 트럼프 행정부의 신고립주의 성향은, 첫째 더 이상 미국이 세계의 안보를 책임지지 않는다. 안보비용은 관련된 우방국과 분담한다. 둘째, 분쟁이 있는 해외 지역에 대해서는 최대한 무간섭, 그러나 미국

---

23 지금의 워싱턴주와 오리건주 및 그 인근뿐만 아니라 캐나다의 브리티시 컬럼비아와 그 위쪽을 모두 포함한 광대한 지역을 오리건이라고 불렀다. 먼로 대통령 시절 이 지역은 아직 미국 영토가 아니어서 미국은 태평양 지역의 영토를 갖고 있지 못했다.

24 JD 밴스 부통령은 2023년 3월 15일 미군의 예멘 후티 반군 공습에 대해서도 상당히 회의적인 반응을 보였다. 그 지역이 미국의 핵심 이익 지역이 아닌데 군비를 써 가면서 응징할 필요가 없다는 생각이다. 트럼프 대통령보다 더 고립주의적 성향으로 판단된다.

의 이익에 영향을 미치는 갈등과 전쟁에 대해서는 신속히 개입하여 최대한 억제한다. 셋째, 아메리카 대륙에서 미국의 이익을 최대한 수호한다. 넷째, 19세기 먼로주의에서 유럽을 대항 축으로 보았다면, 지금은 중국과 러시아를 포함하여 유럽 등 전 세계에 대해서 고립주의적 정신을 구현하고자 한다고 볼 수 있다.

2) 매킨리주의

미국의 제25대 대통령 윌리엄 매킨리(William McKinley)는 미국이 본격적으로 대외팽창을 추구하도록 이끈 대통령으로서 1897~1901년 사이에 4년 6개월 동안 재임했다. 트럼프 대통령이 취임사에서 멕시코만 명칭 변경과 함께 북미 최고봉인 데날리의 이름을 매킨리산으로 다시 변경한다고 하여 매킨리 대통령이 다시 주목을 받게 되었다. 윌리엄 매킨리는 트럼프 2기 행정부 인사들에게 많은 영감을 주었다고 알려지고 있다.

매킨리 대통령 재임 중 그의 업적은 크게 통상·금융 분야와 해외 영토 확대로 구분해서 볼 수 있다. 매킨리 대통령은 1897년 취임하던 해에 딩글리 관세법(Dingley Tariff Act, 1897)을 도입하여 평균 관세율을 46.5%까지 높였다. 이는 미국 역사상 최고 관세율이었는데, 산업화 시기 설탕, 모직물, 철강, 농산물 등 당시 미국의 주요 산업을 보호하기 위한 대담한 보호무역주의 정책이었다. 소득세가 없던 당시에는 고율 관세의 부과가 국내 산업을 보호할 뿐만 아니라 연방정부의 재정수입을 늘릴 수 있는 방식으로 이해된다. 1900년에는 완전한 금본위제를 도입하여 논쟁거리였던 은본위제 또는 금과 은을 모두 사용하는 복본위제를 폐지하고 화폐가치를 안정시켰다. 이는 동부 금융자본가의 이해관계에 부합하고 농민이나 빈민들의 이해관계에 반하는 조치였다.

해외 영토 확장과 관련해서는 미국-스페인 전쟁에서 승리하여 1898년 파리조약을 통해 푸에르토리코와 괌을 병합했으며 쿠바를 스페인의 영토가 아니라 독립국으로 인정하여 사실상 미국의 영향력하에 두었고, 필리핀을 2,000만 달러에 스페인으로부터 구매했다. 한편 같은 해 하와이 공화국을 병합하여 1959년 하와이가 미국의 한 주로 편입하기 위한 기초를 닦았다.

매킨리 대통령의 정책은 트럼프 2기 행정부에서 공세적 관세 조치와 해외 영토에 대한 욕망으로 구체화되고 있다. 앞서 언급한 그린란드 문제뿐만 아니라 우크라이나에 대해서 현 상태에서 종전을 종용하고 전쟁비용에 대한 보상으로 광물 자원을 탐하거나 가자 지구를 미국 영향력하에 리조트 공간으로 바꾸겠다는 구상은 이런 사고의 연장선상으로 이해된다.

3) 마이런 보고서

스티븐 마이런 백악관 경제자문위원회 의장이 트럼프 대통령에 의해 발탁되기 직전인 2024년 11월에 발표한 글[25]은 트럼프 2기 행정부가 향후 추구하는 대외경제 정책의 방향에 대해서 많은 시사점을 준다. 세계 경제 질서의 틀을 근본적으로 바꾸려고 하는 그의 생각을 정리해 보자.

일단 미국과 같이 달러화가 세계에서 가장 신뢰도가 높은 기축통화로 기능하는 나라의 경우, 고질적인 달러화의 고평가는 피할 수 없다는 점을 스티븐 마이런은 인정한다. 모든 나라에서 선호되고 3국 간의 거래에서도 기준이 되는 화폐는 종종 외환시장에서 퇴장하여 거래의 예비적 수요나 가치 저장 수단으로 사용된다. 이러한 만성적 초과수요는 달러화의 고평

25 Stephen Miron(2024).

가로 이어져서 미국의 고질적인 무역수지 적자와 제조업의 공동화로 이어질 수 있다. 이 상황은 산유국 등 자원부국이 경제가 호황이 되면서 국내 산업이 해당 자원과 관련된 산업으로 단순화되는 자원의 저주(일명 Dutch disease)와 유사한 논리 구조가 된다. 저자는 이 같은 상황을 '기축통화국의 저주'라고 부른다.

이 상황을 타개하기 위해서 마이런은 공세적 관세 정책을 주문하고 있다. 즉, 관세를 통해 국내시장을 보호하여 제조업을 부흥시키고 관세 수입을 늘려서 무역수지와 재정수지를 개선함으로써 쌍둥이적자를 해소해야 한다고 보는 것이다. 그러나 공세적 관세 정책은 인플레이션의 가능성을 높이고, 이는 기준금리의 하락을 막을 것이다. 이는 다시 달러화의 고평가를 유도하는 상황으로 이어진다. 달러화 약세가 최종 목표인데 이런 상황은 모순적 상황으로 비친다. 그렇다면 고율 관세 정책을 포기해야 할까. 마이런은 이런 상황에 대해서 일단 상대국 통화의 가치 절하로 국내 부담을 전가할 수 있음을 환기시키고, 이어서 달러화 가치 절하를 위한 두 번째 단계를 언급하고 있다.

먼저, 강한 달러는 상대국 통화의 저평가를 뜻하는데, 이를 통해 국내로 수입되는 수입품의 달러화 표시 가격은 관세 부과 후에도 크게 오르지 않을 수 있다. 이 경우 미국 정부는 관세 수입을 거둘 수 있으며, 상대국의 통화가치 하락은 상대국 국민의 구매력 하락으로 이어져 상대국이 부담하게 된다. 즉, 관세 부과로 인하여 인플레이션이 나타나기보다는 상대국 통화가치의 하락으로 귀결될 가능성이 크며, 이는 강한 달러가 미국 정부의 재정수입 증대와 상대국의 부담 증가로 이어지기 때문에 단기적으로는 별 문제가 아니라는 것이다.

달러화 표시 수입가격이 증가할 경우 미국 국민에게 부담이 일부 전가되나, 이는 수입물량 축소를 통한 수입선 조정 및 국내 생산 촉진으로 이어진다. 결국 어떤 경우에라도 관세 정책은 미국에게 유리한 상황 조성으로 이어질 것으로 보는 것이다. 이 가운데 달러화 강세를 용인할 수밖에 없다.

마이런 보고서는 이러한 상황을 처음에는 용인하고 이어서 다음 단계로 넘어가야 한다고 주장한다. 첫 번째 단계에서 강한 달러를 허용하면서 상대국 화폐의 가치 하락을 유도하고 이와 동시에 상대국의 시장개방을 유도한다. 두 번째 단계에서는 일명 마라라고 합의(Mar-a-Lago Accords)를 통해 상대국 통화가치를 인위적으로 올려야 한다고 주장한다. 즉, 마라라고 합의는 제2의 플라자 합의와도 성격이 유사하다. 이렇게 본다면 주요 교역 대상국과의 통상 협의에는 반드시 통화 정책에 관한 논의가 포함되어야 한다. 한국과의 통상 협의에서 통화 정책이 포함된 것이 우연이 아니다.

4. 한미 통상 협의와 우리의 대응 전략

1) 한미 2+2 통상 협의의 현황

한국과 미국 간 2+2(재무장관과 통상장관) 통상 협의가 2025년 4월 24일에 개최되었다. 이 협의는 트럼프 2기 행정부 출범 이후 양국 간 최초의 공식 협상이다. 이 만남이 협상(negotiation)인가 아니면 협의(consultation)인지는 논란의 여지가 있다. 공식적인 통상 협상의 틀을 갖춘 것은 아니기 때문에 한국 측은 협의라고 하지만, 미국 측은 보다 구속력 있고 공식적인 협상으로 간주하고 있다. 미국 측이 일방적으로 고율의 관세를 부과했고, 여기에 대해서 한국 측에서 대응 차원에서 만남이 이루어진 것이기 때문에 협의로 보는 것이 더 맞겠으나, 어차피 양자 간에 합의를 이끌어 내야 하기 때문에 본질이 달라지는 것은 아니다. 다만 어떠한 형태든지 관세율 조정 등 상당한 변화가 있다면 한국 측은 국회의 동의를 받아야 할 것이다.

협의 결과 한국 측 대표였던 경제부총리는 협상의 틀과 협상 시한을 결정하였다고 발표했다. 향후 협상은 크게 네 분야로 이루어지는 그것은 관세/비관세 조치, 경제안보, 투자 협력, 통화 정책이 그것이다. 관세 분야는 한국 측이 세율을 낮추어 주도록 미국 측에 요구할 분야이고, 그 외 비관세 장벽, 투자 협력 및 통화 정책은 미국 측의 요구에 따라서 구체적인 합의를 도출할 분야이다. 경제안보의 경우 우리의 공급망 안정에 도움을 줄 수 있는 합의가 가능할지 여부를 판단해 보아야 한다.

네 가지 분야를 좀 더 상술해 보면, 관세 감축을 대가로 미국이 평소에 요구하던 한국의 비관세 장벽, 예컨대 데이터 국경 간 이동, 망 사용료 문제, 의약품 가격, 그리고 쇠고기 수입제한 등에 대해서 논의의 장이 열렸다. 그뿐만 아니라 투자 협력 분야에서는 한국의 대미 투자가 논의될 가능성이 높은바, 알래스카 LNG 사업에의 참여가 논의될 것이다. 경제안보에서도 미국으로부터의 천연가스 수입을 더 확대하는 문제가 연계될 수 있고, 통화 정책은 환율조작국 여부를 가늠하는 중요한 논의의 장이 될 것이다. 이렇게 본다면 상기 4개 분야로 협상의 틀이 결정되었다는 것은 모든 분야를 한꺼번에 합의하자는 당초 미국의 요구 사항이 거의 모두 관철되었다는 것을 뜻한다고 볼 수 있다.

한편 협상 시한은 미국 측이 상호관세 부과를 일방적으로 90일 유예했기 때문에 7월 8일까지 상호관세의 부과가 유예되어 있는데, 여기에 맞추어 7월 8일까지 관세 폐지를 목적으로 한다는 것이 한국 측 대표의 설명이다. 소위 말하는 July Package를 추구한다고 발표했다.

2) 한미 2+2 통상 협의의 평가와 전망

이상의 1차 협의에 대해서 미국 측은 베센트 재무장관이 언급한 대로 한국 측의 제안에 대단히 만족했고, 준비를 잘 해왔다는 반응이다. 베센트 장관은 조만간 양해각서도 가능한 것이 아니냐고 덧붙였으며, 한국 측이 합의를 서두르고 있다고 말하기도 했다. 반면, 한국 측은 실무협의는 추후에 하기로 했지만 7월 타결을 목표로 하며, 방위비와 관련한 언급은 없었다고 밝힘으로써 미국보다는 좀 더 천천히 가는 것을 의도하고 있는 듯 보인다. 이 협의에는 향후 여러 가지 위험성이 도사리고 있다. 비관세 조치의 범위, 알래스카 LNG 사업 참여의 타당성 여부, 한미 조선 협력의 구체적 형태, 통화 정책 조율 문제 등 하나하나가 폭발력이 큰 화약고와 같은 사안들이 줄지어 있으며, 그 구체적인 형태에 따라서 평가가 달라질 것이다.

협의의 형태가 정해진 상황에서 여러 분야가 동시에 진행될 수 있기 때문에 트럼프 대통령이 당초 이야기했던 일괄타결[26](one-stop shopping)이 가능하도록 협상의 틀이 짜이게 되었다. 한편 시한이 설정됨으로써 한국 측에게는 어려운 협상이 되었다. 물론 한국의 특수한 정치 상황을 이유로 협상 기한을 연장할 가능성도 배제할 수는 없으나, 시한에 쫓기는 협상을 할 경우 한국 측은 매우 불리한 위치에 서게 된다. 다음으로 관세 협의의 주된 대상이 상호관세만으로 한정된다면, 이것도 그다지 한국 측에 실익이 많지 않다. 우리나라의 대미 수출의 거의 절반은 품목별 관세 대상이기 때문이다. 그런데 품목별 관세가 대상국에 상관없이 리쇼어링하고자 하는 품목이기 때문에 미국 입장에서 한국만 예외로 두기는 어려울 수 있다.

향후 합의의 전망에 대해서도 양국 간에 온도 차이가 있다. 한국 측은

26 보통 모든 분야를 한꺼번에 타결하는 경우를 일괄타결(single undertaking)이라고 한다. 다만 트럼프 대통령은 비유적으로 one-stop shopping이라는 용어를 사용했다.

협상의 틀만 정해 놓고 신정부에서 협상 타결이 이루어질 것으로 예상하고 있는 반면, 미국 측은 가능한 한 빨리 협상의 결과를 도출하여 다른 국가들과의 협상의 전범을 만들어 내고 싶어 한다. 통상 협의와 함께 올해 하반기에 시작될 것으로 보이는 방위비 재협상의 경우에도 한국 측에서는 매우 조심스럽게 다루어야 할 사안이다. 이미 우리나라는 전임 바이든 행정부와 2030년까지의 방위비 협상을 끝냈고 국회 비준까지 받았기 때문이다.

3) 선행 합의 평가: 영국과 중국의 경우

트럼프 2기 행정부와의 통상 협의는 한국뿐만 아니라 세계 여러 나라들이 동시에 진행되고 있다. 영국과의 1차 협의 결과가 5월 8일에 나왔고, 5월 12일에는 미국과 중국 간 1차 합의가 이루어졌다. 한국에 앞서서 나온 이 협상 결과들은 비록 그것이 최종은 아니지만 향후 다른 나라들과의 협상 기준으로 영향을 미칠 수 있기 때문에 중요하다.

먼저 미-영 통상 합의에서 영국은 미국이 품목별 관세율을 조정해 주는 대가로 시장 추가 개방 및 비관세 조치 개선, 그리고 보잉 항공기 구매를 약속했다. 보다 자세히 살펴보면, 영국은 미국에 소고기 및 에탄올 시장을 개방하고, 미국산 농산물과 화학 제품에 대한 통관 절차를 간소화할 예정이라고 한다. 또한 100억 달러 규모의 보잉 항공기를 구매하겠다고 했다. 한편 미국의 반대에도 불구하고 영국이 국내에서 부과하고 있는 DST의 경우에는 추후 논의가 예정되어 있다. 또한 품목별 관세 대상인 철강과 알루미늄의 관세 부과에 대하여 영국은 해당 제품의 관세가 철폐될 것이라고 밝혔으나, 미국 측은 협상이 향후 진행될 것이라고 발표하고 있어서 향후 최종 합의 결과가 주목된다.

미-영 합의를 평가해 보자면 일단 영국이 미국에만 소고기와 에탄올

시장 개방을 약속했기 때문에 MFN을 위배했다는 비판이 있으며, 지금까지 트럼프 행정부만 주장해 온 10%의 기본관세를 영국이 최초로 공식적으로 받아들임으로써 WTO 규정을 위반한 기본관세를 인정해 주었다는 비판이 제기된다. 그럼에도 불구하고 미-영 합의에서 주목할 부분은 미국이 영국산 자동차 10만 대에 10%의 기본관세만 부과할 방침이라고 밝혀 최초로 품목별 관세 25%에 대한 예외적인 합의를 이끌어 냈다는 점이다. 자동차 관세를 TRQ로 묶어 놓기는 했으나 영국의 대미 자동차 수출량이 10만 대 정도 수준이어서 실제로는 모든 수출 차량에 품목별 관세가 아닌 기본관세 10%가 적용되는 셈이 되었다. 이제 품목별 관세도 철폐를 위한 협의의 대상이다.

한편 영국 기업 롤스로이스가 제조한 항공기 엔진과 부품은 무관세로 미국에 수출하기로 합의했는데, 이는 겉으로 보면 미국이 영국의 요구를 수용해 준 것처럼 보이지만 사실상 중간재 수입에 대한 무관세를 유지함으로써 미국 항공기 산업에 특혜를 주는 것으로 평가할 수 있다.

미국과 중국의 합의는 향후 협의가 계속 진행될 것이기 때문에 아직 속단할 수는 없으나 양측이 모두 90일의 유예기간을 두고 115%포인트씩 상호관세율을 내리기로 했다는 내용이다. 그 결과 미국은 중국에 대해서 펜타닐 관세 20%포인트를 포함, 30%의 추가 관세를, 중국은 미국에 대해 10%의 추가 관세를 부과하는 것으로 일단락되었다. 이와 함께 중국의 희토류 수출 통제나, 듀퐁에 대한 반독점 조사 등을 하지 않기로 했다. 이 소식이 전해지자 미국을 중심으로 전 세계 주식시장은 폭등하고 채권이자율이 하락하는 등 반등의 긍정적인 결과가 나타났다.[27]

27 미국 주식시장의 경우 다우존스 산업평균지수는 1,160포인트 상승(+2.8%)했으며, S&P 500도 3.3% 상승, 나스닥은 4.3% 상승했다. 홍콩 항셍지수도 3% 상승한 것으로 알려졌다. 30년 만기 미국 국채수익률은 하락했으나, 경기회복에 대한 기대감 상승 및 인플레이

이 과정에서 품목별 관세는 그대로 유지되었으며, 90일간의 유예를 둔 한시적 조치이기는 하지만, 양국 간의 합의는 양국이 결국 파국을 원하는 것은 아니라는 사실을 재확인한 것이어서 일단은 긍정적인 신호로 파악된다. 미국은 온라인 직구 800달러 이하 상품의 미국 진입에 대해서도 30%로 관세율 수준으로 낮추는 조치를 취함으로써 소액 제품의 미국 시장 진입에 일단 숨통을 틔워 준 것으로 보인다.

전 세계 경제가 미국과 중국 간의 잠정 합의에 대하여 환호하고 있지만 현재 수준의 관세율도 여전히 높은 수준이다. 2024년 트럼프 대통령이 후보 시절에 밝힌 관세율 수준은 보편관세 10~20%, 중국에 대해서는 60%, 그리고 자동차 등 일부 품목에 대해서는 100~200%도 가능하다는 것이었다. 이 수준의 관세가 부과되고, 중국이 이에 대해서 40%의 보복관세를 부과할 경우 이는 전 세계 GDP 성장률을 0.5~1.0%포인트 감소시키고, 미국도 0.3~0.5%포인트, 한국의 경우 최대 448억 달러 수출이 줄어들 것으로 추정되고 있다.[28] 현재 미국과 중국이 합의한 90일 유예 관세 수준이 당초 트럼프 대통령이 후보 시절 밝힌 관세 수준과 크게 차이 나지 않음에 유의해야 한다.

트럼프 대통령은 최근 세계 모든 국가들과 관세 협의를 할 수는 없기 때문에 국가별 관세 부과 수준을 통보하겠다고 밝힌 바 있다. 트럼프 행정부의 관세전쟁이 가져올 세계 경제의 타격은 최종적으로 미국의 전 세계 국가들에 대한 관세율 수준이 확정되고 해당국의 보복관세율이 결정되는 시점에서 보다 정밀하게 계산될 수 있을 것이다. 그러나 이제 세계는 고율관세의 시대로 복귀하고 있음을 부인할 수 없는 상황이 되었다.

셔 우려로 다시 소폭 상승했다.

28 현대경제연구원(2024).

4) 우리의 대응 전략

트럼프 2기 행정부의 공세적 관세 정책은 대외수요에 성장의 많은 부분을 의존하고 있는 한국경제에도 큰 도전으로 다가온다. 현재 양국 간에 진행 중인 통상 협의가 어떠한 형태로 귀결될지는 정확히 판단할 수는 없으나 협의를 해 나가는 과정에서 우리가 추구해야 할 대응 전략을 잘 수립해야 할 것이다.

우선 협상의 기본태도로서는 우리 측 협상단의 협상 목표를 명확히 설정할 필요가 있다. 우리나라는 일본이나, 유럽, 영국 등 다른 선진국과는 달리 미국과 FTA라는 특혜무역협정을 맺고 있으며, 발효된 지 13년 이상이 지나고 있어 대부분의 공산품에서 관세율이 0%이다. 이 상황에서 우리 측 협상단의 기본 목표는 트럼프 행정부가 부과하려는 관세율 수준을 다시 한미 FTA 수준으로 복원하는 것이다. 즉, 상호관세뿐만 아니라 품목별 관세, 그리고 기본관세 분야도 감축 또는 폐지의 대상임을 분명히 지적해야 한다. 이미 영국과의 협의에서 품목별 관세는 조정 대상이었다. 다만, 이 과정에서 일부 비관세 조치에 대한 전향적인 검토는 협의 과정에서 필요할 수 있다.

그리고 협의가 결렬되었을 때를 상정하는 것이 중요하다. 일단 미국 측에서 수입 수요가 비탄력적인 제품의 경우는 그냥 상호관세를 부과해도 좋다는 자세를 가져야 한다. 이 경우 미국 측 수입업자는 자신이 지불할 관세가액을 수입가격에 전가할 것이고 이것은 미국 내 해당 제품의 가격 상승으로 이어질 것이다. 수입 수요가 비탄력적인 경우 이는 그대로 소비자 가격으로 전가된다.

한편 앞서도 강조했지만 우리가 다른 국가들과 달리 차별적으로 누리고 있는 한미 FTA를 최대한 활용하는 자세가 필요하다. 미국은 FTA의 상품양허 분야를 의도적으로 무시하고 무너뜨리는 전략을 사용하고 있는데, 우리가 이를 그대로 받아들일 필요는 없다. 상품양허 분야에서 FTA 수준으로 복원시키고 비관세 분야에서 미국의 불만에 경청할 필요가 있다. 아울러 한미 FTA에는 관세 및 비관세 조치 이외에도 무역 원활화, SPS/TBT, 서비스, 투자, 정부 조달, 지재권, 노동 및 환경 이슈 등 다양한 분야가 있기 때문에 미국 측이 이런 분야에서 전향적인 조치를 취할 것을 요구해야 한다.

이와 함께 우리는 미국 이외의 제3국 시장 확보에 주력해야 한다. 한중일 FTA 협상의 재개, 포괄적·점진적 환태평양경제동반자협정(CPTPP) 가입의 전향적 검토, 한-EU FTA 개정, 역내포괄적경제동반자협정(RCEP) 심화, 글로벌 사우스 국가들과의 다양한 형태의 무역특혜협정과 산업협정을 보다 적극적으로 추진할 필요가 있다. 아울러, 트럼프 대통령 취임 직후 멕시코, 캐나다와의 관세전쟁이 선제적으로 시작되어 USMCA가 사문화된 것으로 착각할 수 있으나, 현재 상황을 보면 USMCA의 원산지 기준을 충족한다면 여전히 무관세로 미국 시장 진입이 허용된다.

협상 과정에서 절대로 하지 말아야 할 것은 서둘러 미국으로 달려가 관세율을 줄이기 위하여 선물 보따리를 선제적으로 풀어놓고 선처를 기다리는 것이다. 이러한 접근 방식은 트럼프 행정부의 거래적 성격을 제대로 이해하지 못하는 최악의 협상 태도임을 깨달아야 한다.

5. 맺음말

트럼프 행정부의 백악관 대변인 캐롤라인 래빗(Karoline Leavitt)은 대변인 브리핑 도중에 여러 번 "마을에 새로운 보안관이 왔다"(There's a new sheriff in town)는 말을 했다.[29] 트럼프 대통령의 집권으로 세상이 바뀌었으니 바뀐 현실을 빨리 깨닫고 이에 맞게 행동하라는 취지다. 현실 자각의 첫걸음은 국가 간에 호혜와 평등의 관계라는 것은 존재하지 않는다는 것을 깨닫는 것이다. 세계는 마치 중세 동아시아에서와 같이 미국이라는 초강대국에 순응하는 주종관계가 지배하고 있는 것을 확실히 인식해야 하는 것으로 풀이된다. 이는 기자들만 해당되는 것이 아니라 멕시코와 캐나다 등 이웃나라들, 이란과 후티 반군을 포함한 악당들, 그리고 우방국들도 숙지해야 할 현실이 된다.

래빗 대변인의 비유에 따라서 트럼프 대외경제 정책의 모습을 그려 보면 상황이 보다 명료해진다. 마을의 새 보안관은 과거 보안관이 약속한 모든 것은 휴지조각 같아서 지키지 않아도 된다. 새 보안관이 만든 질서만이 이 마을에서 유일하게 통용되는 법이다. 그러니 미국에 투자하는 반도체 기업에 대한 보조금이나 전 정부와 합의한 방위비, 자유무역이라는 철지난 이념에 사로잡혀 있는 WTO는 의도적 무시의 대상이 된다. 보통의 보안관이라면 마을의 질서를 세우는 것이 본연의 임무가 되겠지만, 새로 온 보안관 자신의 사업이 예전 같지 않은 상황에서 보안관이 경영하는 사업체와의 거래나 보안관이 제공하는 안전보장을 마을 사람들은 더 이상 무상으로 누릴 수는 없다. 마을의 모든 사람들과 가게들은 보안관에게 달려와서 보호비를 내야 한다. 그래야 보안관의 보호를 받을 수 있다. 거부하면 가혹한 보복이 따를 뿐이다.

마을에 새로운 보안관이 와서 새로운 기준을 제시하면 그것이 합리적인가를 따지는 것은 부질없는 일이다. 소위 상호관세를 부과하는 기준이 경제학적 근거가 없다거나, 비관세 장벽 상당치를 어떻게 도출했는가,

29 맺음말은 김흥종(2025a)과 김흥종(2025b)의 내용을 부분적으로 인용했다.

FTA로 무관세인데 왜 25%인가, 부가세와 국내 규제를 어떻게 관세로 환산했는가를 따지는 것은 초점에서 벗어난다. 의도는 명백하다. 지금까지 미국의 상대국들은 미국을 이용하면서 무임승차했지만, 앞으로는 그렇지 못할 것이다. 그러니 지금까지 무임승차한 비용도 지불하고 앞으로 누릴 공공재에 대해서도 비용을 확실히 지불하라는 것이다. 이것이 세계 초강대국 미국이 새롭게 만들려고 하는 국제질서이다.

이러한 인식의 배경에는 트럼프 행정부와 그를 지지하는 일단의 미국인들이 공유하는 분노와 피해의식이 있다. 지난 80년 동안 규칙 기반의 자유주의 질서를 통해 세계 각국, 특히 우방국은 미국 시장에 대한 특혜적 접근권을 무상으로 누려 왔고 미국은 엄청난 돈을 써가며 이 나라들의 안보까지 책임져 주었다고 본다. 그랬는데도 우방국들은 미국을 속여서 벗겨 먹었다는 것이다. 그리고 이런 기존 질서의 최대의 수혜자이면서 항상 기술을 훔쳐서 미국의 뒤통수를 치는 중국은 반드시 타도해야 할 대상이 된다.

변화된 미국, 또 그 미국과 함께 살아가야 하는 우리는 통상의 창을 통하여 들어오는 폭풍 같은 충격을 슬기롭게 극복해야 할 과제를 떠안게 되었다. 변화된 현실을 분명히 자각하고, 거기에 맞는 적절한 정책과 대책을 세우며, 세계 다른 나라들 및 국민과 긴밀한 소통을 통하여, 또 시간을 활용하여 극복해 나가야 하는 현실이 우리 앞에 놓여 있음을 깨달아야 한다.

참고문헌

김홍종, 「여의도포럼: 마을에 새로운 보안관이 나타났다」, 국민일보, 2025a. 4. 10〈https://www.kmib.co.kr/article/view.asp?arcid=1744172748&code=11171316&cp=nv〉.

김홍종, 「트럼프가 뒤흔드는 세계경제, 우리는 무엇을 해야 하나」, 국가미래연구원(ifs), 2025b. 4. 23〈https://www.ifs.or.kr/bbs/board.php?bo_table=News&wr_id=54940〉.

현대경제연구원, 「"트럼프 노믹스 2.0"과 한국 경제」, 경제주평 24-18, 2024. 11. 7.

Miron, Stephen, "A User's Guide to Restructuring the Global Trading System," Hudson Bay Capital, 2024. 11〈https://www.hudsonbaycapital.com/documents/FG/hudsonbay/research/638199_A_Users_Guide_to_Restructuring_the_Global_Trading_System.pdf〉.

______, "CEA Chairman Steve Miran Hudson Institute Event Remarks," Briefings and Statements, The White House, April 7, 2025〈https://www.whitehouse.gov/briefings-statements/2025/04/cea-chairman-steve-miran-hudson-institute-event-remarks/〉.

Shalal A., and D. Lawder, "Bessent says US could announce trade deals with some countries this week," Reuters, May 7, 2025〈https://www.reuters.com/world/us/bessent-says-us-could-announce-trade-deals-with-some-countries-this-week-2025-05-06/〉.

USTR

https://ustr.gov/issue-areas/presidential-tariff-actions

https://x.com/USTradeRep/status/1909326869058781281
https://x.com/USTradeRep/status/1915432393864872271

백악관
https://www.whitehouse.gov/briefings-statements/2025/04/cea-chairman-steve-miran-hudson-institute-event-remarks/

미국인구조사국
https://www.census.gov/foreign-trade/balance/index.html

WTO
https://www.wto.org/english/res_e/booksp_e/gatt_ai_e/art20_e.pdf
https://www.wto.org/english/res_e/publications_e/ai17_e/gatt1994_art19_gatt47.pdf
https://www.wto.org/english/res_e/booksp_e/gatt_ai_e/art21_e.pdf
https://www.wto.org/english/res_e/publications_e/ai17_e/gatt1994_art28_oth.pdf

언론사
https://www.npr.org/transcripts/nx-s1-5382230
https://www.reuters.com/world/us/bessent-says-us-could-announce-trade-deals-with-some-countries-this-week-2025-05-06/

기타
https://www.britannica.com/event/Monroe-Doctrine
https://fred.stlouisfed.org/series/BOPGSTB#
https://www.hudsonbaycapital.com/documents/FG/hudsonbay/research/638199_A_Users_Guide_to_Restructuring_the_Global_Trading_System.pdf
https://www.statista.com/chart/34236/average-effective-tariff-rate-on-us-imports/

https://www.youtube.com/watch?v=ExWLTayuuzs

IMF, World Economic Outlook Database.

World Bank, World Development Indicators.

OECD, National Accounts.

11

광장, 시장, 전장
- 미래 공동체 사회를 위한 교육

김희삼

*

이 글은 광주광역시 광산구 소재 비아고등학교(교장 이창훈)의 연구 협력(교사 양은아) 및 2025년도 광주과학기술원 GIST 개발과제의 지원을 받아 수행 중인 연구의 초기 결과로서 '법과정책포럼'의 의뢰를 받아 작성되었다.

1. 머리말

귀국의 고등학교는 다음 중 어떤 이미지에 가장 가깝다고 생각하십니까?

① 함께하는 광장: 학교라는 공동체에서 상호 이해와 조화 및 협동심을 체득하는 곳
② 거래하는 시장: 교육 서비스의 공급자와 수요자 간에 지식과 돈의 교환이 일어나는 곳
③ 사활을 건 전장: 좋은 대학을 목표로 높은 등수를 차지하기 위해 치열한 경쟁이 일어나는 곳

위 질문은 2017년 8~9월에 저자가 한국, 중국, 일본, 미국의 대학생 각 1,000명, 총 4,000명을 대상으로 교육과 사회자본에 관련된 인식을 조사한 설문에 포함한 내용이다. '광장', '시장', '전장'은 오욱환(2013)의 저서에서 교육 현장의 은유로 제시된 것인데, 김희삼(2017)의 연구에서 이 세 단어의 각 이미지를 좀 더 구체화했다. 그리고 각국 대학생 응답자들이 자기 경험을 쉽게 떠올릴 수 있는 고등학교를 기준으로 하여 설문으로 만든 것이다.

이 질문에 대해 한국 대학생은 자그마치 81%가 고등학교를 '사활을 건 전장'에 가장 가깝다고 응답했다. 중국과 미국에서는 40% 정도가 고등학교를 '전장'이라고 응답했고, 일본은 이 응답 비율이 14%에 그쳤다. '함께하는 광장'이라는 응답 비율은 일본이 76%로 가장 높았고, 중국 47%, 미국 34%인 데 비해, 한국은 13%에 불과했다.[1] 미국은 고등학교가 교육 서

1 일본에서 학교를 '함께하는 광장'으로 응답한 비율이 높게 나타난 점은 다음과 같은 이유로 추정해 볼 수 있다. ① 일본인이 개인보다 사회 공동체를 위해 자기의 속마음(혼네, 本

그림 11-1 4개국 대학생이 인식한 자국 고등학교 이미지

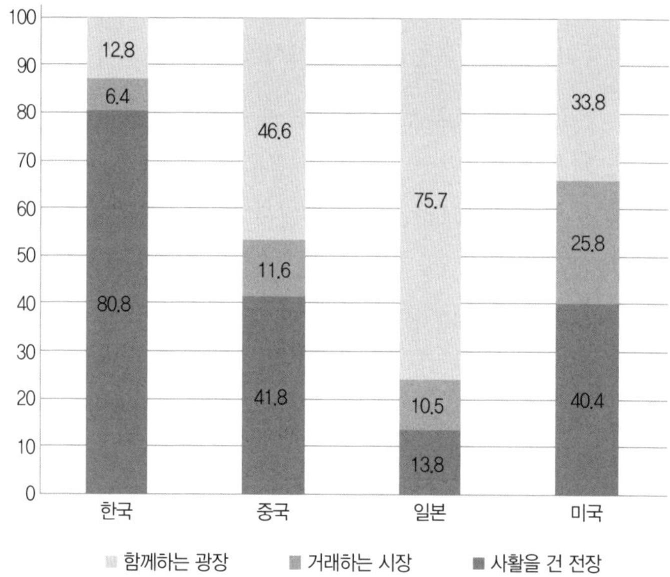

주: 2017년 8~9월 한국, 중국, 일본, 미국의 대학생 각 1,000명, 총 4,000명 대상 설문조사 결과임.

비스를 '거래하는 시장'이라는 인식이 26%로서 타국보다는 교육에서도 시장 중심적 사고가 상대적으로 많이 엿보였다.

그런데 역시 이 질문에 대한 응답에서 가장 눈에 띄는 것은 한국 대학생 10명 중 무려 8명이 고등학교를 성적 경쟁의 전쟁터로 인식하고 있다는 점이다. 상대평가 경쟁이 치열한 한국 교육 현실에서 이 경쟁을 뚫고

音)과 다르게 남에게 드러내는 마음(다테마에, 建前)이 설문 응답에도 반영되었을 것이다. ② 단체생활의 조화와 집단규범의 준수를 강조하는 일본의 집단주의 문화가 학교 교육에 반영되었을 것이다. 이 중 ①의 가능성은 상대적으로 낮아 보인다. 왜냐하면 이 설문 문항을 제외하면, 사회자본과 관련된 대부분의 다른 문항들에서는 일본 대학생들의 사회자본에 대한 인식이 중국이나 미국보다 훨씬 낮게 나타났기 때문이다. 물론 4개국 중 한국 대학생들의 사회자본에 대한 인식이 거의 모든 문항에서 가장 낮게 나타났다. 자세한 내용은 김희삼(2017) 참조.

대학에 진학한 청년들에게 형성된 인식이 여실히 드러난 결과로 보인다.

이런 극단적인 인식을 만들어 낸 교육 경쟁의 현실을 방치해도 괜찮은 것인가? 단체생활을 통해 신뢰, 배려, 타협, 협력, 연대 등 사회자본을 함양해야 할 학교의 기능이 내신 경쟁으로 인한 견제와 불신 등으로 심각하게 훼손된 것인가? 대부분 외동아이로 자라고 동네 친구들과 뛰어노는 시간이 줄어든 아이들에게 어떻게 해야 학교가 사회자본을 기르는 곳이 될 수 있을까?

한편 공교육 외에도 온갖 사교육, 인터넷 강의를 비롯한 각종 온라인 콘텐츠, 생성형 인공지능(AI) 등 대안적인 배움 경로들이 확대되고 있다. 또한 평생학습의 필요성이 커진 만큼, 다양한 경로의 배움에 대한 개인적 접근성도 높아져 누구나 언제든 어디서든 배울 수 있는 세상으로 가고 있다. 입시 준비와 관련해서는 학원이나 과외, 인터넷 강의가 학교 수업보다 더 효과적이라는 인식이 있고, 학교의 교사는 사교육 시장의 강사와 수업 능력 면에서 비교되기도 한다. 이렇게 변해 버린, 앞으로 더 변해 갈 세상에서 학교는 어떤 공간이며, 학창 시절은 어떤 시간이 되어야 하는가? 이를 위해 정책적으로 필요한 변화는 무엇인가?

2. 이론과 구조화

학교를 '함께하는 광장', '거래하는 시장', '사활을 건 전장'이라는 세 가지 서로 다른 표상으로 바라보는 데는 저마다의 이론적 배경을 찾아볼 수 있다. 각각에 관한 대표적 연구를 중심으로 간략히 정리하고, 이들을 통합적으로 구조화해 보고자 한다.

1) '함께하는 광장'으로서의 학교

학교는 시민성과 사회성을 기르는 민주적 공동체로서, 학생들이 상호 이해와 협동, 공존을 체득하는 공간이라고 보는 견해다. 교육의 본질은 인간의 성장이며, 성장의 중요한 부분이 공동체 속에서 이루어지는 인간관계의 형성과 성숙이라는 시각이다.

이런 관점에서 고전이라 볼 수 있는 존 듀이(John Dewey)의 『민주주의와 교육』(*Democracy and Education*, 1916)에서는 교육을 삶의 준비 과정이 아닌 삶 그 자체로 보았다. 그에 따르면 학교는 단순히 미래를 위한 준비 장소가 아니라 다양한 사회적 경험을 실현하는 공동체가 되어야 한다. 특히 듀이는 학교가 민주주의를 실현하는 '작은 민주사회'로서, 협동과 소통을 통해 시민적 자질을 기르는 공간임을 강조했다. 그는 민주주의가 정부 형태를 넘어서 본질적으로 공동의 삶과 공동 소통 경험의 한 방식이고, "민주주의는 매 세대마다 새롭게 태어나야 하며, 교육은 그 산파"라고 보았다(Dewey, 2005).

이처럼 교육이 경험을 통해 의미가 생기며, 삶의 한 형태로서 민주주의의 지속 가능성이 교육을 통해서 보장되기에, 교육은 협동, 소통, 공동체 참여가 중심에 있어야 한다는 것이다. 따라서 학교는 상호 존중, 배려, 토론, 협력 등의 경험을 통해 민주주의적 공동체의 일원으로 성장하는 공간이 되어야 한다. 듀이가 획일적인 시험과 서열화를 비판한 것도 학생들 간의 분열을 낳고 민주주의의 기초인 평등한 소통을 방해한다고 보았기 때문이다.

2) '거래하는 시장'으로서의 학교

학교는 교육 서비스를 소비하는 '수요자'(학생·학부모)와 이를 제공하는 '공급자'(교사·학교) 간의 시장적 거래가 이루어지는 공간이라는 관점이다. 수요자가 공급자에게 교육 서비스 제공 비용(등록금·학원비 등)을 직접 내는 구조에서는 이런 거래 관계가 선명하게 드러낸다. 이런 관점에서는 교육의 시장화 및 고객 만족도 중심의 학교 경영 모델이 강조된다.

자유시장주의 교육 이론의 대표적인 학자로는 시장 경쟁을 도입함으로써 공교육의 질을 높일 수 있다고 주장한 밀턴 프리드먼(Milton Friedman)을 들 수 있다. 프리드먼은 교육 분야에서 정부의 역할을 재정 지원과 필수적인 규제에 국한하고, 학교의 운영은 민간 부문에 맡겨야 한다고 주장했다. 특히 그는 학교 바우처 제도를 제안하여, 정부가 학부모에게 일정 금액의 바우처를 제공하고, 학부모는 이를 사용하여 원하는 학교에 자녀를 등록시킬 수 있도록 하는 방식을 제시했다(Friedman, 1955). 이러한 제도는 교육 서비스 공급자 간의 경쟁 촉진을 통한 교육의 질 향상을 목표로 하며, 이후 전 세계 여러 국가에서 시장주의적 교육개혁 정책의 모델로 참고되었다.

3) '사활을 건 전장'으로서의 학교

학교가 대학입시를 위한 치열한 경쟁의 장이라고 보는 관점이다. 성적과 등수는 미래 기회의 좌표가 되며, 학생들은 서로 협력하기보다 내신 등급 경쟁자로서 상호 견제하는 긴장 관계가 형성된다. 특히 대학들이 서열화되어 있고, 교육의 목적이 더 높은 서열의 대학 진학에 초점이 맞추어져 있으며, 학교의 상대평가 내신 성적이 대입 전형에 중요하게 반영되는 구조에서 전장으로서의 학교 성격이 강해진다.

그런데 학교에서 벌어지는 경쟁이 과연 공정한가에 대해서는 프랑스 학자 피에르 부르디외(Pierre Bourdieu)와 장 클로드 파스롱(Jean-Claude Passeron)의 교육사회학적 비판이 제기된 바 있다. 이들은 『교육, 사회, 문화의 재생산』(*Reproduction in Education, Society and Culture*, 1977)이라는 저작에서 학교가 사실상 사회계층을 재생산하는 장치로 기능한다고 비판했다. 학교 안에서의 경쟁이 겉으로는 능력주의적이고 공정해 보일 수 있지만, 교육 시스템은 중립적인 심사 기구가 아니라, 지배 계층의 문화자본을 정당화하고 표준화하는 구조로 되어 있다는 것이다. 즉, 학교는 특정 계층(주로 중상류층)이 가정에서 자연스럽게 습득한 언어, 사고방식, 표현 방식 등을 '정상적인 학습 능력'으로 간주하고 평가 기준으로 삼음으로써, 이미 유리한 출발선에 선 학생들에게 유리한 판을 만들어 준다.

이러한 차별적 기준은 학생 개개인의 노력이나 재능으로 위장되기 때문에 더욱 문제가 있다. 평가의 기준이 사실상 상류층의 문화적 규범에 기반해 있음에도, 성적은 마치 모든 학생에게 공정한 기회가 주어진 경쟁의 결과처럼 포장된다. 부르디외와 파스롱은 이를 '상징 폭력'(symbolic violence)이라 불렀다. 이는 피지배 계층조차 자신의 실패를 개인의 책임으로 받아들이게 만들며, 사회적 불평등을 자연스럽고 정당한 결과로 수용하도록 유도하는 폭력적 구조라는 것이다.

이 관점에서 학교는 단순히 교육이 일어나는 장소가 아니라, 지배질서를 재생산하는 이데올로기적 기제로 작동하며, 입시 경쟁이라는 전장의 중심에서 학생들을 계층화하고 선별하는 역할을 한다. 학교 내의 경쟁은 겉보기와 달리 공정하지 않으며, 제도화된 문화적 장벽을 통해 계급 간 격차를 유지하고 다음 세대로 대물림하게 만든다.

4) 학교 은유 이미지의 구조화

이제 학교의 은유에 사용된 세 가지 이미지를 분석적으로 구조화하여 좌표상에 표시해 보고자 한다. 이것은 학생·교사·정책 담당자들이 자신이 바라보는 학교 이미지의 위치를 인식하고 이동 방향에 대해 대화할 수 있는 토론 도구로 활용될 수 있을 것이다.

이를 위해 각 은유가 가진 핵심 속성을 기준으로 2개의 축을 설정해 보자.

먼저 행위의 주체성을 기준으로 집단 중심(집단의 규범과 구조 강조) 대 개인 중심(개인의 자율성과 선택 강조)으로 나눌 수 있을 것이다. 이 기준으로 '함께하는 광장'은 집단 중심, '거래하는 시장'과 '사활을 건 전장'은 개인 중심으로 분류된다.

다음으로 관계의 성격을 기준으로 협력적 관계(공생과 상호 신뢰) 대 경쟁적 관계(이익 충돌과 상호 견제)로 나눌 수 있다. 이 기준으로 '함께하는 광장'과 '거래하는 시장'은 협력적 관계로, '사활을 건 전장'은 경쟁적 관계로 분류된다. 여기서 '시장'은 경쟁적 요소(예: 교육 서비스 공급자 간의 경쟁)를 일부 포함할 수 있으나(공교육에서는 공급자 간 경쟁이 드물기도 하다), 시장 교환의 속성처럼 교육 서비스의 거래도 시장 참여자 간의 공생과 상호 신뢰를 바탕으로 한 계약이라는 점에서 협력적 관계에 가깝다고 볼 수 있다.

이를 사분면에 표시한 것이 〈그림 11-2〉이다. 그런데 참고로 그림의 3사분면에는 개인보다는 집단 중심이며 협력보다는 경쟁 관계에 가까운 학교 이미지로서 '복종하는 감옥'이라는 새로운 은유가 포함되어 있다. 이런 학교는 집단의 위계와 규율을 강조하며 복종과 통제를 위해 내부 경쟁을 유도한다. 마치 미셸 푸코(Michel Foucault)가 『감시와 처벌: 감옥의 탄생』(*Surveiller et punir: Naissance de la prison*, 1975)에서 제시한 감옥이나 병영과 같은 이미지의 학교이다. 여기서는 권위적인 교장과 교사가 학생들을 죄수나 병사처럼 다룬다. 개인의 자율성을 무시하고 획일화된 성취 기준과 행동 규칙을 적용한다. 학교나 학급이라는 집단의 성과와 위상을 위해 학생 간 경쟁, 학급 간 경쟁을 시키고 강한 상벌 시스템을 운영한다. 이처럼 집단 중심의 경쟁적 관계에서는 내부 경쟁이 단지 개인의 발전을 위한 동기 유발 수단만이 아니다. 감시 대상들 간의 경쟁은 통제 구조, 규율 권력, 규칙 자체에 대한 비판을 억제하고 순응하게 만드는 수단으로도 기능한다.[2]

현실의 학교가 〈그림 11-2〉의 네 가지 은유 중 어떤 이미지에 가장 가깝다고 느낄지는 국가, 사회, 학교, 개인의 특성에 따라 다르게 나타날 것이다. 우리나라에서도 공동체성이 강조되는 학교, 예컨대 입시 부담이 적

그림 11-2 집단 대 개인, 협력 대 경쟁 구도로 본 학교 이미지의 유형

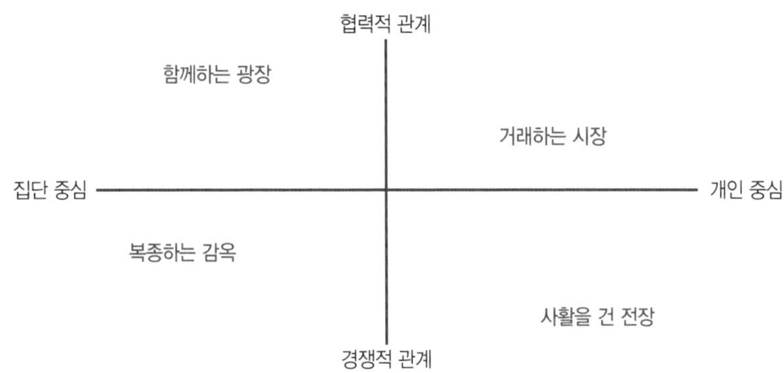

자료: 저자 작성.

2 만약 〈그림 11-1〉에 설문 결과가 제시된 4개국 대학생 조사에서 '광장', '시장', '전장' 외에 '감옥'(또는 병영)이 제시되었다면, '광장'을 택한 일본 대학생 중 일정 비율은 '감옥'(또는 병영)을 선택했을 가능성도 있다. 문화권 분류에서 흔히 집단주의 사회로 여겨지는 일본의 경우, 학교가 개인 중심의 '시장'이나 '전장'이라고 응답하기는 어려웠었을 수 있다. 그렇다면 남은 선택지로 '광장'이 그나마 유사한 이미지라고 인식되었을 개연성도 있다.

은 초등학교나 유치원 또는 대입 준비를 주로 하지 않는 대안학교나 배움의 공동체 모형을 구현하려는 학교 등에서는 학생들이 학교를 '함께하는 광장'으로 인식하는 빈도가 높을 것이다. 입시에 맞추어 교사가 지식 전달 위주의 수업을 하고 생활기록부를 잘 써 주는 서비스를 제공하는 학교, 특히 학교에 내는 돈이 많은 자율형 사립고 등에서는 학생들이 학교를 '거래하는 시장'으로 인식하는 경우도 많을 것이다. 내신 등급 경쟁이 치열하고 협동학습 기회나 협동심을 기를 수 있는 프로그램을 제공하지 않는 학교에서는 학생들이 학교를 '사활을 건 전장'으로 인식하는 비율이 높을 것이다. 한편 학생의 전인적 성장보다 규율의 복종과 집단적 통제를 중시하는 학교(과거에는 이런 분위기의 학교가 실재했고 학생들이 사고를 치지 않고 졸업하도록 하는 것이 지상과제였음)에서는 학생들이 학교를 '복종하는 감옥'으로 인식하는 경우도 있을 것이다.

실제 대학입시에 신경을 써야 하고 학교 동료들과 경쟁자이면서 친구라는 이중적 역할을 해야 하는 현실 고등학교의 학생들은 자기 학교를 어떤 이미지로 인식할까? 각자 인식한 학교 이미지에 따라 이들의 경쟁 압박감, 친사회적 행동 의향, 사회자본, 삶의 질과 주관적 웰빙 등에는 어떤 차이가 있으며, 이들은 학교에 대해 무엇을 기대할까? 우리나라 고등학교 한 군데에서 전교생의 인식을 조사한 사례를 통해 다음 절에서 살펴보자.

3. 고등학교 사례 분석

필자는 광주광역시 광산구에 소재한 일반고인 비아고등학교의 협조하에 전교생을 대상으로 고등학생의 인식을 조사했다. 교육청 방침에 따른 사회정서 교육의 일환으로 시행된 설문조사에 자기 고등학교 이미지에 관한 인식을 비롯한 문항들을 넣어 본 것이다. 2025년 3월 24일 1학년 240명과 2학년 260명, 4월 7일에 3학년 261명, 총 761명이 조사에 참여했다.

1) 자기 학교의 이미지

먼저 〈그림 11-3〉에서처럼 비아고의 고등학생들은 학년과 무관하게 자기 학교를 '함께하는 광장'이라고 인식한 비율이 55% 내외로 절반을 넘었다. '사활을 건 전장'이라는 응답은 30% 내외였고, '거래하는 시장'이라는 응답은 15% 내외였다.

그림 11-3 비아고등학교 학생이 인식한 자기 고등학교 이미지

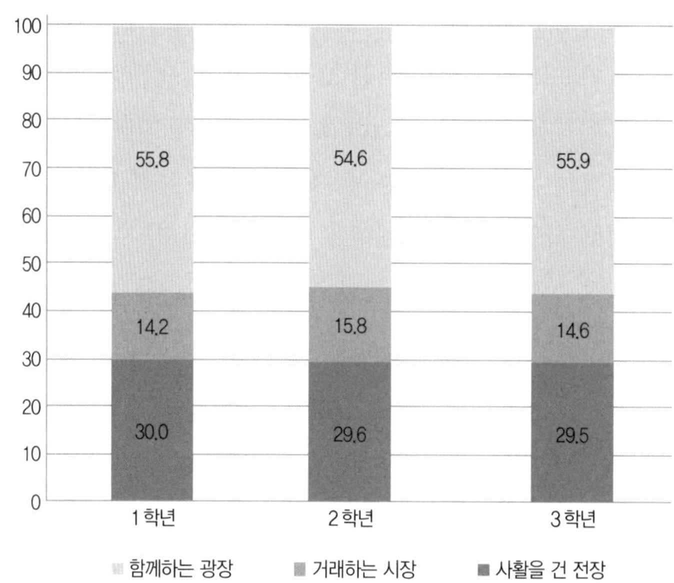

주: 2025년 3월 24일 비아고등학교 1학년 240명, 2학년 260명, 4월 7일 3학년 261명 조사 결과(이하 동일)임.

이러한 조사 결과는 2017년 4개국 대학생 조사에서 자국 고등학교의 이미지로 '사활을 건 전장'을 선택한 한국 대학생의 비율이 무려 81%였던 것과 대조적이다. 이것이 조사 시점의 차이 때문이라면, 그 사이에 한국 교육의 공동체성이 강화되었다고 볼 수도 있다. 조사 대상의 차이 때문이라면, 대입 경쟁을 뚫어 낸 전국 대학생이 체감한 경쟁 압박이 대학 포기자도 포함되었을 고등학교 재학생의 경쟁 압박보다 강하다는 의미로 볼 수도 있다. 아니면 비아고등학교의 특성 때문일 수 있는데, 가령 학력 못지않게 창의적 체험과 학생 자치활동을 장려하는 학교문화가 있다면 이것이 학생들의 인식에 영향을 미쳤을 수도 있다. 그러나 이 중 무엇이 주로 작용한 결과인지를 판단할 자료가 현재로서는 없다.

2) 경쟁 압박감

여전히 상대평가 내신 제도를 적용받는 학생들에게 경쟁의 압박감을 어느 정도 느끼는지(매우 약함=0~10=매우 강함) 물었다. 2025학년도 입학생인 1학년부터 9등급제가 아닌 5등급제 내신성적이 적용되는 이유로 학년별로 구분한 결과를 제시했다.

역시 〈그림 11-4〉에서처럼 경쟁 압박감은 학교를 '사활을 건 전장'이라고 인식한 학생들에게서 가장 강했고, '거래하는 시장'이 중간이었고, '함께하는 광장'으로 인식한 경우에 가장 약했다. 특히 3학년에게서 '전장'이라는 인식을 가진 학생들의 경쟁 압박감이 매우 강하게 나타나 대입전형이 임박한 상황의 심리적 부담이 표출되었다. 그리고 평균적인 경쟁 압박감은 5등급제 적용을 받는 1학년에게서 가장 높게 나타나 9등급제에서 5등급제로의 전환이 학생들의 경쟁 체감도를 낮추는 효과는 없으며, 오히려 그 반대일 수도 있다는 점이 드러났다.[3]

그림 11-4 학생의 학교 이미지 인식에 따른 경쟁 압박감

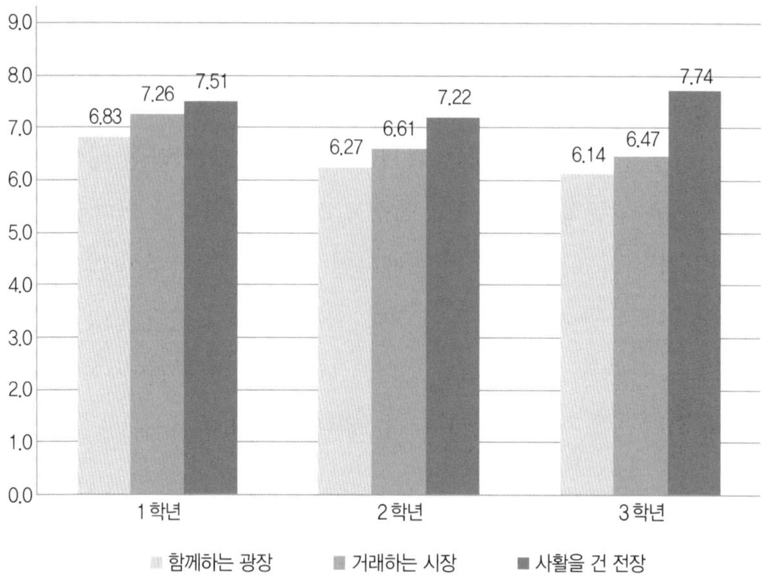

주: 1학년은 5등급제, 2 · 3학년은 9등급제 하에서 느끼는 경쟁의 압박감(매우 약함=0~10=매우 강함)임.

3) 친사회적 행동 의향

다음으로 학교 이미지 인식에 따라 학교 친구에 대한 배려와 도움, 즉 친사회적 행동 의향이 어떤 차이를 보이는지를 살펴보았다. 관련 문항은 두 가지로, 하나는 "친구가 수업 필기 노트를 빌려달라면 어떻게 하겠습니까?"였고, 다른 하나는 "성적이 비슷한 친구가 시험 직전에 출제 확률이

3 5등급제로 바뀐 후에 이제는 반드시 1등급을 받지 않으면 상위권 대학 진학이 어렵다는 인식, 사정권이 확대된 상위 등급 경쟁에 뛰어드는 잠재적 경쟁자의 증가, 아직 1학년 중간고사도 치기 전이므로 좋은 성적에 대한 의욕과 함께 부담을 강하게 느끼는 것 등이 이유가 될 수 있을 것이다.

▌ **그림 11-5** 학생의 학교 이미지 인식에 따른 친사회적 행동 의향(1): 노트 공유 의사

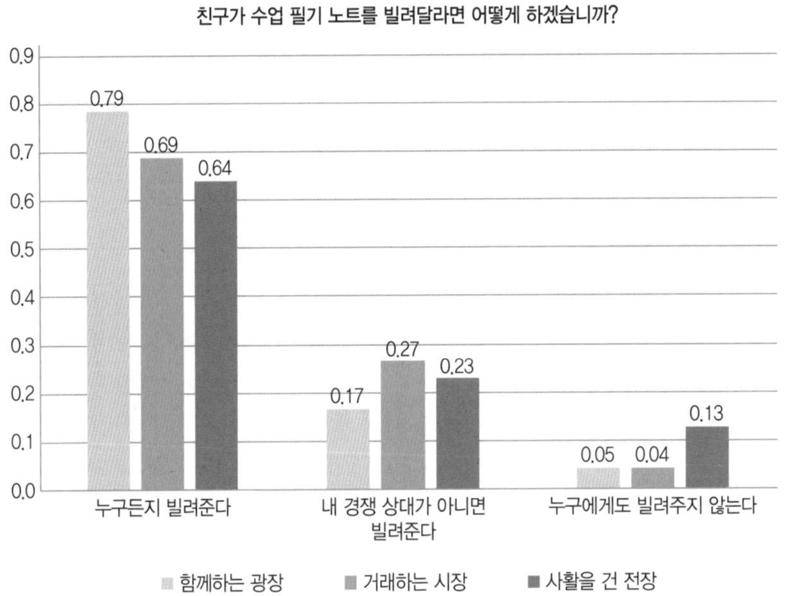

높은 문제를 물어 보면 어떻게 하겠습니까?"였다. 친구들과의 관계와 내 신성적을 모두 챙겨야 하는 학생들이 처한 딜레마를 상황적 설문으로 구성해 본 것이다.

〈그림 11-5〉는 누구든지 노트를 빌려주겠다는 개방적 공유 의사가 압도적으로 높게 나타난 것을 보여 준다. 내 경쟁 상대가 아니면 빌려주겠다는 선별적 공유 의사가 그다음이었고, 누구에게도 빌려주지 않겠다는 공유 거부 의사가 가장 낮게 나타났다. 그런데 개방적 공유 의사는 학교를 '함께하는 광장'으로 인식한 학생에게서 가장 높았고, 선별적 공유 의사는 '거래하는 시장'이라는 인식일 때 상대적으로 높았으며, 공유 거부 의사는 '사활을 건 전장'이라는 인식일 때 높게 나타났다.

그림 11-6 학생의 학교 이미지 인식에 따른 친사회적 행동 의향(2): 시험 도움 의사

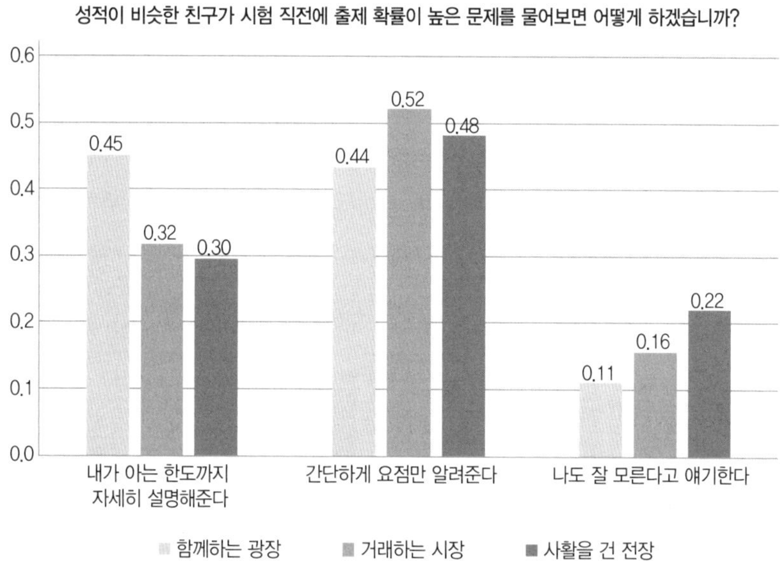

〈그림 11-6〉은 성적이 비슷한 친구에게 시험에 도움이 되도록 행동하겠는지를 물었을 때 간단하게 요점만 알려주는 식으로 면피하겠다는 응답이 상대적으로 높게 나타났음을 보여 준다. 물론 자기가 아는 한도까지 자세히 설명해 주겠다는 이타적 행동 의사도 그다음으로 높게 나타났다. 잠재적 경쟁자에게 도움이 되지 않도록 나도 잘 모른다고 이야기하겠다는 견제 의사도 가장 낮긴 하지만 무시할 만한 비율은 아니었다. 그런데 이번에도 이타적 행동 의사는 학교를 '함께하는 광장'으로 인식한 학생에게서 가장 높았고, 요점만 알려줘 면피하겠다는 의사는 '거래하는 시장'이라는 인식일 때 상대적으로 높았으며, 경쟁자 견제 의사는 '사활을 건 전장'이라는 인식일 때 가장 높았다.

4) 사회자본

개별 학생의 타인 신뢰와 협동심과 같은 사회자본도 그의 학교 이미지 인식에 따라 차이가 있을 수 있다. "비아고등학교 학생들을 얼마나 신뢰합니까?"(대체로 신뢰하는 편이다=1/0=대체로 경계하는 편이다)라는 질문으로 일반적 신뢰를 측정했다. 그리고 "비아고등학교 학생들은 얼마나 남을 도우려고 한다고 생각합니까?"(대체로 남을 도우려고 한다=1/0=대체로 자신만을 위한다)라는 질문으로 이타성 신뢰를 측정했다. 또한 "학교에서 수행평가 과제를 할 때 개별 작업과 팀 작업 중 어느 방식을 선호합니까?"(개별 작업=0~10=팀 작업)라는 질문으로 팀 작업 선호도, 즉 협동심을 측정했다(이 질문에 대한 응답 평균은 10으로 나눔으로써 신뢰 관련 설문 항목들과 같이 0~1의 범위로 통일했다).

역시 〈그림 11-7〉에서처럼 학교를 '함께하는 광장'으로 인식한 학생들에게서 일반적 신뢰와 이타성 신뢰가 월등히 높게 나타났다. 이런 신뢰가 바탕이 되었기에 학교를 공동체로 인식할 수 있었을 것이고, 상호성에 대한 기대를 품고 친구에게 노트를 빌려주거나 시험에 도움을 주는 등 친사회적 행동 의향을 더 높게 가질 수 있었을 것이다. 한편 팀 작업에 대한 선호도는 학생들에게서 그리 높지 않은 가운데(평균적으로는 0.5를 밑돌아 개별 작업을 더 선호) 그나마 학교를 '함께하는 광장'으로 인식한 경우에 다소 높게 나타났다.[4]

4 참고로 4개국 대학생 조사에서도 팀 작업에 대한 선호도는 한국 대학생에게서 가장 낮게 나타났다(김희삼, 2017). 자유롭고 창의적인 생각을 담아야 하는 과제의 수행에서 개별 작업과 팀 작업의 상대적 성과를 물었을 때(개별 작업=0~10=팀 작업) 한국은 4.84점으로 개별 작업을 더 지지했고, 다른 3개국은 팀 작업을 더 지지했다(중국 7.10, 일본 5.28, 미국 5.20).

그림 11-7 학생의 학교 이미지 인식에 따른 신뢰 및 협동심

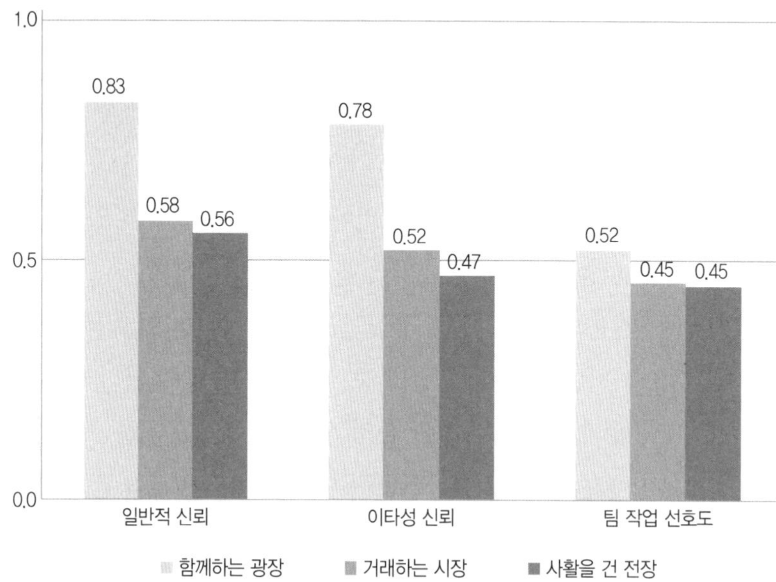

5) 삶의 질과 주관적 웰빙

학교에서 많은 시간을 보내고 생활의 중심이 학교가 될 수밖에 없는 고등학생들에게 학교가 어떤 이미지로 인식되는가는 삶의 질과 행복감 등 주관적 웰빙에 영향을 미칠 수밖에 없다. 우선 "나는 인간관계가 힘들다", "나는 평소 스트레스를 많이 느낀다", "나는 다른 사람과 비교하는 성향이 강하다"와 같은 문항에 대한 1~5점 척도 응답을 통해 주관적 웰빙에 대한 위협 요인을 살펴보았다. 〈그림 11-8〉은 관계 문제, 스트레스, 비교 성향 등으로 인한 잠재적 괴로움이 학교를 '함께하는 광장'으로 인식하는 학생들에게서 상대적으로 낮은 것을 보여 준다. '거래하는 시장'으로 인식한 경우에는 '사활을 건 전장' 못지않게 주관적 웰빙의 위협 요인이 높게 나타

그림 11-8 학생의 학교 이미지 인식에 따른 주관적 웰빙 위협 요인

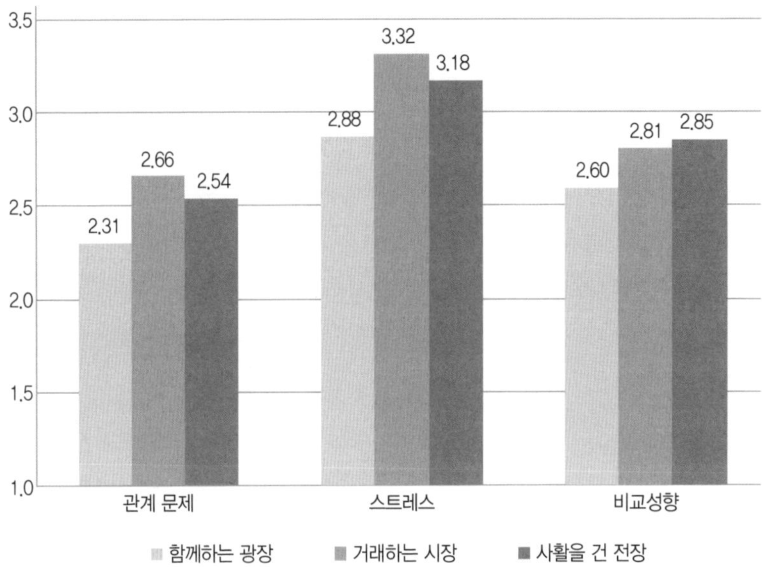

남을 볼 수 있다.

다음으로 "나 자신을 소중하게 여기고 사랑합니까?"(자아존중감), "실패나 좌절 후에 다시 일어서는 능력이 어느 정도입니까?"(회복탄력성), "전반적으로 어느 정도 행복하다고 느낍니까?", "전반적으로 비아고등학교에 대해 현시점에서 어느 정도 만족합니까?"와 같은 문항에 대한 0~10점 척도 응답을 통해 자아 인식 및 주관적 웰빙 수준을 살펴보았다. 〈그림 11-9〉에서처럼 자아존중감, 회복탄력성, 행복도, 학교 만족도는 학교를 '함께하는 광장'이라고 인식한 학생들에게서 가장 높게 나타났다. 특히 학교 만족도에서는 현격한 차이를 보여, 학생들이 학교를 '함께하는 광장'이라고 인식할 때 만족도 역시 확연히 높다는 것을 보여 준다. 어떤 학교를 학생들이 원하는지 엿볼 수 있게 해 주는 대목이다.

▮ **그림 11-9** 학생의 학교 이미지 인식에 따른 자아 인식 및 주관적 웰빙

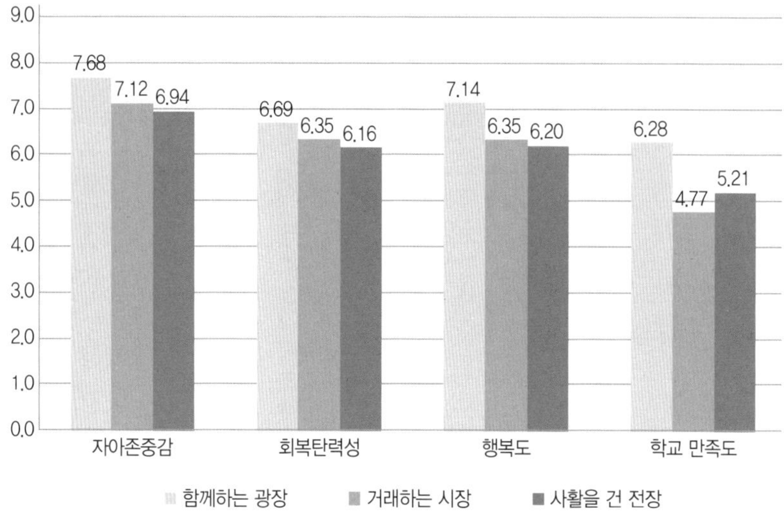

6) 어떤 교사를 바라는가?

학생들이 교사에 대해 바라는 것은 다양할 수 있다. "고등학교 선생님들의 역량에 관한 다음 각각의 항목에 대해 어느 정도 중요하다고 생각합니까?"라는 질문과 함께 다음 여섯 가지 역량을 제시하고 각 역량의 중요성을 0~10점 척도로 평가하게 했다. ① 수업 역량(담당 과목에 대한 전문성과 실력, 수업의 전달력과 몰입감), ② 동기 부여(학습 의욕과 흥미 유발, 수업 중 소통 및 학생 참여 유도), ③ 정서 지원(개별 학생에 대한 배려와 공감, 학생의 학교 적응 도움), ④ 진로 지도(개인의 적성과 관심을 고려한 상담, 진로 탐색과 결정에 대한 도움), ⑤ 공정성(학생들에 대한 일관성과 차별 없음, 평가·규칙 적용·생활 지도의 공정성), ⑥ 도덕성(학생들에게 좋은 본보기가 되는 언행, 바른 인성 함양에 도움이 되는 지도).

그림 11-10 학생의 학교 이미지 인식에 따른 교사 역량 기대

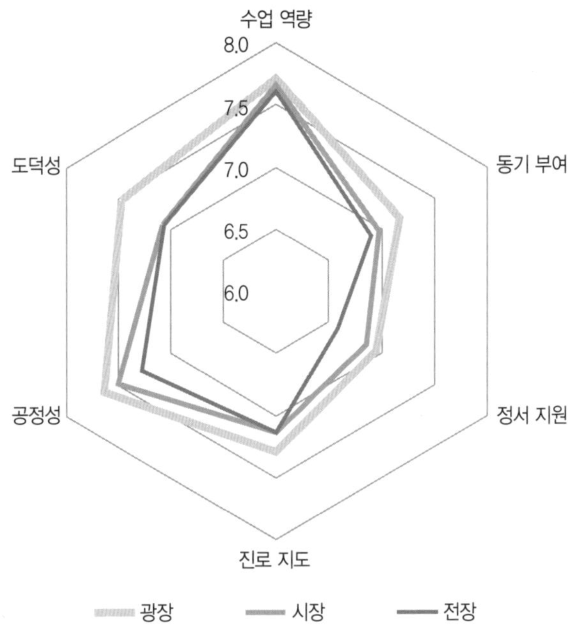

흥미로운 점은 학생의 학교 이미지 인식에 따라 교사 역량에 대한 기대도 다소 다르게 나타났다는 것이다. 물론 수업 역량에 대한 강조는 공통된 기대였지만, 〈그림 11-10〉에서처럼 학교를 '함께하는 광장'으로 인식한 학생은 다른 이미지로 인식한 경우와 달리 도덕성 등에도 중요성을 부여하여 상대적으로 육각형에 가까운 균형 잡힌 교사상을 원하고 있었다. 이에 반해 학교가 '사활을 건 전장'이라는 인식을 가진 학생은 교사에 대한 기대가 상대적으로 낮았고 정서 지원이나 공정성 등도 덜 중요하게 여기고 있었다.

이상과 같은 고등학생 인식조사 결과가 보여 주는 것은 학교가 '함께하는 광장'과 같은 교육·생활 공동체로 인식될 때 교육의 목적으로 여겨지는

바람직한 인재상이 구현될 수 있다는 점이다. 친사회적 행동 의향, 사회자본, 삶의 질과 긍정적인 자기 인식, 행복도와 학교 만족도 등이 모두 우리 교육의 약점으로 지적될 수 있는 부분인데, '함께하는 광장'이라는 인식을 가진 학생에게서 이런 부분이 모두 상대적으로 양호하게 나타난 점에 주목해야 한다. 그러면 어떻게 학교를 '함께하는 광장'으로 만들 수 있을까? 다음 절에서 몇 가지 방향성을 제안한다.

4. '함께하는 광장'을 향하여

대입 중심의 일점 집중형 경쟁 구조는 학교를 협력과 연대보다는 경쟁과 각자도생, 신뢰와 배려보다는 불신과 견제의 공간으로 만들어 왔다. 이에 따라 학교는 시민성과 사회성을 길러 주는 요람의 기능을 제대로 수행하지 못하고 있으며, 사회자본의 기반인 신뢰와 협력의 문화를 형성하기 어려운 구조로 고착되고 있다. 또한 온·오프라인 사교육과 수많은 인터넷 강의, 생성형 AI의 대중화 등으로 인해 대안적인 배움의 경로가 다양화되고 나날이 고도화되고 있는 가운데, 학교는 "왜 굳이 학생들을 불러 모았는가?"라는 질문에 답할 수 있어야 한다.

학교를 '사활을 건 전장'이나 '거래하는 시장'을 넘어 신뢰와 협력이 살아 있는 '함께하는 광장'으로 변화시키기 위해서는 교육 영역만이 아닌 전반적인 제도 혁신과 의식 개혁이 요구된다. 교육 영역에 한정하더라도 사회자본의 함양을 목적으로 하는 교육 제도의 재설계는 단지 수업 방식의 변화에 그치지 않고, 이를 가능하게 하는 평가 제도, 교원 양성 및 인사 제도, 교육 과정의 재구성까지 포괄적으로 고려되어야 한다.

1) 구성주의적 수업 방식의 강화

사회자본은 사람들 간의 신뢰, 협력, 소통을 통해 축적되는 것이므로, 수업도 일방향 지식 전달이 아니라 상호작용 중심의 구성주의적 학습 원리에 기반해야 한다. 프로젝트 학습(project-based learning: PBL)이 대표적인 예로, 학생들이 문제를 함께 해결해 나가는 과정에서 비판적 사고력, 자기 주도성, 협업 능력뿐 아니라 사회적 신뢰와 상호 책임감을 자연스럽게 내면화할 수 있다. 또한 학습 모둠이 구성된 상태에서 도입된 거꾸로 수업(flipped learning)은 예습 단계에서부터 모둠별 협력 학습을 유도할 수 있고, 수업 중 상호 피드백과 토론을 활성화함으로써 수평적 상호작용의 밀도를 높이는 방식이다. 이러한 프로젝트 학습, 거꾸로 수업, 협동학습 등은 학생들이 상호작용 속에서 문제를 해결하고 함께 성취를 이루도록 설계되어, 사회자본의 요소인 소통, 협력, 신뢰, 책임, 연대의 경험을 가능하게 한다.

이 같은 구성주의적 학습 방식이 안정적으로 정착하기 위해서는 교육과정의 내용과 분량을 시대에 맞게 현행화·효율화하고, 교사와 학생 모두 정답이 있는 지필고사 준비의 부담을 덜어 낼 수 있도록 하는 것이 필요하다. 물리적 교실 환경 역시 계단식 강의실이 아닌 평면형 교실, 고정된 좌석 대신 이동 가능한 책상과 협업 중심의 배치 구조, 개인용 책상 대신 다인용 원형 책상 등의 제공을 통해 수업의 수평적 전환을 자연스럽게 유도할 수 있다.

2) 평가 제도의 재설계

경쟁을 유도하고 협업을 저해하는 상대평가 중심의 평가 제도는 사회자본의 축적에 불리하게 작용한다. 등수에 따라 고정된 비율로 등급을 나누는 내신 제도는 학생 간 협업을 방해하고, 교실 안을 견제 심리로 채우며, 위계 구조를 고착시킨다. 사회자본을 키우는 수업이 실질적인 영향을 미치기 위해서는, 이를 뒷받침할 수 있는 평가의 변화가 병행되어야 한다.

팀 단위 평가, 동료 평가, 자기 성찰 평가 등 과정 중심의 평가 제도를 확대 도입하고, 수행평가의 신뢰성과 공정성을 제고해 그 활용을 강화할 필요가 있다. 또한 절대평가의 비율을 점진적으로 확대해 집단 내의 줄 세우기보다는 학생 개인의 성장과 목표 성취 수준 도달을 중심으로 평가가 이루어지도록 해야 한다. 특히 프로젝트 수업에서는 결과뿐 아니라 과정에서의 역할 수행과 협업 기여도까지 반영하는 평가 방식을 설계해야 한다. 결국 학생들이 평가를 타인과의 비교와 견제 유발 요인보다는 자기 발전과 동반 성장의 촉진 도구로 인식하도록 하는 것이 중요하다.

한편 대입 전형의 개편은 좀 더 신중하게 접근해야 할 사안이다. 한국 사회의 낮은 제도 신뢰와 대입 제도의 잦은 변경에 따른 혼란과 사교육 수요 유발 효과를 고려할 때, 공정성 확보와 공교육을 통한 준비 가능성을 살펴야 한다. 그러나 입시 제도 역시 사회자본 함양과 미래 사회의 역량 배양에 적합한 타당성을 가진 전형 구조로의 개편을 중심에 두어야 한다.

3) 교육 과정의 재구성과 실천 프로그램 개발

사회자본 함양을 명시적 목표로 포함한 교육 과정의 재구성도 함께 추진되어야 한다. 고등학교에서 기존에는 학년제로 수업이 운영됐는데, 2022 개정 교육 과정의 적용을 받는 학년들(고등학생의 경우 2025년 신입생)은 학년제가 아니라 학기제가 적용되므로 교사가 한 해 동안 가르쳤던 과목을 한 학기에 가르쳐야 한다. 만약 공교육에서 사회자본의 함양을 강조하지 않고 교육 과정의 세부 내용도 그대로 다 가르쳐야 하도록 둔다면, 교사가 이제 한 학기 동안 1년 분량의 내용을 세세히 가르치기 위해 수업 방식이 기존보다 더 강의식 전달 위주로 진행될 수도 있다. 수능이 융합적인 통합 탐구 방식으로 재전환되는 변화에 맞추기 위해서도 개별 교과의 수업 내용에서 옥석을 가려 재구성해 나가는 작업을 지속할 필요가 있다.

또한 사회자본이 사람들 간의 관계와 상호작용에서 형성되는 것임을 고려하면 교과서 내용을 넘어 사회자본 축적을 촉진하는 학습 및 실천 프로그램을 개발하는 노력도 필요하다. 예를 들어, 창의적 체험 활동 시간에 공정성, 신뢰, 상호성, 협동 등을 주제로 하는 체험 기반 수업이나 토론 수업을 구성해 볼 수 있다. 도덕·윤리 수업에서는 행동경제학의 친사회적 선호와 관련된 실험 게임(예: 독재자 게임, 최후통첩 게임, 신뢰 게임, 공공재 게임 등)을 활용하여 학생들이 이타성, 상호성, 협력, 공공심 등을 실제로 체험하고 토론과 성찰의 기회를 얻도록 유도할 수 있다. 나아가 지자체 및 지역기관과 연계하여 학교 주변 지역사회의 문제를 해결하는 공공 프로젝트 수행, 학생 주도의 공론장 운영, 공동체 봉사 활동 등은 교실을 넘어 지역으로 확장되는 교육 경험을 제공하며, 민주적 시민성과 사회적 책임감을 동시에 키울 수 있을 것이다.

4) 교원의 양성과 지원 체계 개편

수업과 평가의 변화는 제도적 뒷받침도 중요하지만 결국 이를 실행할 교원의 역량과 태도에 성공 여부가 달려 있다. 교육 현장에는 이미 수업 혁신을 주도하는 교사들이 존재하며, 이들의 시도와 실천이 확산할 수 있도록 상향식 혁신에 대한 지원 체계를 강화해야 한다. 이를 위해 현장 교사의 자율성과 실험정신을 존중하고, 수업 연구회를 활성화하며, 혁신적 수업 실천 교사에게 인정과 가시적 보상이 주어지는 조직문화와 인사 제도 개선이 필요하다.

중등교원의 양성과 임용 체제 역시 재설계가 필요하다. 학령인구 감소의 충격이 지역에 따라 다르고, 고교학점제가 도입되었지만 교내 교사진으로는 다양한 과목 수요에 부응할 수 없는 등 교원 공급의 양적·질적 불일치 문제가 커지는 상황이다. 이러한 미스매치 문제를 완화하기 위해 다양한 전공과 배경을 가진 인재들이 새로운 교수 학습법을 이수하여 교직에 진입할 수 있는 경로를 확대하는 것을 검토할 필요가 있다. 기존 교원 양성 기관에서도 교육 과정 개편, 교수진의 재교육 및 보강, 현장 실습의 강화 등을 통해 구성주의 기반의 교수법 역량을 강화해야 한다.

고등교육 기관에서도 교원 인사 제도가 연구 실적 중심으로 편중된 한계를 보완하고, 교육에 대한 헌신과 수업 혁신 및 학생 상담지도 노력을 평가·보상하는 체계를 갖출 필요가 있다. 또한 시대 변화와 사회가 요구하는 인재상에 부합하는 융합 교과목 개설과 새로운 교수법 실험을 장려하는 제도적 기반을 마련해야 한다. 특히 중등학교와 달리 입시 준비에 대한 부담이 없고 과목의 개설, 교재·교수법·평가 방식의 선택 등에서 자율성이 큰 대학에서 이런 노력을 배가하지 않을 이유가 없다.

5) 함께 저 높은 곳을 향해

이상과 같은 정책 과제들은 서로 연결되어 있다. 이처럼 단일한 처방이 아닌 제도 전반의 연계적 변화를 통해서만 '함께하는 광장'으로서의 학교를 만들어 갈 수 있다. 그러나 그 시작 단계에서는 교육 현장에서 선구적인 교원 몇 명의 헌신과 노력으로 물꼬를 틀 수 있다. 예컨대, 대학에서 한 학기 동안의 수평적·참여적·협력적 수업 경험이 해당 과목 수강생들 간의 친구 연결망과 사회자본 관련 의식에 주목할 만한 변화를 불러올 수 있음을 확인한 수업 실험 결과도 있었다(김희삼, 2017). 이런 경험과 결과가 공유·전파될 수 있도록 기록하고 알리는 노력과 함께 교육 당국과 학교 차원에서 성공 모델의 확산과 지속 및 다른 교원들에 의한 새로운 시도를 제도적으로 지원하는 체계가 필요하다.

그런데 '함께하는 광장'으로서의 학교 안에서도 사회자본의 함양 외에 인지적·비인지적 역량의 축적은 여전히 중요한 교육 목표일 수밖에 없다. 수업 시간에 활동지 등을 이용해 학생 활동 중심의 수업을 시도하는 교사와 이를 대하는 학생들에게 교육 과정상의 진도와 지필고사 준비 압박, 입시 대비 부담 등은 흔한 장애 요인이 된다. 어떻게 하면 '함께하는 광장'에서도 높은 수준의 학습 목표에 도달할 수 있을까?

일반적으로 학습의 단계는 학습에 동원되는 인지적 사고 과정의 고차성에 따라 구분할 수 있다. 학습 과정의 사고력은 다음과 같은 단계로 차원이 높아진다(Bloom *et al.*, 2001).

① 기억(remember): 관련 지식을 장기 메모리로부터 끌어내는 것, ② 이해(understand): 말, 글, 그림 등으로 주어진 지시 메시지로부터 머릿속에 의미를 구축하는 것, ③ 적용(apply): 주어진 상황에서 절차를 적절히 수행 또는 사용하는 것, ④ 분석(analyze): 대상을 구성 부분들로 분해하고 각 부분들 간의 관계 및 각 부분들과 전체 구조 또는 목적과의 관계를 결정하는 것, ⑤ 평가(evaluate): 기준이나 표준에 근거하여 판단을 내리거나 비평하는 것, ⑥ 창조(create): 요소들을 응집된 전체로 결합하거나 새로운 패턴 또는 구조로 재조직하는 것.

〈그림 11-11〉에 표시한 것처럼, 기억과 이해까지를 표층학습, 적용, 분석, 평가, 창조까지 나아가는 것을 심층학습으로 간주할 수 있다. 표층학습의 중점은 학습의 내용(what)에 있으며, 주어진 교육 과정하에서 지식(knowledge)의 습득이 주된 목표가 된다. 이에 비해 심층학습의 중점은 학습

그림 11-11 Bloom의 교육 목표 분류

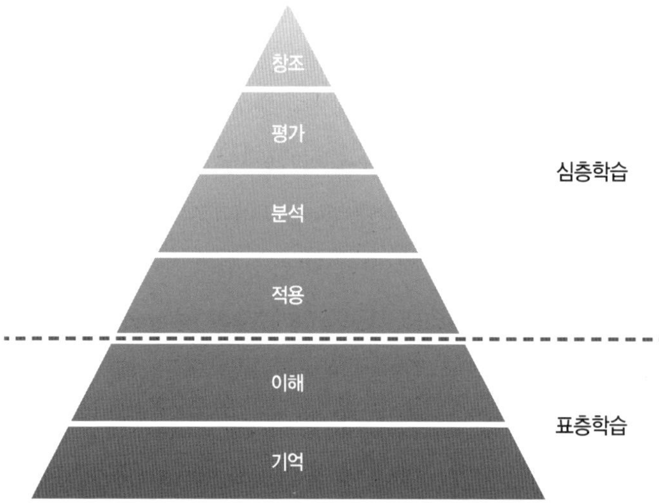

자료: Bloom *et al.*(2001)의 교육 목표 분류 모형. 그림 출처는 김희삼(2021).

의 방식(how)에 있으며, 다양하고 고차원적인 활동을 통한 역량(competence)의 함양이 주된 목표가 된다.

우리나라처럼 치열한 경쟁 속에서 공정성이 강조되는 풍토에서는 채점의 객관성이 보장될 수 있는 지식 습득의 정도를 평가하는 데 치중하게 된다. 기존의 학교 수업은 지식 전달 위주의 교육이었고, 학생들에게는 기억과 이해가 주된 인지적 활동이었다. 교수 학습 활동도 주로 표층학습에 머물렀다. 시험 역시 배운 것을 얼마나 기억하고 있고 이해하고 있는지를 가늠하는 방식으로 이루어졌다. 따라서 주입식 수업과 벼락치기 시험공부가 일상적이었던 것이 전형적인 학교 교육의 모습이었다.

물론 기억과 이해는 상위 단계의 학습 목표로 이행하기 위한 기반이 된다. 밑 재료로서의 기본지식이 머릿속에 있어야 적용, 분석, 평가, 창조로 나아갈 수 있다. 그런데 우리 교육에서 수업과 평가가 밑 재료의 나열적 제공과 암기 및 이해의 확인에만 초점을 맞추다 보니, 그것을 이용해서 무엇을 할 수 있는지를 궁리하고 실제로 해볼 기회를 제대로 주지 못했다. 요리 학교에 가서 매일 다양한 식재료 종류들만 배우고 반복적으로 다듬기만 하다가 수업이 끝나버리는 통에, 막상 요리를 만들어서 완성해 보거나 새로운 요리를 개발해 본 경험은 거의 없는 것과 비슷하다.

지금은 지식의 기억과 이해에는 교원뿐 아니라 에듀테크 도움도 받을 수 있는 시대가 되었다. AI 기반의 개인 맞춤형 학습도 가능하다. 생성형 AI는 지식의 탐색과 확장에 드는 시간과 노력을 크게 줄여 주고 있다. 아는 재료가 많다고 훌륭한 요리를 만들 수 있는 게 아니듯이, 지식만 많이 늘어놓는다고 충실한 교육이 되는 건 아니다. 학교 교육 과정에 반드시 넣지 않아도 되는 세부 지식과 낡은 지식은 덜어낼 필요가 있다. 상위 단계 학습에 필요한 맥락적·단계적 지식이 아니라 단순 검색으로 찾고 이해할 수 있는 지식은 반드시 교과서에 많이 넣지 않아도 된다. 그리고 수업 중에도 반드시 많은 지식을 가르치려고 할 필요는 없다. 핵심적인 지식을 제대로 익히고, 배우는 법을 배우는 것이 중요하다.

이에 비해 지식의 적용과 분석, 평가와 창조의 심층학습은 토론과 협동학습, 팀 프로젝트 등과 같이 학생들 간의 소통과 협업을 요구한다. AI 시대에 학생들을 학교에 불러 모았으면, 그리고 교실 수업에 여러 학생이 들어왔다면, 일방향의 지식 전달보다는 이런 상황을 최대로 활용할 수 있는 교육적 활동을 하는 것이 바람직하다. 학생 중심의 수평적·협력적 활동을 통한 배움의 과정에서는 학생들 간의 상호작용을 통해 사회자본도 자연스럽게 함양될 수 있다. 여기서 교원의 역할은 주입식 수업에서처럼 학생들보다 미리 배웠다고 뽐내는 '강단 위의 현자'가 아니라 '옆에 있는 조력자', '활동의 촉진자', '성장기의 멘토'이자 '좋은 시민의 본보기'이면 훌륭하다.

'함께하는 광장'인 학교를 만들어 가는 과정은 교육 목표 분류에서 상위 수준의 심층학습으로 나아가는 과정이기도 하다. 학생들이 그냥 학교를 같이 다니며 서로 견제하고 경쟁하는 것이 아니라 진정으로 배움을 함께할 때 그들은 우리 공교육에서 제대로 등정해 본 적이 없는 학습의 저 높은 곳을 향해 오르게 될 것이다.

5. 맺음말

아직 한국의 초중등 교육은 서열화된 대학 체제에서 대입이라는 좁은 출구를 중심으로 경쟁이 집중되는 일점집중형 구조에 놓여 있다. 이로 인해 학교는 학생들의 삶과 생각을 풍성하게 하는 공동체라기보다, 사활을 건 경쟁터 또는 미래 기회를 거래하는 시장으로 인식되는 경우가 흔하다. 성적과 등수는 생존을 위한 무기가 되고, 학생들은 동료가 아닌 경쟁자로서 서로를 경계하며 고립되기도 한다.

그러나 학교는 줄 세우기 선별 기관이나 거래의 장에 머물러서는 안 된다. 존 듀이가 강조했듯, 학교는 사회적 삶의 축소판으로서 학생들이 협동과 소통, 책임과 배려를 실천하는 '작은 민주사회', 즉 '함께하는 광장'이 되어야 한다. 이를 위해서는 현재의 경쟁 중심 교육 제도를 넘어서는 근본적인 정책 전환이 필요하다.

교육을 자원 배분 과정으로 바라보는 분석 도구인 교육생산함수에서 학생은 투입이자 산출인 특수성과 중요성을 갖고 있다. 어떤 상태로 학교에 입학하여 어떤 상태로 졸업하는가를 통해 교육적 자원 배분 및 생산 과정의 부가가치를 확인할 수 있다. 이때 학생들이 체득한 부가가치에는 지식의 증가뿐만 아니라 역량의 증진, 사회자본의 축적, 시민성의 함양, 자아존중감·회복 탄력성·행복감의 고양 등이 포함되어야 한다. 그렇지 않으면 초중등 교육은 의무교육의 타당성을 잃는다.

학생들의 인식은 교육의 현주소를 확인하고 미래 방향을 설정하는 데 핵심적인 자료를 제공한다. 이 장에서 살펴본 고등학생들의 학교 인식은 학생들이 체감하는 입시 경쟁의 무게와 함께 미래 공동체 사회를 위한 교육의 개선 방향을 확인하게 해 주었다. 문제를 알고 개선 방향을 찾았다면 변화를 만들어 낼 수 있을까?

지금의 교육 시스템을 바람직하지 않게 생각한다고 해도, 이에 대한 태도와 행동은 사람마다 다를 수 있다. 어떤 사람은 나부터 시작해 우리 사회와 교육을 바꿔 보자는 '개혁'(voice)의 태도로 목소리를 내고 실천할 수 있다. 어떤 사람은 그냥 나만, 우리 아이만 대학에 잘 가도록 애쓰자는 '순응'(loyalty)의 태도로 각자도생의 경쟁에 합류할 수 있다. 전자는 더 나은 시스템으로의 이행에 대한 긍정적 전망이 능동적 실천과 결합한 것이고, 후자는 지금의 시스템을 인정하며 수동적으로 적응하는 태도다.

한편 부정적 태도에는 아이를 안 낳든지 아이를 데리고 이민하겠다는 식의 '탈출'(exit) 지향도 있을 수 있고, 지금의 사회 구조에서는 백약이 무효이니 다 같이 망하자는 식의 '무시'(neglect)의 태도도 있을 수 있다. 순응과 무시는 현재의 경쟁 시스템에서 얼마나 승산이 있을지를 가늠해 보고 그 안에서 힘을 써보는가, 포기하는가의 차이일 것이다.

학교를 어떤 이미지로 인식하더라도 개인적인 '탈출'을 모색할 수 있다. '함께하는 광장'으로서의 현실 학교에 만족하지 못하면 공동체성이 추구되는 '대안학교'로 빠져나갈 수 있다. '거래하는 시장'으로서의 현실 학교에 만족하지 못하면 시험 준비의 효과성 기준에서 더 만족스러운 교육 서비스를 제공하는 '학원' 등으로 빠져나가 학교 수업보다 사교육에 의존할 수 있다. '사활을 건 전장'으로서의 현실 학교에서 생존 가능성, 즉 높은 내신 등급이나 좋은 생활기록부 획득 가능성이 작으면 '자퇴 후 검정고

▌그림 11-12 한국 교육 시스템의 문제에 대한 대응 방식

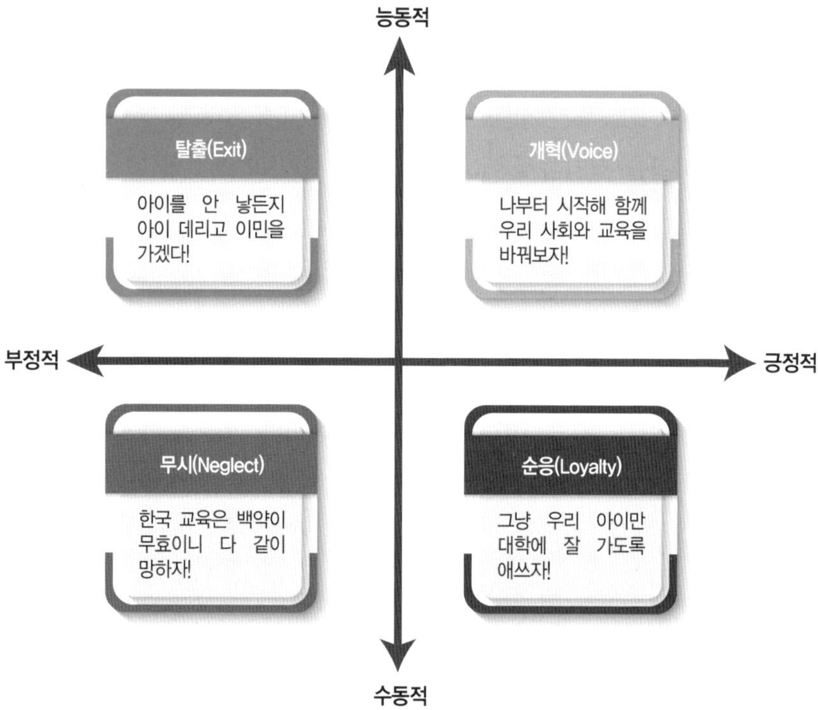

자료: Hirschman(1970, p. 176)을 바탕으로 저자가 재구성하여 작성.

시' 등으로 빠져나가 수능 정시전형에 주력할 수 있다. 한편 '통제하는 감옥'으로서의 현실 학교에 적응하지 못하면 규율이 강하지 않은 학교로 '전학'을 갈 수 있다.

능동적인 탈출이 아니라면 수동적인 '무시' 상태로 학교 안에 존재하는 학생들도 있다. 이들에게 무시는 수업 이해 포기, 시험 포기, 내신성적 포기, 진학 포기 등 다양한 '포기'와 동의어가 된다. 수업 중에 무기력하게 엎드려 있고, 객관식 시험에서 한 번호만 선택하거나 랜덤하게 찍고, 좌절감과 체념이 배인 무표정으로 타인을 대하는 학생들이 드물지 않다.

학생들에게 학교는 어떤 공간이고, 학창 시절은 어떤 시간이 되어야 하는가? '함께하는 광장'인 학교에서 자기 미래를 준비할 뿐만 아니라 그 나이에 행복하게 누릴 수 있는 것들을 체험하면서 더불어 사는 법을 배워야 할 시간이다.

학생들의 미래와 우리 사회의 미래를 생각할 때 교육과 교육을 둘러싼 사회·경제 시스템은 반드시 변화해야 한다. 아이들 한 명 한 명이 소중한 인적 자원인 인구 축소 사회의 경제를 차치하더라도, 연약한 민주주의를 침탈 위험에서 지켜 내고 분열된 사회를 통합해야 할 필요성을 생각할 때, 변화는 필수적이다. 그리고 이런 변화를 위한 개혁을 함께할 미래 사회의 주역은 학교가 '함께하는 광장'일 때 길러진다. 미래 공동체 사회를 위한 교육의 출발점은 사회자본이 박약한 현실을 심각하게 인식하고 이를 극복하기 위한 변화에 가능한 많은 사람이 함께 목소리를 내주는 것이다.

참고문헌

김희삼, 『사회자본에 대한 교육의 역할과 정책방향』, 연구보고서 2017-06, 한국개발연구원, 2017.

______, 『왜 지금 교육경제학인가』, EBS BOOKS, 2021.

오욱환, 『사회자본의 교육적 해석과 활용: 콜먼으로부터 그리고 그를 넘어서』, 교육과학사, 2013.

Bourdieu, Pierre and Jean-Claude Passeron, *Reproduction in Education, Society and Culture*, Sage, 1977.

Dewey, John, *Democracy and Education*, New York: Macmillan, 1916(존 듀이 지음, 이홍우 옮김, 『민주주의와 교육』, 교육과학사, 2005).

Hirschman, Albert O., *Exit, Voice, and Loyalty: Responses to Decline in Firms, Organizations, and States*, Harvard University Press, 1970.

Foucault, Michel, *Surveiller et punir: Naissance de la prison*, Gallimard, 1975(미셸 푸코 지음, 오생근 옮김, 『감시와 처벌: 감옥의 탄생』, 번역 개정판, 나남출판, 2016).

Friedman, Milton, "The Role of Government in Education," in Robert A. Solo, ed., *Economics and the Public Interest*, Rutgers University Press, 1955.

설문조사

김희삼, 「4개국 대학생들의 가치관에 대한 조사」, 한국개발연구원·광주과학기술원, 2017.

김희삼·양은아, 「사회정서 교육을 위한 재학생 조사」, 광주과학기술원·비아고등학교, 2025.

12

한국 노동시장의 이중구조 현황과 정책 대응 과제

전병유

1. 한국 노동시장의 이중구조: 왜 문제인가?

한국의 노동시장은 외환위기 이후 전개된 고용 유연화 전략과 산업 구조 재편 과정 속에서 심화된 이중구조적 특징을 보여 주고 있다. 대기업과 중소기업, 원청과 하청, 정규직과 비정규직, 상용직과 임시직 사이의 고용 조건과 처우 격차는 단지 일시적 현상이 아니라 노동시장 전반에 걸쳐 제도적으로 고착된 구조적 불균형이다. 이러한 이중구조는 노동시장의 효율성과 형평성, 그리고 노동자 간의 연대와 이동성을 심각하게 제약함으로써 경제적 불평등을 확대하고, 사회통합의 기반을 약화시키는 핵심 요인으로 작용하고 있다.

특히 최근 들어 고령화, 디지털 전환, 플랫폼 기반 노동의 급속한 확산, 산업 간 생산성 격차 심화 등 구조적인 환경 변화는 기존 노동시장 제도가 포괄하지 못하는 사각지대를 더욱 넓히고 있다. 한국의 고용보험, 직업훈련, 고용 서비스 등 주요 노동시장 제도는 여전히 전일제 상용직 남성 노동자 중심으로 설계되어 있으며, 이에 따라 특수고용, 프리랜서, 플랫폼 노동자, 초단시간 노동자 등은 제도적 보호로부터 배제되는 구조가 유지되고 있다. 이로 인해 실질적인 고용 불안과 사회보험 사각지대는 점점 확대되고 있으며, 노동시장의 분절성과 이중화는 더욱 공고해지는 양상을 띠고 있다.

이러한 상황에서 노동시장 이중구조는 단순한 임금 격차나 고용 형태의 차원을 넘어 노동자의 시민권과 사회적 정의 실현, 나아가 민주주의의 질적 수준과도 직결되는 중대한 정책적 과제로 부상하고 있다. 동일한 노동을 제공하고 있음에도 불구하고 노동자 간 법적 권리와 사회적 보호 수준이 달라지는 것은 근본적으로 헌법상 평등권을 위배하는 문제일 뿐만 아니라, 사회적 신뢰와 상호 책임의 기반을 약화시킨다는 점에서 지속 가능한 경제·사회의 발전을 위협하는 구조적 위험 요인이라 할 수 있다.

한국 노동시장 이중구조의 형성과 심화는 주로 '기업 규모 간 분절'과 '고용 형태 간 분절'이라는 두 축을 중심으로 발생해 왔다. 대기업과 중소기업 간의 임금 및 복지 수준 격차는 구조적인 생산성 차이와 교섭력 차이에 기인하며, 정규직과 비정규직 간의 차별은 고용 유연화 정책, 아웃소싱 확대, 노동비용 절감 전략 등이 누적되어 제도화된 결과이다. 특히 1987년 노동자 대투쟁 이후 일부 정규직의 고용 보호는 강화된 반면, 1997년 외환위기 이후 노동 유연화가 가속화되며 비정규직이 대량 확산되는 양상이 겹쳐지면서, 오늘날의 노동시장 이중구조는 '1987년 체제'와 '1997년 체제'의 충돌이 낳은 복합적 결과로 이해될 수 있다.

노동시장 이중구조 해소는 역대 정부의 노동 정책에 있어 핵심 과제로 설정되어 왔다. 문재인 정부는 '노동존중 사회'를 정책 기조로 삼고 비정규직의 정규직화, 최저임금의 급격한 인상, 주 52시간제의 도입 등 다양한 보호 강화 조치를 단행했으나, 정책 간의 연계성과 실행 체계의 미비, 이해당사자 간 협의 부족으로 인해 구조적 문제 해결에는 미치지 못했다. 특히 민간 부문으로의 정책 확산이 제한되면서, 공공 부문 중심의 개선 조치가 실질적 변화를 가져오기에는 역부족이었다.

윤석열 정부는 '노동시장 개혁'을 핵심 국정과제로 내세우고 근로시간 유연화, 직무성과급 도입, 임금 체계 개편 등을 중심으로 노동 정책의 방향을 설정했다. 그러나 이들 정책은 노동시장 이중구조의 해소보다는 기업의 인사관리 자율성 확대에 초점이 맞추어져 있으며, 노동조합에 대한 정치적 압박, 비정규직 보호 조치의 부재 등은 오히려 구조적 불균형을 심화시킬 수 있다는 비판을 받고 있다. 정흥준(2023)은 윤석열 정부가 '노동시장 이중구조 해소'를 명분으로 내세우고 있으나, 실제로는 노동시간 유연화와 직무성과급 체계를 통해 노동자의 권리를 하향 평준화하려는 전략을 취하고 있다고 비판한 바 있다.

이 장에서는 한국 노동시장 이중구조의 실태를 실증적으로 진단하고, 그 형성과 고착 과정을 제도적·정책적 관점에서 분석하며, 노동시장 이중구조를 완화하고자 했던 기존 정책과 제도 개혁의 성과와 한계를 정리하고, 각 정부별 접근 방식의 차이를 비교 분석한다. 또한 유럽 국가 등 해외 사례와 비교를 통해, 노동시장 구조 개혁의 실질적 조건과 실행 메커니즘에 대한 시사점을 도출하고, 현재 한국 노동시장이 직면하고 있는 디지털 전환, 인구 고령화, 플랫폼 기반 노동 확산 등의 새로운 환경 속에서, 보다 포용적이고 지속 가능한 노동시장 모델을 구축하기 위한 정책 대응 방향을 제시하고자 한다.

특히 노동시장 이중구조 해소를 위한 정책의 단편적 제시를 넘어, 정책 간 연계성, 제도 간 정합성, 이해당사자 간 사회적 대화와 합의 등 '거버넌스 기반의 구조 전환 전략' 수립에 초점을 두고자 한다. 이를 통해 고용 형태와 기업 규모에 따른 차별을 완화하고, 노동시장의 포용성과 이동성을 회복하며, 모든 노동자가 적정한 보상과 보호를 보장받는 공정한 노동 체제를 구축하기 위한 이론적·정책적 기반을 마련하고자 한다.

2. 한국 노동시장의 이중구조 현황

한국의 노동시장은 구조적으로 다층적 분절과 이중화가 중첩된 형태로 작동하고 있다. 이는 고용 형태, 기업 규모, 원청-하청 관계, 성별, 연령, 산업군 등 여러 차원에서 격차를 형성하며 노동시장 내부의 수직적 위계를 고착화시킨다. 특히 정규직과 비정규직, 대기업과 중소기업, 공공 부문과 민간 부문 간의 임금, 복지, 고용 안정성에서의 격차는 구조적 양극화의 핵심 양상이다.

전통적으로 한국의 노동시장 이중구조는 1987년 노동자 대투쟁을 통해 노동 기본권이 대기업 정규직을 중심으로 확대되면서 형성된 '내부자 중심 노동시장'과 1997년 외환위기 이후 신자유주의적 노동시장 유연화 전략이 맞물리면서 더욱 공고해졌다. 그 결과, 고용 보호의 대상이 되는 정규직 중심의 1차 노동시장과 불안정한 고용 형태가 주를 이루는 2차 노동시장 간의 격차가 심화되었다.

대기업 정규직은 노동조합 조직률이 높고 임금 수준도 비교적 높은 반면, 중소기업이나 비정규직, 사내하청, 플랫폼 노동 종사자들은 열악한 근로 조건, 낮은 임금, 낮은 노동권 보장 속에서 노동시장 주변부로 밀려나 있다. 전병유(2022)에 따르면, 대기업-정규직 대비 중소기업-비정규직의 시간당 임금은 45% 수준에 불과하며, 사업체 간 임금 격차는 전체 임금분산의 절반 이상을 설명하는 구조로 확인된다. 또한 노동시장의 하방 이동성은 높지만 상방 이동성은 현저히 낮아, 2차 노동시장에 진입한 노동자는 장기적으로도 1차 노동시장으로 진입하기 어려운 구조적 고착을 보여 준다. 이는 노동시장 내부의 계층 구조가 단순한 유동성이 아닌 폐쇄적 구조로 정착되었음을 시사한다. 특히 여성·청년·고령층·이주노동자 등 취약계층은 이러한 하방 고착의 영향을 더 크게 받고 있다.

OECD와 비교해 보면, 한국은 임금 불평등 지표인 P90/P10 배율이 미국 다음으로 높은 수준이며, 중위임금 대비 저임금 노동자 비율도 매우 높다. 노동시장의 불평등이 전체 가계소득 불평등의 주된 요인이 되는 구조이며, 근로소득이 가계소득의 70% 이상을 차지하는 한국경제에서는 이중구조 완화 없이는 빈곤 해소도 쉽지 않다.

이처럼 한국의 노동시장 이중구조는 단순한 고용 형태 차원을 넘어, 제도적 보호 수준, 협상력, 직업 이동성, 복지 수급 자격 등 다층적인 요소들이 결합되어 있으며, 이는 경제적 양극화뿐 아니라 사회적·정치적 양극화로도 이어질 수 있다는 점에서 심각한 구조적 과제이다. 따라서 정책적 대응은 이중구조의 양태를 다각도로 파악하고, 고용 형태·규모별 불평등뿐 아니라 사회안전망, 직업교육, 임금 체계 전반에 걸친 종합적인 개혁 방향에서 접근할 필요가 있다.

3. 이중구조 완화를 위한 기존의 노동 정책과 노동 개혁의 성과와 한계

1) 해외 국가들의 이중구조 대응 전략

노동시장 이중구조 문제는 비단 한국만의 문제가 아니다. 이는 전 세계적으로 고용 형태의 다변화와 기업 간 경쟁력 격차가 심화되면서 발생하는 구조적 현상으로, 특히 정규직과 비정규직 간의 차별, 대기업과 중소기업 간의 임금 및 복지 격차, 그리고 노동시장 내 상호 이동성의 제약이라는 세 가지 측면에서 공통적으로 나타난다. 이에 따라 많은 유럽 국가들은 각기 다른 역사적·제도적 배경 속에서 이중구조의 완화 또는 예방을 위해 다양한 정책을 실험하고 제도화해 왔다. 이 가운데 덴마크, 네덜란드, 독일, 스웨덴의 사례는 구조적 개혁의 방식과 실행 결과 면에서 중요한 교훈을 제공한다.

덴마크는 유럽에서 가장 대표적인 유연안정성(flexicurity) 모델을 구축한 국가로 평가받는다. 이 모델의 핵심은 노동시장에서의 높은 유연성(flexibility)과 강력한 사회안전망(security)을 동시에 갖춘다는 점이다. 덴마크의 고용 관계는 일반적으로 사용자에게 비교적 자유로운 해고 권한을 허용하는 대신, 실직한 노동자에게는 관대한 실업급여 제도와 체계적인 직업훈련 기회를 제공함으로써, 해고로 인한 생계 불안을 최소화하고 노동시장의 회전을 활성화하는 구조로 되어 있다. 특히 이들은 실업급여의 수급 자격을 엄격하게 조건화하되, 동시에 재취업을 위한 훈련과 일자리 정보 제공에 대한 적극적 지원을 병행하는 적극적 노동시장 정책(Active Labour Market Policies: ALMP, 이하 ALMP라 한다)을 국가의 핵심 정책으로 설정하고 있다. 이러한 시스템은 노동자 입장에서 고용의 지속성과 복지의 연속성을 보장받을 수 있는 기반을 제공하며, 기업 입장에서도 시장 변화에 따라 노동력을 탄력적으로 운용할 수 있는 여지를 확보해 준다. 결과적으로, 덴마크는 고용률이 높고 장기실업률이 낮으며, 노동시장 진입과 이탈이 비교적 원활하게 이루어지는 '동태적 균형'이 가능하다는 평가를 받고 있다. 그러나 이러한 제도는 높은 세율과 막대한 재정 투입을 전제로 하기 때문에, 조세저항이 크거나 복지 기반이 약한 국가에서 그대로 도입하는 데에는 한계가 있다는 점도 존재한다.

네덜란드는 덴마크와 유사한 유연안정성 구조를 바탕으로 하되, 노사정 합의 기반의 정책 설계와 실행에 더 큰 중점을 두고 있다. 특히 1980~1990년대의 이른바 바세나르 협약(Wassenaar Agreement)을 계기로, 사용자 단체, 노동조합, 정부가 임금 억제, 고용 창출, 노동시간 단축 등에 대해 포괄적인 합의를 도출하면서 사회적 대화의 문화가 제도화되기 시작했다. 이러한 협약을 토대로 네덜란드는 시간제 및 임시직 노동의 활용을 제도화하되, 이들의 근로 조건, 임금, 복지, 훈련 기회 등에서 정규직과의 격차를 최소화하는 제도적 장치를 마련했다. 예컨대, 동일노동 동일임금 원칙을 강화하고, 일정 기간 이상 일한 임시직은 자동으로 정규직 전환되도록 법제화하는 등 상호 이동성을 유도했다. 동시에 여성, 청년, 고령자 등의 경제활동참가율 제고를 위해 유연근무제를 확산시킴으로써, 고용률을 높이고 사회 참여의 폭을 확대하는 효과도 거두었다. 다만 네덜란드는 여전히 시간제 노동자의 비중이 높은 구조이며, 고용의 질 측면에서는 부분적인 우려도 존재한다. 특히 저숙련 단순노동 분야에서는 노동자 권익 보호가 충분하지 않다는 지적이 있으며, 경제위기 시기에는 유연고용의 급격한 축소가 실업 증가로 이어지는 불안정성도 나타났다.

독일은 2000년대 초 노동시장 유연화와 복지국가 개혁을 동시에 추진한 '하르츠(Hartz) 개혁'을 통해 이중구조 완화를 시도한 대표 사례이다. 당시 높은 실업률과 낮은 고용률에 직면한 독일은 노동시장 규제를 완화하고, 실업급여 제도를 개편하며, 미니잡(mini-job)과 같은 저시간·저임금 일자리를 제도화함으로써 비정규직의 법적 지위를 부여했다. 이러한 개혁은 실업률 감소와 고용률 증가라는 단기 성과를 가져왔으며, 독일 경제가 유럽 내에서 상대적으로 안정된 고용 구조를 유지하는 데 기여했다. 그러나 동시에 하르츠 개혁은 저임금 일자리 확산, 노동시장 이중화 심화, 빈곤노동자의 증가라는 부작용도 낳았다. 특히 미니잡 제도는 사회보험에서 배제되거나 부분적으로만 포함되어 있어 장기적 복지안전망의 확보에 한계가 있었으며, 소득불균형을 완화하기보다는 고착화시키는 효과를 보였다는 평가도 존재한다. 그럼에도 불구하고 독일은 직업교육 체계의 정교함, 산업별 협약의 강력한 적용, 노동조합과 사용자 간의 실질적 협력이 활발하다는 점에서 이중구조 악화를 일정 부분 억제하고 있다. 특히 '듀얼 트레이닝 시스템'(Dual Training System)은 숙련노동자 양성뿐 아니라 청년 실업 해소에도 효과적으로 작용하고 있으며, 이는 한국이 직업교육 개혁을 고민하는 데 있어서 유용한 벤치마크가 된다.

스웨덴은 이중구조 문제의 심각성이 상대적으로 낮은 국가로 평가받으며, 이는 보편주의적 복지국가 체계와 강력한 노사 협의 전통 덕분이다. 스웨덴은 정규직과 비정규직의 임금 및 복지 격차가 미미하며, 시간제·임시직 역시 선택적·자발적인 성격이 강하다. 이는 국가가 고용 형태와 무관하게 동일한 복지와 권리를 보장하고, 사회적 안전망을 노동시장 전반에 걸쳐 촘촘히 설계했기 때문이다.

특히 스웨덴의 고용 안정성은 해고 시 법적 보호뿐 아니라 실업 후의 신속한 복귀를 위한 훈련·취업 연계 프로그램이 잘 정비되어 있는 점에서 유럽 내에서도 우수한 사례로 손꼽힌다. 이와 함께, 산별노조 중심의 교섭 구조와 고용주 협회와의 실질적인 대화 채널은 노동시장 정책을 장기적 관점에서 설계할 수 있도록 하며, 정권 변화에 따라 노동 정책이 급변하는 한국과는 대조적인 구조를 보여 준다. 다만 스웨덴도 최근에는 이민자와 젊은 층을 중심으로 고용 격차가 벌어지는 현상이 나타나고 있으며, 플랫폼 노동의 증가로 인해 기존 제도만으로는 대응이 어려운 새로운 형태의 노동 불평등이 등장하고 있다는 점에서 새로운 정책 전환의 압박을 받고 있다.

이처럼 유럽 각국은 자국의 제도적 토대와 사회적 합의 구조에 기반하여 노동시장 이중구조에 대응해 왔다. 공통적으로 확인되는 점은 고용의 유연성을 확보하되, 사회적 안전망을 강화하고, 상호 이동성을 촉진하며, 사회적 대화를 통해 정책을 추진했다는 것이다. 특히 유연안정성이라는 개념은 이중구조 완화를 위한 포괄적이고 구조적인 대응 전략으로 주목받는다.

한국은 이러한 유럽 사례에서 얻을 수 있는 교훈을 바탕으로, 고용 형태에 따른 권리 격차를 해소하고, 노동시장의 상호 이동성을 확대하며, 포용적인 제도 설계를 통해 지속 가능한 노동시장을 구축해 나가야 한다. 그러나 한국의 제도적 기반은 유럽보다 협소하고, 사회적 대화 기반도 취약하므로, 각국 사례를 단순히 모방하기보다는 국내 노동시장 구조와 제도적 특성에 맞춘 점진적이고 현실적인 유연안정성 모델 설계가 요구된다.

2) 코로나19 이후의 정책 대응

최근 노동시장의 이중구조 문제는 전통적인 정규직과 비정규직의 격차를 넘어서, 디지털 플랫폼 노동의 확산, 고령화, 복지 제도의 지속 가능성 위협 등으로 인해 더욱 복합적이고 동태적인 양상으로 변화하고 있다. 이러한 흐름에 대응하여 유럽 주요 국가들은 노동시장 개혁을 지속적으로 추진해 왔으며, 특히 2023년 이후에는 코로나19 이후 고용시장 재편과 디지털 전환의 심화, 사회안전망의 재정비 필요성 등에 따라 노동시장 구조 전반에 대한 제도적 재구성이 활발히 이루어지고 있다(OECD, 2023).

가장 주목할 만한 사례는 유럽연합(EU)의 플랫폼 노동자 보호 입법이다. 2023년 12월 채택된 EU 지침은 플랫폼 기업이 노동자에게 해고, 업무 배정, 근무시간 등에 있어 자동 알고리즘을 사용하는 것을 엄격히 제한하고, 일정 조건을 충족할 경우 플랫폼 노동자를 '근로자'로 간주하여 고용 관련 권리를 보장하도록 했다(European Commission, 2023; Scott, 2023). 이는 스페인의 '라이더법'을 넘어, EU 전체 차원에서 플랫폼 노동에 대한 법적 정의와 보호 체계를 정립하려는 움직임이라 할 수 있다.

프랑스는 2024년 3월 실업급여 제도 개편을 단행하며 수급 기간을 기존 18개월에서 12개월로 축소하고, 수급 요건을 강화했다(Le Monde, 2024a). 이는 실업자의 조기 복귀와 국가 재정 건전성 확보를 목표로 하지만, 노동계는 사회적 보호의 약화를 비판하며 반대의 입장을 표명하고 있다. 독일은 기존 하르츠 IV(Hartz IV)를 폐지하고 2023년 1월부터 'Bürgergeld'(시민수당)를 시행했다. 이 제도는 실업자에 대한 지원을 확대하고 훈련 참여 시 인센티브를 제공함으로써 보다 포용적인 고용 복지 모델을 지향한다(Gabriel, 2023). 특히 실업자의 권리 보장과 낙인 효과 완화를 목적으로 설계되어, 기존 제도의 문제점을 보완하고 있다. 스웨덴은 고령화에 대응하기 위해 실업급여 제도의 지급 구조를 점진적 축소 방식으로 조정하고, 연금 수령 연령을 기대수명에 따라 연동하도록 개편 중이다(Le Monde, 2024b). 이는 고령 노동자의 노동시장 잔류를 유도하고, 공적 연금 제도의 지속 가능성을 확보하려는 전략적 접근이다.

OECD는 최근 보고서를 통해 유럽 국가들이 ALMP를 강화하고 있다고 밝히며, 디지털 고용 서비스 구축, 민간 연계 직업훈련, 청년 및 이주노동자 대상 프로그램 확대 등을 중점 과제로 제시했다(OECD, 2023).

이러한 개혁들은 디지털 전환, 복지 재정비, 고령화 대응 등 현대 노동시장이 직면한 복합적 문제에 유연하게 대응하려는 제도적 실험이며, 고용 형태 간 격차 해소와 포용적 노동시장 구축이라는 정책 목표에 기여하고 있다. 한국 역시 이와 같은 흐름을 주목해야 하며, 특히 한국형 유연안정성 모델 구축 시 이러한 요소들을 설계에 적극 반영할 필요가 있다.

3) 한국의 정책 대응 평가

한국의 노동시장은 지난 25년 동안 급격한 제도 변화를 겪으며 이중구조화의 길로 들어섰다. 특히 1997년 외환위기를 기점으로 고용 유연화와 노동시장 구조조정이 본격화되었으며, 이는 정규직과 비정규직 간의 차별, 대기업과 중소기업 간의 격차, 공공 부문과 민간 부문의 이질화 등 다층적인 노동시장 분절 구조를 만들어 냈다. 이후 각 정부는 이러한 이중구조를 해소하기 위한 정책들을 추진했으나, 단기적 대응에 머무르거나 실효성 확보에 실패하면서 문제는 오히려 고착화되고 있는 양상이다.

1997년 외환위기 직후 김대중 정부는 IMF 구제금융 조건에 따라 정리해고제, 근로자파견제 도입 등 노동시장 유연화를 핵심 과제로 추진했다. 당시 정부는 고용의 안정성보다는 일자리 유지와 기업 회생에 중점을 두었고, 이 과정에서 노동자의 고용 불안정성이 제도적으로 확산되었다. 특히 비정규직 고용이 광범위하게 허용되면서 정규직-비정규직 이중구조의 시초가 마련되었다. 이후 노무현 정부는 '양극화 해소'를 기치로 노동복지 확대와 사회적 대화 강화를 시도했다. 2003년 경제사회발전노사정위원회를 통해 비정규직 보호법을 추진했으나, 경영계와 노동계의 입장 차이로 인해 제대로 시행되지 못했다. 오히려 2006년 비정규직 보호법은 기간제 고용을 합법화하고 2년 후 자동 해고되는 구조를 낳아, 비정규직의 구조적 확산을 초래했다는 평가도 있다. 이명박 정부는 고용 창출보다는 기업 투자와 규제 완화에 방점을 두었으며, 노동시장은 '간접고용', '용역화', '무기계약직' 등 새로운 유연화 형태가 본격적으로 확산되던 시기였다. 일자리 창출 정책은 단기 아르바이트성 공공 일자리에 집중되었고, 고용 안정성과 사회적 보호에는 소극적이었다. 박근혜 정부는 2015년 '노동시장 구조개혁'을 본격적으로 추진했다. 특히 취업규칙 변경 요건 완화, 일반해고 요건 완화, 임금피크제 도입, 직무 중심 인사관리 전환 등 '노동개혁 4대 입법'과 양대 지침을 제시했다. 그러나 이 과정에서 노동계와의 갈등이 극대화되었고, 대화 없는 개혁은 사회적 저항에 직면하여 결국 입법 추진은 실패로 돌아갔다. 공공 부문에서는 비정규직 무기계약직 전환이 일부 이루어졌지만, 근로 조건의 질 개선에는 한계가 있었다.

문재인 정부는 출범 당시 '노동존중 사회'를 핵심 국정기조로 제시했으며, 노동시장 이중구조 해소와 사회적 포용 강화를 목표로 하는 다양한 정책들을 추진했다. 대표적인 정책으로는 공공 부문 비정규직 정규직화, 최저임금의 급격한 인상, 주 52시간제 도입, 청년고용 정책(청년추가고용장려금, 청년내일채움공제), ILO 핵심 협약 비준 추진 등이 있다. 공공 부문 정규직 전환은 총 20만 명 규모로 진행되었으며, 대표적인 사례로 인천공항공사의 비정규직 정규직화가 있었다. 이는 노동시장 하부구조를 개선하는 데 일정한 기여를 했으나, 민간 부문으로의 확산에는 실패했다. 또한 급격한 최저임금 인상(2018년 16.4% 인상)은 저임금 근로자의 임금 수준을 끌어올리는 효과가 있었지만, 자영업자와 소상공인의 부담 증가, 일부 일자리 감소 등 부작용도 함께 야기했다. 근로시간 단축(주 52시간제)은 일·생활 균형 문화를 확산시켰지만, 중소기업의 대응 여력 부족과 탄력근무제 도입 지연 등으로 현장 혼란을 야기했다. ILO 핵심 협약 비준은 노동권 강화를 위한 상징적인 조치였으나, 노사 간 쟁점은 여전히 해소되지 못했다.

종합적으로 볼 때, 문재인 정부의 노동 정책은 보호 강화를 중심으로 정책 방향을 설정한 점에서는 긍정적 평가를 받을 수 있으나, 정책 간의 연계 부족과 실행력의 미비, 특히 사회적 합의 기반의 부재로 인해 구조적 이중구조를 해소하는 데는 실패했다는 비판이 제기된다.

윤석열 정부는 전임 정부의 정책 기조와 차별화된 접근을 취하고 있다. '노동시장 개혁'을 3대 국정과제로 설정하고 근로시간 제도 유연화, 임금 체계 개편, 직무 중심 인사관리 도입, 노조 회계 투명성 강화 등을 주요 정책 방향으로 제시하고 있다.

정부는 2023년 '근로시간 제도 개편안'을 통해 주 52시간제를 연단위 총량 관리 방식으로 유연화하는 방안을 발표했다. 그러나 장시간 노동의 합법화 논란과 국민 여론의 반발로 인해, 같은 해 7월 대통령실이 재검토를 지시하면서 정책 추진이 중단되었다. 이는 노동시간 개편에 있어 사회적 합의의 중요성을 다시금 부각시킨 사례이다.

임금 체계 개편과 관련해서는 '직무성과급제'의 도입을 추진하고 있으나, 현장에서는 연공급 관행의 저항, 노조와의 충돌 등으로 속도 조절이 불가피한 상황이다. 정부는 공공 부문부터 직무급을 확대하려는 시도를 진행하고 있으나, 민간 부문 확산을 위한 유인책과 사회적 대화는 여전히 부족하다. 또한 플랫폼 노동자와 특수고용직에 대한 정책은 여전히 초기 수준에 머물고 있다. 고용보험 확대와 고용안전망 포괄을 위한 방안이 제시되었지만, 법제화에는 난항을 겪고 있으며, 사회보험 적용 대상 확대에 대한 정치적·재정적 갈등도 여전히 존재한다. 2024년 기준 고용보험 가입자는 전년 대비 증가했으며, 이는 고용의 양적 회복을 보여 주는 지표이기는 하나, 질적 고용의 개선 여부는 아직 명확하지 않다. 비정규직 비중은 여전히 38% 수준에 이르고 있으며, 대기업과 중소기업 간의 임금 격차, 정규직과 비정규직 간의 근속·복지 차이는 여전히 심화되고 있다.

이상과 같이 1997년 이후 한국의 노동시장 정책은 노동시장 유연화에 집중했던 외환위기 이후 정부들, 사회적 보호 강화에 집중했던 문재인 정부, 다시 유연화로 회귀하며 규제 개혁을 추구하는 윤석열 정부로 이어지며 뚜렷한 진영적 전환을 거듭해 왔다. 그러나 이 과정에서 지속되고 있는 문제는 '이중구조 완화'라는 목표가 일관되게 실현되지 못하고 있다는 점이다.

정부마다 강조점은 달랐지만, 유연화는 하향 평준화로 흐르고, 보호는 제도 밖에 있는 다수의 노동자를 포괄하지 못했다. 단기적 성과 중심, 정권 주도의 단절된 개혁, 사회적 대화의 미비, 정책 간 연계 부족은 반복적으로 개혁의 실패를 재생산해 왔다. 특히 플랫폼 노동의 확산, 고령화, 디지털 전환이라는 구조적 변화는 새로운 형태의 노동 불평등을 유발하고 있음에도 불구하고, 이에 대응할 전략은 여전히 미흡한 수준이다.

기존의 이중구조 완화 정책들은 공통적으로 몇 가지 근본적인 한계를 지니고 있다.

첫째, 정책 간 연계성과 일관성 부족이다. 노동시장 정책은 산업 정책, 복지 정책, 교육훈련 정책 등과 유기적으로 연결되어야 효과를 발휘할 수 있지만, 그동안의 정부 정책은 개별 제도의 도입에만 초점을 맞추는 경향이 강했다. 예를 들어, 비정규직 정규직화 정책이 공공 부문에 한정되고 민간 부문에서는 별다른 유인책이나 규제가 없었던 점은 정책의 파급력을 제한했다.

둘째, 사회적 대화와 정책 합의의 부재이다. 한국의 노사정 대화는 여전히 제도적 신뢰와 협력 기반이 약하며, 정치적 의도나 정권 교체에 따라 쉽게 흔들리는 구조이다. 이로 인해 장기적 노동시장 개혁에 필요한 안정적 기반을 마련하지 못하고, 매번 정책이 정권마다 단절되거나 되풀이되는 문제가 발생했다.

셋째, 정규직 중심의 개혁 접근이다. 정규직의 고용 안정성을 낮추어야 외부 노동과의 균형이 가능하다는 전제가 깔린 개혁은 내부자-외부자 간의 연대를 구축하기보다는 갈등을 증폭시켰다. 실제로 하향식 개혁은 노동계의 강력한 반발을 유도했으며, 그 결과 정책 실행은 번번이 좌초되었다.

넷째, 비정규직 정책의 단편성과 형식주의이다. 정규직 전환 대상 선정 기준의 모호성, 기간제 남용, 특수형태 노동 및 플랫폼 노동 확대 등 기존 통계에 반영되지 않는 '비가시적 비정규직'이 빠르게 증가하고 있음에도 불구하고 이에 대한 제도적 대응은 여전히 미비하다.

마지막으로, 노동시장 구조 자체를 전환하려는 비전과 거버넌스의 부재도 크다. 이중구조 완화는 단지 고용 형태 조정의 문제가 아니라, 교육-훈련-고용-복지 전반에 걸친 포괄적 접근이 필요하다. 그러나 지금까지의 개혁은 이러한 구조 전환보다는 단기 처방에 머물러 있었다.

향후 노동시장 개혁은 이중구조의 하방 고착을 해소하고 상호 이동성을 회복하기 위한 유연성과 안정성의 균형적 설계가 핵심이 되어야 한다. 즉, 단순히 규제를 푸는 것이 아니라, 유연성을 보장하되 실업보험, 재직훈련, 복지 연계 등 제도적 안전판을 함께 마련하는 '한국형 유연안정성 모델'이 요구된다. 더불어 개혁의 정당성과 실행력을 높이기 위해서는 노사정 간의 실질적 대화, 사회적 합의 기반의 정책 추진이 반드시 필요하다.

4. 노동시장의 이중구조 완화를 정책 대응: 방향과 과제

1) 한국형 유연안정성 모델 구축

한국의 노동시장은 구조적 이중구조 문제로 인해 포용성과 지속 가능성이 심각하게 훼손되고 있다. 정규직과 비정규직, 대기업과 중소기업, 원청과 하청 등으로 분절된 이중구조는 노동시장의 형평성과 역동성을 동시에 저해하고 있으며, 특히 비정형 고용 확대, 플랫폼 노동 확산, 인구 고령화 등으로 인해 이러한 문제는 더욱 복잡하고 심화되고 있다. 이러한 상황에서 한국 노동시장 구조를 실질적으로 전환하기 위해서는 기존 제도와 정책의 단편적 수정이 아닌, 노동시장 체계를 전면적으로 재구성하는 전략이 요구된다.

이때 주목할 수 있는 정책 프레임워크가 바로 유럽 복지국가들이 채택해 온 유연안정성(flexicurity) 모델이다. Flexicurity란 고용의 유연성과 사회적 안정성이라는 두 개념을 통합적으로 접근하는 노동시장 정책 전략으로, 덴마크, 네덜란드, 독일 등에서 고용 경직성 문제와 노동시장 이중구조 해소를 위해 활용된 바 있다(Madsen, 2006; OECD, 2018). 이 모델은 유연한 노동시장 규칙, 관대한 실업 보장, ALMP, 노사정 협력 기반의 사회적 대화라는 네 가지 축으로 구성되어 있으며, 노동자 해고와 고용이 상대적으로 자유로운 대신, 재취업 기회와 사회적 안전망을 보장함으로써 노동시장 순환성을 높이고 사회 통합을 유지한다.

그러나 이러한 유럽형 모델을 한국에 단순 이식하는 것은 쉽지 않다. 한국은 상대적으로 강한 정규직 보호, 매우 취약한 사회안전망, 고용 형태 간 낮은 상호 이동성, 협력적 노사관계 부재라는 구조적 제약 요인을 안고 있기 때문이다(전병유, 2020). 따라서 유연안정성의 한국형 적용은 제도의 도입 그 자체보다는 한국 사회의 제도적 기반과 정치경제적 조건, 노동시장 구조를 반영한 한국형 유연안정성 모델(K-Flexicurity)로 재설계되어야 한다.

이러한 한국형 유연안정성 모델이 실현되기 위해서는 몇 가지 핵심 구성 요소가 필요하다. 첫 번째는 고용 유연성의 방향 재정립이다. 지금까지의 유연성 정책은 비정규직 확대와 정규직 해고 요건 완화 중심의 '하향 평준화'에 가까웠다. 그러나 진정한 유연성은 전방위적 유연화를 기반으로 해야 하며, 이는 정규직과 비정규직 모두를 포함하는 구조에서 노동자의 권리 보호와 고용 안정성이 함께 추구될 때 실현 가능하다. 정규직 고용 보호는 성과 평가에 기반한 인사 제도와 전환배치 활성화를 통해 점진적으로 조정하되, 비정규직은 상시·지속 업무에 대해 정규직 전환을 법제화하고, 사용 시 계약서 작성, 사유 명시, 통지 의무 등을 제도화해야 한다(장지연 외, 2019).

두 번째 요소는 고용 안정성을 위한 소득보장 체계의 강화이다. 현재 한국의 실업보험은 가입 요건이 엄격하고, 수급 수준과 기간 모두 제한적이며, 특히 특수고용직, 프리랜서, 플랫폼 종사자 등은 제도의 사각지대에 방치되어 있다. 이를 개선하기 위해서는 고용보험의 적용 범위를 비정형 노동자까지 확대하고, 실업급여의 지급 요건을 완화해야 하며, 소득 연동형 보장 방식 도입과 같은 기본 고용보장 제도를 중장기적으로 검토할 필요가 있다(OECD, 2023).

세 번째는 ALMP의 전면 강화이다. 현재의 직업훈련 체계는 공급자 중심의 형식적 운영에 머무르고 있으며, 실제 직무와의 연결성이 약하고 참여자 접근성도 떨어진다. 따라서 민간 중심의 단기 훈련을 넘어 공공 기관과 대학, 산업계가 협력하는 직무 기반 역량 개발 체계를 구축하고, 디지털 전환과 산업 구조 변화에 부합하는 인공지능(AI), 빅데이터, 친환경 에너지 등 신기술 중심 직무훈련을 전략적으로 육성할 필요가 있다. 이와 함께 커리어 전환 상담, 경력 설계 프로그램, 구직자 맞춤형 훈련 플랫폼 등 직업 전환 인프라 구축도 병행되어야 한다(Gabriel, 2023).

마지막으로, 사회적 대화와 협력적 거버넌스 체계의 구축이 필요하다. 한국에서 노동시장 개혁이 반복적으로 실패해 온 근본 원인은 사회적 신뢰 부족과 노사정 간 실질적 협의의 부재이다. 따라서 현재의 경제사회노동위원회를 정책 설계 및 실행을 담당하는 실질적 협의기구로 전환하고, 산업별·지역별 산별교섭 활성화를 통해 직무급제, 복지, 훈련, 사회보험 등을 포괄하는 노사 합의 체계를 제도화할 필요가 있다(전병유, 2022).

이러한 한국형 유연안정성 모델은 단계적이고 통합적인 추진 전략에 따라 설계되어야 한다. 초기 단계에서는 제도적 기반 조성과 정책 공론화를 통해 사회적 수용성을 확보하고, 비정규직 보호와 직업훈련 체계 개선을 선도적으로 실행해야 한다. 이후에는 실업급여와 사회보험의 보장성을 확대하고, 고용 서비스의 디지털화 및 직무 매칭 기능 고도화를 추진하면서, 중장기적으로는 산업 정책, 복지 정책, 고용 정책을 통합적으로 연계하는 시스템을 구축해야 한다.

궁극적으로 이 모델은 단기적으로는 노동시장 하부구조의 취약성을 개선하고, 중장기적으로는 고용 형태 간 격차 해소, 노동 이동성 제고, 사회적 신뢰 회복을 통해 노동시장 구조의 전환을 이끌어 내는 전략이 될 수 있다. 이는 정규직과 비정규직, 대기업과 중소기업, 플랫폼 종사자와 전통 임금근로자 모두가 상생하는 노동질서를 가능하게 하며, 유연성과 포용성이 조화를 이루는 '지속 가능하고 공정한 노동시장' 구축에 기여할 수 있다.

2) 노동시장 내 격차 해소

한국 노동시장의 이중구조는 정규직과 비정규직, 대기업과 중소기업 간의 임금 및 복지 수준, 고용 안정성과 사회보장 접근성 등 전반적인 고용조건에서 뚜렷하게 나타나고 있다. 비정규직 근로자의 평균 임금은 여전히 정규직 평균 임금의 60%대에 머물고 있고, 중소기업 정규직의 평균 임금도 대기업의 60%대에 머무르는 등 기업 규모 및 고용 형태에 따른 격차는 노동시장 분절을 고착화시키는 핵심 요인으로 작용해 왔다. 이러한 구조적 격차는 노동자의 생계 수준뿐 아니라 노동시장 전체의 효율성과 유연성, 나아가 사회 통합을 저해하는 중대한 문제로 이어지고 있다.

이러한 이중구조를 완화하기 위한 핵심 전략 중 하나로 연대임금(solidarity wage) 정책이 제안되고 있다. 연대임금 전략은 동일가치노동 동일임금 원칙을 바탕으로 고임금 부문의 과도한 임금 상승을 자제하거나 저임금 부문과 혜택을 공유하여 전체 임금 구조의 균형을 도모하는 방식이다. 이는 스웨덴이 1950~1960년대에 산업 간 임금 격차를 완화하면서 노동자 단결을 촉진하고 기업 간 생산성 격차를 줄이는 데 성공한 사례에서 그 효과가 입증되었다. 이후 연대임금은 ALMP와 결합되어 복지국가 모델의 중요한 축으로 기능해 왔다. 한국에서도 대·중소기업 간 임금 격차 해소와 원하청 노동자의 상생을 위한 실천 사례들이 나타나고 있다. 예컨대, 현대자동차 노조는 하청노동자에게 본사 정규직보다 높은 임금 인상률을 적용하는 '하후상박' 방식으로 격차 축소를 도모했고, SK이노베이션은 노사가 출연한 공동 기금을 통해 협력업체 근로자의 복지 향상에 기여했다. 이에 더해 정부는 2023년 "상생연대 임금격차 축소 지원사업"을 도입하여 원청기업과 협력업체 간의 연대 노력에 재정적 인센티브를 부여하며 제도적 기반을 마련했다.

이러한 정책 흐름은 임금 체계 개편 논의와도 연결된다. 한국의 연공서열 중심 임금 체계는 기업 내부 고임금-저임금 격차를 키우고 정규직 중심의 고임금 구조를 고착화하는 데 기여해 왔다. 이에 따라 직무의 가치에 따라 임금을 책정하는 직무급, 또는 성과와 능력에 따른 능력급 체계로의 전환이 대안으로 제시된다. 직무급제는 동일노동 동일임금을 실현하고, 기업 간 과도한 임금 차이를 조정할 수 있는 제도적 기반이 될 수 있다. 다만 기존 임금 수준을 유지하고 있는 고연령 정규직 노동자의 반발을 최소화하고, 노사 간 갈등을 조정하기 위해서는 산별 노조 및 기업별 노조 간의 조율과 사회적 합의가 필수적이다. 전병유(2022)는 직무급제, 복지, 훈련, 사회보험을 포괄하는 산업별 교섭 체계를 통해 기업 단위를 넘어 임금과 고용 조건의 표준화와 보장을 실현해야 한다고 주장한 바 있다. 현재 일부 제조업 분야에서는 협약 확장이나 중소기업 공동교섭이 시도되고 있으며, 이는 제도적 확산과 법제화를 통해 보다 광범위한 격차 완화 효과를 거둘 수 있을 것이다.

또한 기업 간 임금 격차의 구조적 원인을 해결하기 위한 정책으로, 납품단가 연동제의 실질적 시행과 공정거래위원회의 감독 권한 강화를 통한 거래 구조 개선이 필요하다. 현재 대다수의 중소기업은 대기업에 의한 단가 결정권 종속과 원가 인상 전가의 불공정 거래 관행 속에 이윤을 확보하지 못하고 있으며, 이는 임금 지급 능력의 근본적 제한으로 이어진다. 최근 「하도급거래 공정화에 관한 법률」 개정으로 원가 인상 시 납품단가 조정이 가능해졌지만, 실제로는 계약서 작성의 실효성 확보와 법 집행력 강화가 병행되어야 한다. 이를 위해 공정위의 모니터링 기능을 강화하고, 연동계약서 표준안을 보급하며, 공공 조달 분야에서 선도 사례를 확산시킬 수 있는 정책 설계가 요구된다. 이는 중소기업 노동자의 처우 개선뿐 아니라 산업 생태계의 지속 가능성을 위해서도 핵심적인 조치라 할 수 있다.

더 나아가, 공공 조달 및 국가 R&D 과제에서 노동친화적 중소기업에 가점을 부여하는 방식으로 '좋은 일자리'를 유도하고, 양질의 고용을 창출하는 유인을 제도화할 필요가 있다. 공공 조달 시장이 연간 140조 원을 상회하는 한국의 상황에서, 정부는 최대 구매자로서의 권한을 활용해 고용의 질을 조달·R&D 지원의 핵심 기준으로 삼을 수 있다. 정규직 비율, 사회보험 가입률, 직업훈련 참여율 등이 일정 기준 이상인 기업에 가점을 부여하면, 중소기업은 자발적으로 고용 환경 개선에 나설 유인을 가지게 된다. 이와 더불어, 대기업과 중소기업 간 훈련 인프라 공동 활용 체계를 구축함으로써, 중소기업의 인재 개발 여건을 개선하고 숙련노동자 육성에도 기여할 수 있다. 예컨대, 대기업이 보유한 직업교육 콘텐츠나 설비를 산업단지 또는 혁신 클러스터 내 중소기업과 공유하고, 정부는 이를 지원하는 컨소시엄형 훈련센터를 설계하여 훈련 공동화를 제도화하는 방식이 가능하다.

이러한 복합적인 임금 격차 해소 전략은 단기적으로는 저임금 노동자의 삶의 질 향상, 장기적으로는 중소기업의 인력 유입과 인적 자원 질 개선을 통해 노동시장 양극화 완화와 사회 통합에 기여할 수 있다. 물론 이 같은 변화는 노사정 간 사회적 대화와 협력을 바탕으로 점진적으로 추진되어야 하며, 급격한 임금 상승이 기업의 생산성과 지속 가능성을 위협하지 않도록 정책적 조율과 거버넌스 구축이 병행되어야 한다. 정부는 이러한 흐름을 촉진하기 위해 세제 인센티브, 재정 매칭, 평가 기준 변경 등 실질적인 유인을 제공하고, 이를 통해 연대임금과 임금 격차 완화 전략이 산업계 전반에 확산되도록 하는 조정자 및 촉진자의 역할을 수행해야 한다.

3) 고용안정망 구축

한국 노동시장에서 고용안전망은 실직이나 소득 단절이라는 위기 상황에 처한 노동자가 최소한의 생계를 유지하며 재취업을 준비할 수 있도록 지원하는 핵심적인 사회보장 인프라로 작동한다. 전통적인 정규직 중심의 고용 구조가 점차 해체되고, 비정규직, 특수형태근로종사자, 플랫폼 종사자 등 비전형 고용이 빠르게 확산됨에 따라, 기존 고용보험 체계가 포괄하지 못하는 사각지대는 더욱 확대되고 있다. 고용안전망은 이러한 구조적 변화 속에서 단순한 복지 수단을 넘어 노동시장의 유연성과 역동성을 뒷받침하는 전략적 장치로 재정의될 필요가 있다.

가장 시급한 과제는 실업급여 제도의 적용 범위 확대와 수급 요건의 유연화다. 기존 고용보험 제도는 일정한 근속 기간과 비자발적 이직이라는 제한된 조건을 충족해야 수급 자격이 주어지는 구조였으며, 자영업자, 플랫폼 노동자, 프리랜서 등 다양한 고용 형태의 종사자는 제도 밖에 머무르고 있는 경우가 많았다. 2023년 기준 전체 취업자 중 고용보험 가입자는 약 1,570만 명으로, 전체의 약 70% 수준에 불과하다는 통계는 이러한 한계를 명확히 드러낸다(고용노동부, 2023). 이 같은 제도의 포괄성 부족은 특히 반복적인 단기 고용과 불안정한 소득 구조를 지닌 취약 계층의 노동자들에게 심각한 문제로 작용하며, 이들을 위한 보호장치는 실질적으로 부재하다.

이에 따라 고용보험의 적용 대상을 단계적으로 전체 취업자로 확대하고, 소득 기반의 보험료 부과 체계로의 전환이 요구된다. 이는 고용 형태에 상관없이 일정 수준 이상의 경제 활동 소득이 있는 개인을 모두 사회보험 시스템에 포함시키는 방향으로 제도의 설계를 재구성하는 것을 의미한다(OECD, 2018). 특히 단시간 근로자, 이직이 잦은 산업 종사자, 구직 기간이 장기화되는 고령층과 저소득층에 대해서는 실업급여 지급 요건의 기준을 유연하게 조정하고, 급여 수준 및 지급 기간 또한 탄력적으로 운영될 수 있도록 해야 한다.

더불어 특수고용직과 플랫폼 노동자 등 전통적 고용 관계에 속하지 않는 노동자를 포괄하기 위한 특별한 고용보험 설계가 필요하다. 이들은 고용주가 명확하지 않거나, 소득이 불규칙하며, 노동 관계의 법적 지위 또한 모호한 경우가 많아 기존 제도의 적용이 어렵다. EU 국가들처럼 디지털 플랫폼 기업에게 보험료 납부 책임을 부과하고, 플랫폼 노동자의 소득정보를 기반으로 자동 납부를 실시하는 방식은 한국에도 유의미한 시사점을 제공한다(European Commission, 2023). 아울러 동일한 소득 수준과 위험 수준에 대해 동일한 사회보장을 제공하는 '보편적 고용보험' 체계로의 이행은 제도의 형평성과 지속 가능성을 동시에 확보할 수 있는 방향으로 평가된다.

한편 실업급여 제도의 사각지대에 위치한 무급 실직자, 자발적 이직자, 장기 실직자 등을 위한 보충적 소득보장 체계도 강화되어야 한다. 현재 존재하는 기초생활보장 제도는 기준이 엄격하고 대응 속도가 느려 단기적인 소득 단절 문제를 흡수하기에는 한계가 크다. 이에 따라 고용과 무관하게 소득 수준을 기준으로 지급되는 고용지원수당이나, 조건부 구직 활동과 연계된 생계보조 제도, 직업훈련 수당 확대 등이 함께 검토되어야 한다. 이러한 보조 제도는 단순한 생계 지원 기능을 넘어서 노동자의 재취업 가능성을 높이는 전환 전략으로 작동할 수 있다.

고용안전망 강화는 동시에 재정의 지속 가능성과도 직결되는 문제이기에, 제도 확대에 따른 재정 부담을 분산할 수 있는 장치 마련도 중요하다. 보험료율의 자동조정장치(automatic stabilizer)를 도입하여 경기 변동에 따라 수입과 지출이 균형을 맞출 수 있도록 하고, 플랫폼 기업이나 특수고용 사용자에게 일정한 사회보험 분담 책임을 부과함으로써 제도의 형평성을 제고할 수 있다. 이는 보험재정의 안정성과 사회적 수용성 모두를 높이는 효과적인 방안이 될 수 있다.

이러한 과제를 포괄적으로 담아낸 정책으로는 2020년 12월 정부가 발표한 '전 국민 고용보험 로드맵'이 있다. 이 계획은 2025년까지 고용보험 가입 대상을 2,100만 명으로 확대하고, 기존의 임금 기반 체계를 소득 기반 체계로 전환함으로써 모든 경제활동인구를 포괄하려는 접근이었다(고용노동부, 2020). 이후 예술인(2020), 특수형태근로종사자(2021), 플랫폼 종사자(2022)가 순차적으로 고용보험 적용 대상에 포함되었으며, 국세청은 인적 용역, 일용근로소득 등에 대한 월별 소득 파악 체계를 구축하고 있다. 다만 정권 교체 이후 정책 추진 동력이 약화되고, 실시간 소득 파악 체계의 법제화나 고용보험 전면 적용 논의는 정체되고 있는 실정이다. 그럼에도 불구하고 고용 형태가 다변화되고 노동시장의 불안정성이 심화되는 상황에서, 전 국민 고용보험 제도의 도입과 정착은 여전히 중대한 정책 과제로 남아 있다.

결론적으로, 고용안전망은 단순히 실업자에 대한 생계 보장을 넘어 모든 노동자가 존엄하게 일하고 재취업 가능성을 추구할 수 있는 사회적 기반이다. 전 국민 고용보험은 그러한 기반의 중심축이며, 이를 실현하기 위해서는 제도의 포괄성 확대, 수급 요건의 유연화, 재정 안정성 확보, 사회적 합의와 정치적 의지, 그리고 행정적 집행 역량이 유기적으로 작동해야 한다. 이와 같은 포괄적 고용안전망의 확충은 이중구조 해소와 포용적 노동시장 체제로의 이행을 위한 필수적 조건으로 자리매김해야 한다.

4) 적극적 노동시장 정책

적극적 노동시장 정책(ALMP)은 실업자의 재취업을 지원하고 노동력의 질을 향상시키며, 노동시장의 유연성과 안정성을 동시에 확보하는 핵심적인 정책 수단이다. 이러한 정책은 고용 서비스의 효율화, 직업훈련의 내실화, 고용장려금, 직접 일자리 제공 등을 통해 실업 기간을 단축하고 구직자의 노동시장 재진입 가능성을 제고함으로써, 한국 노동시장이 직면한 구조적 이중구조 문제의 완화에 기여할 수 있다. 특히 비정형 고용의 확대, 기술 전환의 가속화, 청년 및 중장년층의 고용 불안 등 복합적 과제에 직면한 현재의 노동시장에서는 ALMP의 역할이 더욱 중요해지고 있다.

먼저, 고용 서비스의 혁신은 ALMP의 기초를 구성하는 핵심 영역이다. 그동안 한국의 고용 서비스는 공공고용센터 중심의 오프라인 취업 알선에 의존해 왔으나, 노동시장 변화에 대응하기 위해서는 디지털 전환이 필수적이다. 온라인 기반의 통합 고용 서비스 플랫폼 구축은 구직자와 구인기업 간의 매칭 효율성을 제고하고, 데이터 기반의 맞춤형 서비스 제공을 가능하게 한다. EU는 디지털 고용 서비스의 확대와 민간 고용 서비스 기관과의 협력을 통해 고용 서비스의 접근성과 품질을 높이는 데 성공했으며, 이는 한국에도 시사점을 제공한다(European Commission, 2023). 특히 AI와 빅데이터를 활용한 개인 맞춤형 직업상담 및 채용정보 제공 시스템은 청년층, 경력 단절 여성, 고령자 등 노동시장 취약계층의 참여를 촉진하는 데 효과적이라는 평가를 받고 있다(OECD, 2021).

직업훈련 체계의 개편 또한 ALMP의 중요한 축이다. 한국의 직업훈련은 오랜 기간 공급자 중심으로 운영되며, 형식적이고 실효성이 낮다는 비판을 받아 왔다. 실제 산업 수요와의 연계가 미흡하고 중소기업 근로자의 훈련 접근성 역시 낮은 실정이다. 이를 개선하기 위해서는 수요자 중심의 직무 기반 훈련 체계로의 전환이 요구된다. 공공 기관, 대학, 산업체가 연계하여 산업별 수요에 맞춘 맞춤형 훈련 프로그램을 개발하고, 직무 기준 자격 체계를 정립해야 한다. 특히 디지털 전환과 에너지 전환이 가속화되는 상황에서, AI, 빅데이터, 친환경 에너지 등 신기술 분야의 직무훈련을 전략적으로 육성하는 것이 필수적이다. 또한 커리어 전환 상담, 전직 지원 서비스, 구직자 맞춤형 훈련 매칭 시스템 등 '전환기 인프라'의 구축을 통해 저숙련 노동자나 산업 전환기 실직자의 경력 전환을 지원하는 구조적 대응이 필요하다(Gabriel, 2023). 직업훈련의 질적 개선을 위해서는 훈련기관에 대한 평가 및 인증 시스템의 강화를 통해 성과 기반의 보상 체계를 도입하고, 훈련생 만족도 및 취업률에 따라 우수기관에 인센티브를 제공하는 동시에 부실기관의 퇴출이 가능하도록 해야 한다. 이와 같은 방식은 단순히 교육 공급을 늘리는 데 그치지 않고, 훈련의 실질적 효과성과 시장 연계성을 높이는 데 기여한다.

청년과 중장년층을 위한 맞춤형 ALMP 설계도 시급하다. 청년층은 정보 접근성과 직업 경험 부족으로 노동시장 진입에 어려움을 겪고 있으며, 중장년층은 기술 변화 적응과 경력 전환의 장벽에 직면해 있다. 이에 따라 청년층 대상 인턴십, 일경험 프로그램, 창업 지원 사업 등을 강화하고, 중장년층을 위한 재취업 훈련, 경력 재설계 상담, 적합 일자리 매칭 서비스를 확대해야 한다. 특히 중장년층에게는 기존 경력과 연계된 새로운 일자리 발굴과 함께, 고숙련·신기술 훈련을 통해 노동시장 재진입의 가능성을 높이는 방식이 효과적이다.

아울러 지역 기반의 고용 서비스와 훈련 체계 구축 역시 중요하다. 지역의 산업 구조와 노동시장 특성을 반영한 맞춤형 훈련 프로그램과 일자리 매칭 서비스를 제공함으로써, 지역 간 고용 불균형을 완화하고 지역 내 고용 창출을 활성화할 수 있다. 이를 위해 지방정부, 산업계, 교육기관이 참여하는 지역 고용 거버넌스를 강화하고, 지역 고용센터의 기능을 고도화하는 것이 요구된다. 특히 고용정보 수집과 분석 기능을 내재화하여 지역 특화형 고용 정책 수립의 기초 자료로 활용할 수 있도록 해야 한다.

결국, ALMP는 고용안전망 강화와 함께 유연안정성의 기반을 조성하는 핵심 도구이며, 단편적인 예산 집행이 아닌 구조적인 전략 전환이 필요하다. 실업자의 노동시장 복귀를 촉진하고 노동력의 질을 제고하는 ALMP는 단기적 실업 문제 해소를 넘어서 노동시장의 지속 가능성과 공정성을 높이는 구조 개혁의 수단이 될 수 있다(Jeong, 2020; 전병유, 2019).

5) 노동시장의 이중구조 완화를 위한 사회 협약

한국 노동시장의 이중구조는 단순한 고용 형태의 차이를 넘어서, 제도적·구조적·문화적 요인이 중첩된 복합적 현상으로 나타난다. 정규직과 비정규직, 대기업과 중소기업, 원청과 하청 간의 임금·복지·고용 안정성 격차는 노동 조건 전반에 걸쳐 반복적으로 나타나며, 이는 노동자 간의 연대보다는 이해관계의 분절과 갈등을 고착시키는 방향으로 작동하고 있다. 이러한 이중구조는 단기적 정책 처방만으로는 해결이 어려운 지속적이고 구조적인 과제로, 다양한 이해당사자 간의 갈등을 조정하고 사회적 합의를 도출할 수 있는 포괄적이고 지속 가능한 사회적 대화 메커니즘의 구축이 필수적이다.

한국의 사회적 대화는 1998년 외환위기 당시 노사정위원회를 통해 제도화되었으며, 정리해고와 파견근로 제도 도입 등 유연화 조치와 함께 고용보험 확대 및 사회안전망 강화가 병행된 사회적 대타협을 통해 위기 대응형 모델로 기능한 바 있다. 이후 비정규직 보호입법, 노동시장 구조 개선 합의, 공공 부문 비정규직 정규직 전환 정책 등 여러 사안에서 사회적 대화가 시도되었으나, 그 실효성과 지속성 측면에서는 반복적인 한계를 노출해 왔다(전병유, 2022; 한국노동연구원, 2023). 그 이유로는 첫째, 정부 주도의 일방적인 의제 설정과 정책 강행이 많았고, 둘째 대화 결과의 법적 구속력 부족과 실행력 미비로 인해 제도적 신뢰가 축적되지 못했으며, 셋째 사용자 단체의 조직력 약화, 노동계 내부의 분열, 새로운 이해당사자의 배제 등으로 대표성과 수용성이 제한되었다는 점이 지적된다.

이러한 한계를 극복하기 위해서는 기존의 중앙정부 주도형 노사정위원회 모델을 넘어서 보다 실질적이고 분권화된 사회적 대화 구조가 모색되어야 한다. 특히 국회나 지방정부와 같은 제4의 주체가 중재자로 참여하거나, 산업·직종·지역 단위의 협의체를 활성화하는 방식이 대안으로 제시된다. 실제로 유럽 국가들은 사회적 대화를 통해 노동시장 이중구조를 완화하고 제도적 신뢰를 축적하는 데 성공한 바 있다. 독일은 하르츠 개혁 과정에서 실업급여, 직업훈련, 중소기업 보호 등을 포괄하는 노사정 협의를 제도화했고, 네덜란드는 1982년 바세나르 협약 이후 지속적인 사회적 대화를 통해 임금 조정, 노동시간 유연화, 복지 제도 개편을 실현해 왔다 (OECD, 2023). 이들 사례는 정책의 실효성이 단순히 정부 주도의 정책 집행이 아니라, 이해당사자 간 신뢰와 조정을 기반으로 한 사회적 합의 체계를 통해 확보될 수 있음을 보여 준다.

한국의 경우도 2022년 경제사회노동위원회가 '디지털 전환과 노동'을 주제로 업종·직무별 대화를 시도하고, 일부 공공 기관에서는 비정규직의 정규직 전환 과정에서 사용자·노동자·지방정부 간 삼자 협의체를 운영하는 등 실험적인 접근이 이루어진 바 있다. 그러나 이러한 시도들이 지속적이고 구조적인 대화로 발전되기 위해서는 다음과 같은 제도적 기반이 병행되어야 한다. 첫째, 사회적 대화 기구의 위상 재정립이 필요하다. 노사정위원회는 단순 자문기구를 넘어 정책 설계와 실행, 평가까지 공동 책임지는 조정기구로 기능해야 하며, 이를 위해 법적 권한과 예산, 정책 반영력을 확보해야 한다. 둘째, 사회적 대화의 의제는 임금이나 고용 조건을 넘어서, 직무급제 도입, 산업별 고용 규칙, 사회보험 분담 구조 등 이중구조의 핵심을 이루는 구조적 문제를 포괄해야 한다. 셋째, 참여자의 대표성과 다양성을 강화해야 한다. 정규직 중심의 대화 구조를 넘어 청년, 여성, 플랫폼 노동자, 중소기업 사용자 등 새로운 이해당사자의 참여를 제도화하고, 분권화된 지역협의체, 시민사회, 전문가 집단의 참여를 유도해야 한다.

또한 산업별·지역별 사회적 대화를 활성화하는 것도 중요하다. 지금까지 한국의 노사 교섭은 기업 단위에 집중되어 있어 중소기업 노동자, 비정규직, 소외계층의 목소리를 충분히 반영하지 못했다. 이에 대한 대안으로 산업 단위에서 임금, 직업훈련, 사회보험 등을 공동 논의하고 표준화할 수 있는 산별 교섭 체계를 강화하거나, 지역고용협의체를 운영하여 지역 산업 수요에 맞는 인력 양성과 고용 정책을 수립하는 방식이 제시된다(전병유, 2022). 이러한 분권화된 사회적 대화는 중앙 대화가 정체될 때 보완적인 역할을 수행하며, 현장 밀착형 정책 구현을 가능하게 한다는 점에서 실효성이 크다.

사회적 대화를 제도화하는 과정에서는 의제별 협의체 구성, 투명한 이행 점검 체계, 결과의 법적 구속력 확보 등이 병행되어야 하며, 이슈 간 트레이드오프(trade-off)를 바탕으로 한 패키지 협상 체계 또한 구축되어야 한다. 예컨대, 사용자 측이 해고 규제 완화를 요구할 경우, 노동계는 그에 상응하는 비정규직 보호 강화나 고용안전망 확충을 요구하는 방식의 상호 양보 기반 합의가 가능하다(김동원, 2021). 이러한 포괄적 조정 메커니즘은 노동시장 구조 개혁을 실행 가능하게 만드는 핵심 조건이 될 수 있다.

요컨대, 사회적 대화는 노동시장 이중구조 해소를 위한 수단이자 그 자체로 하나의 제도적 정책 영역이다. 단기적인 정치적 이벤트가 아닌 장기적인 신뢰 형성과 제도적 협력 인프라 구축을 통한 점진적 변화로 이해되어야 한다. 신뢰에 기반한 사회적 대화는 정책의 수용성을 높이고, 나아가 고용안전망 강화, 직무급제 도입, 임금 격차 해소, 노동권 보호 등 노동시장 구조 전반의 개혁을 실질적으로 가능하게 한다. 정부는 공정하고 균형 잡힌 중재자로서 사회적 대화의 제도적 기반을 제공해야 하며, 노동계와 사용자 단체는 사회 전체의 지속 가능성과 통합이라는 공동의 가치를 중심에 두고 협력적 거버넌스의 구성원이 되어야 한다.

참고문헌

고용노동부, 전국민 고용보험 로드맵 발표, 대한민국 정책브리핑, 2020〈https://korea.kr/news/policyNewsView.do?newsId=148874856〉.

———, 『2023년 고용노동부 업무계획』, 고용노동부, 2023a.

———, 고용보험 가입 현황 보도자료, 2023b〈https://www.moel.go.kr/news/press/〉.

장지연·정이환·전병유·이승렬·조성재·강성태, 『노동시장 이중구조 해소를 위한 통합적 노동시장정책 패러다임』, 한국노동연구원 연구보고서, 2019.

전병유, 『노동시장 이중구조, 노동개혁, 노동시장정책』, 발표자료, 2020.

———, 「유연안전성 담론과 전략에 대한 비판적 고찰」, 『산업노동연구』, 22(1), pp. 1~35.

전병유·김근주·윤자영·임상훈, 『미래 한국의 노동 체제 패러다임 연구』, 국회미래연구원, 2019.

전병유·황인도·박광용, 『노동시장 이중구조와 정책대응: 해외사례 및 시사점』, 한국은행 BOK Report, 2018.

European Commission, "Platform Work Directive: Provisional Agreement," 2023〈https://ec.europa.eu/commission/presscorner/detail/en/ip_23_6466〉.

Gabriel, S., "Bürgergeld reform: A new welfare state for Germany," 2023〈https://en.wikipedia.org/wiki/Bürgergeld?〉.

Le Monde, "The heavy toll imposed on France's unemployed," 2024a〈https://www.lemonde.fr/en/opinion/article/2024/03/29/the-heavy-toll-imposed-on-france-s-unemployed_6666760_23.html〉.

———, "Should Europeans work more to halt economic decline?," 2024b〈https://

www.lemonde.fr/en/europe/article/2024/06/08/should-europeans-work-more-to-halt-economic-decline_6674236_143.html〉.

Madsen, P. K., "Flexicurity: A new perspective on labour markets and welfare states in Europe," CARMA Research Papers, No. 2006-03, Centre for Labour Market Research, Aalborg University, 2006.

OECD, *OECD Employment Outlook 2006: Boosting Jobs and Incomes*, OECD Publishing, 2006.

______, *Good Jobs for All in a Changing World of Work: The OECD Jobs Strategy*, OECD Publishing, 2018〈https://doi.org/10.1787/9789264308817-en〉.

______, *OECD Employment Outlook 2021: Navigating the COVID-19 Crisis and Recovery*, OECD Publishing, 2021〈https://doi.org/10.1787/5a700c4b-en〉.

______, *Negotiating Our Way Up: Collective Bargaining in a Changing World of Work*, OECD Publishing, 2023〈https://doi.org/10.1787/1fd2da34-en〉.

______, "Reforms of active labour market policies and impact evaluation," 2023〈https://www.oecd.org/en/topics/policy-issues/employment-services/reforms-of-active-labour-market-policies-and-impact-evaluation.html〉.

Scott, M., "Platform workers get new rights in the EU," Wired, December 13, 2023〈https://www.wired.com/story/platform-work-eu-overhauls〉.